高等学校 电子商务专业 规划教材

电子支付与网络金融

（第2版）

陈彩霞 主编

清华大学出版社
北京

内 容 简 介

"电子支付与网络金融"是一门信息技术与金融学融合的交叉学科,主要涉及信息技术在金融领域创新活动的具体应用。本书从金融学的基础知识入手,对电子商务网上支付,网上结算,网上金融的基本原理、工具、方式、安全及相关法律问题等进行理论阐述和实践探索。全书共 10 章,主要内容包括货币、金融机构、支付体系与支付工具、电子支付系统、电子支付工具、网络银行、互联网支付、移动支付、电子支付风险、网络金融、网上证券、网上保险和网上支付相关法律。

"电子支付与网络金融"作为一门新兴的应用性学科,它紧密联系实践应用,要求学生在掌握基本金融知识和信息技术的基础上,了解金融发展的最新动态,并结合各种在线金融业务的实务分析进一步理解电子金融的理论与实践,培养利用交叉学科的知识对问题进行综合分析的能力。

本书可作为信息管理专业、电子商务专业、金融学专业等相关领域从业人员的参考用书,也可作为高等院校电子商务专业的教材。

图书在版编目(CIP)数据

电子支付与网络金融/陈彩霞主编. —2 版. —北京:清华大学出版社,2020.9(2024.8重印)
高等学校电子商务专业规划教材
ISBN 978-7-302-56063-0

Ⅰ. ①电⋯ Ⅱ. ①陈⋯ Ⅲ. ①电子支付—高等学校—教材 ②金融网络—高等学校—教材 Ⅳ. ①F713.361.3 ②F830.49

中国版本图书馆 CIP 数据核字(2020)第 126960 号

责任编辑:郭　赛
封面设计:常雪影
责任校对:胡伟民
责任印制:宋　林

出版发行:清华大学出版社
网　　　　址:https://www.tup.com.cn, https://www.wqxuetang.com
地　　　　址:北京清华大学学研大厦 A 座　　　　　邮　　编:100084
社 总 机:010-83470000　　　　　　　　　　　　邮　　购:010-62786544
投稿与读者服务:010-62776969,c-service@tup.tsinghua.edu.cn
质量反馈:010-62772015,zhiliang@tup.tsinghua.edu.cn
课件下载:https://www.tup.com.cn,010-83470236
印 装 者:三河市君旺印务有限公司
经　　销:全国新华书店
开　　本:185mm×260mm　　　印　张:19.5　　　字　　数:485 千字
版　　次:2016 年 6 月第 1 版　2020 年 9 月第 2 版　　　印　次:2024 年 8 月第 9 次印刷
定　　价:59.00 元

产品编号:089479-02

第 2 版前言

党的二十大报告提出"实施科教兴国战略，强化现代化建设人才支撑"。深入实施人才强国战略，培养造就大批德才兼备的高素质人才，是国家和民族长远发展的大计。为贯彻落实党的二十大精神，筑牢政治思想之魂，编者在牢牢把握这个原则的基础上编写了本书。

在网络经济时代，网络银行、在线交易、网上支付系统、数字货币、网上证券、网上保险等纷纷出现，这对金融行业的现有业务运营和创新造成了前所未有的冲击，与之相关的金融创新成为当前金融业的热门课题之一。美国麻省理工学院和斯坦福大学、日本国际大学等学校在 MBA 课程设置中已将电子银行等内容列入核心专业选修课。

"电子支付与网络金融"是系统研究电子金融活动的新的交叉学科，由于信息技术的不断发展，以及各种现代技术在金融领域的不断渗透与深化，电子金融领域还将出现各种各样新的业务形式，相关理论研究还处在探索阶段并将不断发展，目前大部分理论的基石是国内外实践中已取得的成果。

作者曾经在金融企业工作 12 年，凭借丰富的金融实践经验和 12 年的"电子支付与网络金融"课程教学经验编写了本书。在编写过程中，本书注意选取源于社会实践的典型案例，注重其时代性、社会性、市场性、实用性、理论性、典型性与可操作性等。

本书是在《电子支付与网络金融》（第 1 版）的基础上修订而成的，该书是高等学校电子商务专业规划教材。自出版以来，被多所高校用作本科教材和MBA 参考教材，许多咨询公司、金融公司也将其作为培训教材，产生了较好的社会效益。本版改动较大，其中第 2、5、7、9 章做了较大的改动，增加了数字货币、民营银行、P2P、众筹、网联等金融创新产品的内容，各章节后的综合实训内容也均做了更新。

本书的内容主要包括货币、金融机构、支付体系与支付工具、电子支付系统、电子支付工具、网络银行、互联网支付、移动支付、电子支付风险、网络金融、网上证券、网上保险和网上支付相关法律。本书的主要特色是与电子支付实务紧密联系，金融理论深入浅出，简明扼要，通俗易懂，符合实际。

"电子支付与网络金融"是新兴的应用性学科，学习本课程时要注意紧密联

F O R E W O R D

系实践应用,在掌握基本的金融知识和信息技术的基础上,了解金融发展的最新动态,结合各种在线金融业务的实务分析,掌握电子金融的基础知识,培养对问题进行综合分析的能力。

本书由陈彩霞主编、统稿,由海南师范大学的教师陈敏和作者的学生王美玲负责资料整理、排版和校对等工作。

本书的编写工作得到了海南师范大学的资助,在编写过程中还得到了西南财经大学帅青红教授以及海南师范大学宋春晖教授、陆娜副教授、程明雄副教授的支持和帮助,在此表示衷心的感谢! 本书在编写过程中参考和引用了很多专家和学者的著作、文献,在网上查询了很多资料,在此对相关作者一并致谢,希望本书的出版能为我国电子支付事业的推广和普及做出一定的贡献。

在本书的编写中,作者虽然尽了最大努力,并经过多次修改和讲授,但是由于"电子支付与网络金融"作为一门新兴的学科发展迅速,知识更新快,因此书中不尽如人意之处仍然存在,恳请读者批评指正。

陈彩霞

2023 年 6 月于海口

第 1 版前言

　　网络经济时代,网络银行、在线交易、网上支付系统、网上证券、网上保险等纷纷出现,这对金融行业的现有业务运营和创新造成前所未有的冲击,与之相关的金融创新成为当前金融业的热门课题之一。如美国麻省理工学院和斯坦福大学、日本国际大学等学校在 MBA 课程设置中已将电子银行等内容列入核心专业选修课。

　　"电子支付与网络金融"是系统研究电子金融活动的新的交叉性学科,由于信息技术的不断发展,以及各种现代技术在金融领域的不断渗透与深化,电子金融领域还将出现各种各样新的业务形式,相关理论研究还处在探索阶段并将不断发展,目前,大部分理论的基石是国内外实践中已取得的成果。

　　作者曾经在金融企业工作 12 年,凭借丰富的金融实践经验和 8 年的"电子支付与网络金融"课程教学经验编写了本书。在编写过程中,注意选取源于社会实践的典型案例,注重其时代性、社会性、市场性、实用性、理论性、典型性与可操作性等。

　　本书的内容主要包括货币、金融机构、支付体系与支付工具、电子支付系统、电子支付工具、第三方支付平台、移动支付、网络银行、电子支付风险、网络金融、网上证券、网上保险和网上支付相关法律。本书的主要特色是与电子支付实务紧密联系,金融理论深入浅出、简明扼要、通俗易懂、符合实际。

　　"电子支付与网络金融"是新兴的应用性学科,学习本课程时要注意紧密联系实践应用,在掌握基本的金融知识和信息技术的基础上,了解金融发展的最新动态,结合各种在线金融业务的实务分析,掌握电子金融的基础知识,培养对问题进行综合分析的能力。

　　本书由陈彩霞主编、统稿,海南师范大学石春博士参与编写了第 4 章的 4.5 节、第 7 章及第 8 章,海南职业技术学院陈珏副教授参与编写了第 4 章的 4.4 节和第 5 章,其余章节由陈彩霞编写。

　　本书在编写的过程中参考和引用了很多专家和学者的著作、文献,在网上查询了很多资料,在此对相关作者一并致谢,希望本书的出版能为我国电子支付事业的推广和普及做出一定的贡献。

在本书的写作中,作者虽然尽了最大努力,并经过多次修改和讲授,但是由于电子支付与网络金融作为一门新兴的学科发展迅速,知识更新快,因此书中不尽如人意之处仍然存在,恳请读者批评指正。

作 者
2016 年 2 月

目　录

C O N T E N T S

CONTENTS

CONTENTS

C O N T E N T S

第 1 章

货　币

本章学习目标

- 了解货币产生和发展的历史、货币形式的特点及其演变趋势。
- 掌握货币的概念、本质与职能。
- 了解货币制度的基本内容,理解货币制度演变的原因。
- 理解货币层次划分的意义和依据,了解西方国家货币层次划分的内容,重点掌握中国货币层次的划分。
- 了解国内外电子货币的发展现状,掌握电子货币的概念及其对金融业和货币体系的影响。
- 了解支付制度的演化趋势。

1.1 货币起源和发展的情况

1.1.1 货币的起源

关于货币起源的学说古今中外有多种。如中国古代的先王制币说、交换起源说,西方国家的创造发明说、便于交换说、保存财富说,等等。它们或认为货币是圣贤的创造,或认为货币是保存财富的手段,许多法学家甚至说货币是法律的产物。凡此种种,不一而足。虽然从特定的历史背景下看,多数学说都存在一定的合理成分,但却无一能透过现象看本质,科学地揭示货币的起源。马克思从辩证唯物主义和历史唯物主义的观点出发,采用历史和逻辑相统一的方法观察问题,科学地揭示了货币的起源与本质。

马克思认为,货币是交换发展和与之伴随的价值形态发展的必然产物。从历史角度看,交换发展的过程可以浓缩为价值形态的演化过程。价值形式经历了从"简单的价值形式—扩大的价值形式——一般价值形式—货币形式"的历史沿革。从这一发展过程可以看出:

- 货币是一个历史的经济范畴,是随着商品和商品交换的产生与发展而产生的;
- 货币是商品经济自发展的产物,而不是发明、人们协商或法律规定的结果;
- 货币是交换发展的产物,是社会劳动和私人劳动矛盾发展的结果。

1.1.2 货币形式的演变及其发展趋势

货币自身的发展主要有两条主线:一条是货币形式的演变;另一条是货币职能的发展。

从货币的形式上看,迄今为止,大致经历了"实物货币—金属货币—信用货币"几个阶段。从总的趋势看,货币形式随着商品生产流通的发展以及经济发展程度的提高,不断从低级向高级发展演变。这一演变大致分为三个阶段。

(1)一般价值形式转化为货币形式后,有一个漫长的实物货币形式占主导的时期。贝壳、布帛、牛羊等都充当过货币。实物货币之所以随着商品经济的发展逐渐退出货币历史舞台,根本原因在于实物货币具有难以消除的缺陷。它们或体积笨重、不便携带;或质地不匀、难以分割;或容易腐烂、不易储存;或大小不一、难以比较。随着商品交换和贸易的发展,实物货币被金属货币所替代也就不足为奇了。

(2)实物货币向金属货币转化。金属冶炼技术的出现与发展自然是金属货币广泛使用的物质前提。金属货币所具有的价值稳定、易于分割、便于贮藏等优点,确非实物货币所能比拟。

(3)金属货币向信用货币形式转化。信用货币产生于金属货币流通时期。早期的商业票据、纸币、银行券都是信用货币。信用货币最初可以兑现为金属货币,逐渐过渡到部分兑现和不能兑现。信用货币在发展过程中,由于政府滥发而多次发生通货膨胀,在破坏兑现性的同时也促进了信用货币制度的发展与完善。到了 20 世纪 30 年代,世界各国纷纷放弃金属货币制度,不兑现的信用货币制度遂独占了货币历史舞台。

电子货币作为现代经济高度发展和金融业技术创新的结果,是以电子和通信技术飞速发展为基础的,也是货币支付手段职能不断演化的表现,从而在某种意义上代表了货币发展的未来。

1.2 货币的职能

在发达的商品经济中,货币具有价值尺度、流通手段、贮藏手段、支付手段和世界货币五种职能。其中,最基本的职能是价值尺度和流通手段。

1.2.1 价值尺度

1. 定义

价值尺度是用来衡量和表现商品价值的一种职能,是货币的最基本、最重要的职能。正如衡量长度的尺子本身有长度,称东西的砝码本身有重量一样。

2. 表现形式

货币作为价值尺度,就是把各种商品的价值都表现为一定的货币量,以表示各种商品的价值在质的方面相同,在量的方面可以比较。商品的价值量由物化在该商品内的社会必要劳动量决定。但是商品价值是看不见、摸不到的,自己不能直接表现自己,它必须通过另一种商品表现。在商品交换过程中,货币成为一般等价物,可以表现任何商品的价值,衡量一切商品的价值量。货币作为价值尺度,是商品内在的价值尺度即劳动时间的表现形式。

3. 特点

(1) 货币在执行价值尺度的职能时,并不需要有现实的货币,而只需要观念上的货币。例如,一辆自行车值 1g 黄金,只要贴上一个标签就可以了;当人们在进行价值估量的时候,只要在他的头脑中有黄金的观念就行了。

(2) 执行价值尺度职能的货币本身必须具有价值,因为货币本身是一种商品,所以货币具有价值。

1.2.2 流通手段

1. 定义

货币的流通手段职能是指货币充当商品交换媒介的职能。在商品交换过程中,商品出卖者把商品转化为货币,然后用货币购买商品。在这里,货币发挥交换媒介的作用,执行流通手段的职能。货币充当价值尺度的职能是它作为流通手段职能的前提,而货币的流通手段职能是价值尺度职能的进一步发展。

2. 物物交换转化为商品流通

在货币出现以前,商品交换是直接的物物交换。

货币出现以后,它在商品交换关系中起媒介作用。以货币为媒介的商品交换就是商品流通,它由商品变为货币(W—G)和由货币变为商品(G—W)两个过程组成。

(1) W—G 即卖的阶段,是商品的第一形态变化。

(2) G—W 即买的阶段,是商品的第二形态变化。

货币执行支付手段的职能后,商品流通中所需要的货币量可以用公式表示如下:

$$\frac{商品价格总额}{同一单位货币的平均流通次数}=商品流通中所需要的货币量$$

货币形式的发展过程是:金银条块—铸币—纸币—电子货币。

1.2.3 贮藏手段

1. 定义

贮藏手段是货币退出流通领域充当独立的价值形式和社会财富的一般代表而储存起来的一种职能。

货币能够执行贮藏手段的职能是因为它是一般等价物,可以用来购买一切商品,因此货币贮藏就有必要了。

2. 特点

(1) 货币在保存过程中不易损坏和变质。

(2) 当需要使用时,货币可以比较方便地与其他商品相交换,转换成需要的形式。

(3) 货币的价值是稳定的,在贮藏前后能够转换成数量相同的其他物品。

1.2.4 支付手段

1. 定义

货币的支付手段是指货币不作为交换的媒介,而是作为独立的价值形式进行单方面运行(如清偿债务、缴纳税款、支付工资和租金等)时所执行的职能。

2. 作用

货币作为支付手段,一方面可以减少流通中所需要的货币量,节省大量现金,促进商品流通的发展;另一方面可以进一步扩大商品经济的矛盾。

1.2.5 世界货币

1. 定义

货币在世界市场上执行一般等价物的职能。由于国际贸易的发生和发展,货币流通超出了一国的范围,在世界市场上发挥作用,于是货币便有了世界货币的职能。作为世界货币,必须是足值的金和银,而且必须脱去铸币的地域性外衣,以金块、银块的形状出现。原来在各国国内发挥作用的铸币以及纸币等在世界市场上都会失去作用。

在国内流通中,一般只能由一种货币商品充当价值尺度。在国际上,由于有的国家用金作为价值尺度,有的国家用银作为价值尺度,所以在世界市场上金和银可以同时充当价值尺度的职能。后来,在世界市场上,金取得了支配地位,主要由金执行价值尺度的职能。

2. 职能

(1) 充当一般购买手段,一个国家直接以金、银向另一个国家购买商品。

(2) 作为一般支付手段,用来平衡国际贸易的差额,如偿付国际债务、支付利息和其他非生产性支付等。

（3）充当国际间财富转移的手段。货币作为社会财富的代表，可由一国转移到另一国，例如，支付战争赔款、输出货币资本或由于其他原因把金银转移到外国。

在当代，世界货币的主要职能是作为国际支付手段，用来平衡国际收支的差额。

3. 二重性

作为世界货币的金银流动具有二重性。一方面，金银从它的产地散布到世界市场，被各个国家的流通领域所吸收，补偿磨损了的金、银铸币，充作装饰品、奢侈品的材料，并且凝固为贮藏货币。这个流动体现了商品生产国和金银生产国之间劳动产品的直接交换；另一方面，金和银又随着国际贸易和外汇行情的变动等情况在各国之间不断流动。

4. 充当世界货币的条件

（1）发行这种信用货币的国家要有强大的经济实力，在国际经济领域中占有重要或统治地位。

（2）这种信用货币必须具有相当高的稳定性。

（3）某个国家的货币虽然可以在彼此经济联系密切的国家之间充当支付手段，但要在世界范围内正式取得储备货币的资格，还要得到所有国家的确认，这就必须通过国际协议实现。

充当世界货币的纸币有美元、日元、欧元、英镑等。

1.3　货币制度

1.3.1　货币制度及其构成

货币制度简称"币制"，是一个国家以法律形式所规定的货币流通的组织形式。

货币制度大体涉及这样一些方面：货币材料的确定、货币单位的确定、流通中货币种类的确定、对不同种类货币的铸造和发行的管理、对不同种类货币的支付能力的规定，等等。这些方面被称为货币制度的构成要素。

1. 币材的确定

国家规定哪种或哪几种商品（可能是金属，也可能是非金属）为币材，实际上都是对已经形成的客观现实从法律上加以肯定。一种或几种商品一旦被规定为币材，即称该货币制度为该种或该几种商品的本位制。如以金为币材的货币制度称为金本位制；把金银同时规定为法定币材的货币制度称为金银复本位制。现代社会广泛实行不兑现的货币制度，法律中没有任何商品充当币材的规定，过去货币制度中极为重要的构成要素——币材的规定已经消失了。

2. 货币单位的确定

货币单位的确定主要包括两方面的内容：货币单位的名称和货币单位的"值"。

法律对于货币单位名称的规定通常都以习惯形成的名称为基础。同时，按照国际习惯，一国货币单位的名称往往就是该国货币的名称，如俄罗斯使用的卢布，意大利使用的里拉；几个国家同用一个单位名称，则在前面加上国家名，如法郎，法国使用的称法国法郎，瑞士使用的则称瑞士法郎。

货币单位的确定更重要的是确定币值。在铸币流通时期,货币单位的确定是确定单位货币所包含的货币金属重量和成色。在不同的货币流通条件下,货币单位的确定则是确定本国货币的"理论含金量"或确定其与世界主要货币的比价关系。

在现代信用货币条件下,货币币值的确定并不是一国当局随心所欲地完成的,需要综合考虑诸多因素,如国内、国际经济的发展,综合国力的目标对比,国与国之间的比较优势等。

3. 本位币和辅币的发行及流通程序的确定

用法定货币金属按照国家规定的规格经国家造币厂铸成的铸币称为本位币。本位币是一国流通中的基本通货。现在在流通中完全不兑现的钞票也被称为本位币,其含义是用来表示它是标准的、基本的通货。

本位币的最小规格是1个货币单位。低于1个货币单位的流通货币则称为辅币。辅币多由贱金属铸造,是非足值通货,它的发行和流通多在国家的高度监管下进行。

本位币具有无限法偿能力,即法律规定的无限制偿付能力,其含义是:法律保护取得这种能力的货币不论每次支付数额如何大,不论属于何种性质的支付,即不论是购买商品、支付劳务、结清债务、缴纳税款等,支付的双方均不得拒绝接受。相对于本位币的无限法偿,辅币则只有有限法偿能力,其含义是:在一次支付行为中,若超过一定的金额,则收款人有权拒收;但在法定限额内,拒收则不受法律保护。

银行券和纸币是因贵金属储量以及相应的金银货币不能满足商品经济发展扩大的需要而出现的产物。银行券是由银行发行、以商业信用为基础的信用货币。早期银行券流通的前提和背景是持券人可随时向发行银行兑换金属货币。1929—1933年世界范围的经济危机之后,西方各国中央银行发行的银行券停止兑现,其流通已不再依靠银行信用,而是依靠国家政权的强制力量,从而使银行券转化为纸币。

4. 其他方面内容的确定

货币制度除了以上三个方面的内容以外,还包括一些其他方面的内容,如规定发行准备,规定货币的对外关系(能否自由兑换、汇率的规定原则)等。

发行准备的规定由来已久,其主要目的在于限制银行无限制地发行银行券的权力,使银行券与其他一些信用货币的总量能与一国经济发展的需要相吻合,而不出现过度发行。从历史上看,发行准备制度有以下三种类型。

(1) 部分准备制,也称部分信用发行制。法律规定银行券在一定发行限额内,可用信用保证(即用中央银行所掌握的商业票据和国家债券作为保证,超过其限额以上的部分必须有100%的黄金保证)。英国银行券发行制度就属于这种类型。

(2) 比例准备制。在银行券的发行总额中法律规定黄金保证所占的法定最低百分比,其余部分则可用信用保证。德国和美国的银行券发行制度属于这种类型。

(3) 最高限额发行制。法律规定银行券发行额的最高限额,在最高限额外不得增加发行。但此限额常由法律加以修改。法国的银行券发行制度属于这种类型。

1.3.2 货币制度类型

货币制度通常以币材标准进行分类,迄今为止,世界各国曾经采用的主要货币制度如图 1-1 所示。

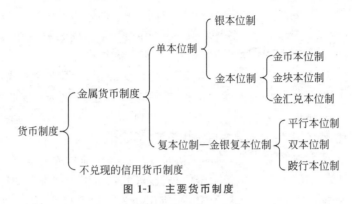

图 1-1　主要货币制度

1. 银本位制

银本位制是最早的金属货币制度。银本位制是指以白银为本位币币材的货币制度,其主要内容是:以白银作为本位币币材;银币为无限法偿货币;本位币的名义价值与其他所含一定成色、一定重量的白银价值相等;银币可以自由铸造、自由熔化;白银和银币可以自由输出和输入;银行券可以自由兑换银币或等量白银。

银本位制的历史较为久远,远在货币制度萌芽期的中世纪,许多国家就已经实行了。但是,银本位制作为一种独立的货币制度在一些国家存在的时间并不长,实行的范围也不广,主要原因如下。

(1)白银价值不够稳定,特别是白银采掘劳动生产率不断提高,银价猛跌,使白银不再适宜执行价值尺度和流通手段职能。

(2)白银本身价值较低,给大宗交易带来不便,不能适应资本主义商品经济的发展。

(3)从 19 世纪 40 年代起,世界黄金产品激增,当时在美国加利福尼亚、南非和澳大利亚相继发现了富金矿。黄金产量的大增为当时以金银复本位制或金本位制代替银本位制提供了丰富的物质基础。因此,在 19 世纪 70 年代后,各国相继放弃银本位制,转为金银复本位制或金本位制,只有少数落后国家仍保持银本位制。

2. 金银复本位制

金银复本位制是指金币和银币同为本位货币的货币制度。复本位制是资本主义国家在发展初期(16—18 世纪)广泛使用的货币制度,如英国在 1717—1816 年,美国在 1792—1900 年均实行复本位制。在复本位制下,金币和银币同时作为本位币流通,并可以自由兑换。复本位制主要有三种类型。

(1)平行本位制。金币和银币同为本位币,都可以自由铸造和熔化,自由输出与输入,两种货币的交换比率由金银的市场比价确定,国家不规定金银的法定比价。缺点是:商品具有金币和银币表示的双重价格,商品双重价格比例随金银市场价格的波动而经常变动,不利于商品交换和经济发展。

（2）双本位制。国家以法律形式规定金银铸币之间的法定比价，两者的交换比率不再受市场上金银价格波动的影响。双本位制克服了平行本位制下"双重价格"表现的弊病。然而，当金银币的法定比价与市场比价背离时，市场上又产生了"劣币驱逐良币"的现象，即法律上低估的货币（实际价值高于法定名义价值的货币，称良币）必然被人收藏、熔化或输出到国外，而法律上高估的货币（即名义价值高于实际价值的货币，称劣币）则独占市场，市场上往往只有一种货币流通。这种规律又被称为"格雷欣法则"。

（3）跛行本位制。在此种本位制下，金银币均为本位币，但国家规定银币不能自由铸造，并限制每次的支付额，只有金币能自由铸造，两者有一法定比价。在此货币制度中，银币事实上处于辅币地位，故称跛行本位，它是复本位制向金本位制过渡的形式。

与银本位制相比，金银复本位制有以下优点。

（1）金银并用，币材的资源充足，满足了当时生产扩大对通货的需求。

（2）便利交易。金币价值较高，银币价值较低，可分别用于大宗批发交易与小额交易。

金银复本位制是一种不稳定的货币制度。货币作为一般等价物，其本性具有独占性和排他性，复本位制由于金银币同为本位币，违背了商品货币的本质要求，随着黄金产量的增加和各种条件的成熟，西方主要国家先后过渡到金本位制。

3. 金本位制

金本位制有金币本位制、金块本位制和金汇兑本位制三种形式。

（1）金币本位制。是典型的金本位制，有以下三个特点：第一，金币可以自由流通，价值符号（辅币和银行券）可以自由兑换金币。由于价值符号能按面值随时向发行机构兑换金币，所以它们能稳定地代表一定数量的黄金进行流通，从而保证货币价值和价格的相对稳定。第二，金币可以自由铸造，自由熔化。自由铸造是指人们可以将黄金条块向国家铸币厂申请铸成金币；自由熔化是指人们可自行将金币熔化成金块或向铸币当局换成金块。金币实行自由铸造与熔化，使金币数量能自发地满足流通中的货币需求，也使金币的币值与其他所含黄金的商品价值保持一致。第三，黄金可以自由输出与输入国境。由于黄金在国与国之间自由流动，并起到世界货币的作用，从而促进了国际贸易的发展和外汇汇率的稳定。

（2）金块本位制。其特点是金币停止流通而以银行券（或政府发行的纸币）代替金币流通。银行券（或纸币）仍规定一定的法定含金量，其发行以一定数量的黄金为准备，人们可在一定范围内按法定含金量自由地兑换金块。

（3）金汇兑本位制。又称虚金本位制，其特点是：国内市场上没有金币流通，本国纸币仍规定有一定含金量，但在国内不能兑换黄金。实行这种本位制的国家规定国内货币与另一实行金币或金块本位制国家的货币保持固定汇率，并在该国存放黄金外汇储备作为发行准备，人们可按法定汇率购买外汇，在联系国（即货币与黄金挂钩的国家）兑换黄金。

金币本位制是典型的金本位制，存在于金本位制的全盛时期，它是一种比较稳定的货币制度。它的特点决定了它对资本主义经济发展具有如下重要的历史作用。

（1）促进了生产的发展和国内商品流通的扩大。在金本位制下通货稳定，为企业精确计算成本、价格和利润创造了有利条件；同时，也为扩大商品流通创造了有利条件。

（2）促进了国际贸易、国际信贷和国际投资的发展。因为各国货币均以黄金为基础，外汇汇率相对稳定，使国际间的贸易双方、信贷双方和投资双方不必承担汇率波动的风险。

（3）促进了信用制度的发展。在金币本位制下，币值稳定，使债权人和债务人的利益均不受通货贬值的影响，从而保证信用事业的进一步发展。金币本位制在第一次世界大战前夕被主要资本主义国家广泛采用。

随着黄金在世界各国分布的日益不均，金币本位也让位于金块本位和金汇兑本位，金本位制进入衰退时期。金块本位制和金汇兑本位制都是残缺不全且极不稳定的金本位制，原因在于：第一，在金块和金汇兑本位制下没有黄金的自由铸造和自由流通，黄金的流通手段和贮藏手段职能不能发挥，币值难以稳定；第二，纸币不能自由兑换黄金，多种限制削弱了货币制度的基础；第三，采用金汇兑本位制的国家，使本国货币依附于与之挂钩的国家货币，一旦该国币制混乱，依附国的币制也必然受到严重影响，无法独立自主地保持本国货币的稳定。

4. 不兑现的信用货币制度

不兑现的信用货币制度又称管理纸币本位制，是以不兑现的纸币为本位货币的货币制度，它是自 20 世纪 30 年代以来世界各国普遍实行的一种货币制度。

不兑现的信用货币制度取代金本位制度而成为世界通行的货币制度，是世界经济发展的必然选择。

金属货币制度本身存在着不可克服的弱点和矛盾。从货币的特性来看，即便是金本位制，也不是理想的货币制度。表现在以下几点：第一，金属藏量和产量的有限性与商品生产和交换扩大的无限性的矛盾是金本位制崩溃的根本原因。商品生产和交换的不断扩大也要求作为交易媒介的货币数量不断增加，以适应流通对货币的需求，而金属本位制下的金属藏量和产量是有限的。第二，金属货币的价值稳定是相对的。在金本位制下，通常所说的币值稳定是指本位货币稳定地代表一定数量的黄金。但是，黄金本身的价值受生产金的劳动生产率变化的影响巨大，历史上，美洲和南非大金矿的开采都曾使欧洲发生过两次金价大跌和物价猛涨现象。因此，在金本位制下，本位币代表固定数量的黄金，从而币值和物价稳定也是相对的。第三，金本位制下不利于国家实行独立的经济政策。金本位制条件下的黄金在国际间自由流动，使各国很难实行独立的经济政策。

不兑现的纸币之所以能取代金属货币成为本位货币，原因如下：第一，在金属货币流通的条件下，由于流通造成的磨损或人为削刮，使铸币的名义价值与实际价值经常背离，"使铸币的金属存在同它的职能存在分离，所以在货币流通中就隐藏着一种可能性：可以用其他材料做的记号或用象征代替金属货币执行铸币的职能。"（马克思《资本论》）第二，不兑现纸币也能有效执行货币的各项职能。因为不兑现纸币直接代表一定的价值，且受到社会的普遍接受，因此纸币也能充当价值尺度、流通手段、支付手段和价值储存手段，独立地发挥货币的各项职能。

不兑现信用货币制度的特点是：第一，它以不兑现的纸币为本位币，一般是由国家授权中央银行发行的，具有无限法偿能力。第二，不兑现纸币不代表任何贵金属，不能直接兑现黄金等贵重金属，纸币的发行实行准备制度，发行准备的品种主要是政府债券、黄金、外汇和商业票据等，其数额由政府确定。第三，非现金结算占据主导地位。绝大多数交易均通过支票和电汇转移存款的方式进行支付，而较少采纳法偿货币（纸币和辅币）的直接交付。

第四,信用货币的性质可以保证流通中的货币量与经济增长的要求量相一致,从金本位制下的金属货币自发调节转移到由各国政府机构人为控制。信用货币制度是通货膨胀加剧的制度基础。

1.3.3 中国的人民币制度

1. 人民币制度的建立

人民币自 1948 年 12 月 1 日发行以来,至今已发行了五套纸币、四套硬币以及多套普通纪念币(钞)和贵金属纪念币,除 1 分、2 分、5 分这三种硬币外,第一套、第二套和第三套人民币已经停止流通,第四套人民币于 2018 年 5 月 1 日起停止流通(1 角纸币、5 角纸币、5 角硬币、1 元硬币除外)。目前流通的人民币主要是于 1999 年发行的第五套人民币。

2. 人民币制度内容

《中华人民共和国中国人民银行法》规定,人民币是我国的法定货币,由中国人民银行统一印制、发行。主要包括以下几个方面。

(1) 人民币主币的单位为"元",辅币的单位为"角"和"分",1 元分为 10 角,1 角分为 10 分。

(2) 人民币是价值符号,是商品价值计价的尺度,没有含金量的规定,它属于不兑现的信用货币。人民币的发行保证是国家拥有的商品物资,黄金外汇储备主要作为国际收支的准备金。

(3) 人民币是我国唯一合法的货币,具有无限法偿的能力,严禁伪造、变造和破坏国家货币。

(4) 人民币的发行高度集中统一,中国人民银行是人民币唯一合法的发行机构并集中管理货币发行基金。

(5) 人民币是独立自主的货币,是国家经济主权的象征。国内一切货币收付、计价单位和汇价的确定都由人民币承担。

(6) 人民币对外国货币的汇率由国家外汇管理局统一制定,每日公布,一切外汇买卖和国际结算都据此执行。人民币汇率采用直接标价法。

随着我国经济体制改革的不断深入和对外开放的进一步发展,我国的货币制度还有待进一步完善。如何协调人民币与港币、澳门币等的货币流通,建立与新时期的新要求相适应的货币制度,仍然是一个需要研究的课题。此外,随着我国市场经济体制的不断发展和完善,特别是人民币加入特别提款权(SDR)货币篮子,成为继美元、欧元、日元和英镑后特别提款权中的第五种货币,各国央行都将增持人民币,货币制度中有关金银、外汇的规定也需要做出适当的调整。

1.4 货币的层次

1.4.1 货币范畴的扩展

在简单的商品经济时期,充当货币的必须是具有价值和使用价值、能够为交换双方共同接受的商品。因此,出现了贝壳、牲畜、金属等货币形式。

银行券出现以后,它不能以其自身的价值充当价值尺度,也不能以自身的价值被贮藏。银行券之所以成为货币,在于它是黄金的价值符号。银行券作为货币执行价值尺度、流通手段、支付手段、贮藏手段职能是以可随时兑换金银、有金银作后盾为基础的。但银行券不具备世界货币的职能。

当纸币取代金属货币成为流通中唯一的货币形式时,纸币只执行流通手段与支付手段职能,其本身不能执行价值尺度职能,纸币可以贮藏的程度取决于币值的稳定程度。人们判断货币的准则在发生变化。

20 世纪以来,银行机构的普遍设立以及银行业务的广泛开展使得活期存款可以执行货币的支付职能,从而进入货币范畴。现在,由于定期存款和其他类型的存款甚至某些流动性很强的短期证券也可以很容易地转换为现金及活期存款,而后者也很容易转换为前者,同时以电子货币为代表的新型货币形式也大量出现了,货币的范畴在进一步扩大,因此,在定义货币时,不能不考虑各种非现金及活期存款等金融资产的存在。但作为货币,它们之间的重大区别依然存在。因此,有必要对货币层次进行划分。

1.4.2　划分货币层次的目的和标准

20 世纪 60 年代,美国联邦储备银行为实施货币政策,率先对货币进行了层次的划分,公布了不同层次的货币供应量。目前各国中央银行已普遍采用了将货币供应量划分成若干层次的做法,并以此为基点选择某一层次作为控制的重点。将货币划分为不同层次的目的在于方便中央银行进行宏观经济运行的监测和货币政策的操作。特别是当中央银行把货币供应量作为货币政策中介指标时,货币层次的划分具有十分明显的政策操作意义。货币当局对不同层次的货币进行监测和控制,也可以促使金融机构做出相应反应,增强政府的宏观调控能力。对于如何划分货币层次,大多数国家的中央银行都以金融性资产的流动性作为标准。流动性是指金融资产转化为现金而不受损失或少受损失的能力,也就是变为现实的流通手段和支付手段的能力。

1.4.3　货币层次的划分

关于货币层次的划分,国际货币基金组织采用两个口径:货币和准货币。

"货币"等于银行以外的通货加私人部门的活期存款之和,相当于各国通常采用的 M1。

"准货币"相当于定期存款、储蓄存款与外币存款之和。"准货币"与"货币"之和相当于各国通常采用的 M2。

以流动性为标准把货币划分为多少个层次,这在各国是不统一的。由于各国经济环境和金融状况不同,可充当货币的金融证券的种类也不同,因此,将货币划分为几个层次应从各国的具体情况出发。美国将货币划分为以下四个层次。

- M1,包括:处于国库、联邦储备系统和存款机构之外的通货;非银行发行的旅行支票;商业银行的活期存款,不包括存款机构、美国政府、外国银行和官方机构在商业银行的存款;其他各种与商业银行体系活期存款性质相近的存款。
- M2,等于 M1 加上存款机构发行的隔夜回购协议和美国银行在世界上的分支机构向美国居民发行的隔夜欧洲美元;货币市场存款账户;储蓄和小额定期存款;货币市场互助基金余额等。

- M3,等于 M2 加上大额定期存款、长于隔夜的限期回购协议和欧洲美元等。
- L,等于 M3 加上非银行公众持有的储蓄券、短期国库券、商业票据和银行承兑票据等。

日本银行对货币层次的划分如下。

- M1,等于现金加上活期存款(包括企业活期存款、活期储蓄存款、通知即付存款、特别存款和纳税准备金存款)。
- M2,等于 M1 加上定期存款、可转让存款和可转让大额定期存款。
- M3,等于 M2 加上邮局、农协、渔协、信用合作社和劳动金库的存款及信托存款。

我国货币层次的划分如下。

- M0,现金。
- M1,M0 加上单位活期存款。
- M2,M1 加上个人储蓄存款和单位定期存款。

其中,M1 代表狭义的货币量;M2 代表广义的货币量;M2—M1 代表准货币。

表 1-1 是 2011—2013 年我国 M0、M1、M2 货币供应量情况。

表 1-1　2011—2013 年我国 M0、M1、M2 货币供应量情况

数据日期	流通中现金(M0)		货币(M1)		货币与准货币(M2)	
	数量/亿元	同比增速/%	数量/亿元	同比增速/%	数量/亿元	同比增速/%
2011 年 11 月	47 317.26	11.99	281 416.37	8.48	825 493.94	16.21
2011 年 12 月	50 748.46	13.71	289 847.70	8.71	851 590.90	17.34
2012 年 1 月	59 820.72	3.03	270 010.40	3.15	855 898.89	16.63
2012 年 2 月	51 448.78	8.84	270 312.11	4.29	867 171.42	17.80
2012 年 3 月	49 595.74	10.59	277 998.11	4.41	895 565.50	18.13
2012 年 4 月	50 199.32	10.35	274 983.82	3.08	889 604.04	17.46
2012 年 5 月	49 039.72	9.95	278 656.31	3.48	900 048.77	17.90
2012 年 6 月	49 284.64	10.81	287 526.17	4.68	924 991.20	18.46
2012 年 7 月	49 705.85	10.01	283 090.68	4.64	919 072.40	18.91
2012 年 8 月	50 235.06	9.74	285 739.27	4.52	924 894.59	18.45
2012 年 9 月	53 400.00	13.27	286 800.00	7.34	943 700.00	19.85
2012 年 10 月	51 500.00	10.56	293 300.00	6.06	936 400.00	14.64
2012 年 11 月	52 400.00	10.74	296 900.00	5.50	944 800.00	14.45
2012 年 12 月	54 700.00	7.79	308 700.00	6.50	974 200.00	14.40
2013 年 1 月	62 500.00	4.48	311 300.00	15.29	992 100.00	15.91
2013 年 2 月	60 300.00	17.20	296 100.00	9.54	998 600.00	15.16

广义货币 M2 是衡量一国每年投放货币量的一个重要指标,由表 1-1 可以看出:2007 年和 2008 年,我国 M2 每月的同比增速都在 14% 以上,而 2007 年我国 GDP 的增速为 13.0%,2008 年上半年我国 GDP 的增速为 10.4%,M2 的增速远高于 GDP 的增速,所导致的结果是货币投放量过大,从而使纸币贬值,进一步引发物价普遍上涨且涨幅较大的现象,这是导致通货膨胀的原因。

1.5 电子货币

货币,按照马克思的定义,本质上是起一般等价物作用的特殊商品,同时体现一定的社会生产关系。货币的形态有实物货币、金属货币、纸币、存款货币、电子货币等,其中,电子货币是现代商品经济高度发达和银行转账与结算技术不断进步的产物,代表了现代信用货币形式的发展方向,体现了现代支付手段的不断进化。

1.5.1 电子货币概述

电子货币作为当代最新的货币形式,自 20 世纪 70 年代以来,其应用越来越广泛,尤其是近几年,电子货币呈现多种发展形态,如数字现金、电子钱包等一系列的货币。虽然现在世界各国推行和研制的电子货币千差万别,但基本形态是类似的,即电子货币的使用者以一定的现金或存款从发行者处兑换并获得相同金额的数据,并以可读写的电子信息方式存储起来,当使用者需要清偿债务时,可以通过某些电子化媒介或方法将该电子数据直接转移给支付对象。实质上,电子货币是利用银行的电子存款系统和各种电子清算系统进行金融资金转移的方式。

关于究竟何谓电子货币(Electronic Money,E-money),有多种不同的定义。

商务印书馆出版的《英汉证券投资词典》中,电子货币的英文为 e-money、digital money、e-cash、e-currency、electronic cash、electronic money、electronic wallet,释义为可以在互联网上或通过其他电子通信方式进行支付的手段。这种货币没有物理形态,是持有者的金融信用。

1998 年,巴塞尔银行监管委员会(BCBS)将电子货币界定为“在零售支付机制中,通过销售终端、各类电子设备,以及在公开网络(如互联网)上执行支付的‘储值’产品和预付支付机制”。所谓“储值”产品,是指保存在物理介质(硬件或卡介质)中可用来支付的价值,这种物理介质可以是 Mondex 智能卡、多功能信用卡、“电子钱包”等,所储价值使用后,可以通过电子设备追加。而“预付支付机制”则是指存在于特定软件或网络中的一组可以传输并可用于支付的电子数据,通常被称为“数字现金”,也有人将其称为“代币”(token),由一组二进制数据(位流)和数字签名组成,可以直接在网络上使用。巴塞尔银行监管委员会的定义包含了电子货币中的在线交易和离线交易,是较为准确、完整的电子货币概念。

张卓其在其《电子银行》一书中提到:“电子货币是以计算机、通信以及金融和商业专用工具为基础,以各种银行卡为介质进行电子资金转账的一种货币流通形式。”此定义实质上将电子货币界定为成熟的银行卡支付应用体系,而将新型的网络货币排除在外。

从以上机构和专家学者的论述中可以看出,电子货币既包含传统的在金融专用网上使用的基于卡介质的电子货币,也涉及在互联网上的各种支付方式。本书支持这种较为广泛的观点。因此,广义而言,电子货币是指以电子化机具和各类交易卡为媒介,以计算机技术和通信技术为手段,以电子数据流形式存储在银行的计算机系统,并通过计算机网络以信息传递形式实现流通和支付功能的货币。电子货币可广泛地应用于生产、交换、分配和消费领域,集储蓄、信贷和非现金结算等多种功能于一体,具有比现金更简便、安全、快捷等优势,从而得到了广泛应用。

1.5.2 电子货币的种类

依据广义电子货币的含义,采用不同的标准,电子货币有多种划分方法。

1. 按被接受程度划分

电子货币按被接受程度可分为单一用途电子货币和多用途电子货币。单一用途电子货币由特定发行者发行,只能用于购买特定的产品或服务,或被单一商家所接受,如各种电话卡、就餐卡等。多用途电子货币是根据发行者与商家签订协议范围的扩大,被多家商户所接受,可购买多种产品或服务,并且可以储存、支取货币,如银行信用卡、借记卡等。

2. 按使用方式和条件划分

电子货币按使用方式和条件可分为认证(identified)或匿名(anonymous)系统以及在线(on-line)或离线(off-line)系统,通过组合,可分成四类:在线认证系统、在线匿名系统、离线认证系统、离线匿名系统。

3. 按结算方式划分

电子货币按结算方式分为支付方法电子化的电子货币和支付手段电子化的电子货币。前者指以电子化方法传递支付指令给结算服务提供者以完成结算,如 ATM 转账结算或通过 POS 机进行的信用卡结算等;后者则是本身即具有价值的电子数据,如由荷兰的求索现金公司(DigiCash Inc.)研制的网络型电子货币的代表 Ecash 以及英国 Mondex UK 研制的 Mondex 等。

4. 按依托的计算机网络方式划分

从电子货币的发展历程来看,它经历了从专有金融网络向开放式互联网发展的过程。随着使用网络的扩展,其使用范围、条件以及结算方式都发生了变化,这种划分依据基本涵盖上述三种不同的划分方式。因此,本书依据电子货币的使用范围和成熟度的不同,即根据使用电子货币所依托的计算机网络是传统的封闭型还是基于互联网的开放型,将其分为以下两大类。

(1)卡基电子货币。也称金融交易卡,是由商业银行或金融机构(在我国包含邮政金融机构)向社会发行的具有消费、转账结算、存取现金等全部或部分功能的信用支付工具,也是客户用以启动 ATM 和 POS 系统等电子银行系统进行交易的必备工具。其支付方式建立于封闭的金融专有计算机网络基础之上,是一种较为成熟的并被广泛接受的电子货币形式。此类典型的代表是银行卡。当然,以此为基础衍生出来的利用各种消费终端或电子设备进行支付的"储值"产品或预付机制,如电话卡、消费卡、等值 IC 卡和公交卡等是电子货币的另一种卡基类型。

（2）网络货币。又称网络虚拟货币，它是电子货币发展的高级形式，目前已经基本成形的有 CyberCash、FirstVirtual、DigiCash、NetCash、Mondex 等系统。以腾讯公司发行的 Q 币为例，2002 年 5 月，该公司发行了一种虚拟的网络产品，称为 Q 币，网民可以通过银行卡、电话银行、手机充值、实物 QQ 卡等多种方式购买这种货币，并存入与 QQ 号相对应的个人账户中，公司规定 Q 币与人民币兑换的比例是 1∶1；更进一步地，一些消费者可以在淘宝网（www.taobao.com）上与其他 Q 币持有者进行交易。这种方式在一定程度上解决了小额支付的麻烦以及对银行账户泄密的担心，因此赢得了不少消费者的青睐，也给公司带来了盈利。一些网络公司为了推广自己的服务，也加入了发行网络"虚拟货币"的行列，出现了新浪 U 币、网易 POPO 币、百度币、魔兽币、天堂币以及盛大点券等各种各样的网络虚拟币。除此之外，新的产品还在不断出现。目前国际金融机构和各国货币当局尚无法在法律上对网络货币做出严格的界定。在本书中，网络货币指以公用信息网为基础，以电子数据形式存储在计算机系统中，并通过开放的网络系统以电子信息传递形式实现流通和支付功能的货币。这种货币支付方式突破了原有的金融专有封闭型网络体系，建立在开放的互联网上，是电子商务活动广泛发展的产物。安全、通用的网络货币尚处于研制、探索和认证阶段，各项基础准备、支付系统技术以及国际监管协调机制等仍需要时间进行准备和试验。

1.5.3　电子货币的功能与特性

1. 电子货币的职能分析

在货币理论中如何给电子货币定位是电子货币发展中必须解决的理论问题之一。电子货币能否成为通货，主要取决于电子货币能否独立地执行通货的职能。也就是说，电子货币必须能独立地执行通货的三个基本职能，即交换媒介、价值尺度和贮藏手段，才能成为真正的通货。

从流通手段上看，通过银行卡媒体的使用以及在计算机网络上发生的货币信息的传输，实现了商品和货币的交换，为持卡人在特约商户购物服务，这种货币信息的不断传输并引起转账划拨活动，正体现了货币电子流的无形运动和商品流通领域中商品与货物的交换媒介作用。

从价值尺度上看，电子货币以一定的货币单位及其倍数通过电子脉冲显示商品的价格及其价格总额。同时，这种显示也广泛地扩展到非商品价值领域，一笔商品价款、一项债权债务、一笔货币结存等资料均可简明无误地通过计算机及其他电子设备显示出来。

从支付手段职能上看，银行卡（尤其是贷记卡）的支付及透支、赊销的清偿，无不体现出电子货币的支付手段职能。

从贮藏手段职能上看，作为电子货币运行基础的客户、计算机账户、存款余额反映了一定货币额的贮藏和积累，这种贮藏和积累不仅表现在持卡客户的保证金、备用金上，也反映在各种结算收款上，当客户的信用卡账户同普通存款账户之间能够实现自动转账时，这种贮藏手段范围将更为扩大。

从世界货币职能上看，具有外汇支付功能的银行卡，尤其是跨国联网的电子货币可以便捷地通过计算机实现不同货币的兑换，在国际网络上进行跨国收付和结算。

因此，从本质上讲，电子货币仍是商品交换的一般等价物，是真实货币的代表或符号，是传统货币形式的变革,它正以全新的形式完成货币的各项职能。

2. 电子货币的特性

由于电子货币系统将现金同存款有机地结合在一起,通过计算机的信息处理、存储和显示作用,使得电子货币具备了下述显著特性。

(1)存款特性。电子货币不仅能以电子信号形式将客户存款记录在银行系统的记录介质上,而且可按照客户指令在不同账户间实现转账划拨,不仅方便快捷,而且安全可靠。

(2)现金通货特性。当运用银行卡购物时,实际是一手交货、一手交钱,这种便捷的购物活动无异于使用现金购物。新一代智能卡的这种特性表现得更为突出,它省去了验证、授权等环节,自动减值付款,其流通手段得到充分发挥。

(3)现金与非现金相互转化的特性。通过电子货币系统,可实现现金与非现金存款的相互转化。这主要表现在利用银行卡在 ATM 上进行的存款和取现。但从主流方面看,电子货币更多地吸纳和回笼了流通中的现金量,从而加大了非现金流通的比重。

(4)信息显示特性。电子货币以计算机为主要载体,它是信息存储、处理、传输、显示的有效工具,持卡人可以凭卡通过计算机进行账户查询、其他金融信息查询等活动,以便及时做出自己的理财安排。

(5)可分性。虽然目前主要电子货币仍与传统货币保持一定比例的兑换关系,但由于电子货币的存在形式只是数字化的信息,并不需要像传统货币那样分主币和辅币分配发行,因此电子货币具有无限可分性,这又是电子货币的一大特点。

(6)发行特性。通货由各国中央银行或特定机构垄断发行权,由中央银行承担其发行成本与收益。而从目前电子货币的发行来看,更多的是商业银行等金融机构,甚至是成立特别发行公司的非银行机构。

(7)信用特性。通货是以国家信誉为担保的法定货币,由各国货币当局设计管理和更换,被强制接受和广泛使用。而电子货币目前大部分是由不同信用机构自行开发设计的带有各自特征的产品,其担保主要依赖于各个发行者自身的信誉和资产规模,消费者、商家拥有选择的自由。

从以上分析不难看出,电子货币同纸币相比,既具有巨大的优越性,也存在一些不同。可以预见,地方性的中小银行所发行的电子货币由于受到其业务范围和信誉的影响,很难被全球的网上金融市场所接受,市场竞争的结果势必形成由一家或几家大银行联合发行统一的电子货币的局面,将形成更有效率的在线数字货币发行、流通的制度安排;一般货币的使用具有严格的地域限定,除欧元区外,一国货币一般都是在本国被强制使用的唯一货币。电子货币将逐步打破地域界限,在全球统一货币出现之前,商家、消费者可以较容易地获得。

1.5.4　电子货币的发展对金融业的有利影响

(1)电子货币大幅简化了支付结算过程。

电子货币本身虚拟化、低成本的特征及其遍布全球的快速便捷的网络支付体系大幅降低了支付结算费用,加快了跨国金融资产间的转换。

(2)电子货币的发展使中央银行在公开市场进行大笔买卖操作时可以节约大量成本。

公开市场操作是各国中央银行最常用的货币政策操作,相比调整再贴现率和准备金率的操作具有更高的精确性、灵活性和更强的调控能力,并且能大幅缩短货币政策调控的反应时滞,因此对中央银行具有重要意义。

(3) 电子货币的发展有利于推动商业银行服务理念的更新。

商业银行在多元化、国际性的竞争环境中,应致力于提供更加安全高效和人性化的服务,在提高中间业务的品质的同时,应积极寻求业务拓展和创新,加大在保险代理、资产负债管理、证券交易、投资咨询等方面的投入,减少对基础货币的依赖,以此应对支付结算领域的竞争。

(4) 电子货币的发展加快了我国金融业现代化的步伐。

为了在竞争中获得优势,更多金融机构会对自己的电子货币交易系统进行技术改造和创新,提高其安全性和方便性以招揽更多顾客。这将提升支付结算行业整体技术含量,从而提高一国的国家支付体系的运转效率,在全球经济一体化的环境中降低支付系统的风险。

电子货币的发展使商业银行可以通过各种金融产品的创新拓宽筹资渠道,提高资金流动性,从而合法规避金融监管,降低金融成本。

1.5.5 电子货币对中国货币体系的不利影响

1. 电子货币对货币供给的影响

(1) 使货币划分层次模糊。由于电子货币是以虚拟的形式出现在网络上的,用户可以随时通过自己的指令改变现金与储蓄、活期与定期之间的转换,所以货币划分层次的界限由于电子货币正在日益减少,原来认为货币供应量有着明确的内涵和外延的优点将消失。

(2) 电子货币对基础货币的影响。基础货币是中央银行实行法定准备金制度以控制存款扩张和货币创造的一个特殊的货币层次。随着电子货币的不断完善和成熟,当电子现金可以成为新形式的现金货币加入基础货币行列时,则可能使得基础货币虚拟化。电子货币的发展将减少流通中的现金,同时,如果电子货币替代银行存款,由于目前各国法律尚未规定电子货币要交纳准备金,因此这将会减少商业银行的存款准备金,也会导致基础货币的减少。

(3) 使货币供应主体变大。在电子货币无须准备金和市场准入的条件下,很多金融组织甚至企业加入了电子货币的发行。从电子货币的职能与特性、电子货币的发生与主体等方面看,进入电子货币时代后,货币的发行权将趋于分散化。

2. 电子货币对货币需求的影响

电子货币对货币需求的影响主要表现在电子货币部分替代流通中的现金,加快了货币流通速度,从而对货币的需求会减少。另外,电子货币还有信用创造的作用,也使得对货币的需求处于不稳定的状态,从而导致利率的波动,利率的波动反过来导致货币需求的不稳定。货币需求的波动加大,就会降低利率作为货币政策传导机制的传导作用。由于流通中现金的减少,必然导致现金需求的下降。货币流通速度的加快、货币需求数量的减少导致了持有货币机会成本的提高,也就是说,会有更多的现金与利率挂钩,从而导致了利率在货币需求中作用的增强,致使货币需求中与利率有关的部分日益增加,导致货币需求日益不稳定。货币需求与利率密切相关,并受其影响很大,加上流通中的现金减少,从而对货币需求的影响会难以预测,将加大中央银行调控的难度。

3. 对货币政策工具的影响

(1) 对法定存款准备金政策的影响。一是金融机构为了避免由于准备金的被占用而影响了资本的扩张,必然会大量发行电子货币,从而避免法定准备金对其的影响。二是由于客户通过电子指令可以在瞬间实现现金与储蓄、定期与活期之间的转换,由于这几项的法定准备金又不同,必然会产生中央银行准备金的不断变化,而由于客户的指令是随机的、难以预测的,必然给中央银行带来操作上的困难,从而使中央银行通过调控准备金实施货币政策的难度加大。

(2) 削弱中央银行再贴现政策。在实施再贴现政策的过程中,中央银行处于被动地位,因为商业银行和其他金融机构可以发行不用上缴法定存款准备金的电子货币,使再贴现政策工具的有效性受到了很大的制约,甚至变得无效。另外,再贴现政策工具灵活性较小,再贴现率的频繁调整会引起市场利率的经常性波动,使大众和商业银行无所适从。

(3) 对公开市场业务的影响。因为公开市场业务主要通过银行系统准备金的增减变化而起作用。当中央银行购进有价证券时,无论是由社会大众还是金融机构出售证券,都表现为银行准备金的增加,从而造成扩张货币的效果;相反,当中央银行出售有价证券时,无论是由社会大众还是金融机构购买,都无异于向市场收回一笔资金,并表现为银行准备金的减少,从而减少货币供应量。然而由于电子货币的发行可以使金融机构和其他商业机构无须缴纳准备金,其完全可以通过发行无准备金的电子货币弥补超额准备金由于公开市场业务的变化而带来的影响。例如,中央银行出售有价证券以紧缩货币供应量,而金融机构和其他商业机构则可发行新的电子货币以减少政策对其的影响。所以说,电子货币会对公开市场业务带来消极影响,公开市场业务的操作将变得十分复杂。

4. 对货币政策中介目标选择的影响

电子货币的使用淡化了货币层次的界限,减少了对基础货币的需求,加大了利率的波动幅度,导致利率的决定因素日益复杂,从而使货币政策的中介目标的可测性、可控性和抗干扰性大幅降低。从信用机构转向金融市场的传导媒介和过程加大了中央银行的认识时滞和行动时滞,在外部时滞上更加不确定。

电子货币是信息技术和网络经济发展的内在要求和必然结果。从实物货币、金属货币、纸币到电子货币是提高货币流通效率、降低货币流通费用,从而降低商品交易费用的货币制度安排的变迁过程。尽管存在着各种各样的弊端和风险,但作为货币形态演变最新形式的电子货币,逐步取代传统通货已经成为一种不可逆转的世界性发展趋势。

1.6 支付制度的演化

支付制度是经济社会中进行交易的方法,随着货币形式的变化,支付制度也在逐步演化。黄金等贵金属曾经被当作主要的支付手段并且是货币的主要形式。后来纸币和支票等纸制品在支付制度中使用并作为货币。货币形式的变化对于货币的定义及其管理有着重要的影响。

一种物品要起到货币的作用,就必须在商品和劳务的支付中让每个人都愿意接受,由此可以理解为什么黄金或白银能够充当货币。由贵重金属或高价值的物品充当的货币称为商品货币。从远古到几百年以前,贵金属在所有社会中都充当过交易媒介。但这种支付制度存在一些缺陷:货币重量过大,导致运输困难,不能适应商品交易大规模的发展;同时,贵重金属资源数量的有限性也阻碍了商品贸易的开展。最终,纸币替代了贵金属。最初的纸币是可以兑换成金属货币的,后来由于纸币分散发行造成的货币流通紊乱促使了完全不兑换的纸币制度诞生,纸币的发行成为各国的一种法律安排。

纸币和硬币的主要缺陷是不易安全保管,如果交易量很大,运输费用也较高。为了解决这一问题,随着现代商业银行的发展,支票成为支付制度的主要形式。支票是一种“见票即付”的债务工具,人们不必携带大量现金就可以从事交易。因此可以说,支票的使用是提高支付制度效率的一项重大创新。支票制度的优点是:首先,可以节省交易成本,促进经济效率的提高。在经济生活中,支付活动是频繁发生的,支付也是有来有往的,使用支票可以相互抵消进行清算,不会造成大量现金流动,无须运送现金,从而减少了支付的交易成本,促进了经济效率的提高。其次,支票可以在账户余额范围内开出任意的金额,大大方便了大额交易的进行。此外,支票也有利于减少偷盗损失,方便购物。

但是,支票制度也有缺陷:一是运送支票需要时间,特别是异地付款需要比同地付款更长的时间;二是支票存入银行也不能在当日进行支付,往往需要几个工作日之后才能使用这笔存款;三是处理支票的费用较高。

随着电子计算机和网络技术的发展,支付制度正朝着电子化方向发展。资金调拨电子系统将取代现行的支付手段而成为未来的支付手段。在这种支付手段中,电子货币充当主要的媒介,对于电子货币有各种各样的称呼,如电子现金、网络货币、E现金、虚拟货币等。但无论怎样称呼,它都是指与付款、取款、存款、融资等和流通货币有关的信息全部经过的数字化者,即电子货币。电子货币的使用,一是可以最大限度地取代现金的发行,使得货币的发行费用降低;二是发行主体将由中央银行向其他主体转变。电子货币与支票、纸币等其他货币形式相比,具有保存成本低、流通费用低、标准化成本低、使用成本低等优势。电子货币的发行和使用给人们带来了巨大的好处,同时也会产生新的问题。电子货币在具有灵活性的同时也具有不可跟踪性,因此会带来发行管理和安全验证等方面的问题。在中国,支付宝、微信支付远超信用卡支付;ATM的交易数量在2019年也首次出现下降。人们不再依赖现金流通,不少银行柜台甚至门可罗雀。这些变化显现在银行的现金流通量上,在2001—2011年这11年中,中国现金流通量M0每年的增长基本上都在10%以上,最高在2010年曾经达到16.7%。但是从2012年以后,不论货币信贷如何波动,M0的增幅始终不大,基本上维持在3%～4%的水平。

随着社会历史形态由工业社会向信息社会转变,人类经济基础形态也由商品经济转变为数字经济。2019年10月,Chris Giancarlo与Gorfine在《华尔街日报》联合撰写了一篇专栏文章,直言“模拟储备货币已无法满足数字21世纪的需要”。

科技成就数字货币。目前,世界各国以及社交媒体平台(如 Facebook)纷纷采取举措推出数字货币,中国在互联网金融和移动支付领域处于领先地位,面对 Facebook 推出的 Libra 数字货币,中国高度重视并大力发展数字经济,2020 年 4 月 16 日,央行正式宣布:法定数字货币率先在中国诞生。这对于中国、全球以及全世界人民而言具有长远的价值与意义。

人类社会正在进入信息社会,数字货币是信息社会的必然产物,也是数字经济的基本条件。货币历史从信用货币过渡到数字货币是经济历史演化的必然规律。

思考题

1. 简述货币的基本职能。
2. 货币制度的主要内容是什么?
3. 我国货币层次是如何划分的?

综合实训

四人为一小组,通过互联网查询资料,就以下问题展开讨论。

1. 黄金具有贮藏职能,其贮藏的是什么?
2. 纸币是不是货币?纸币是否具有贮藏职能?
3. 纸币是否有条件地发挥了贮藏职能,它贮藏的是什么?(关键词:购买力、财富、财富的代表)
4. 电子货币对我国货币层次的影响有哪些?请从货币的供给和需求说起。

第 2 章

金融机构

本章学习目标

- 了解金融机构体系的构成。
- 掌握商业银行的特征、职能和组织形式。
- 熟悉商业银行的三大业务。
- 熟悉商业银行的信用扩张与收缩。
- 了解建立中央银行的必要性,掌握中央银行的职能和特点。
- 了解银联的概念和业务类型。

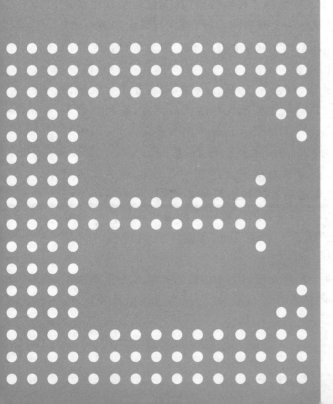

2.1 金融机构及其体系的一般构成

2.1.1 金融机构概述

金融是指货币资金的融通,可分为直接金融和间接金融,这两种资金融通方式的区别在于是否有金融机构介入,没有则为直接金融,有则为间接金融。

金融机构也称金融中介或金融中介机构,是专门从事各种金融活动的组织机构。在现代社会,很大一部分资金是通过金融机构进行融通的,尤其在金融市场不发达或不甚发达的国家更是如此。

2.1.2 金融机构体系的一般构成

金融机构体系一般是指一国在一定时期内所有的金融机构按照一定结构形成的整体。根据各金融机构从事金融活动目的的不同,现代各国金融机构体系大致包括如下三种类型。

1. 商业性金融机构

这类金融机构指主要以营利为目的而从事金融活动的金融机构。这类金融机构按其所从事的具体业务活动可分为商业银行、专业银行、非银行金融机构三大类别。商业性金融机构的服务对象主要是工商企业和居民个人。

2. 政策性金融机构

这类金融机构指主要为实现政府政策目标而开展金融业务的金融机构。其服务对象主要是符合政府在某一时期政策规定条件的各经济主体。

与商业银行等一般商业性金融机构相比,政策性金融机构的特征主要有以下几个。

(1) 经营目标是为了实现政府的政策目标。一般商业性金融机构,其经营活动更多地考虑自身的盈利;而政策性金融机构是隶属于政府的金融机构,它严格执行政府的意图,其经营目标不以营利为主,而是实现政府的政策目标。政策性金融机构作为金融机构也要在经营活动中实行独立核算、自主经营和自负盈亏。

(2) 资金来源主要是国家预算拨款。商业银行的资金来源主要是存款,非银行金融机构的资金来源有的主要是存款(如信用合作社),有的主要靠发行股票或债券;政策性金融机构的资金来源主要是国家预算拨款,另外还有一部分资金来源于向政府借款,向国内外发行由政府担保的债券,向国内其他金融机构借款,向国际金融机构借款等。

(3) 资金运用以发放中长期贷款为主。商业银行的资金运用中虽然也有中长期贷款,但一般不以此为主;非银行金融机构的资金运用有的和银行基本相同,有的则用于经营某项专门的金融业务,但很少是专门经营中长期贷款的。政策性金融机构则以经办政府的中长期项目贷款为主,并且贷款利率一般低于同期限的商业性金融机构的贷款利率。

(4) 政策性金融机构的贷款重点是政府社会经济发展计划中由政府产业政策重点扶植的项目,如发放基础设施建设贷款、重点发展的产业开发贷款、社会福利建设项目贷款、改善环境的建设贷款等。这些贷款由于利微、期限长、风险大,商业性金融机构不愿经营,因此多由政策性金融机构经营。

世界各国政策性金融机构按业务范围可以划分为以下几类。

(1) 开发性政策性金融机构,即专门为政府经济开发和发展提供中长期贷款的政策性金融机构。

(2) 农业政策性金融机构,即通过经营农业或与农业有关的信贷业务贯彻政府支持农业发展政策的政策性金融机构。

(3) 进出口性政策性金融机构,即通过经营与进出口有关的信贷业务推动国家进出口贸易发展的政策性金融机构。

从业务范围看,世界各国的政策性金融机构除了上述三种类型之外,还有住房政策性金融机构和中小企业政策性金融机构。前者专门为住房的生产、经营、分配和消费各个环节提供政策性融资,后者主要服务于中小企业,为支持中小企业增强市场竞争力,开辟就业渠道,推动技术创新与进步提供政策性金融服务。

我国在 1994 年为适应金融改革的需要组建了国家开发银行、中国农业发展银行、中国进出口银行三家政策性金融机构。

3. 中央银行

中央银行也称货币金融当局或货币当局,其一方面通过一定的金融业务活动进行宏观金融调控,并为全国其他类别的金融机构提供有关服务;另一方面,有些国家的中央银行还代表政府负责监管商业银行等金融机构的活动。中央银行的服务对象是政府和商业银行等金融机构。

2.1.3　我国的金融机构体系

新中国的金融机构体系是通过在 1948 年 12 月 1 日组建中国人民银行,之后合并解放区银行,没收官僚资本银行,改造私人银行与钱庄,建立农村信用合作社、中国人民保险公司等途径建立起来的。

1956 年,我国在社会主义改造基本完成以后,形成了高度集中的金融机构体系,习惯上称之为"大一统"的人民银行体系。

党的十一届三中全会后,随着改革开放政策的实行,"大一统"的人民银行体系已经不能适应我国经济金融的发展。为适应改革开放的新形势,国家对金融机构体系进行了重大改革,于 1984 年建立了中央银行制度下的金融机构体系。

改革至今,我国形成了以中国人民银行(作为中央银行)为领导核心,以国有独资商业银行为主体,包括股份制商业银行、政策性银行、非银行金融机构及外国在华金融机构并存的金融机构体系(图 2-1)。国有独资商业银行主要是指中国工商银行、中国农业银行、中国银行和中国建设银行;股份制商业银行有全国性和地方性之分,全国性的有交通银行、中信银行、中国光大银行、华夏银行、中国民生银行、广东发展银行、深圳发展银行、招商银行、兴业银行、上海浦东发展银行、中国邮政储蓄银行等,地方性的主要是指各大中城市的城市商业银行;政策性银行有国家开发银行、中国农业发展银行和中国进出口银行;非银行金融机构有保险公司、证券公司、信托投资公司、金融租赁公司、财务公司、基金管理公司、金融资产管理公司等;外资在华金融机构指外资金融机构在华所设的代表处和营业性分支机构,包括外国独资银行、外国银行分行、合资银行、独资财务公司、合资财务公司、合资基金管理公司等。

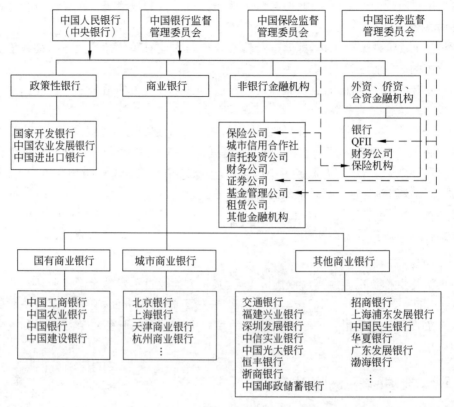

图 2-1　我国金融机构体系图

2.2　商业银行

商业银行是一国金融机构体系中面向工商企业和居民个人等社会公众,具体经办存款、货款和结算业务,并提供其他金融服务,以获取利润为经营目的的金融机构。在各类金融机构中,它是历史最为悠久、业务范围最为广泛、对社会经济生活影响面最大的一种。

商业银行是现代经济生活中的存款货币的主要创造金融机构,通常也被称为存款货币银行。

2.2.1　商业银行的职能

1. 信用中介

信用中介就是商业银行一方面通过吸收存款等方式,动员和集中社会上暂时闲置的货币和货币资金,另一方面以贷款等方式使这些货币资金流向需要资金的社会经济部门,从而巧妙地把借贷双方联系起来,成为借贷双方的中介人。这是商业银行最基本、最能说明其经营活动特征的职能。

商业银行通过发挥信用中介职能,在资金盈余者与短缺者之间架起一座桥梁,从而在资金所有权不发生转移的前提下,使闲置的货币资金得到最大限度的利用,促进经济的发展。

2. 将社会各阶层的货币收入和储蓄转化为资本

个人货币收入是用来满足消费需求的;储蓄是准备用作未来消费或满足不测之需的。它们都不是资本,金额也比较小。由于商业银行具有信用中介职能,能把个人的货币收入和储蓄集中起来,再运用出去,从而把非资本的货币转化为资本,扩大了社会资本总量,有利于加速经济的发展。

3. 支付中介

商业银行在为顾客办理与货币有关的技术性业务,如保管货币、贵金属、证券以及办理现金收付和存款转账等方面发挥支付中介职能。在这里,商业银行成为社会的"账房"和"出纳"。商业银行的这一职能可以最大限度地节约社会流通费用,同时还加速了货币资金的周转,为社会化大生产的顺利进行提供了前提条件。

商业银行的支付中介职能主要体现在其中间业务上。

4. 创造存款货币等信用流通工具

商业银行在经营各项业务过程中成为银行券和存款货币这两种信用货币的创造者。随着商业银行的发展和中央银行的产生,商业银行发行银行券的权力被中央银行所取代,银行券由中央银行垄断发行,而商业银行在信用中介和支付中介职能的基础上,通过存贷业务和转账结算业务的开展,完成了对存款货币的创造。另外,商业银行还通过发行银行本票、大额可转让定期存单等向流通领域提供信用流通工具,这样也可以节约与现金流通相关的流通费用,并可以将节约的非生产性流通费用用于生产过程。

2.2.2　商业银行的类型和组织形式

1. 商业银行的类型

商业银行从业务经营范围划分有两大类型:职能分工型和全能型。

职能分工型是指商业银行根据法律规定,主要经营短期工商信贷业务。有些国家的法律对各种金融机构的业务范围有严格的限定,有的经营长期金融业务,有的经营短期金融业务,有的则专营证券,有的则只经营信托等,而商业银行主要经营短期工商信贷业务。美国、英国、日本等国家的商业银行在 20 世纪 90 年代以前的半个多世纪里均属于这种类型。

全能型商业银行也称综合型商业银行,是指商业银行可以经营一切金融业务,包括各种期限和种类的存贷款、各种证券买卖以及信托、支付清算等。采用这种商业银行类型的国家以德国、奥地利和瑞士为代表。

从业务经营范围看,我国目前实行金融分业经营、分业管理的政策,我国现有的商业银行就属于职能分工型商业银行。

2. 商业银行的组织形式

1) 商业银行的外部组织形式

商业银行的外部组织形式是指商业银行在社会经济生活中的存在形式。由于各国的政治经济情况不同,各国商业银行的外部组织形式也有所不同,归纳起来有如下几种形式。

- 单元银行制,也称单一或独家银行制,是指业务只由一个独立的银行机构经营而不设分支机构的银行组织形式。目前,只有美国采用这种形式,但美国的许多州也在逐步放松对银行开设分支机构的限制。

- 总分行制,也称分支行制,是指在大城市设立总行,并在该市及国内或国外各地设立分支机构的银行组织形式。在这种形式下,分支行的业务和内部事务统一遵照总行的指示办理。目前,世界上大多数国家采用这种形式。我国的商业银行也采用这种形式。

- 集团银行制,也称控股公司制,是指由一个集团成立股权公司,再由该公司控制或收购两家以上的若干银行,这些银行在法律上仍保持独立性,但业务经营都由同一股权公司控制的银行组织形式。

- 连锁银行制,也称联合银行制,是指两家以上商业银行受控于同一个人或同一集团,但又不以控股公司的形式出现的银行组织形式。这种形式下的成员银行在法律上是独立的,但实际上所有权由一人或一个集团控制,它与集团银行制的区别在于没有控股公司的形式,无须成立控股公司。

- 代理行制,是指银行相互间签有代理协议,委托对方银行代办指定业务,这在国际间是十分普遍的。被委托的银行为委托行的代理行,相互间的关系是代理和被代理的关系。

2) 商业银行的内部组织结构

一般而言,股份制商业银行的内部组织结构由决策机构、执行机构和监督机构组成。决策机构包括股东大会、董事会,执行机构包括总经理(行长)领导下的各种职能部门和业务部门,监督机构主要有监事会和各种检查委员会。

2.2.3 商业银行的业务

1. 负债业务

负债业务指商业银行筹措资金,借以形成资金来源的业务,它是商业银行资产业务和其他业务的基础。

1) 资本金

资本金是商业银行的本钱,是商业银行获得市场准入资格和开展存贷款等业务的基础,它代表着商业银行所有者的权益,它一般有两个来源:一是商业银行创立时所筹措的资本,二是商业银行经营利润的一部分。不论来源如何,资本金都属于商业银行的长期性资金来源,因此可以进行长期性的运用。商业银行资本金占其整个资金来源的比重不高,但意义非常重大。一方面,它表明商业银行的实力,是其树立信誉的物质基础;另一方面,它表明商业银行的清偿能力与抗拒风险能力的强弱。

　　需要说明的是,商业银行资本金反映在其资产负债表中的负债方,只是表明它与下面将要介绍的各种负债共同构成商业银行的资金来源,但与其他负债在性质上是不同的。

　　2) 吸收存款业务

　　吸收存款是指商业银行接受客户存入的货币款项,存款人可随时或按约定时间支取款项的一种信用业务。这是商业银行的传统业务,是商业银行最重要的一项负债业务。

　　存款一般有以下三种。

- 活期存款。存款人把款项存入商业银行时不约定提取时间,可以随时提取或开出支票进行转账的存款就是活期存款。因这类存款客户取存频繁,会增加商业银行业务量,加大其经营成本,故商业银行一般不支付利息或支付的利息很低。虽然活期存款时存时取,流动性很强,但存取交替之中总会沉淀一笔相对稳定的余额,可供商业银行运用。
- 定期存款。指存款人把款项存入银行时约定时间,到期才能提取的存款。由于定期存款期限较长,原则上到期之前不能支取,故银行给予较高的利息。这类存款的稳定性较好,可作为商业银行中长期贷款的资金来源。
- 储蓄存款。主要是居民个人为积蓄货币而将款项存入银行的存款,这类存款由存户以银行开具的存单或存折办理存取,不能透支,但可以随时提取。

　　3) 其他负债

　　其他负债包括以下三类。

- 借款。指商业银行通过借入资金方式而形成资金来源的业务,包括向中央银行借款(通过再贴现或再贷款)、同业借款(通过同业拆借、转贴现、转抵押)、回购协议、国际金融市场借款等。一般而言,借款只形成商业银行的短期资金来源。
- 发行金融债券。即商业银行通过发行债券以形成资金来源。通过这种方式形成的一般都是长期资金来源,可长期运用。
- 占用资金。指商业银行在同业往来及办理中间业务中占用的资金,如占用委托款、占用结算资金。占用资金,也可以形成资金来源。但随着资金清算电子化和自动化的发展,占用资金,特别是占用的结算资金将日益减少。

　　相对于吸收存款而言,商业银行在借款、发行金融债券时拥有较大的主动权,所以借款、发行债券属于商业银行的主动型负债。

　　2. 资产业务

　　资产业务是指商业银行对通过负债业务形成的资金来源加以运用的业务,是商业银行获得收益的重要途径。商业银行的资产一般有三类:现金资产、贷款资产、投资。

　　1) 现金资产

　　现金资产包括以下几种。

- 库存现金,即存放在银行金库中的现钞和硬币,以应对客户取现、日常业务开支及收付需要。
- 存放在中央银行的超额存款准备金,对这部分存款,银行可随时用作支付或清算,是银行的一般性账户存款。
- 存放在同业的存款,是为了同业间往来及清算的方便而在其他银行开设的往来账户的存款。

- 托收中现金。在商业银行经营中，每天都会收到开户人拿来的支票或现款，其中有些支票可能是非本行付款，需要向付款行收取，这种需要向其他银行收款的支票称为"托收中现金"。

以上各种现金资产都是银行为保持必要的流动性而保留的。随着货币市场、证券市场的发展，现金作为保持流动性的唯一办法被打破，商业银行只保留少量现金资产，而通过持有较多的能带来收益的短期证券，如国库券、央行票据等应对流动性需要。

2）贷款资产

贷款也称放款，是指商业银行将所吸收的资金按照一定的利率提供给客户使用的一种资产业务。贷款是商业银行最重要的资产业务，是商业银行运用资金的主要途径，也是商业银行利润的主要来源。

按照不同标准，贷款种类有不同划分方法。

（1）按贷款主体的不同，可分为单独贷款和联合贷款。单独贷款是指贷款的发放主体由一家银行承担；联合贷款又称银团贷款或辛迪加贷款，是指由数家银行联合，共同发放的一笔数额较大的贷款，这是在国际金融市场上经常使用的一种贷款形式。

（2）按贷款的客体，即借款人所提供的申请贷款的保证，可分为抵押贷款、信用放款和票据贴现放款。

- 抵押贷款是商业银行开展的一种风险较低的贷款。
- 信用放款是指银行放款时不收任何担保品，完全凭借款人的信用发放的贷款，能获得这种贷款的企业一般都具有较高的信用级别，银行也熟悉它们的经营情况。
- 票据贴现放款，是指持票人所持票据未到期而又临时资金短缺时，持票人可持票到银行办理贴现。贴现时，由银行买进未到期票据，但并不是全额照付，而是要从票面金额中按一定贴现率扣除贴现利息，其公式为

贴现付现额＝票据面额×（1－年贴现率×未到期天数/360）

从形式上看，票据贴现是一种票据买卖，实质上是一种特殊形式的放款。

（3）按贷款的期限，可以分为1年以下的短期贷款和1年以上的中长期贷款。

（4）按贷款的用途，可以分为投资贷款、商业贷款、消费贷款和农业贷款。

3）投资

商业银行投资是指商业银行购买有价证券的业务活动。

商业银行投资的目的主要是为了增加收益和增加资产的流动性，因此，银行投资的对象主要是信用可靠、风险较小、流动性较强的政府债券。此外，一些财力雄厚、信用卓著的大公司的债券也是商业银行投资的对象。商业银行投资于债券，一方面为其一时多余的资金找到投放渠道，增加盈利；另一方面，需要资金时又可在金融市场上迅速出售变现。至于投资于股票，在实施金融业职能分工的国家一般是不允许的；在允许商业银行全能经营的国家也有限制性的规定。之所以限制商业银行投资于股票，目的在于保证银行的稳定经营和避免银行对企业的控制。

3. 中间业务

商业银行的中间业务是指商业银行不需要运用自己的资金，而是代理客户承办支付和

其他委托事项,并据以收取手续费的业务。这类业务是在资产负债业务发展的基础上产生的,因为商业银行与客户存在存贷款关系,它要接受客户的各种委托,要提供结算、汇兑等各种服务;同时,商业银行通过提供多种金融服务,又可以进一步增加其对存款的吸引力和扩大资产业务的规模。为此,各国商业银行非常注重发展中间业务。

商业银行的中间业务主要包括以下几类。

(1) 结算业务。指银行承办的客户有关资金收付方面的业务,是由银行的存款业务衍生出来的一种业务。

(2) 承兑业务。指银行为客户开出的汇票或票据签章,并承诺到期一定付款的业务。由于票据的兑付一般无须银行投入自己的资金,所以对票据的承兑实际上是以银行的信用确保客户的信用。

(3) 代理业务。指银行接受客户委托,以委托人的名义代办经济事务的活动,主要是代收业务、代客买卖业务和代保管业务。

(4) 信托业务。指银行作为受托人,接受他人委托代为经营、管理、处理有关经济事务的行为。受托人可以是自然人,也可以是法人。

(5) 租赁业务。租赁是出租人以收取租金为条件,在一定期限内将某项财产交付承租人使用的经济行为。它由财产所有者(出租人)按合同规定将财产出租给使用者(承租人)使用,按期收取租金,承租人只有使用权,所有权仍归出租人。

(6) 银行卡业务。银行卡是由银行发行、供客户办理存取款和转账支付的新型服务工具的总称,包括信用卡、支票卡、记账卡、智能卡等。信用卡是代替现金和支票使用的支付工具,发卡人可以是银行,也可以是公司或零售商店。目前,信用卡正向国际化、安全、多用途方向发展。像维萨卡、万事达卡等信用卡的影响已遍及世界主要国家和地区。

4. 国际业务

当商业银行业务活动的空间跨越国界时,上面介绍的各类业务也就演变成商业银行的国际业务了。商业银行经办的国际业务主要有以下几类。

(1) 国际结算业务,包括国外汇款、信用证和托收。

(2) 国际信贷业务,包括出口信贷、打包放款、进出口押汇、包买票据等。

(3) 外汇买卖业务,包括即期外汇买卖、远期外汇买卖、掉期外汇买卖等。

当然,由于国情的不同,商业银行跨国经营上述业务与在国内经营又有所差别。

2.2.4　存款货币的创造与收缩

1. 创造存款货币的必要条件

商业银行创造存款货币是有条件的,即实行部分准备金制度和非现金结算。

部分准备金制度是相对于全额准备金制度而言的。在全额准备金制度下,银行必须保持 100% 的准备,即银行每增加 1 元存款,就必须有 1 元的准备。在部分准备金制度下,银行每增加 1 元存款,则不需要同等规模的准备,银行可以通过保留部分准备,而将其余存款用于发放贷款和投资。如果准备金率为 20%,则意味着银行只需要保持 20% 的准备即可,而将 80% 的存款用于贷款和投资。

非现金结算是相对于现金结算而言的。在非现金结算下,银行可以通过记账的方式发放贷款,从而可以通过创造存款提供信用。

商业银行创造存款货币需要同时具备以上两个条件。具备部分准备金制度可以为吸收存款后动用部分存款发放贷款提供了条件,但这必须建立在非现金结算的条件下;如果仅具备非现金结算的条件而实行全额准备金制度,则不能创造存款货币。

2. 原始存款、派生存款和准备金

原始存款是客户将现金存入银行而形成的存款。由于各国基本都实行部分准备金制度,因此商业银行可以将一小部分现金作为付现准备,其余现金则可以用于放款。同时,又因为实行非现金结算方式,客户在取得贷款后一般不立即提取现金,而是转入其活期存款账户,这时,银行一方面增加了放款,另一方面又增加了活期存款。银行通过转账方式发放贷款时创造的存款就是派生存款。在信用制度发达的国家,银行的大部分存款都是通过这种营业活动创造出来的。

商业银行的存款准备金由其现金库存和其在中央银行的存款这两部分构成。为了合理地控制货币数量,各国一般都以法律形式规定商业银行必须保留的最低数额的准备金,这就是法定准备金。同时规定商业银行必须按存款总额的一定比例保留准备金,这个比例就是法定准备金率。准备金超过法定准备金的部分,称为超额准备金。

法定准备金的计算公式为

$$R_d = D \cdot r_d$$

其中,R_d 代表法定存款准备金,D 代表活期存款总额,r_d 代表法定存款准备金率。超额准备金是实有准备金与法定准备金之差,计算公式为

$$E = R - D \cdot r_d$$

其中,E 代表超额准备金,R 代表商业银行准备金。

上式的结果如果为正,则说明商业银行的准备金有余;如果结果为负,则说明准备金不足。

法定准备金率的高低会直接影响银行创造存款货币的能力。法定准备金率越高,银行吸收的存款中可用于放款的资金就越少,创造存款货币的数量也越少;反之,法定准备金率越低,创造存款货币的数额则越大。由此可见,法定准备金率决定了银行创造存款的能力,与信贷规模的变化密切相关,这使得法定存款准备金率成为了各国中央银行调控货币供给的重要手段。

3. 存款货币的创造与收缩过程

在广泛采用非现金结算方式的情况下,银行吸收的原始存款中的超额准备金将被用于发放贷款,客户在取得借款后一般不提取现金,而是全部转入另一家企业的银行存款账户。接受这笔新存款的银行在增加存款的同时,也增加了存款准备金。同样,它在保留一部分法定准备金后,又可以将超额准备金用于发放贷款。于是,该银行又会出现另一笔存款。如此延续下去,商业银行可以创造出大量的存款。

为了更清楚地说明商业银行创造存款货币的过程,下面做出如下假定:第一,银行体系由中央银行及至少两家的商业银行构成;第二,法定存款准备金率为 20%;第三,存款准备

金由商业银行的库存现金及其在中央银行的存款构成;第四,银行客户将其一切货币收入均存入银行体系。

现假设企业 A 将 10 000 元存入第一家银行,该银行将增加 10 000 元原始存款,在按照 20% 提留 2000 元作为法定准备金后,该银行将 8000 元超额准备金全部贷给企业 B,企业 B 用此贷款支付企业 C 的货款,之后企业 C 将款项存入第二家银行,使其准备金和存款均同额增加 8000 元。第二家银行提留 1600 元法定准备金后,又将 6400 元超额准备金贷给企业 D,企业 D 又用此贷款支付企业 E 的货款,之后企业 E 将款项存入第三家银行,该银行又继续贷款,如此循环下去,整个过程见表 2-1。

表 2-1　存款货币的创造过程

银行名称	存款增加数/元	法定准备金 /元	增加放款/元
第一家银行	10 000.00	2000.00	8000.00
第二家银行	8000.00	1600.00	6400.00
第三家银行	6400.00	1280.00	5120.00
第四家银行	5120.00	1024.00	4096.00
第五家银行	4096.00	819.20	3276.80
第六家银行	3276.80	655.36	2621.44
第七家银行	2621.44	⋯	⋯
⋮	⋮	⋮	⋮
总　计	50 000.00	10 000.00	40 000.00

表 2-1 中的数字表明,在部分准备金制度下,一笔原始存款会由于整个银行体系扩张信用的结果,而产生大于原始存款若干倍的存款货币。扩张的数额主要取决于两个因素:一是原始存款量的大小;二是法定准备金率的高低。原始存款量越多,创造的存款货币量就越多,反之则越少,其计算公式为

$$D = A \cdot \frac{1}{r_d}$$
$$\Delta D = D - A$$

其中,D 代表经过派生后的活期存款总额,r_d 代表法定存款准备金率,A 代表原始存款规模,ΔD 代表派生存款总额。

如果把表 2-1 中的数字代入以上公式,则有

$$D = 10\ 000 \div 20\% = 50\ 000(元)$$

显然,活期存款的变动与原始存款的变动之间存在一种倍数关系(K),可用公式表示为

$$K = \frac{D}{A} = \frac{1}{r_d}$$

其中,K 代表存款派生倍数,它是法定存款准备金率的倒数。法定存款准备金率越高,存款扩张的倍数值就越小;法定存款准备金率越低,扩张的倍数值则越大。

银行系统派生存款倍数创造原理在相反方向上也同样适用,即派生存款的紧缩过程也呈现为倍数紧缩过程,下面仍以上例为例进行说明。

当某客户从银行提取 10 000 元现金后,便会使银行的原始存款减少,在银行体系没有超额准备金的前提下,必然会出现消减存款货币的情况,即该银行为了维持其法定准备金水平而必须收回一笔同等数额的贷款,以弥补法定准备金的不足。而贷款的收回则是通过自己的客户收到其他银行的客户(如银行 A 的客户)所签发的支票实现的,从而导致银行 A 将减少 10 000 元的活期存款和 10 000 元的准备金。按照 20% 法定准备金率计算,活期存款减少 10 000 元,法定准备金至多减少 2000 元。

但是,由于银行 A 的准备金已被转出 10 000 元,因此其法定准备金减少了 8000 元。如果银行 A 收回的贷款是通过客户从银行 B 得来的,那么银行 B 将由于法定准备金短缺 6400 元而必须收缩自己的贷款或投资,以补足准备金。而银行 B 收回贷款的结果,也是以减少其他银行同等数额的活期存款,从而减少其准备金为条件的。这一过程将一直进行下去,直到银行系统的活期存款变化到以下水平:

$$-10\ 000-8000-6400-5120-4096-\cdots=-50\ 000(元)$$

由此可见,派生存款的缩减过程与其扩张过程相同,都呈现出倍数效应,两者是相互对称的。

2.2.5 金融创新

金融创新是近年全球金融业特别是西方金融业迅速发展的一种趋势,这种趋势从 20 世纪 60 年代即已开始,到 70 年代各种创新活动日益活跃,到 80 年代已形成全球性的浪潮。这股浪潮至今势头未减,商业银行的经营活动呈现出业务经营综合化、金融资产证券化与经营手段电子化的趋势,给整个金融体制、金融宏观调节乃至整个经济都带来了深远的影响。

1. 金融创新的含义和内容

金融创新是指来自金融业内部的种种创造性的变革。具体而言,金融创新是指金融业突破多年传统经营局面,在金融工具、金融方式、金融技术、金融机构以及金融市场等方面所进行的创新和变革。

金融创新的内容非常广泛,大体包括以下几方面。

(1) 新技术在金融业的运用,如银行资料处理计算机化、票据交换清算计算机化、证券市场交易计算机化、电子出纳机、售货场所终端机、多用途电子卡等。

(2) 国际新市场的开拓,如欧洲美元市场、亚洲美元市场等。

(3) 国内和国际金融市场上各种新工具、新方式、新服务的出现。新工具有大额可转让定期存单、回购协议、可转让支付命令账户、货币市场互助基金、浮息票据、浮息债券等,新方式有信用卡、银行电话付款等,新服务有租赁、期货、期权等。

(4) 银行业组织和管理方面的创新,如银行与非银行金融机构之间的相互交叉与合并、金融联合体及跨国银行的出现、负债管理等。

2. 金融创新的影响

金融创新对于金融制度和金融业务本身都产生了深远的影响,主要表现在以下几个方面。

(1) 使得金融工具多样化、灵活化。创新的金融工具一般具有更高的流动性,且金额大小均有,适合不同投资者的需要。

（2）使金融机构传统的分工格局被突破,彼此业务交叉。例如,商业银行普遍开始涉足证券业务,不少其他金融机构也开始办理支票存款这一商业银行的传统业务。金融业务日趋综合化、全面化的格局正在形成。

（3）使一些国家被迫放宽某些金融行政管制或取消、修改一些法令法规,这又成为推动和鼓励金融创新的因素。

（4）增加了各国货币政策的复杂性。由于创新后的金融工具大多增强了流动性,这必然增大货币当局在宏观调控中制定货币层次划分标准及控制的难度,不易准确掌握货币供应量变动产生的效应。

2.3　中央银行

当今世界上大多数国家都实行中央银行制度。中央银行也是社会经济发展到一定阶段的必然产物。在现代金融机构体系中,中央银行处于领导核心地位,它一方面向政府和商业性金融机构提供金融服务,另一方面代表政府制定和执行货币政策,有些国家的中央银行还负责对商业银行等金融机构实施监管。

2.3.1　建立中央银行的必要性

中央银行首先是在西方资本主义国家产生的,是由私人商业银行演化而来的。一般认为,1844 年英国通过的《英格兰银行条例》使英格兰银行垄断了英国银行券的发行权,标志着中央银行的诞生。中央银行产生的必要性在于以下几个方面。

1. 统一发行银行券的需要

随着资本主义的发展,商品流通规模不断扩大,原来由众多的商业银行自行发行银行券的状况给扩大的市场交易带来了困难,主要表现为两点:一是周期性爆发的经济危机常使一些小银行经不起冲击而倒闭,导致其发行的银行券不能兑现,并引起连锁反应,影响经济的稳定;二是众多小银行发行的银行券限于其自身的信用能力,一般只能在有限的范围内流通,不能适应日益扩大的生产和流通的需要。因此,客观上要求有一种能在全国范围内流通的银行券,而这种银行券必须要由一家资力雄厚、信用卓著的大银行发行。

2. 集中办理全国票据清算的需要

银行产生以后,随着其业务范围的不断扩大,经济生活的债权关系日趋复杂。这种情况下,票据交换及清算若得不到及时处置,就会阻碍经济活动的顺畅进行。于是,客观上需要建立一个全国统一的权威机构,集中办理全国的票据清算。

3. 为商业银行提供最后的资金支持的需要

在经济周期性的发展过程中,商业银行时常发生资金周转困难,甚至因支付能力不足而可能陷入破产的境地。银行缺乏稳定性,不利于经济的发展,也不利于社会的稳定。因此,客观上需要有一家金融机构作为其他众多银行的靠山,在某家银行发生支付困难时,为其提供必要的资金支持。

4. 代表政府管理全国金融业的需要

由于银行业的竞争日趋激烈,银行经营的稳定性受到威胁,而竞争中银行的破产、倒闭将会给经济带来巨大的震荡;同时,随着国家对经济生活干预的加深,客观上要求有一个代表政府意志对金融业进行管理、监督和协调的机构。

正是为了适应上述需要,在经历了漫长的过程之后,中央银行才形成并不断地丰富其职能。

2.3.2 中央银行的特点和性质

中央银行的特点可以从它作为一种金融机构和作为一个国家管理机构两方面认识。

中央银行作为一种金融机构,其主要业务活动同样具有银行所固有的"存、贷、汇"业务的特征,但更重要的是它与普通金融机构的业务活动又有所不同,表现在以下几个方面。

- 不以营利为目的。一般地,中央银行在其业务经营过程中会取得利润,但营利不是目的。中央银行以金融调控为己任,稳定货币、促进经济发展是其宗旨。如果以营利为目的,势必导致为追求利润而忽视甚至背弃金融管理这一主旨。
- 不经营普通银行业务,即不对社会上的企业、单位和个人办理存贷、结算业务,只与政府或商业银行等金融机构发生资金往来关系。这是从原则上说的,有些国家的中央银行目前还有一部分针对私人部门的业务,但不占主要地位。
- 国家赋予中央银行一系列特有的业务权力,如垄断货币发行、管理货币流通、集中存款准备金、维护支付清算系统的正常运行、代理国库、管理国家黄金外汇储备等。

中央银行作为一个国家管理机构,是保障金融稳健运行、调控宏观经济的国家行政机构。中央银行通过国家特殊授权,承担着监督管理普通金融机构和金融市场的重要使命。同时,中央银行处于整个社会资金运动的中心环节,是国民经济运行的枢纽,是货币的供给者和信用活动的调节者。因此,中央银行对金融业的监督管理和对货币、信用的调控对宏观经济运行具有直接的重要影响。由此,中央银行又是宏观经济运行的调控中心。作为国家管理金融业和调控宏观经济的重要部门,中央银行自然具有一定的国家机关的性质,负有重要的公共责任。并且,随着国家对金融和经济实施干预或调控的加强,中央银行的国家机关性质也趋于强化。中央银行具有国家机关的性质,但与一般的行政机关又有很大不同,主要表现在以下几点。

- 中央银行履行其职责主要是通过特定的金融业务进行的,对金融和经济的管理调控基本上是采用经济手段,如调整利率和准备金率,在公开市场上买卖有价证券等,这些手段的运用更多地具有银行业务操作的特征,这与主要依靠行政手段进行管理的国家机关有明显不同。
- 中央银行对宏观经济的调控是分层次实现的,即通过货币政策工具操作调节金融机构的行为和金融市场运作,然后通过金融机构和金融市场影响各经济部门,其作用比较平缓,市场的回旋空间较大,这与一般国家机关的行政决定直接作用于各微观主体而又缺乏弹性有较大不同。
- 中央银行在政策制定上有一定的独立性,这是由中央银行在金融机构体系和国民经济中处于特殊的地位,承担着特殊的职责所决定的。当然,这种独立性是相对的。

总之,从中央银行业务活动的特点和发挥的作用看,中央银行既是为商业银行等普通金融机构和政府提供金融服务的特殊金融机构,又是制定和实施货币政策、监督管理金融业、规范与维护金融秩序、调控金融和经济运行的宏观管理部门。

2.3.3 中央银行的职能

1. 发行的银行

发行的银行是垄断银行券的发行权,全国唯一的现钞发行机构。目前,世界上几乎所有国家的现钞都由中央银行集中垄断发行。一般硬币的铸造、发行,有的国家由中央银行经营,有的国家则由财政部负责,发行收入归财政部所有。

中央银行集中与垄断货币发行权是其成为中央银行最基本、最重要的标志,也是中央银行发挥其全部职能的基础。

中央银行作为一国发行货币和创造信用货币的机构,在发行现钞、供给货币的同时,必须履行保持货币币值稳定的重要职责。这一点主要是通过制定和实施货币政策实现的。

货币发行是中央银行的重要资金来源,也为中央银行调节金融活动和全社会货币、信用总量,促进经济增长提供了资金力量。因此,具有"发行的银行"这一基本职能是中央银行实施金融宏观调控的充分与必要条件。

目前,在银行券发行的实际控制措施方面,有的国家限制现钞使用范围,有的国家则没有这种限制。如果说控制,那就是只有当商业银行在中央银行有准备存款时,在存款限度之内才有权提取现金。

2. 银行的银行

作为银行的银行,这是最能体现中央银行这一特殊金融机构体制的职能之一。

(1) 作为银行固有的业务特征,办理"存、放、汇"仍是中央银行的主要业务内容,只不过业务对象不是一般企业和个人,而是商业银行与其他金融机构。

(2) 作为金融管理机构,中央银行对商业银行和其他金融机构的活动施以有效的影响也主要是通过这一职能实现的。这一职能具体表现在以下三个方面。

① 集中存款准备。通常法律规定,商业银行及有关金融机构必须向中央银行交存一部分存款准备金,其目的在于:一方面保证存款机构的清偿能力,以备客户提现,从而保障存款人的资金安全以及银行等金融机构本身的安全;另一方面有利于中央银行调节信用规模和控制货币供应量。在确定交存多少准备金的时候,通常是对商业银行及有关金融机构所吸收的存款确定一个交存的法定比例,有时还分别为不同种类的存款确定几个比例。同时,中央银行有权根据宏观调节的需要变更、调整存款准备金的交存比率。集中统一保管商业银行存款准备金的制度是现代中央银行制度的一项极其重要的内容。

② 最后贷款者。19 世纪中叶前后,连续不断的经济动荡和金融危机使人们认识到金融恐慌或支付链条的中断往往是触发经济危机的导火线。因此有人提出应有一个"最后贷款者"的主张,其责任是全力支持资金周转困难的商业银行及其他金融机构,以免由于银行挤兑风潮的扩大而最终导致整个银行业的崩溃。"最后贷款者"原则的提出确立了中央银行在整个金融机构体系中的主导地位。

商业银行从中央银行融进资金的主要方式是将其持有的票据(包括国库券)向中央银行办理再贴现、再抵押或直接取得贷款。有时为配合政府经济政策,中央银行主动采取降低或提高再贴现率的措施,以调节商业银行的信贷规模。

③ 组织全国的清算。这一职能始于英国。19世纪中期,随着银行业务的扩大,银行每天收受票据的数量日趋增加,各银行之间的债权债务关系日趋紧密,必须及时清算。1854年,英格兰银行采取了对各种银行之间每日清算的差额进行结算的做法,后来其他国家也相继效仿。与集中存款准备金制度相联系,由于各家银行都在中央银行开设有存款账户,因此各银行间的票据交换和清算业务就可以通过这些账户转账和划拨,整个过程经济而简便。

中央银行作为银行的银行,通过国家授权开展特定的金融业务活动,为其履行调控金融和管理金融的基本职责提供了稳定有效的途径。

3. 国家的银行

国家的银行是指中央银行代表国家贯彻执行财政金融政策,代理国库收支以及为国家提供各种金融服务。中央银行作为国家银行的职能,主要通过以下几方面得到体现。

(1) 代理国库(我国多年习惯称之为经理国库)。国家财政收支一般不另设机构管理,而交由中央银行代理。政府的收入与支出均通过财政部在中央银行内开立的各种账户进行,具体包括按国家预算要求协助财政、税收部门收缴库款,根据财政支付命令向经费单位划拨资金,随时反映经办预算收支上缴下拨过程中掌握的预算执行情况,以及经办其他有关国库的事务。

(2) 代理国家债券的发行。当今世界各国政府均广泛利用发行国家债券的有偿形式以弥补开支不足。中央银行通常代理国家发行债券以及债券到期时的还本付息事宜。

(3) 对国家给予信贷支持。中央银行作为国家的银行,在国家财政出现收不抵支的情况时,一般负有提供信贷支持的义务,这种信贷支持主要采取以下两种方式。

① 直接给国家财政以贷款。大多用来解决财政先支后收等暂时性的矛盾。除特殊情况外,各国中央银行一般不承担向财政提供长期贷款的责任。因为人们普遍认为那样做容易导致中央银行沦为弥补财政赤字的简单货币供给者,从而可能有损于货币的正常供给及金融稳定。所以,在正常情况下国家的长期性资金大多需要通过其他途径解决。

② 购买国家公债。中央银行在一级市场上购进政府债券,资金直接形成财政收入,流入国库;若中央银行在二级市场上购进政府债券,则意味着资金是间接地流向财政。无论是直接的还是间接的,从中央银行某一时点的资产负债表来看,只要持有国家证券,就表明是对国家的一种融资。

(4) 为国家持有和经营管理包括外汇、黄金和其他资产形式在内的国际储备。世界各国的国际储备一般都是由中央银行持有并进行经营管理的。国际储备包括外汇、黄金、在国际货币基金组织中的储备头寸、国际货币基金组织分配的尚未动用的特别提款权等。中央银行对国际储备的管理包括以下几个方面。

- 对储备资产总量进行调控,使之与国内货币发行和国际贸易等所需的支付需要相适应。
- 对储备资产结构,特别是外汇资产结构进行调节。

- 对储备资产进行经营和管理,负责储备资产的保值及经营收益。
- 保持国际收支平衡和汇率基本稳定。

(5)制定并监督执行有关金融管理法规。有些国家的中央银行自身或与其他金融管理机构一道对各商业银行及其他金融机构的经营管理、业务活动进行监督管理。为此,需要制定一系列金融管理法令、政策、基本制度,以使商业银行等金融机构的活动有章可循、有法可依。同时,这些国家的中央银行在国家的授权下,根据政策、法令对银行等机构的设置、撤并、迁移等进行审查批准和注册登记;对它们的业务活动范围、清偿能力、资产负债结构、存款准备金交存等情况进行定期或不定期的检查监督;对金融机构的各种业务账表、报告进行查对、稽核和分析,了解情况,发现问题,促使金融机构严格遵守有关金融管理的法规,合法、稳健经营,避免金融动荡。通常把这方面的任务称为金融行政管理。

(6)中央银行作为国家的银行,还代表政府参加国际金融组织,出席各种国际性会议,从事国际金融活动以及代表政府签订国际金融协定;在国内外经济金融活动中,充当政府的顾问,提供经济、金融情报和决策建议。

中央银行的三大职能是通过各项业务活动实现的。中央银行的业务活动也可以分为资产业务、负债业务和中间业务三大类。中央银行的资产是指中央银行在一定时点上所拥有的各种债权,中央银行的资产业务主要包括再贴现业务、贷款业务、证券买卖业务、黄金外汇储备业务等。中央银行的负债是指金融机构、政府、个人和其他部门持有的对中央银行的债权,中央银行的负债业务主要由存款业务、货币发行业务、其他负债业务和资本业务构成。中央银行的中间业务是指中央银行从事的,但不计入其资产负债表的业务,主要有清算业务、经理国库业务、代理政府向金融机构发行及兑付债券业务、会计业务、调查统计业务、对金融机构的稽核和审计等业务。

2.3.4　中央银行的类型

就各国的中央银行制度来看,中央银行大致可归纳为四种类型:单一型、复合型、跨国型及准中央银行型。

1. 单一的中央银行制度

单一的中央银行制度是指国家单独建立中央银行机构,使之全面、纯粹地行使中央银行职能的制度。单一的中央银行制度中又有如下两种具体情形。

(1)一元式。这种体制是指在一个国家内只建立一家统一的中央银行,机构设置一般采取总分行制。目前世界上绝大部分国家的中央银行都实行这种体制,我国也是如此。

(2)二元式。这种体制是指在一国内建立中央和地方两级中央银行机构,中央级机构是最高权力或管理机构,地方级机构也有其独立的权力。根据规定,中央和地方两级中央银行分别行使其职权,它是一种带有联邦式特点的中央银行制度。属于这种类型的国家有美国、德国等。

2. 复合的中央银行制度

复合的中央银行制度是指一个国家没有设立专司中央银行职能的银行,而是由一家大银行集中中央银行职能和一般存款货币银行的经营职能于一身的银行体制。这种复合制度主要存在于过去的苏联和东欧等国。我国在 1984 年以前也一直实行这一银行制度。

3. 跨国的中央银行制度

跨国的中央银行制度是由参加某一货币联盟的所有成员国联合组成的中央银行制度。第二次世界大战后,许多地域相邻的欠发达国家建立了货币联盟,并在联盟内成立参加国共同拥有的统一的中央银行。这种跨国的中央银行发行共同的货币和为成员国制定金融政策,其成立的宗旨则在于推进联盟各国经济的发展及避免通货膨胀。例如,由贝宁、象牙海岸、尼日尔、塞内加尔、多哥和上沃尔特等国组成的西非货币联盟所设的中央银行,由喀麦隆、乍得、刚果、加蓬和中非共和国组成的中非货币联盟所设的中非国家银行,以及东加勒比海货币管理局等,都是完全的或不完全的跨国中央银行体制。

目前,该种类型的中央银行制度中对全球最具影响的是欧洲中央银行。该银行正式成立于 1998 年 7 月,总部设在德国的法兰克福,其基本职责是制定和实施欧洲货币联盟内统一的货币政策,以维持欧元地区内的币值稳定为首要目标。

4. 准中央银行制度

准中央银行制度是指有些国家或地区只设置类似中央银行的机构,或由政府授权某个或几个商业银行行使部分中央银行职能的体制。新加坡属于这种制度。此外,斐济、马尔代夫、利比里亚、莱索托、伯利兹等国也都实行各具特点的准中央银行制度。

2.4 中国银联

中国银联即中国银行卡联合组织,处于银行卡产业的核心和枢纽地位,是实现银行卡系统互联互通的关键所在(图 2-2)。依托银联跨行交易清算系统(CUPS),中国银联制定和推广银联跨行交易清算系统入网标准,统一银行卡跨行技术标准和业务规范,形成银行卡产业的资源共享和自律机制,从而对银行卡产业的发展起到引导、协调、推动和促进作用。

图 2-2　中国银联的 logo

各商业银行通过中国银联的银行卡跨行交易清算系统,可以实现系统间的互联互通和资源共享,保证银行卡跨行、跨地区和跨境的使用。

中国银联的主要职责是负责建设和运营银联跨行交易清算系统这一基础设施,推广统一的银行卡标准规范,为商业银行、特约商户、持卡人提供跨行信息交换、清算数据处理、风险防范等银行卡基础服务,推动银行卡产业集约化、规模化发展,同时联合商业银行创建银行卡自主品牌。

2.4.1 中国银联发展状况

1. 中国银联成立

2002 年 3 月,经国务院同意,中国人民银行批准,在合并 18 家银行卡信息交换中心的基础上,由中国印钞造币总公司、中国工商银行、中国农业银行、中国银行、中国建设银行和交通银行等 85 家机构共同出资成立中国银联股份有限公司,总部设在上海,主要负责建设和运营全国统一的银行卡跨行信息交换网络、提供银行卡跨行信息交换相关的专业化服务、管理和经营"银联"品牌、制定银行卡跨行交易业务规范和技术标准。

中国银联一经成立,便得到了迅猛的发展。

2003 年 8 月 27 日,南京商业银行发行了中国第一张银联国际 BIN 号——"62"字开头的信用卡,银联标准卡正式问世。

2003 年,全国地市级以上城市基本实现银行卡联网通用。

2011 年 6 月 8 日,中国银联正式推出"在线支付"和"互联网手机支付"两项业务。此举意味着银联无卡交易虚拟平台实现了线上线下的综合服务。

2013 年 2 月 6 日,中国银联宣布推出"海购"跨境网购平台,为银联卡持卡人提供商户导购、页面翻译、跨境支付及物流通关等全方位服务,打造更加便捷、安全、实惠的跨境网购新体验。

2013 年 9 月 25 日,中国银联携手多家商业银行首发银联多币卡,其最大特色在于一卡多账户,即同时开立人民币账户及美元、欧元等一种或多种外币账户,在境内以人民币结算,在外币账户币种对应的国家和地区以当地货币结算,无须货币转换;在其他国家和地区以人民币结算可免货币转换费,为持卡人带来更为方便、高效、低成本的跨境支付服务。

2013 年 12 月 12 日,中国银联宣布携手中国银行、建设银行、中信银行、光大银行、浦发银行、民生银行、北京银行 7 家发卡机构,启动基于银联移动支付平台的 NFC 手机支付全国推广活动。

2016 年 2 月 18 日,银联云闪付正式开通 Apple Pay 服务。

2017 年 5 月 27 日,中国银联联合 40 多家商业银行,共同推出了银行卡的扫码支付业务。

2018 年 12 月 4 日,中国银联推出手机 POS 收单服务,创新实现兼顾安全性与便捷性的移动支付集成解决方案。

2. 联网通用

中国银联从 2002 年成立伊始,通过三步走的方法推动银行卡联网通用在全国的实现。

第一步,同城联网通用。通过城市银行卡信息中心,实现银行卡在中心城市的同城通用。

第二步,重点城市联网通用。按照联网通用"314"目标(即在全国 300 个以上的地市级城市实现各商业银行系统内银行卡的联网运行和跨地区使用,在 100 个以上的城市实现各类银行卡的跨行通用,在 40 个以上的城市推广普及全国统一的银联卡),实现银行卡在重点城市的跨银行、跨地区通用。

第三步,全国联网通用。在重点城市联网通用的基础上,逐步把网络覆盖到全国地市级以上城市和发达地区县级城市,并通过农民工银行卡特色服务把联网通用扩大到农村地区。

2.4.2 银联业务

1. 银联服务类型

(1) 基础服务。中国银联的基础性作用在于建设和运营银行卡跨行交易清算系统这一基础设施,推广统一的银行卡标准规范,提供高效的跨行信息交换、清算数据处理、风险防范等基础服务。同时,联合商业银行建设银行卡自主品牌,推动银行卡产业自主科学发展,维护国家经济、金融安全。

(2) 银行服务。中国银联坚持"服务第一"的理念,为国内主要商业银行提供了集清算数据处理、技术支持、风险控制、数据分析、产品创新于一体的综合服务方案。中国银联通过银行卡跨行交易清算系统为国内商业银行提供跨行、跨地区、跨境的银行卡转接服务,同时本着"同创品牌、和谐共赢"的原则整合资源、搭建平台,与商业银行一起做大做强中国银行卡产业。

(3) 商户服务。中国银联以银商合作共赢为出发点,为商户提供了配套的综合服务,努力为商户提供多种多样的支付解决方案,帮助商户解决支付应用方面的实际问题,已经为国内 40 多家知名企业集团提供了综合支付解决方案,实现商业运行的高效和便捷。自2005 年起,中国银联联合中国商业联合会共同举办"刷卡无障碍"评选活动,促进商户受理银行卡的积极性;2004 年开始联合举办"银联杯"全国收银员大赛,提升窗口行业整体服务素质;定期组织特约商户开展银行卡相关培训,普及银行卡在商业领域的应用。

(4) 持卡人服务。通过多年努力,中国银联不断建立健全的持卡人服务体系,探索建立了形式多样的持卡人服务平台,满足持卡人多样化的增值服务需求。中国银联不断创新,在银行卡产品研发方面与商业银行推出了多种类别的银联标准卡,深受市场欢迎;华彩俱乐部通过《爱卡惠》杂志定期更新信息,为银联标准卡持卡人提供专属的特惠折扣、积分、机场贵宾礼遇、商旅预订等一体化服务;银联客服热线 95516 每天 24 小时提供与银行卡相关的咨询服务;还在境内、境外全年不间断地组织各类营销活动,让每位持卡人感受银联卡的方便与快捷。

2. 银联服务体系

(1) 银联商务有限公司。银联商务有限公司是从事银行卡受理市场专业化服务的全国性集团公司。依托广泛的服务网络、高素质的服务队伍、先进的管理、领先的技术为发卡机构、特约商户和广大持卡人提供优质、高效、规范、专业的银行卡收单专业化服务。

(2) 银联数据服务有限公司。银联数据服务有限公司是为金融机构提供银行卡数据处理服务的专业化公司,集成和提供各类银行卡业务所需的解决方案、服务平台和网络基础设施。

(3) 银联电子支付有限公司。银联电子支付有限公司是银行卡增值业务应用的专业支付公司,拥有面向全国的统一支付网关——网付通(ChinaPay)。主要从事以互联网等新兴渠道为基础的网上支付、网上跨行转账、网上基金交易、自助终端支付等银行卡网上支付及增值业务。

(4) 银行卡检测中心。银行卡检测中心是银行卡产品和机具的检测机构,拥有国家级检测中心资质以及符合国际标准的 EMV 检测实验室,对各种银行卡和受理机具等进行科学、公正的技术质量检测,确保银行卡交易的通畅、安全。

（5）中国金融认证中心。中国金融认证中心即中金金融认证中心有限公司（英文简称为 CFCA），是中国银联的全资子公司，是由中国人民银行和国家信息安全管理部门批准成立的互联网第三方安全认证机构，通过发放数字证书为网上银行、电子商务、电子政务提供安全认证服务。

2.4.3　银联国际化

1. 自主品牌

中国银联已经建成了具有自主知识产权、全国统一的银行卡跨行交易清算系统。与商业银行协同，初步建立了符合国际通用要求的银行卡标准规范体系，并在银联卡上集中应用这些标准规范。银联卡在新加坡等国已经成为境内持卡人境外用卡的首选品牌。

2. 国际化

为满足中国人民日益增长的境外商务、旅游、学习的用卡需求以及把境内商业银行的服务通过银联网络延伸到境外，中国银联积极展开国际受理网络建设。截至 2018 年年底，银联卡受理网络已经延伸至亚洲、欧洲、美洲、大洋洲、非洲等境外 178 个国家和地区，全球银联卡发卡量超过 86 亿张。与此同时，中国银联还积极推动境外发行银联卡，为境外人士到中国工作、旅游、学习提供支付便利，目前已有 10 多个国家和地区的金融机构正式在境外发行了当地货币的银联卡。中国银联将不断加快国际化进程，努力把中国银联建设成为在国内具有权威性和公信力，在国际上具有竞争力和影响力的国际性银行卡组织，把银联品牌建设成为不仅服务中国，而且服务于越来越多国家和地区的、具有全球影响力的中国自主支付品牌。

思考题

1. 简述商业银行的三大业务。
2. 简述中央银行的职能。
3. 简述存款货币的创造与收缩的过程。
4. 简述中国银联提供了哪些服务。

综合实训

访问一家商业银行网站，描述它的负债业务、资产业务、中间业务，要求每项业务至少列出 5 项以上。

第 3 章

支付体系与支付工具

本章学习目标

- 掌握支付、支付体系、支付系统、同城支付系统、全国电子联行系统（EIS）、电子资金汇兑系统、银行卡支付系统等基本概念。
- 掌握支付工具、票据、汇票、支票、本票、托收承付、委托收款等基本概念。
- 了解中国国家现代化支付系统体系结构及功能。
- 了解传统的支付手段对电子商务的局限性。

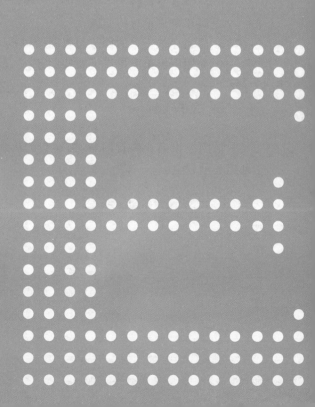

3.1 支付体系及其构成

支付体系是实现货币债权转移的制度安排和技术安排的总和。支付体系在现代经济中占有非常重要的地位。安全、高效的支付体系对于方便人们的生产生活、加速社会的资金周转、提高资源配置效率、畅通货币政策传导、防范金融风险具有十分重要的意义。

现代支付体系主要由支付工具、支付系统、支付服务组织和支付体系监督管理等要素组成。

3.1.1 支付与清算的含义

1. 支付

支付,即付出、付给,多指付款。

客户与银行、银行与银行之间的资金往来称为支付。

支付是银行提供的为清偿商品交换和劳务活动所引起的债权债务关系的金融服务业务,是围绕银行和客户的资金收付关系进行的。支付活动涉及中央银行、商业银行和客户。

2. 清算

清算是为了终结现存的法律关系,处理其剩余财产,使之归于消灭而进行的一个程序,包括计算、核实等。清算是一种法律程序,社团注销时,必须进行财产清算。未经清算就自行终止的行为是没有法律效力的,不受法律保护。

清算与结算的关系可从狭义和广义两个角度来看。

- 狭义上,清算与结算(settlement)不同,清算不涉及债权债务的转移,而结算是债权债务关系的转移。
- 广义上,清算是结算的推广。

3.1.2 支付系统概念

支付起源于银行客户之间的经济交往活动,但由于银行的信用中介作用,支付最终演化为银行和客户以及银行与银行之间的资金收付关系。而银行之间的资金收付交易又必须经过中央银行的资金清算,因此,支付活动除了涉及商业银行和客户之外,还必须有中央银行的参与,才能最终完成支付全过程。而由此构成的系统整体称为支付系统。

支付系统由银行、客户和中央银行构成,具体分为两个层次,如图 3-1 所示。其中,下层系统针对商业银行与客户之间的资金支付与往来结算,而上层系统则针对中央银行和商业银行之间的资金支付与清算。

1. 支付服务系统

支付服务系统主要指完成银行与客户之间的支付与结算的系统,也就是联机采用分布式数据库的综合业务处理系统。它一般在银行的柜台上完成,是银行为客户提供金融服务的窗口,其特点是账户多,业务量大,涉及客户与银行双方的权益,是支付系统的基础,也是金融信息系统的数据源点。

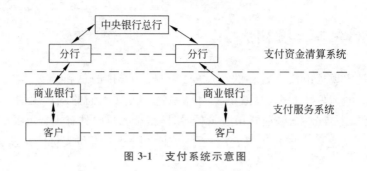

图 3-1　支付系统示意图

支付服务系统功能主要包括以下 8 个方面。

（1）存款，包括同城结算、异地结算、存款对账和计息。

（2）贷款，包括各种不同类型。

（3）现金出纳。

（4）跨行业务往来。

（5）系统内资金与财务损益管理。

（6）会计分析。

（7）年度决算。

（8）储蓄。

上述业务功能中，（1）～（4）项为对公业务，（5）～（7）项属于银行内部的经营管理，也常常被归为对公业务，最后一项（8）为对私业务。这些支付服务功能必须由支付资金清算系统最终完成支付资金的清算、划拨才能实现。

2. 支付资金清算系统

支付资金清算系统指中央银行和商业银行之间的支付与清算，是政府授权的中央银行实施货币政策、控制国家货币发行、代理国库、管理外汇的重要手段。这是一种跨行业务与资金清算系统。

支付资金清算系统的功能包括以下 6 个方面。

（1）同城清算。

（2）大额实时支付业务。

（3）电子批量支付业务。

（4）政府债券簿记业务。

（5）跨行 ATM、POS 授权服务。

（6）金融管理信息系统。

两个层次的支付系统紧密联系，成为国家稳定货币、稳定经济重要的间接调控手段。

例如，如果客户 A 和客户 B 在不同的商业银行开户，A 向 B 购买商品，用支票支付。那么，由于 A、B 双方进行的商品交易而引发的支付全过程将在两个层次上进行：低层是面向客户的，即银行与客户（包括商业银行甲与其客户 A、商业银行乙与其客户 B）之间的支付与结算；高层是面向往来银行的，即中央银行与各商业银行之间的支付与清算。在如图 3-2 所示的支付系统中，整个支付过程始于从客户 B 到商业银行甲的支票流，然后，商业银行甲将客户 A 的资金反向拨付到客户 B 在商业银行乙的户头上,从而最终完成该笔商品交易的资金支付。在上述资金流动的过程中,往来银行之间的资金流动必须经过中央银行的资金清算才能实现。整个支付过程将各个经济交往的双方和银行维系在一起,组成了一个复杂的整体,这就是支付系统。在上述两个层次的支付活动中,银行与客户之间的支付与结算是银行向客户提供的一种金融服务,是支付系统的基础;中央银行与商业银行之间的支付与结算使商品交易中的支付活动得以最终完成。

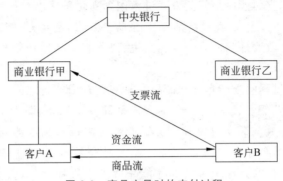

图 3-2 商品交易时的支付过程

3.1.3 支付系统参与者

整个支付系统的参与者分为直接参与者和间接参与者。

1. 直接参与者

直接参与者主要是指各商业银行和中央银行。所有直接参与支付活动的银行分支机构,既是支付交易的最初发起者银行,也是支付交易的最终接收者银行。参与支付活动的商业银行以其不同层次的管辖银行在相应层次的人民银行开设清算账户,人民银行的上层支付资金清算系统在整个支付系统中占据核心地位,其清算、结算处理中必集中管理各商业银行的清算账户,并进行支付资金的最终清算。

2. 间接参与者

间接参与者包括商业银行的客户和通过商业银行代理参与支付系统资金清算处理的其他金融机构。

3. 各方的要求

在参与支付系统的活动中,无论是直接参与者还是间接参与者,由于其具体开展的业务特点不同,对于支付系统也有不同的要求。

(1)个人消费者。对个人消费者而言,由于每天都要进行大量的消费支付活动,虽然每次涉及的金额不大,但支付频繁。因此,这类参与者要求支付系统具有方便、有效、使用方式灵活等特点。

(2)工商企业。工商企业在支付业务往来中通常涉及的支付金额都较大,要求的支付时间也较为紧迫。因此,对此类参与者而言,系统应具有尽可能高的支付效率,从而最大限度地降低企业流动资金的占用额和占用时间。

（3）零售企业。零售企业根据其经营特点，往往要求资金使用方便灵活，所接受的支付工具具有信用担保。

（4）金融部门。包括中央银行、证券交易和外汇交易等部门。这类参与者虽然资金支付笔数少，但金额往往较大。因此，要求支付系统具有时效性，以尽可能减少其流动资金占用，同时还对风险防范有较高要求。

（5）外贸部门。国际贸易的发展要求金融国际化水平与之相适应，因此对外贸部门而言，在贸易结算中要求支付能以最好的方式进入国际支付系统。

（6）政府、公共部门。它们在经济活动中既是买方，又是卖方，因此其支付需求与工商企业类似。此外，由于政府部门还有一系列财税、税务收支和债务管理的收支等支付，因此要求支付系统具有多样性。

商品交易时支付过程的复杂程度随商品交易双方开户银行之间的关系而异。若图 3-2 中的商业银行甲和商业银行乙是同一个银行或是同一银行下属的两个分行，则情况最简单，该银行自己就能完成全部支付过程。若银行甲和银行乙是本地的两个不同银行，则需要通过中央银行的同城资金清算才能完成一笔商品交易的支付过程；若是异地的两个银行，则需要通过中央银行的异地资金清算才能完成支付过程；若银行甲和银行乙是隶属不同国家的银行，则是国际支付，需要经过同业的多重转手才能完成一笔国际性的支付活动。

3.1.4 支付系统参与者的地位和作用

支付系统的参与者按其在系统中的地位和作用分为直接参与者和间接参与者。前者是中央银行及在中央银行开设资金账户的商业银行和非银行金融机构的各级分支机构；后者指未在中央银行直接开设资金清算账户，而委托直接参与者代理其支付清算业务的银行、非银行金融机构以及在商业银行或非银行金融机构开设账户的广大客户。

1. 支付业务的发起人/接收人

在支付系统中，支付业务的最终受益者是支付业务的发起人和接收者。
- 支付业务的发起人是支付系统中支付业务的最初发起单位和个人。
- 支付业务的接收人是支付系统中支付业务的最终接收单位和个人。

2. 支付业务的发起行/接收行

支付业务的发起行或接收行是支付系统中为客户提供全面支付服务的商业银行或其他金融机构，是下层支付服务系统面向客户进行金融服务的柜台。
- 支付业务的发起行是在下层支付服务系统柜台接收支付发起人提交的支付业务，将其提交给上层支付资金清算系统，并对发起人账户进行结算处理的银行和非银行金融机构。
- 支付业务接收行是接收上层支付资金清算系统的支付指令，并对支付业务接收人账户进行结算处理的银行和非银行金融机构。

3. 支付指令发报行/收报行

支付指令的发报行和收报行是上下层系统有机衔接的界面。
- 支付指令发报行就是接收支付业务发起行的支付指令，转发至支付系统全国处理中心,并对清算账户进行逻辑控制和账务核算的中央银行基层营业机构。

- 支付指令收报行就是接收支付系统全国处理中心的支付指令,转发至下层支付服务系统接收行,并对清算账户进行逻辑控制和必要账务核算的中央银行基层营业机构。

4. 支付系统全国处理中心

支付系统全国处理中心是控制支付系统运行,管理国家金融网络通信、接收、结算、清算支付业务的国家级处理中心。

3.1.5　支付资金清算系统的处理过程

上层支付资金清算系统的全部处理过程由 7 个相互紧密联系的处理步骤实现,并以支付资金的最终清算而结束。

这里主要介绍支付资金清算系统的处理过程,如图 3-3 所示。

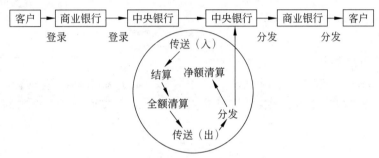

图 3-3　支付资金清算系统处理过程

1. 登录

登录是支付资金清算过程的起始。在这里,任何形式的支付交易信息都被转换为电子信息形式,并在支付资金清算系统中登记。

2. 录入传输

录入传输是指将电子支付资金清算信息传送到支付资金清算处理中心。清算处理中心具备将各类支付交易信息按接收银行进行清分轧差和最终资金清算等多种功能。因此,中心必须保存有完备的清算账户文件。

3. 清分轧差

清分轧差是指将支付交易信息按照交易接收银行进行清分轧差处理,并确保分发传输的有效实现。

4. 全额清算

全额清算是指对那些必须实时完成支付资金清算的支付交易按要求的账户进行处理,以确保支付交易的最终实现。

5. 分发传输

分发传输是指将按照支付交易接收方清分分类的支付交易信息传输给支付信息的接

收银行。

6. 分发

分发是指将支付信息分发到支付交易的最终接收方。

7. 净额清算

净额清算是为那些小额资金支付、进行批量处理的支付交易所提供的定时资金清算，通过安排使清算在营业日内预先规定的时间点或者日终进行。

在上述 7 个动态循环的支付清算过程中，全额、净额清算过程不仅是上层支付资金清算系统的核心，也是上下层支付系统有机结合的基础，对全额、净额清算过程的控制涉及中央银行和商业银行双方的权益，是支付风险控制的重点。正因为此，早期人们所说的支付系统往往特指上层支付资金清算系统，而这实际上是狭义的支付系统。广义的支付系统应是将上下两层支付系统包容在一起的支付系统。

3.2 支付系统的发展

自从纸币和票据出现以来，这两个层次的资金支付活动就一直存在，但是由于纸质票据缓慢的流通速度和繁重的数据处理工作严重阻碍了资金流通，因此其没有形成现代意义的支付体系。随着银行卡的出现、计算机技术的发展以及各种电子资金转账的建立和推广，促使纸币发展为电子货币，通过资金流和信息流这两种电子信号流将资金支付活动的双方有机地联系起来，形成了各种电子支付系统。

3.2.1 电子支付系统的形成

那么究竟何谓电子支付（Electronic Payment）呢？《布莱克威尔金融百科辞典》（*Blackwell Encyclopedic Dictionary of Finance*）认为，它是通过计算机和电子通信设备进行金融交易的系统，它无须任何实物形式的标记，而是纯粹电子形式的货币，一般以二进制数字的方式保存在计算机中。

目前最主要的电子支付创新是电子资金转账（EFT）系统的应用。EFT 系统产生于 20 世纪 60 年代，是银行同客户进行数据通信的一种电子系统，它是银行之间利用自有的网络进行电子资金转换，传输同金融交易有关的电子资金和相关的数据、信息，为客户提供支付服务的系统。EFT 系统利用电子支付系统提供的缴付信息将电子付款进行最佳处理，这大幅改变了金融市场。如今有许多电子资金转换方式，例如在商店及零售等销售点（POS）普遍使用的赊账卡，以及自动转账的员工支薪的方式等。

电子支付系统的发展是与电子银行业务（Electronic Banking）的发展密切相关的。从历史的角度来看，电子支付系统经历了下述 5 个发展阶段。

第一阶段：银行内部电子管理系统与其他金融机构的电子系统连接起来，如利用计算机处理银行之间的货币汇划、结算等业务。

第二阶段：银行计算机与其他机构的计算机之间资金的汇划，如代发工资等。

第三阶段：通过网络终端向客户提供各项自助银行服务，如 ATM 系统。

　　第四阶段：利用网络技术为普通大众在商户消费时提供自动扣款服务，如 POS 系统。

　　第五阶段：网上支付方式的发展，电子货币可随时随地通过 Internet 直接转账、结算，形成电子商务环境。

　　目前，EFT 系统是银行同其客户进行数据通信的一种有力工具，通过它，银行可以把支付系统延伸到社会的各个角落，例如零售商店、超级市场、企事业单位以至家庭，从而为客户进行支付账单、申请信贷、转账、咨询、缴纳税金、进行房地产经营等金融活动提供方便、快捷的服务。

　　尤其是在网络时代，EFT 系统的应用已经发展成一个集 Intranet、Extranet 和 Internet 于一体的广泛的电子支付网络系统（图 3-4）。

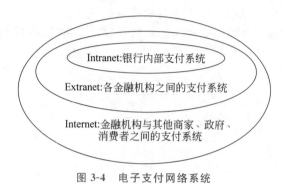

图 3-4　电子支付网络系统

3.2.2　我国的支付系统

　　自 1979 年起，中国的银行体制逐渐由以前中央计划经济下的单一银行体制改变为现代市场经济条件下的两层结构的银行体制。这个体制包括中国人民银行（作为中央银行）、四大国有商业银行、股份制商业银行、合作银行、政策性银行以及外国银行的分行和代表处。

　　随着两层结构银行体制的建立，中国支付系统也从保存计划经济活动的财务记录手段变为与市场经济相适应的支付系统。中国支付系统的演变受到环境、文化以及经济条件和基础设施等诸多因素的影响，其中两个最明显的特征是银行结构和中央银行账户结构。

1. 银行结构

　　中国的银行结构要比其表面情况复杂得多。虽然在中国只有为数不多的大型银行机构，但每一家国有商业银行都有数目众多的分支机构，这些分支机构依据地域范围按照规定的等级进行运作。在许多情况下，每一地域和每一分支机构的运作都可以被看作是独立的实体。因此，即使是在一家银行内，各分支机构的业务处理程序和标准也可能依地区不同而有所不同，每一分支机构，甚至是县级支行都可以在中央银行当地分/支行开设独立的账户，而每一个在中央银行开立账户的分支机构都代表一个独立的支付业务处理单位，这样一来就形成了十分复杂的被分割的支付环境。这种现实结构远比想象中只计算为数不多的主要商业银行的数目的情形要复杂得多。

2. 中央银行账户结构

　　商业银行所持有的中央银行账户的结构在支付交易的清算和结算中起着十分重要的

作用。国有大商业银行具有和中央银行相似的多层次式结构。以中央银行为例,其层次结构从1家总行到9家分行(省、自治区、直辖市)到326家中心支行(城市、地区分行)再到1827家县级支行。每一家国有商业银行的结构也大致如此,区别是分支机构的数目各不相同。

在每一级中,商业银行必须在相应的中央银行分支机构开设账户。一般地,各商业银行之间、同一家商业银行各分行之间相互不开设账户。当然,也有少数例外情况。

商业银行的每一家主要分支机构都要在当地人民银行分支机构开设储备金账户、备付金账户和贷款账户。

1) 储备金账户

目前,大型金融机构法定储备的要求为吸收存款的17%。该账户余额是封存资金,不得用于支付清算,通常需要每隔一定时间就根据存款数量进行相应的调整。我国历次存款准备金率的调整情况见表3-1。

表 3-1　存款准备金率的历次调整

次数	时　　间	调整前/%	调整后/%	变化幅度/%
25	2015 年 10 月 23 日	17.50	17.00	−0.50
24	2015 年 8 月 25 日	18.00	17.50	−0.50
23	2015 年 6 月 27 日	18.50	18.00	−0.50
22	2015 年 4 月 19 日	19.50	18.50	−1.00
21	2015 年 2 月 4 日	20.00	19.50	−0.50
20	2012 年 5 月 12 日	20.50	20.00	−0.50
19	2012 年 2 月 24 日	21.00	20.50	−0.50
18	2011 年 12 月 5 日	21.50	21.00	−0.50
17	2011 年 6 月 14 日	21.00	21.50	0.50
16	2011 年 4 月 21 日	20.50	20.50	0.50
15	2011 年 2 月 24 日	19.00	19.50	0.50
14	2011 年 1 月 20 日	18.50	19.00	0.50
13	2010 年 12 月 20 日	18.00	18.50	0.50
12	2010 年 11 月 29 日	17.50	18.00	0.50
11	2010 年 5 月 10 日	16.50	17.00	0.50
10	2010 年 1 月 18 日	15.50	16.00	0.50
9	2008 年 12 月 22 日	16.00	15.50	−0.50
8	2008 年 9 月 25 日	17.50	16.50	−1.00
7	2008 年 6 月 15 日	16.50	17.00	0.50
6	2008 年 4 月 25 日	15.50	16.00	0.50

续表

次数	时　间	调整前/%	调整后/%	变化幅度/%
5	2008 年 1 月 25 日	14.50	15.00	0.50
4	2007 年 12 月 25 日	13.50	14.50	1.00
3	2007 年 9 月 25 日	12.00	12.50	0.50
2	2007 年 6 月 5 日	11.00	11.50	0.50
1	2007 年 4 月 16 日	10.00	10.50	0.50

2) 备付金账户

备付金账户用于支付的清算和结算、商业银行的缴存款。一般是吸收存款的 5%～7%。目前,备付金是指商业银行存入中央银行的、超过存款准备金的那部分存款,一般称为超额准备金。

3) 贷款账户

贷款账户的建立表明该商业银行分/支行可以从中央银行得到一定的贷款限额。该信贷规模在由中央银行和商业银行总行制定后按地区和机构分配。

对于储备金和超额准备金存款,中央银行支付利息,但利率较市场利率低一些。支付交易的资金结算是通过商业银行分行在中央银行的备付金账户之间的资金转账实现的。由于在同一管理等级上,各商业银行、各分行相互不开设账户,同一级人民银行分/支行之间也互不开设账户,所以支付结算经常需要把资金转账到上一级人民银行机构。这种账户开设、管理方式和商业银行各分支机构的半自治运营特点决定了在中国目前的情况下,所谓跨行支付结算实际上是跨分/支行的支付结算。

3. 中国目前的支付系统

目前,中国存在以下 8 类支付系统。

- 同城清算所。
- 全国电子联行系统。
- 全国手工联行系统。
- 全国电子资金汇兑系统(指四大国有商业银行的行内系统)。
- 银行卡授权系统。
- 邮政汇兑系统。
- 网上支付系统。
- 中国国家现代化支付系统。

虽然每一分系统所使用的支付工具各不相同,但是它们之间(除了邮政汇兑系统以外)具有一个共同特点,即在中国目前的银行管理体制下,这些系统都是跨分行的系统,而不是真正意义上的跨行系统,也不是发达国家中的行内系统。对于手工联行业务,在同城和异地清算之间存在着密切的衔接关系。所有异地纸质凭证支付都在同城范围内,在各商业银行之间进行跨行结算,然后由商业银行办理异地行内清算。这种所谓"先横"(跨行)"后直"(行内)的处理方式在中国人民银行的全国电子联行系统出现以前,曾经是异地支付业务处理的唯一方式。

　　自 1996 年以来,大多数异地行内支付是由四大商业银行行内的电子资金汇兑系统进行清算的。

3.3　我国支付系统的功能

　　我国支付系统的功能集金融支付服务、支付资金清算、金融经营管理和货币政策职能于一体,是我国金融业跨行、跨部门的综合性金融服务系统。

3.3.1　同城清算所系统

1. 同城清算所概述

　　同城清算所又称同城结算所、本埠结算所。全国共有约 2000 家同城清算所,分布在中心城市和县城(镇)。全部同城跨行支付交易和大部分同城行内支付业务都经由同城清算所在商业银行之间进行跨行清算后,再交行内系统进行异地处理。

　　同城清算所是中国人民银行的一项基本职能,在金融系统资金清算中起着重要作用。中国人民银行同城清算业务遵循的基本原则是"先收后付,收妥抵用,差额清算,银行不垫款"。随着信息化的发展,同城清算所的自动化程度正在不断提高。

　　自动化清算所的主要功能如下。

- 机器阅读。
- 自动清分。
- 应用软件。

清分应用软件应该支持的应用种类如下。

- 清分格式修改。
- 清分处理。
- 记账与结算支持。
- 支持清分机。
- 微缩影像。
- 支持多媒体输出。
- 支持批量文件和打印财务报表。
- 背书和修改背书。

自动化清算所的票据处理流程如下。

- 接收票据。
- 输入票据。
- 清分票据。
- 打印汇总清单。
- 生成磁带文件。
- 票据打包。
- 净额清算。

2. 同城清算所处理的交易类型

贷记和借记支付项目都可以交换和结算,其中支票占多数。依据《票据法》,支票只允许在同城范围内使用。

3. 同城清算所系统运行

中国人民银行分(支)行拥有和运行当地的同城清算所,对清算所成员进行监管和提供结算服务。票据在成员之间进行交换,每一成员根据提交和收到的全部贷记和借记支付交易计算出自己的净额结算金额。在支付业务量大的城市和较大的县城,清算所每天上、下午各进行一次交换,小城市和大多数县城清算所每天只在上午进行一次票据交换。

4. 同城清算所系统的资金结算程序

上午和下午两场票据交换通常都是当日进行结算(一般在中午 12:00 结算上午交换的票据),一旦结算完成,各银行允许其客户使用该资金。退票一般都要在下次票据交换之前完成。每一家参加交换的分行将净额结算头寸告知中国人民银行分行的清算所管理人员,由中国人民银行当日过账到该机构的账户上。

5. 同城清算所的信用和流动风险

只有当所有参加者的净额轧差等于零时,中国人民银行才接受资金结算。不允许透支,即在贷记收款行账户之前,首先借记付款行账户(或在中国人民银行账簿上同时进行贷记和借记)。一旦收款行账户被贷记,则认为支付最终完成。因此,原则上讲,支付的处理不引起信用或流动风险。

6. 同城清算所的收费

同城清算所不以营利为目的,但参与者必须共同分担运行成本,费用根据业务量大小按比例分担。

3.3.2　全国电子联行系统

全国电子联行系统(EIS)是中国人民银行在支付系统现代化建设中的第一次尝试,其主要设计思想是:克服由于纸票据传递迟缓和清算流程过分烦琐而造成的大量在途资金,从而加速资金周转,减少支付风险。

1. 运行规则

电子联行系统采用 VSAT 卫星通信技术,在位于北京的全国总中心主站和各地中国人民银行分(支)行的小站之间传递支付指令。目前,已有 600 家中国人民银行分(支)行连接入网,该系统计划将连接全国的 2000 家中国人民银行分(支)行。该系统的设计可以处理跨行和行内、贷记和借记异地支付业务,但目前主要处理跨行贷记支付交易。1996 年年底,该系统每天处理 30 000 笔支付,金额约为 300 亿元。

2. 处理的交易类型

目前,全国电子联行系统只办理该系统参与者之间的贷记转账,包括全部异地跨行支付、商业银行行内大额支付以及中国人民银行各分支机构之间的资金划拨。

3. 交易处理环境

全国电子联行系统是一个分散式处理系统,所有账务活动(账户的贷记和借记)都发生在中国人民银行分(支)行,即发报行和收报行,全国总中心主要作为报文信息交换站。

全国电子联行系统的设计是针对当时中国通信设施的特殊情况,采用了 VSAT 卫星通信技术,建设中国人民银行专用的卫星通信网,通过卫星通信链路连接各分(支)行卫星通信小站的基于 PC 的处理系统。

4. 转账系统的运行

电子联行系统的业务流程可以概括如下。

(1) 汇出行(商业银行分(支)行)把支付指令提交(以手工或电子方式)到当地发报行(中国人民银行分(支)行)。

(2) 发报行将支付指令经账务处理(借记汇出行账户)后送入系统,经卫星通信链路传输到全国清算总中心。

(3) 清算总中心(实际作为信息交换中心)将支付指令按收报行分类后,经卫星通信发送到收报行。

(4) 收报行接收到支付指令后,按汇入行分类。

(5) 收报行为每一家汇入行生成支付凭证和清单,送汇入行。

一项旨在连接电子联行小站、中国人民银行分行会计核算系统和汇入行的工程(即"天地对接")正在进行之中。这项工程把电子联行系统的自动化处理延伸到汇入行,将会大幅缩短支付指令的处理周期,其支付指令处理方式也将做相应改变。

5. 信用和流动风险

根据《全国电子联行制度》,所有的资金转账指令必须在账户余额足以支付的情况下才能被执行。在支付指令发送给全国总中心之前,首先借记汇出行账户。如果账户余额不足,则支付指令只好排队等待资金。所以,汇入行将不会面临任何倍用或流动风险,它接到支付指令后便可以无条件地贷记收款人账户。

6. 收费

目前,中国人民银行并不企图通过服务收费的方式回收全部投资和运行成本,因此收费比较低。

3.3.3 全国手工联行系统

1. 运行规则

中国人民银行和四大国有商业银行都有自己的全国手工联行系统。对于异地纸凭证支付交易的处理采用了所谓"先横后直"(即先跨行后行内)的处理方式。在这种意义上,只存在同城跨行系统和异地行内系统。在许多方面,这些行内清算系统非常类似于发达国家的跨行清算系统。各商业银行行内手工联行系统基本框架都相同,尽管也存在着某些差别。

1996 年年底以后,四大国有商业银行都以全国电子资金汇兑系统代替了原来的手工联行。但是,中国人民银行依然运行着自己的手工联行系统,用来处理跨行纸凭证异地支付交易以及中国人民银行分(支)行之间的资金划拨。因为新的电子资金汇兑系统基本上是原来手工联行系统的自动化形式,所以了解手工联行系统在很大程度上有助于更好地了解目前中国支付系统的结构。

2. 处理的交易类型

对于商业银行的系统,贷记和借记支付业务都可以办理。对于中国人民银行的系统,办理的支付业务包括中国人民银行各分(支)行间资金划拨、国库款项的上缴下拨及划转以及商业银行内大额资金(50 万元以上)转账。

3. 转账系统的运行

按照地域覆盖范围,手工联行系统分为全国、省辖和县辖三级联行。一般都采用电汇或信汇方式在发起行和接收行之间直接交换支付工具。发起行和接收行根据支付项目的联行清算范围,把支付总金额过账到相应账户。

4. 资金结算程序

对于手工联行系统,跨行支付的结算是依靠定期地在商业银行分行的中国人民银行账户之间进行资金转账而实现的。对欠款的分行,将借记其账户,应收资金的分行是被动的结算方,只有当其上级分行根据每日报表汇款时才能收到资金(这些分行也可以请求汇款)。

5. 信用和流动风险

我国的四大国有商业银行的联行清算系统对其每一家分行计算出净额结算头寸,定期经中国人民银行联行系统进行资金结算。由于某一系统的参与者是一家商业银行的各个分行,所以通常不存在信用风险。但是,参与者有可能面临流动风险,尽管采用了多联报单验证和核对支付交易,但系统并不能保证每一笔支付指令都有足够的清偿资金。

对于中国人民银行的手工联行系统来说,不允许透支,即一家商业银行分行只有在其清算账户有足够余额的情况下才能发出支付指令。

6. 收费

对手工联行系统的参加者不收手续费,但各银行机构必须支付信汇或电汇邮电费。

3.3.4　电子资金汇兑系统

自 1996 年年底起,四大国有商业银行,即中国工商银行、中国农业银行、中国银行、中国建设银行都用电子资金汇兑系统取代了原来的手工联行。2/3 以上的异地支付业务是由这些电子资金汇兑系统处理的。各商业银行的电子资金汇兑系统具有大致相同的框架结构,业务处理流程也基本相同。当然在网络结构、技术平台等方面,各系统不尽相同。与原来的手工联行相比,电子支付指令经各级处理中心进行交换,取代了在发起行和接收行之间直接交换纸票据的做法,因此支付清算速度大幅加快。净额资金结算依然和手工联行时一样,定期经中国人民银行系统办理。显然,这是因为商业银行分(支)行的清算账户开设在中国人民银行分(支)行的缘故。

1. 运行规则

同手工联行清算系统一样,电子汇兑系统具有多级结构。一般情况下,系统有全国处理中心、几十个省级处理中心、数百个城市处理中心和上千个县级处理中心。一家分行必须在每一级处理中心开设单独的账户,各级分行接受纸凭证支付项目,将纸票据截留后以电子方式发往相应的处理中心。处理中心在当天或第二天营业前将净额结算头寸通告分支机构。

2. 处理的支付类型

电子汇兑系统既办理贷记,也办理借记支付业务。

3. 转账系统的运行

多数电子汇兑系统采用净额批处理方式。但是,中国工商银行的系统除了批处理之外,还提供实时支付交易处理。一般在日终或夜间进行批处理,在下一个营业日早晨营业开始之前把净额结算头寸通知各分支机构。所以这些系统除了提供支付清算服务之外,还都被用来收集有关信息,以加强银行管理。

4. 结算程序

每天(对有的银行是每五天)分行向其上一级分行(例如县支行向省分行)报告其净额结算头寸。但是,各分行并不每天结算。一般情况下,仅当超过规定限额时才进行结算。如果一家分行的净债务超过预先规定的限额,例如对于县支行是 1 千万元人民币,较大的市分行是 3 千万元人民币,则该分行就把多余资金通过当地中国人民银行分行转账到其上一级分行。这样的转账,一般是采用电报(或电子联行系统)转账到上级分行开户的中国人民银行分行,进而转账到处于借记头寸状态的分行。

5. 信用和流动风险

在这些电子汇兑系统中可能出现流动风险,要求每一分支机构要实行自我约束,对其面临的风险要有清醒的认识。

6. 收费

关于收费情况尚不清楚。

3.3.5 银行卡支付系统

银行卡支付系统由银行卡跨行支付系统及发卡银行行内银行卡支付系统组成。目前已形成以中国银联银行卡跨行支付系统为主干,连接各发卡银行行内银行卡支付系统的银行卡支付网络架构,是银行卡支付体系的重要基础设施,实现了银行卡联网通用,促进了银行卡的广泛使用。

银行卡支付系统是由银行卡跨行支付系统以及发卡行行内银行卡支付系统组成的专门处理银行卡跨行信息转接和交易清算业务的信息系统,由中国银联建设和运营,具有借记卡和信用卡、密码方式和签名方式共享等特点。2004 年,银行卡跨行支付系统成功接入中国人民银行大额实时支付系统,实现了银行卡跨行支付的实时清算。随着市场经济的不断发展,银行卡支付系统将在经济金融中发挥出更加重要的作用。2006 年,银行卡跨行支付系统共处理支付清算业务 166 134 万笔,金额 17 797 亿元,银行卡跨行交易量 28.25 亿笔,同比增长 28.1%,清算金额 17 797 亿元,同比增长 64.1%。人民币银行卡实现境外受理的 24 个国家和地区的交易笔数和金额分别为 719 万笔和 205 亿元,境外交易以消费为主,即 POS 机消费交易额为 230 亿元,占境外总交易额的 90.2%。

3.3.6 邮政汇兑系统

除了银行外,我国的邮政系统也建立了自己的邮政储蓄和汇兑系统,为客户提供相应的金融服务。

邮政汇兑也称邮政汇款,是邮政开办的一项传统业务,其作用是传递货币。汇款人可以将款项通过邮政部门汇交给收款人。

随着信息技术的发展,邮政汇兑业务增添了电子汇兑和入账汇款等业务。

邮政汇兑系统是以邮政汇兑网点为基础,以邮政综合网为支撑,集汇兑业务处理、资金清算及会计核算为一体的计算机网络处理系统,实现了汇兑业务处理的电子化和网络化。

3.3.7 中国网上支付跨行清算系统

中国人民银行建设的网上支付跨行清算系统于 2011 年 1 月完成在全国的推广,目前已有 120 多家商业银行法人机构加入系统办理业务,基本覆盖我国已开通网上银行的商业银行。网上支付跨行清算系统是中国人民银行提升履职能力、服务社会民生的重要举措,有效满足了社会公众全时性的居家支付服务需求,对于提升网上银行服务水平、促进电子商务快速发展、助力绿色金融向纵深发展具有重要意义。

建设网上支付跨行清算系统是中国人民银行改进跨行支付清算服务、支持并促进我国电子商务发展的一项重要举措。为进一步提高网上支付业务跨行清算的处理效率,更好地履行中央银行的职能,中国人民银行在广泛调研的基础上建设了网上支付跨行清算系统,为银行业金融机构提供跨行清算和业务创新的公共平台,助推其改进网上银行服务,减少柜台服务压力,更好地满足广大客户的支付需求,从而支持并促进电子商务的快速发展。

网上支付跨行清算系统主要处理客户通过在线方式提交的业务,实行 7×24 小时连续运行。系统处理的业务包括跨行支付业务、跨行账户信息查询业务以及在线签约业务等,以该系统为依托,客户通过商业银行的网上银行可以足不出户地办理多项跨行业务,并可及时了解业务的最终处理结果。为防范业务风险,对跨行支付业务的金额上限暂定为 5 万元。网上支付跨行清算系统对客户的有利影响主要体现在三个方面:一是提高跨行支付效率,客户可以方便、及时地办理跨行转账、信用卡跨行还款等业务;二是便利财富管理,客户与银行签订协议后,依托一家银行的网上银行即可查询在其他银行的账户信息,实现"一站式"财富管理;三是拓展电子商务的业务范围,客户可依托一个银行账户方便地办理公用事业缴费、网络购物等业务,便利其日常生产、生活,客观上也可支持并促进我国电子商务的快速发展。

3.3.8 中国国家现代化支付系统

为适应社会经济金融发展的需要,充分发挥中央银行的职能作用,提高中央银行的金融服务水平,2000 年 10 月,中国人民银行决定"调整定位、借鉴吸收、完善需求、以我为主,加快中国现代化支付系统建设"。经过几年的努力,建成了覆盖全国的中国现代化支付系统,简称 CNAPS,为银行业金融机构及金融市场提供了安全高效的支付清算平台。作为我国支付体系的核心和枢纽,中国现代化支付系统主要由大额实时支付系统、小额批量支付系统和全国支票影像交换系统三个业务系统构成。该系统可以形象地说是"跨行支付、服务千家万户"。

中国现代化支付系统建有两级处理中心,即国家处理中心(NPC)和城市处理中心(CCPC),国家处理中心和城市处理中心连接,其通信网络采用专用网络,以地面通信为主,卫星通信备份。国家处理中心是连接支付系统所有城市处理中心和特许参与者的中枢节点,主站设在北京,负责接收、转发各城市处理中心和接收、处理特许参与者的支付指令以及资金清算。城市处理中心是支付系统的城市节点,连接国家处理中心和各直接参与者,目前全国共有 32 个城市处理中心,负责在国家处理中心和直接参与者之间接收和转发支付指令。中国现代化支付系统的体系结构如图 3-5 所示。

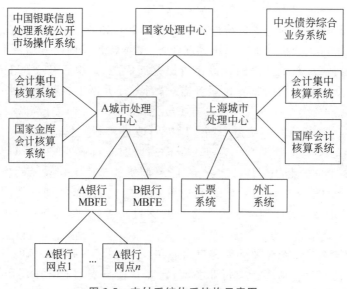

图 3-5　支付系统体系结构示意图

为有效支持公开市场操作、债券发行及兑付、债券交易的资金清算,公开市场操作系统、债券发行系统和中央债券簿记系统在物理上通过一个接口与支付系统的国家处理中心连接,处理其交易的人民币资金清算。为保障外汇交易资金的及时清算,外汇交易中心与支付系统上海城市处理中心连接,处理外汇交易人民币资金清算,并下载全国银行间资金拆借和归还业务数据,供中央银行对同业拆借业务进行配对管理。

为发挥中央银行作为最终清算者的职能作用,中国现代化支付系统为参与者和特许参与者提供大额实时支付系统、小额批量支付系统、清算账户处理系统以及支付管理信息系统等服务,并实现与各行行内系统、中央会计核算系统、国库系统的连接。中国现代化支付系统的总体目标主要是:提供跨行的支付清算服务,创造公平竞争环境,满足社会各种支付活动的需要;支持公开市场操作、债券交易、同业拆借、外汇交易等金融市场资金的即时清算;充分利用支付系统蕴藏的大量支付业务信息资源,为金融监管提供信息和手段;防范支付风险,提高流动性,并确保支付的最终清算。

1. 中央银行会计集中核算系统

中央银行会计集中核算系统是为金融机构提供资金清算服务的,并办理中国人民银行内部资金汇划业务。中央银行会计集中核算系统是中国现代化支付系统的运行基础。业务范围涵盖存贷款业务,公开市场业务,质押融资业务,货币投放、回笼业务,中国人民银行内部资金汇划、清算和财务核算等业务。

一般来说,中央银行会计集中核算系统具有以下功能。

- 支持功能,即有利于中央银行实施货币政策,支持公开市场操作、债券交易、同业拆借、外汇交易等金融市场资金的及时清算。
- 监管功能,即充分利用中央银行会计集中核算系统蕴藏的大量会计业务信息资源,为金融监管提供信息和手段。如法定存款准备金的管理、金融监管信息的统计分析、异常支付的预警监视等。
- 效益功能,即能更好地发挥中央银行支付清算服务的作用,提供快速、高效、安全的支付服务,加快社会资金的周转。
- 控制功能,即会计业务处理的过程能真实、完整地反映会计信息,更有利于控制会计风险。

2. 全国支票影像交换系统

全国支票影像交换系统是指运用影像技术将实物支票转换为支票影像信息,通过计算机及网络将影像信息传递至出票人开户银行提示付款的业务处理系统,它是中国人民银行继大、小额支付系统建成后的又一重要金融基础设施。影像交换系统定位于处理银行机构跨行和行内的支票影像信息交换,其资金清算通过中国人民银行覆盖全国的小额支付系统处理。支票影像业务的处理分为影像信息交换和业务回执处理两个阶段,即支票提出银行通过影像交换系统将支票影像信息发送至提入行提示付款;提入行通过小额支付系统向提出行发送回执完成付款。

全国支票影像交换系统采用两层结构。第一层是影像交换总中心,负责接收、转发跨分中心支票影像信息。第二层是影像交换分中心,分中心设在省(自治区)首府和直辖市,负责接收、转发同一省、自治区、直辖市区域内系统参与者的支票影像信息,并向总中心发送和从总中心接收跨分中心的支票影像信息。

2006 年 12 月,全国支票影像交换系统在北京、天津、上海、广东、河北、深圳六省(市)试点运行,六省(市)之间企事业单位和居民个人签发的支票可以互通使用。2007 年 8 月,中国人民银行建成全国支票影像交换系统,从而实现了支票在全国范围的互通使用。目前,该系统运行稳定,全国支票使用量逐步增加。

3.4 支付工具

支付工具是用于资金清算和结算过程中的一种载体,可以是授权传递支付指令并能进入金融机构账户执行资金划转的证件,也可以是支付发起者合法签署的可用于清算和结算的金融机构认可的资金凭证,它是加快资金周转、提高资金使用效率的保障。支付工具在支付结算的环节中应具有方便、快捷和安全的特点。

随着社会的进步和经济的发展,在商品流通和资金结算的过程中,为提高资金使用的效率,新的支付工具和方式在不断出现、发展和演变,因此金融服务的水平和质量也在不断提高,同时也促进了社会信用水平的发展。

支付工具是否方便、快捷和安全是衡量银行服务水平和质量的重要标准。自银行出现服务于社会的金融服务以来,产生了种类繁多的支付工具。目前,银行客户使用的结算方式除现金支付、汇兑、委托收款、托收承付、定期借记和定期贷记等传统支付方式外,还有票据类支付工具、卡基类支付工具和近年来发展的电子支付工具。

选择使用支付工具一般遵循以下几个原则。

- 适应自动化处理的要求。
- 能满足不同金额的支付需要。
- 支付工具类型尽可能少。

3.4.1 支付工具类型

支付工具有各种类型。按照不同特点,可将支付工具分类如下。

1. 按物理表现形式分

支付工具按照使用的介质可分为以下两种类型。

(1) 票据类支付工具。

(2) 卡基类支付工具。

2. 按应用特点分

支付工具按照应用特点可分为以下三种类型。

(1) 借记支付工具,如支票、直接借记等。

(2) 贷记支付工具,如有纸张贷记、电子贷记。

(3) 其他支付工具,如借记卡、贷记卡。

3. 按应用范围分

支付工具按应用范围可分为以下两种类型。

(1) 同城支付工具。

(2) 异地支付工具。

3.4.2 我国的支付工具

从应用特点来看,我国主要有借记、贷记及商业汇票、ATM/POS卡等支付工具(表 3-2)。

表 3-2　我国的支付工具种类

类　别	支付工具	使　用　范　围	备　注
贷记支付工具	汇兑	用于异地、同城资金划拨和支付	
	委托收款	主要用于同城和异地的商业性支付	凭票据委托收款
	托收承付	用于异地商业性支付	
	定期贷记	用于同城、异地的定期支付,如工资和保险金的定期发放	
借记支付工具	银行汇票	用于异地的商业、消费或其他支付	
	国内信用证	用于异地商业性支付	
	银行本票	用于票据交换范围内的商业和个人消费性支付	
	支票	用于票据交换范围内的商业和个人消费性支付	
	旅行支票	提供给个人用于异地旅行时的消费性支付	
	定期借记	用于同城或异地的支付,如房租、水电费、电话费、税款的收取	
其他支付工具	商业汇票	用于同城或异地的商业性支付	商业承兑或银行承兑
	银行卡	主要用于同城和异地的小额商业、消费性支付	借记卡或贷记卡
	电子支付	卡基支付工具、网上支付工具、移动支付工具(手机支付)等	利用通信和网络的支付工具

3.4.3　票据

随着金融体制改革和银行结算制度改革的深化,我国在 20 世纪 80 年代末期建立起了以汇票、本票、支票和信用卡"三票一卡"为主体的新的结算制度,允许票据在经济主体之间使用和流通。尤其是 20 世纪 90 年代初,在确立了社会主义市场经济体制以后,票据得到了普遍的推广和广泛的使用。

票据是指出票人约定自己或委托付款人在见票时或在指定的日期向收款人或持票人无条件支付一定金额的支付工具。票据包括汇票、本票和支票。

票据行为具有以下四个特征。

(1) 要式性。指票据行为必须依照票据法的规定在票据上载明法定事项并交付。

(2) 无因性。指票据行为不因票据的基础关系无效或有瑕疵而受影响。

(3) 文义性。指票据行为的内容完全依据票据上记载的文义而定,即使其与实质关系的内容不一致,仍按票据上的记载而产生效力。

(4) 独立性。指票据上的各个票据行为各自独立发生效力,不因其他票据行为的无效或有瑕疵而受影响。

1. 支票

支票(cheque,check)是由出票人签发,委托办理支票存款业务的银行或者其他金融机构在见票时无条件支付确定的金额给收款人或持票人的票据。

支票分现金支票和转账支票,用于支取现金和转账。但在支票左上角划有两条平行线的划线支票只能用于转账。单位和个人在同一票据交换区域的各种款项结算均可使用支票。

支票一律记名,可以背书转让。支票提示付款期为 10 天(从签发支票的当日起,到期日遇节假日顺延)。支票签发的日期、大小写金额和收款人名称不得更改,其他内容有误,可以划线更正,并加盖预留银行印鉴予以证明。

支票发生遗失,可以向付款银行申请挂失;若挂失前已经支付,则银行不予受理。

使用支票进行货币结算可以减少现金的流通量,节约货币流通费用。

2. 银行汇票

银行汇票是汇款人将款项交开户银行,由银行签发给汇款人持往异地办理结算或支取现金的票据,适用于单位、个人汇拨各种款项的结算。银行汇票可以用于转账;填明"现金"字样的,可支取现金。

申请人或者收款人为单位的,不得申请签发现金银行汇票。

银行汇票一律记名,可以背书转让。银行汇票提示付款期限为自出票日起一个月。若未指定代理付款人的银行汇票丢失,则银行不受理挂失止付,仅做道义上的协助防范。

3. 银行本票

银行本票是银行签发、承诺自己在见票时无条件支付确定的金额给收款人或者持票人的票据。单位和个人在同一票据交换区域需要支付各种款项,均可使用银行本票。

银行本票可以用于转账;注明"现金"字样的银行本票可支取现金。

银行本票的提示付款期自出票日起最长不得超过两个月。申请人或收款人为单位的,不得申请签发现金银行本票。银行本票可以背书转让,但填明"现金"字样的银行本票不得背书转让。

4. 商业汇票

商业汇票是由出票人签发,由承兑人承兑,并于到期日向收款人和持票人支付款项的票据。按承兑人的不同,可分为商业承兑汇票和银行承兑汇票。同城或异地均可使用。

签发商业汇票必须以真实合法的商品交易为基础。

商业汇票一律记名,允许背书转让。

商业汇票承兑期限由交易双方确定,最长不超过 6 个月。

每张银行承兑汇票的金额最高不得超过 1000 万元。

商业汇票到期日前,收款人和被背书人应将其送交开户银行办理向付款人提示付款,对逾期超过 10 日的商业汇票,银行不予受理。

银行承兑汇票的承兑银行按票面金额万分之五向申请人计收承兑手续费。

已承兑的商业汇票丢失,可由失票人通知付款人挂失止付。

对符合条件的未到期银行承兑汇票,持票人可向银行申请贴现。

5. 汇兑

汇兑是汇款人委托银行将其款项支付给收款人的结算方式,分为信汇、电汇两种。单位和个人各种款项的结算均可使用汇兑结算方式。收款人既可以是在汇入行开立账户的单位,也可以是"留行待取"的个人。

个人汇款解讫后,可通过开立的"应解汇款及临时存款"账户办理转账支付和以原收款人为收款人的转汇业务。

汇款人对银行已经汇出的款项可以申请退回。对在汇入银行开立存款账户的收款人,由汇款人与收款人自行联系退汇;对未在汇入银行开立存款账户的收款人,由汇出银行通知汇入银行,经核实汇款确未支付,并将款项收回后方可办理退汇。

6. 委托收款

委托收款是收款人委托银行向付款人收取款项的结算方式。单位和个人凭承兑商业汇票、债券、存单等付款人债务证明办理款项结算时均可使用委托收款结算方式。

委托收款在同城、异地均可使用。在同城范围内,收款人收取公用事业费,经当地人民银行批准,可以使用同城特约委托收款。

7. 托收承付

托收承付是根据购销合同,由销货单位发货后委托银行向异地购货单位收取款项,由购货单位向银行承认付款的支付结算工具。托收承付是计划经济体制下的产物,目前已很少使用。

8. 进出口托收

进出口托收是企业向银行提交凭以收款的金融凭据和(或)商业单据,银行通过代理行向付款人收取款项的结算方式。托收业务根据方向的不同分为进口代收和出口托收两种,出口托收又分出口跟单托收和出口光票托收。

进口代收是银行收到国外托收行寄交的对付款人的托收单据后,向付款人提示,根据付款人的指示对外付款的结算方式。

出口跟单托收是出口商将出口商业单据和向国外客户收款的跟单汇票提交银行,由银行寄往国外代收行,通知国外客户付款或承兑的一种结算方式。汇款收妥后,按银行当天牌价结汇或原币划款。

出口光票托收是出口商将不附带商业单据的金融托收票据(银行汇票或其他类似的单据)委托银行向境外收款的结算业务。

9. 定期借记

支付指令由收款人发起,通过银行直接借记到付款人账户,这种方式主要用于公共事业费、保险费、税款、学费等。

10. 直接贷记

支付指令由付款人发起,通过银行直接贷记到收款人账户,这种方式主要用于工资、保险金、养老金的发放。

11. 传统支付手段在电子商务中的局限性

在传统的支付方式中,经常使用现金、票据和信用卡三种。

- 现金:一手交钱,一手交货。货币即时结算简单、方便、灵活,其缺点是受时间、空间、面额的限制。
- 票据:包括汇票、本票和支票,是出票人依票据法发行的无条件支付一定金额或委托他人无条件支付一定金额给受款人或持票人的一种文书凭证。

- 信用卡：由银行或金融公司发行，可在指定的场所进行记账消费。信用卡功能多样、高效快捷、携带方便，提高了安全性。

传统支付手段在电子商务中有以下局限性。

- 缺乏方便性。
- 安全性低。
- 缺乏覆盖面。
- 适应性不强。
- 缺乏对微支付的支持。

思考题

1. 什么是支付？
2. 简述支付系统的功能。
3. 简述同城清算所系统的功能、处理的交易类型和处理交易的过程。
4. 简述票据类支付工具的特点与区别。
5. 简述支付资金清算系统的处理过程。

综合实训

1. 从以下五个方面举例说明传统支付方式——现金、票据和信用卡在电子商务中的局限性（每种支付方式至少说明三个局限性）。

- 方便性。
- 安全性。
- 覆盖面。
- 适应性。
- 网上支付。

2. 画出以下事件的资金流程图：小明通过一张海口市的工商银行卡给小红的北京市的建设银行卡转账 1000 元。

第 4 章

电子支付系统

本章学习目标

- 掌握 ATM 系统、POS 系统的网络结构类型和对应的业务流程、特点。
- 熟悉小额批量支付系统和大额实时支付系统的业务处理流程。
- 熟悉 SWIFT 系统、Fedwire 系统、CHIPS 系统、CHAPS 系统的特点及业务处理流程。
- 熟悉移动支付的运营模式及其特点。

一个国家的电子支付系统一般由支付服务系统、支付清算系统和支付信息管理系统三个层次组成。

（1）支付服务系统。主要指完成银行与客户之间的支付与结算的系统。根据我国金融电子化 20 多年的实践结果,支付服务系统在我国具体包括公司业务系统、储蓄业务系统和新型电子化服务三类系统。

（2）支付清算系统。这是一种跨行业务与资金清算系统。支付清算系统是国民经济资金运动的大动脉,社会经济活动大多要通过清算系统才能最终完成。该系统一般由政府授权的中央银行组织建设、运营和管理,各家商业银行和金融机构共同参加。这类系统几乎涉及一个地区或国家的所有银行或金融机构,系统庞大而复杂。

（3）支付信息管理系统。也就是通常所说的广义的金融管理信息系统,它是连接金融综合业务处理系统,对各子系统所产生的基础数据进行采集、加工、分析和处理,为管理者提供及时、准确、全面的信息及信息分析工具的核心系统。它的建设和完善对提高金融业的经营管理水平具有重要作用,是防范和化解金融风险的必由之路,也是金融现代化的重要标志。

通过上述三种支付系统,可以完成金融支付体系的所有支付活动。

4.1 ATM 系统

4.1.1 ATM 系统简介

1. 概念

ATM 系统即自动柜员机系统,是利用银行卡在 ATM 上执行存取款和转账等功能的一种自助服务的电子银行系统,它是客户与金融机构之间最典型的银行卡授权支付系统的代表,也是最早获得成功应用的电子资金转账系统。

在 ATM 系统中,只能作为现金配出器使用的终端机称作现金配出器(Cash Dispenser,CD),即所谓的自动取款机;还有只作为存款用的终端机,即自动存款机(Automatic Depositor,AD);不仅可用于取现,还可接收存款,可在不同账户之间进行转账的多功能终端机则称为自动柜员机,即 ATM。ATM 是无人管理的自动、自助的出纳装置,它是一种方便银行卡持卡人进行自我服务的关键设备。由于 ATM 系统可在广泛的场所为客户提供全天候的日常银行业务服务,大大方便了客户,同时具有快捷、安全的特点,因此深受客户的欢迎。

2. 主要功能

ATM 系统通过 ATM 可提供如下功能。

（1）取现功能。可以从支票账户、存款账户或信用卡账户提取现金。

（2）存款功能。可以存款到支票账户或存款账户。

（3）转账功能。可以实现支票账户与存款账户的相互转账以及从信用卡账户到支票账户的转账等。

（4）支付功能。具有从支票账户、存款账户扣款以及信用卡支付等功能。

（5）账户余额查询功能。系统可根据客户的要求检索特定账户的余额。

（6）非现金交易功能。例如修改个人密码（PIN）、支票确认、支票保证、电子邮递、验证现钞、缴付各种公共事业账单等。

（7）管理功能。例如查询终端机现金余额，终端机子项统计，支票确认结果汇总，查询营业过程中现金耗用、填补及调整后的数据，安全保护功能等。

3. 发展趋势

ATM 系统自 1969 开始使用至今已经相当发达，在全球广泛使用，并正朝着多功能服务、网络化的趋势发展。

1）多功能服务

由于 ATM 系统使用的技术越来越先进，这促使 ATM 向多功能化发展。现在，ATM 系统不仅可用于存取款作业，还可当作自助银行的终端机使用，进行各种非现金交易和信息服务。例如，具有磁性墨水字符识别和光学字符识别功能的 ATM 能读取公用设施账单和汇款单上的磁性墨水字迹、光学字符条码线，识别账单上的文字和图形，从而可为储户提供验证现钞、缴付各种公共事业账单等服务，它不仅能以转账方式缴税、缴房租、缴水电费，甚至还可以完成缴停车罚款、办理驾驶执照续期等非现金交易事务。

利用视频技术和各种专家系统，ATM 能进行视像会晤，并实现交互服务。这种终端机具备超级出纳能力，客户通过这种终端机可同远地的银行职员谈话，犹如面对面地商讨开户、贷款等事项，银行职员也可以通过 ATM 指导客户完成一笔金融业务，如提供保险或安排旅行计划，在线解答客户提出的各种疑难问题等。

1998 年，惠普公司推出了手持自动柜员机，它是一种可以随身携带的向银行顾客自动提供现金的设备。顾客可利用手持 ATM 提取现金。手持 ATM 终端更加灵活，进一步扩大了它的使用范围。

随着 IC 卡制造成本的下降和广泛应用以及电子钱包 IC 卡的发展，必将有更多的 ATM 系统为多功能的 IC 金融卡提供多种支持服务。而采用虹膜识别技术和语音识别技术的 ATM 将大幅改善系统的安全性，可以应用于网上购物支付等商务活动。

2）网络化

一方面是共享 ATM 系统的发展，即不同银行 ATM 系统的互联；另一方面是 ATM 系统与其他电子支付系统的互联，尤其是与开放式的互联网相连，形成广泛的金融服务网络。随着其他电子银行系统的开发应用，将会有更多的 ATM 系统可同其他的电子银行系统，如柜员联机系统、POS 系统、家庭银行系统等进行联动处理。也就是说，ATM 系统将作为电子银行系统的一部分同其他电子银行系统集成在一起，形成电子银行综合服务网络，为客户提供综合的业务服务。

4.1.2　ATM 终端

1. 种类

ATM 作为一种向顾客自动提供现金的终端设备，通常有 3 种安装方式。第一种是安装在银行、商店、宾馆等营业厅内，称为大堂式。第二种是安装在银行营业厅外，例如银行门外、商店、车站、医院等场所的临街墙面上,因此称为穿墙式,由于安装地点不同,穿墙式比大堂式采取了更严密的安全防范措施,如加装防尘、防爆装置等。第三种是安装于室外,便于车辆的驾驶人员不下车就可以进行操作的驾驶者式 ATM。由于 ATM 既可安装于银行内,也可以安装于远离银行的购物中心、机场、工厂和其他公共场所,因此成为银行柜台存取款系统的延伸。

2. 构成

ATM 由硬件和软件两大部分组成。ATM 的硬件一般由上下两部分组成。上部分为系统控制部分,包括 ATM 控制机、外部设备控制板、显示器、客户账单打印机、流水账打印机、进出卡电机、银行卡读写器和后台操作部分(如银行操作员键盘和显示器)。下半部分为钱箱部分,包括出钞模块、存款箱、取款箱、加密模块、回收钞箱、传动系统等。主要部分介绍如下。

(1) ATM 控制机。它是整个 ATM 的控制中心,通过运行 ATM 软件,负责 ATM 各个部分的检测、驱动,协调各部分的关系。在脱机应用时负责银行卡的通信,即将各种银行卡交易数据形成加密报文,通过通信线路传输到银行主机,然后根据主机的应答做出相应处理。大部分 ATM 的控制机采用可以保证 24 小时连续运行的 PC。

(2) 外部设备控制板。主要作用是在 ATM 控制机的驱动下控制 ATM 各个功能模块的工作,它控制的外部设备主要有读写器、打印机、出钞系统等。

(3) 读写器。负责对持卡人使用的银行卡进行读写操作。可以对符合 ISO 标准的磁卡和 IC 卡进行读写操作。为了防止 ATM 突然断电时导致银行卡不能及时退出,大部分 ATM 装备了后备电池,以保证断电后系统的运行。

(4) 客户账单打印机。其功能是按照特定格式打印持卡人的每笔交易的通知单。

(5) 流水账打印机。其作用是将 ATM 的各种操作(包括开机自检、各种交易、ATM 开关门等)记录通过打印保留下来,以便检查核对。

(6) 后台操作部分。主要用于操作员对 ATM 的日常管理,如开关机、轧账和进行参数设置等。

(7) 出钞模块。这是 ATM 的关键部分,分为摩擦式出钞和真空泵吸式出钞两种。出钞模块对钞票有一定的要求,一般以七八成新为好。通常,ATM 可配 2~4 个钞箱,每个钞箱可装 2000~3000 张钞票。

(8) 回收钞箱。回收钞箱用于回收出钞机认为残缺的钞票或客户在规定时间(一般为30~60s)内忘记从出钞口取走的钞票。

ATM 系统必须在软件的控制下才能运行。ATM 系统的软件分为 ATM 端软件和主机端软件两部分。ATM 端的软件一般称为 ATMC,运行于 ATM 控制机上,一般由 ATM 供应商提供,银行可以对程序流程、提示和控制条件与供应商合作进行改动。主机端的ATM 软件一般称为 ATMP,其功能是建立主机与 ATM 的通信,对 ATM 的状态进行监控以及主机与主机数据库之间进行账务处理等。

3. ATM 的工作方式

依据 ATM 工作时是否与银行主机相连,可以将 ATM 划分为脱机方式和联机方式。

（1）脱机方式。以这种方式工作的 ATM 不与银行主机相连。ATM 依靠其控制机的软件独立运行，它与银行主机之间通过定时交换软盘传递止付卡表（也称"热卡"表，即俗称的"黑名单"）、ATM 流水账、交易日志等重要信息。这种 ATM 要有读、译银行卡的所有逻辑功能，能独立检验银行卡的合法性和持卡人的身份。这种方式存在一定的危险性，因为不法分子有可能用伪造的磁卡在脱机 ATM 上骗取现金。因此在发达国家，若采用磁卡作为支付工具，则不允许 ATM 采用脱机方式工作。并且，作为一种安全措施实施，ATM 要改写银行磁条上的信息，以防止银行卡在一天内的提款次数超过允许次数。由于 IC 卡兼具信息处理与安全防卫功能，因此被广泛用来进行脱机操作。这种方式一般适合于计算机应用初期或通信费用高昂的环境（如法国）。

（2）联机方式。联机方式工作的 ATM 通过专线、电话线路等直接与银行主机相连，每笔交易均由 ATM 实时传输到主机进行认证，文件可以实时更新。这样，止付卡表就可保存在银行主机的当前数据库里，并能为网络中的所有 ATM 共享。因此，与脱机方式相比，联机操作需要完备的通信系统，成本较高。但是对银行来说，它在保证资金安全、及时更新主机文件和有效监控交易处理等许多方面有很多优点；它还可以实现查询账户余额、实时转账等功能。当今的 ATM 系统基本上都采用这种工作方式。

依据 ATM 与主机的连接方式，联机方式又分为以下 3 种。

① 集中式。这种联机方式结构简单，所有的 ATM 都通过网络直接接入银行计算机主机系统。银行原有业务信息的数据与 ATM 的交易数据都保存在主机系统中，便于数据的集中管理和通存通兑的实现。但这种方式会使主机负载太大，且通信费用高，扩展容量有限。

② 分布式。ATM 联入相应的各网点主机，通过网点主机经网络连接主机系统。这种方式将原有业务系统的数据及 ATM 的交易数据都存放在网点主机上，当客户要进行通存通兑业务时，由主机系统协助完成各网点之间的账务交易处理，从而分担了主机的部分开销。但这种方式对数据的控制管理较为困难。

③ 集中分布式。ATM 直接或经过通信网连接到 ATM 前置机，并通过以太网连接到银行主机系统，ATM 的交易数据由 ATM 前置机集中控制，以减轻银行主机的负担。这种连接方式目前在我国较受欢迎。

4.1.3　ATM 系统的发展历程和基本组成

1. 发展历程

ATM 系统的发展经历了从专有系统到共享系统的过程。专有系统是由一个金融机构独自购置网络中的 ATM、其他硬件和所需软件，并独自发行其银行卡的系统，它的对象是本行客户。在 ATM 系统发展早期，一些大的银行或金融机构凭借自身资金或资源优势组建了方便自己客户使用的 ATM 服务系统。后来随着技术的发展和业务规模的扩大，专有系统提出了与其他金融机构的 ATM 网络互联，对彼此的客户提供服务的要求。同时，一些中小银行或新型金融机构受资金、人力和其他资源的限制，也提出了共享原有系统、走联合发展道路的需求。

当今世界上著名的 ATM 系统都是共享系统。共享 ATM 网络的进一步发展就是形成全国性共享的 ATM 系统。通过全国性共享 ATM 系统可使各金融机构分摊新产品的开发费用和风险，可大幅降低支付产品的运行管理费用，可克服地理限制，使银行能经营跨地区的银行业务。

目前,发展共享系统已经成为一种趋势,不论大小银行,都要选择参加一个共享系统,尤其是在 VISA 和 MasterCard 两大国际性信用卡组织提供全球性的 ATM 服务后,ATM 系统又朝着国际化方向发展。发达国家,如美国已经建立了全国性的 ATM 网络,任何一个持卡人持有任何一家银行发行的银行卡都可以在美国境内任何一家银行的 ATM 中提取现金,然后由这个 ATM 所属的银行与发卡行进行结算。这个 ATM 网络正在向全世界发展,形成全球性自动提款机网络。例如,美国花旗银行已经将其在墨西哥和加拿大境内的分行与这个网络系统联通,使美国各个银行的储蓄卡持有人可以在墨西哥和加拿大境内的花旗银行的 ATM 中提取现金。我国很早就开始建设全国性共享 ATM 系统,并于 2002 年成立了银联中心,只要是具有"银联"标识的银行卡,就可以享受共享 ATM 系统提供的服务。

从"金卡工程"到"金卡换银联"——中国共享 ATM 系统的发展

"金卡工程"是以电子货币(信用卡)替代现金的货币流通形式,与国际金融体制接轨的简称。金卡工程实施后可实现各发卡行资源共享和通存通兑,实现银行的电子化、网络化。中国的银行卡联通工程启动于 1993 年。在长达 8 年的漫漫长征路上,55 家发卡机构、10 万个特约商户以及 3.3 亿张银行卡持有者的利益都纠集其中:封闭运作、互不兼容让所有人头疼。先是行政命令,后是利益切割,各种招数轮番使过,症结一直没有消除。2002 年 1 月 10 日,金卡工程让位于中国银联公司的银联卡。不久后,在北京、上海、广州、杭州等城市,任何一张具有"银联"标识的银行卡在任何 ATM 和 POS 机上都畅通无阻。

资料来源:www.ceoclo.com,《IT 经理世界》杂志,2002 年 1 月。

2. 基本组成

共享 ATM 系统服务的对象除本行客户外还涉及他行客户。在一个典型的共享系统中,其参加银行或金融机构可以通过系统中的所有 ATM 为其客户提供 ATM 服务。

共享系统一般包括下列组成部分:①持卡人;②ATM;③发卡行,它们是共享系统的成员行,负责对外发行银行卡;④清算银行,负责共享系统内跨行账务清算,通常由中央银行担任;⑤交换中心,负责共享系统内各种交易信息的转接处理和管理等工作。

上述 ATM 系统各成员之间通过交换中心连接成一个大型的共享网络。交换中心除了负责共享 ATM 系统内各种交易信息及相关信息的转接和处理工作,还可暂时代替发卡行做暂代性银行卡授权处理。交换中心可由某个发卡行经营管理,也可由多个发卡行合作经营管理,还可由第三方负责其经营管理。在共享 ATM 系统里,成员行的持卡人可在共享网络的任何一台 ATM 上进行存取款交易。

4.1.4　ATM 系统网络结构类型

根据交换中心在系统中的不同位置,可将 ATM 网络结构分为后方交换型、前方交换型和复合型三种。随着技术的发展,还出现了第四种网络结构类型,即无中心的系统。

1. 后方交换型

在后方交换型的共享 ATM 系统中,交换中心位于各成员行之后;成员行拥有自己的

ATM 或 POS 终端机。业务处理时,本行持卡人在自有系统的终端机上所做的交易留存在自己行内处理,跨行交易均送交换中心转发到相应的发卡银行处理。发卡行收到代理行经交换中心送交的交易请求信息后,经必要的确认处理和账务处理,再将授权信息经交换中心发给代理行,请其按指示代为处理。若是存取款和转账交易,则代理行执行完响应指令后,还需要通过交换中心向发卡行发送确认信息。发卡行收到确认信息,执行完提交处理后,才能最终完成一笔交易。日终时,代理行和发卡行之间通过中央银行进行跨行交易的资金清算和手续费计付处理。这种形式的系统通常是专有 ATM 系统互联后的共享系统,具体结构如图 4-1 所示。

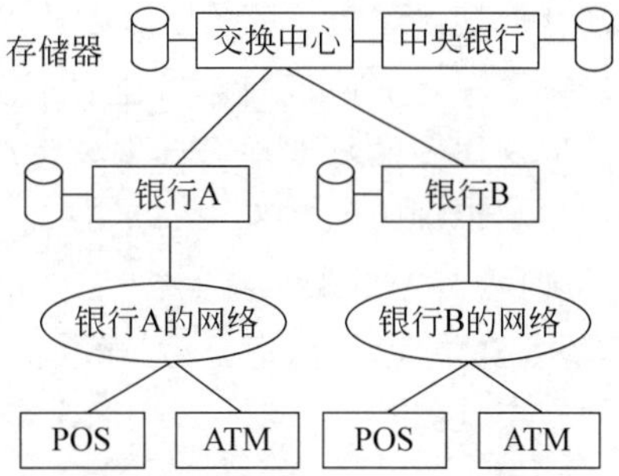

图 4-1 后方交换型的 ATM 系统网络结构

2. 前方交换型

新建的共享网络系统多属于前方交换型,在这种交换型的网络结构中,交换中心位于银行主机和 ATM/POS 终端机之间,系统中所有的终端设备原则上由交换中心投资。所有交易全由交换中心直接转发到相应的发卡行进行处理,因此没有跨行交易;发卡行收到交换中心发来的交易信息后,经确认处理,发送授权信息给交换中心,请其指令终端设备按指示要求进行处理,其网络结构如图 4-2 所示。

前方交换型没有跨行交易,因此也不存在银行之间的资金清算问题,原则上不需要中央银行的参与。当然,中央银行为了掌握资金的流动情况,可以采用法律、法规的办法规定交换中心定时向中央银行发送所需的数据。

3. 复合型

顾名思义,系统中既含前方交换型系统又含后方交换型系统的网络就是复合型系统。例如,在图 4-3 所示的复合型网络结构系统里,对 ATM1 来说,交换中心在银行之前,是前方交换型共享网络;对 ATM2 至 ATM5 来说,交换中心在银行之后,是后方交换型共享网络。持卡人在 ATM1 上做的交易按前方交换型网络系统的交易处理流程处理,持卡人在 ATM2 至 ATM5 上做的交易按后方交换型网络系统的交易处理流程处理。

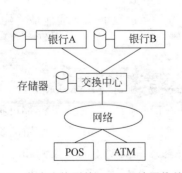

图 4-2 前方交换型的 ATM 系统网络结构

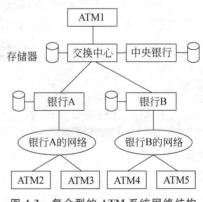

图 4-3 复合型的 ATM 系统网络结构

4. 无中心型

在无中心型的共享系统中,不同的 ATM 或 POS 机互联互通,绕开了信息交换中心,将所有银行卡跨行交易的信息,包括可接受的卡种、对方行信息包的格式、网络控制器的电话等都存储到终端机上。当 ATM 或 POS 机受理卡片之后,会立即对信息进行"验明正身",然后按照一定的协议将卡片上的信息送入不同的通道,直接输入各发卡银行的计算机系统。但这样做的弊端是当有争议发生时难以搜集证据。无中心 ATM/POS 机现在的运作原理是将识别出的各发卡行的信息直接递送到各发卡行,这在一定程度上降低了系统投入,同时也有效减少了各家银行之间的利益分配纠纷。我国杭州新利公司曾开发出了无中心 POS 机共享系统,但是由于没有得到中央银行的支持,这一联通模式现在只能处于边缘化的生存状态。

4.1.5　ATM 系统业务处理流程

共享 ATM 系统采用不同类型的网络结构,将导致不同的业务处理流程。复合型的网络结构是由前方交换型与后方交换型共同组成的。同时,在我国,随着银联公司的成立,无中心的 ATM/POS 机将识别出的各发卡行信息统一递送到银联公司下属的银行卡信息交换总中心,再由总中心进行信息交换。因此,共享 ATM 系统实质上由前方交换型与后方交换型这两种不同的业务处理方式构成,下面将分别介绍。

1. 前方交换型的业务处理流程

前方交换型的 ATM 系统交易经交换中心识别后转发交易信息,因此不存在跨行交易,通常为行内交易。现以存取款交易为例进行说明。

通常,业务处理过程包括请求处理、响应处理和确认处理,并各自对应 3 种信息流,即请求信息、响应信息和确认信息。

(1) 请求处理。当持卡人输入 PIN、交易类型和交易额后,由 ATM 终端机启动请求信息,经交换中心发往相应的发卡行。

(2) 响应处理。发卡行进行响应处理和账务处理后发出响应信息给交换中心,授权它按指示向 ATM 发送指令。

(3) 确认处理。交换中心向 ATM 发出响应指令后,若非查询交易,则还需向发卡行发送确认信息;发卡行收到确认信息后就执行提交操作,修改数据库,完成该笔 ATM 交易。

因此,在前方交换型网络中做一笔存取款交易,需要经过以上步骤才能最终完成,具体业务操作流程如图 4-4 所示。

2. 后方交换型的业务处理流程

后方交换型网络结构类型包含行内交易与跨行交易,相对而言处理较复杂,需要清算银行的介入才能完成跨行支付的清算工作。在这种 ATM 系统里,各成员行都可拥有自己的 ATM 和 POS 终端机;自己行的持卡人在自有系统的 POS 和 ATM 上所做的交易留在自己行内处理,在共享 ATM 系统上所做的跨行交易均送到交换中心转发到相应的发卡银行进行处理。具体流程如图 4-5 所示。

(1) 请求处理。当持卡人输入 PIN、交易类型和交易额后,由代理行终端机启动请求信

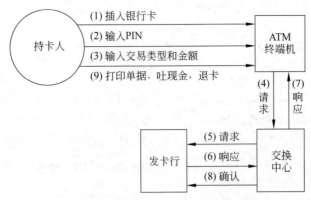

图 4-4　前方交换型系统的业务处理流程

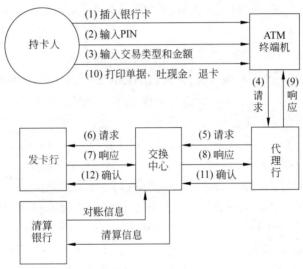

图 4-5　后方交换型系统的业务处理流程

息,请求信息经代理行、交换中心发往发卡行。

　　(2) 响应处理。发卡行接收到交换中心发来的交易请求信息后,检查银行卡和持卡人等的合法性、交易金额的合理性,并由发卡行启动响应信息,通过交换中心,授权代理行按响应指令指示 ATM 进行交易。与此同时,若发卡行授权代理行进行存取款处理,则发卡行还要进行账务处理(包括持卡人的账务处理和与代理行之间的清算处理)和各种交易费用的计付处理。

　　(3) 确认处理。完成一笔交易后,由代理行启动确认信息,针对交易执行结果提出确认报告。发卡行接收到确认信息后,提交上述账务处理和交易费用计付处理结果,修改数据库中的相应数据,最终完成一笔 ATM 交易。

　　如果是一笔跨行的余额查询业务,则只有请求处理和响应处理,而无须确认处理。最后,日终时,交换中心要向清算银行(我国为中央银行)发送清算信息,由清算银行完成代理行与发卡行之间当天的资金清算,然后清算银行通过交换中心向各银行发送当天的对账信息,若对账无误,则最终完成一天所有的 ATM 交易。

4.1.6 ATM 常见故障

1. 通信类故障

通信类故障是 ATM 机的主要故障之一。从以往 ATM 机的运行状况来看,通信类故障产生的原因主要有以下几种。

(1) 电信局通信线路连接中断。ATM 通过 DDN、X.25 专线或 PSTN 与主机相连,所以电信局线路质量对 ATM 联机就显得至关重要。根据经验,通信故障有一半是由于电信局线路问题(如更改参数、线路检修等)导致的。

(2) 主机通信模块异常或 ATM 前置机通信软件运行故障,通信进程受阻,导致主机与 ATM 机无法建立连接(link)。

(3) 通信设备的数据端口接触不良,设备电源故障,或是由于未加装避雷器而导致调制解调器被雷击等。

2. 吐钞模块故障

有时,客户在 ATM 机上查询余额、修改密码和转账时均正常,而取款时则显示"服务因故未能完成,请取回卡与本行联系",出现这种情况通常是吐钞模块发生故障。造成吐钞模块故障的原因主要有以下几种。

(1) 由于操作员操作不当,如废钞箱盖子未拉下或钱箱的提升杆没有提起来。

(2) ATM 开机自检时正常,但应用程序 RC(Resource Compiler,资源编译器)代码为 2162。用检测盘对 ATM 进行测试时一切正常,ATM 无任何故障,但应用程序启动 ATM 时钱箱提升杆不能升降,这说明 ATM 应用程序有病毒干扰,应先查杀病毒,再重装应用程序。

(3) ATM 自检时只听到出钞门响,而 CDM(Cash Dispenser Module,出钞模块)无动作,可能是由于电缆未接好或电源接法不对。若电源接反,则可能造成其他故障并损坏器件(如电机与控制板烧毁等)。

(4) 传感器工作电压应大于 5V,若工作电压过低,则传感器不能正常工作,将导致判断失误,造成吐钞故障。另外,若 ATM 供电电源零地电压太高(接地不好或未接地),则也会导致传感器损坏。

(5) ATM 自检时有异常的声音,RC 代码为 2157,表明吐钞口被堵塞,光电管被灰尘遮住,出钞口的传感器损坏或落尘,这时应针对故障原因进行清洁或更换部件。

(6) 出钞橡胶轮经长时间摩擦,导致间隙变大。若吐钞时一次摩擦出钞两张,则 ATM 就判断为吐钞故障。

4.2 POS 系统

POS 系统是随着 C&C 技术的发展而产生和发展的,促使银行业与商业之间建立起密切的、现代化的联系,这种联系充分体现在零售商业的销售点服务中。销售点处的电子转账系统(EFT/POS 系统,以下简称 POS 系统)是 20 世纪 80 年代 EFT 系统中增长最快的一个应用项目,经过 30 多年的应用取得了长足发展。在日本和美国等发达国家,POS 交易额占市场总销售额的 70％以上,已成为发达国家的主要支付系统之一。

4.2.1　POS 系统概述

1. POS 系统的主要功能

POS 系统的基本处理模块包括有关立即转账及信用挂账两种作业处理的各项功能。随着电子银行业务的发展,POS 系统增加了许多扩展处理功能。

POS 系统的业务处理至少包括以下几个部分。

(1) 授权处理,有联机处理和脱机处理两种方式。

(2) 销货处理,用借记卡进行交易时,从持卡人账户扣除消费额,并以联机方式或批处理方式将账款转入特约商店账户中。

(3) 结账清算处理,包括发卡行与持卡人之间、收单行与特约商店之间、各银行之间的账务清算以及各种手续费的计付等。

2. POS 系统的标准化

由于 POS 系统是第一线的便民服务系统,要求系统网络覆盖面广,服务网点多,且能提供实时的全天候服务。因此,POS 系统是联机的共享系统。

共享 POS 系统的发展前景极大地取决于系统的通用性,取决于系统所使用的介质、设备和系统的标准化程度。

POS 系统除应尽量采用国际标准、国家标准和行业标准外,为使系统保持和具有高质量的一致性和完整性的服务,共享系统必须拟定各种标准,所有参与共享的成员银行都应签署有关系统标准化、账务处理、业务处理和安全控制管理等各个方面的共同协议。

3. POS 系统的结构和管理

根据交换中心在系统中的不同位置,可将 POS 系统的网络结构分成前方交换型、后方交换型和复合型。考虑到发展的不平衡,为尽量利用原有的资源,很多 POS 系统采用后方交换型或复合型结构。当 POS 系统进一步发展时,可发展为联合系统。联合系统是一个共享程度更高的既含前方交换型又含后方交换型的复合系统。

系统的管理包括特约商店管理、POS 终端机管理、安全控制与管理。考虑到特约商店数量庞大且管理复杂,通常由专门的金融机构,即收单行进行特约商店的管理,当然,发卡行也可兼作收单行。

由 POS 终端、集线器、通信线路、交换中心和银行主机系统组成的 POS 系统可以有各种布置方式。这里重点介绍如何依据 POS 业务的发展将若干简单的 POS 系统互联成复杂的共享 POS 系统。

在 POS 系统的发展过程中,通常是由一些大型银行首先开发自己的专有 POS 系统。POS 终端直接或通过集线器同银行主机系统通信。这种布置方式只能处理提供这种装置的银行的商店客户与其持卡人之间的 POS 交易。这种系统只对那些具有雄厚技术力量又有大量持卡人和大量特约商店的大银行才是可行的。

对于中小银行,要想开发专有 POS 系统显然是不可能的,它们只能走联合开发的道路。即在专有 POS 系统的集线器与银行主机系统之间添加一个交换中心。一个金融机构只要能同交换中心连线,就能提供 POS 交易服务。该系统中的 POS 终端能处理该系统成员银行的所有持卡人参与的 POS 交易。

4. POS 终端

为确保 POS 作业的安全,应尽量选择功能强大的 POS 终端。这种 POS 终端具有联机检验银行卡合法性及持卡人 PIN 的功能,可提供立即转账和信用挂账两种服务,能读磁卡 ISO 第二和第三磁道数据,能收集和传输交易数据,有加密和解密功能,配置掌上密码输入器,有打印收据功能和显示功能等。

一套 POS 终端可由下列设备组合而成:处理器、票据打印机、键盘、银行卡读入器、顾客显示屏、电动钱箱、条码扫描器及其他有关的硬件和应用软件。但不是所有的商户都需要相同的配置。POS 终端的配置与很多因素有关,除与零售业务范畴、货品经营方式有关外,还同经营规模和企业形象等多种因素有关,因此,几乎所有厂家的 POS 终端产品都允许用户以不同的方式组合和修改其系统。

近年来,POS 终端机采用开放式的系统设计,采用 PC 技术与规范,这样可以方便地进行扩充,有利于产品的维护和更新换代。POS 终端机要有很强的网络通信和数据处理能力,能方便地实现 POS 终端机与服务器之间的双向实时通信。POS 终端机除了具有各种标准 PC 接口外,还有一些专用接口,如与磁卡或 IC 卡阅读器、钱箱、条码阅读器和电子秤等设备的接口。考虑到商场流量大、干扰因素多,POS 终端机要有很强的抗干扰能力和防尘抗震能力。开放式结构允许用户选择现有的软件实现促销管理,也允许用户根据实际需要自行开发应用软件,以完善商店的管理。在安全方面,采用分级授权、口令和专用钥匙,以增强系统的安全性。考虑到银行卡介质的发展,不少 POS 终端产品不仅可以识别磁卡,也可以识别 IC 卡。

5. POS 系统的优点

一般的 POS 系统具有如下优点。

(1) 友好的用户界面,可全面汉化。

(2) 理论上数据量是无限的,使管理大批量单品成为可能。

(3) 容易进行二次开发、修改、扩充等工作。

(4) 是开放的系统,组件是相对独立的,维修相当方便。

(5) 适应性强,可与多种设备相连接。

(6) 由于采用联网结构,所以系统的实时性强。

(7) 使电子币的实时转账成为可能。

超市 POS 收款机通常具有以下优点。

(1) 收款迅速、正确,顾客满意度高。收银员对顾客购买信息进行录入,收银机做出快速响应,正确地计算出该笔交易额并显示出应收钱、实收钱、找钱等信息,减少了收银员对交易额的计算时间,提高了收银速度,特别是商品条形码技术的应用使收银速度大幅提高,减少了单笔交易时间,提高了经营效率,方便了顾客。

（2）支持多种付款方式。支持现金、支票、信用卡、外币、礼券、提货单等付款方式,甚至可以在同一笔交易中以多种方式支付,极大地满足了顾客不同层次的需求。

（3）便于业绩统计,为管理服务。收银机能记录收银员在营业中的销售业绩及顾客的购物信息,并能打印多种形式的报表,可以直接为管理者和决策者提供客观依据。

（4）结账精确,杜绝舞弊。

4.2.2　POS 系统的发展

1. POS 系统的产生和发展

POS 系统自 1968 年出现以来,已经历了几个发展时期。第一代 EFT/POS 系统是使用借记卡的专有系统,通过该系统联机处理直接进行电子转账。第二代 EFT/POS 系统是由直接转账的 POS 系统与采用信用挂账的信用卡系统相结合而发展起来的共享 POS 系统,这种系统是共享的,既可用借记卡也可用信用卡进行购物消费,因此兼具直接转账和信用挂账的双重功能。20 世纪 90 年代后,由于互联网的发展及电子商务的快速兴起,使客户足不出户就可实现网上购物、网上支付和电子转账。

在发达国家,超级市场是使用现金和支票购物最多的地方。例如,美国 70% 的支票是由超级市场承兑的。所以,超级市场是 POS 系统的最大用户。在美国,超级市场开始安装POS 是在 1977—1978 年间。随着共享的电子资金转账网络的建立和完善,超级市场的POS 系统获得了迅速推广。

我国的金卡工程于 1993 年开始实施,先后建成了 18 个城市银行卡交换中心和银行卡交换总中心,开展银行卡跨行业交换业务。18 个城市中,大多数较早实现了受理市场的联合发展,商户"一柜多机"现象基本上已消除。资源实现了合理利用,商户和终端机具数量迅速增长,例如北京、上海、天津的总量分别达到 32 000 台、35 000 台、12 000 台,其中 2003年以来新增 POS 分别为 13 000 台、18 000 台、9600 台,2004 年上半年比 2002 年全年银行卡 POS 交易分别增长 3.5 倍、2.2 倍、4.3 倍。

2. POS 系统的新进展

零售商对 POS 系统的要求已从加快交易处理、降低经营成本扩展到销售分析、存货控制管理、直接的货品利润等更深层的经营观念,也就是说,要求 POS 系统向着综合信息管理系统的方向发展。

POS 系统的这种新进展促使发达国家的零售业产生了一种称为微观市场（micro-marketing）的新观念：将销售终端采集的交易数据经过精细复杂的运算进行有效的分析,以了解各种货品的销售利润、销售特点以及各货品之间微妙的互动销售关系,从而策划适当的订货、货架空间管理、促销方法等,实施有效的存货管理和促销策略。实践证明,这种微观市场新观念对货品的促销和经营利润的提高起着重要的作用。

4.2.3　POS 系统的业务处理流程

由于 POS 系统是一个繁忙的、便民的第一线服务系统,应能为广泛的持卡人和特约商店服务,因此现代的 POS 系统几乎都是以共享形态出现的联机系统,并兼具直接转账和信用挂账双重功能。

共享的 EFT/POS 系统涉及持卡人、特约商店和银行三个方面,可将它们进一步细分为如下几个实体。

(1) 持卡人,即消费者。他们持有可用于消费的银行卡。

(2) 成员金融机构,即参加 POS 系统的金融机构。按执行的业务功能,可将成员金融机构进一步分为发卡行和收单行。发卡行是将其银行卡发行给持卡人的银行。收单行是与特约商店签约,处理销售点电子转账及相关事项的银行。参与 POS 系统的成员行可同时兼具发卡行和收单行二者的功能。由于 POS 系统运营中涉及许多特约商店,而与特约商店往来、协调和业务推广等事务又都十分烦琐,因此最好由特定的组织(即收单行)担任特约商店的管理。

(3) 特约商店。与收单行签约提供 POS 服务的商店,POS 终端就安装在特约商店内。

(4) 清算中心。负责执行参加 POS 系统成员行间跨行账务清算的金融机构,在我国为各级中国人民银行。

(5) 国外信用卡集团。如发行 VISA、MasterCard 等国际上知名信用卡的机构。中国金融机构若同这些国际信用卡集团签约获得授权,就可在中国发行和使用它们的银行卡。此时,中国的银行可通过地区交换中心与国际信用卡组织的全球网络连接起来,中国的国际卡持卡人即可在全球任何地方购物消费,外国的国际卡持卡人也可在中国购物消费。如果该特约商店安装有联机 POS 终端,还可利用联机方式与原发卡行通信,进行银行卡和 PIN 的检验授权和账务处理工作,如图 4-6 所示。

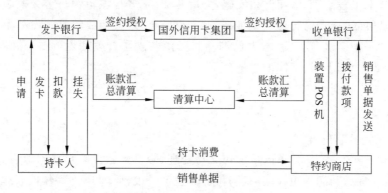

图 4-6　POS 系统业务处理关系

持卡人进行持卡消费时,特约商店将销售单据数据发送给收单行,收单行与发卡行通过清算中心进行资金清算后即将货款拨付给商店。如果是国际旅行者用国际卡消费,则需要经由国外信用卡集团进行资金清算。POS 系统各成员之间通过交换中心连接成一个大型的共享网络。交换中心负责与共享 POS 系统有关的各种交易信息的转接和处理工作,如各种信息的转送、结账、清算及管理,有的交换中心还可暂时代替发卡行做暂代性授权(stand-in)处理工作。

POS 系统的交换中心同 ATM 系统一样,根据交换中心在系统中的位置不同可将网络结构分成前方交换型、后方交换型和复合型三种。后方交换型网络结构的特点是各成员行都可有自己的 POS 终端机,自有系统内的 POS 交易留在自己行内处理,跨行交易则送至交换中心转发处理,跨行交易最后还需要通过清算银行清算才能最终完成。前方交换型网络结构的特点是所有的 POS 交易全由交换中心转发到发卡行进行处理,没有跨行交易。既含前方交换型,又含后方交换型的系统就是复合型的 POS 系统。

采用不同的网络结构时,其应用系统的设计和作业处理流程会略有差异,但并不影响整个系统所能提供的功能。消费者用银行卡消费时,其银行卡在 POS 终端槽中刷卡后,系统即可检查银行卡的有效性。从 POS 终端输入 PIN 和交易额,包含这些数据的请求信息通过交换中心的主机送往相关的发卡行的主机系统处理,经其核实授权后,就可成交了。商品成交后,POS 终端为顾客打印账单收据,商店的计算机可修改商店的存货清单和有关的数据库文件;与此同时,有关的银行主机系统更新顾客和商店的账目,即自动地从顾客的存款账户中扣除贷款(用借记卡购物时),并将其过账到商店的账户内。

此外,还要通过 POS 系统进行清算结账处理,包括发卡行与持卡人之间的扣账处理、收单行与特约商店的入账处理、发卡行与收单行之间的账务清算及各种手续费的计付等。上述各种电子转账工作可在商品成交后立即进行,也可经过一个协议期(如 1～2 天)后进行。这样,POS 系统既完成了商品交易,也完成了相关的电子转账工作。上述过程在数秒内就可全部完成。

4.2.4　POS 系统的组成和网络结构

1. 系统组成

POS 系统主要由下列部分组成: POS 终端、集线器或终端控制器、通信网、交换中心、各银行主机系统和其他银行卡授权系统。

POS 终端安放于特约商店内。银行卡中的信息、PIN 和商品交易数据等从该终端输入,并传送到交换中心或相关的银行主机系统处理;该终端还从交换中心或银行主机系统接收、显示发卡行响应交易(授权)的通知。POS 终端可由银行、商店或第三方投资购置。

为使系统通信更有效、更经济,在 POS 终端较集中的地方,通常设置一个集线器或终端控制器,它通过低速通信线路集中各 POS 终端发来的信息,再经由高速线路把汇总的信息送往交换中心或银行主机处理。

对于前方交换型通信网,交换中心位于 POS 终端与银行主机系统之间,所有的 POS 交易都需要经过交换中心转送到相关的银行主机系统处理。对于后方交换型通信网,交换中心位于银行主机系统之后,银行主机系统从各 POS 终端发出的交易信息中选出自己客户的交易信息进行处理,而将其余交易信息送至交换中心,再由交换中心转送到相关的银行主机系统处理。

在 POS 系统中,从 POS 终端到集线器的通信线路多为专有线路,多限于购物中心这种较小范围。除此之外的其余通信线路,包括从集线器到交换中心、从集线器到银行主机系统、从交换中心到银行主机系统等多为租赁线路。POS 系统中的各个实体通过交换中心的主机系统连接成一个共享的大型网络。交换中心的主要功能是将集线器、商店计算机系统或收单行主机系统发来的 POS 交易信息转发到相应的发卡行的主机系统中,再将后者响应交易的授权信息回送给前者。除转接上述交易信息外,交换中心还执行某些处理功能,如记录各个交易信息、报告所处理的通信量和进行暂代性授权等。

各银行的主机系统必须维护认可其客户进行 POS 交易所需的有关账户数据,并处理每笔 POS 交易的电子资金转账工作。处理 POS 交易的银行主机系统包括发卡行的主机系统、收单行的主机系统和处理跨行账务清算的中央银行的主机系统。

一个 POS 系统主要是为当地银行客户服务的。然而,通过地区性或全国性的银行卡授权系统也可为他行或全国各地的银行客户服务。当今世界上通行的信用卡,如 VISA、MasterCard、American Express 等已风行全球,任何一个新开发的 POS 系统都不应该将它们拒之门外。各国的金融机构在规划其 POS 系统时通常都兼顾这一情况,以设计出合乎国际规格的 POS 系统。当地的金融机构经政府核准与这些国外信用卡公司签订授权合约后,就可发行其信用卡,并代理其收款业务。

2. POS 系统的网络结构

在 POS 系统的发展过程中,通常是由一些大型银行首先开发自己的专有 POS 系统,其结构如图 4-7 所示。POS 终端直接或通过集线器同银行主机系统通信。

图 4-7　专有 POS 系统

对于中小银行,要想开发如图 4-7 所示的专有 POS 系统,显然是不可能的,它们只能走联合开发的道路,即在集线器与银行主机系统之间添加一个交换中心,构成如图 4-8 所示的带交换中心的共享前方交换型 POS 系统。一个金融机构只要能同交换中心连线,就能提供POS 交易服务。该系统中的 POS 终端能处理该系统成员银行的所有持卡人所参与的 POS交易。

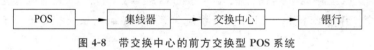

图 4-8　带交换中心的前方交换型 POS 系统

POS 系统进一步发展时,可将两个系统合并成既含前方交换型、又含后方交换型的复合系统,发展成联合系统。这是一个共享程度更高的系统,如图 4-9 所示。

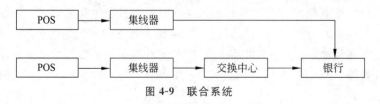

图 4-9　联合系统

如果把超级市场和大型百货公司开发的 POS 系统纳入系统,则发展成如图 4-10 所示的共享 POS 系统(图中虚线表示可选方案)。有自己 POS 终端和计算机系统的商店要想参加到共享的 POS 系统中,必须同某个银行签约,通过该银行的主机系统进入共享的 POS 系统,也可通过集线器连接到交换中心,以进入共享的 POS 系统。

如果建立了全国性的银行卡授权网络交换中心,并且将如图 4-11 所示的地区性的 POS

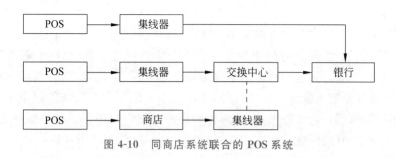

图 4-10　同商店系统联合的 POS 系统

系统同它连接起来,上述地区性 POS 系统就可处理全国范围内异地的 POS 交易。若银行再同国际信用卡组织处理中心连接起来,就可处理国际卡持卡人所做的 POS 交易。

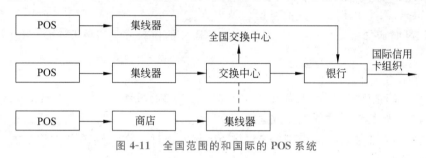

图 4-11　全国范围的和国际的 POS 系统

4.2.5　POS 系统的安全问题

POS 系统安全包括交易的认证性、隐秘性和正确性。为确保系统的安全可靠,处理每笔 POS 交易前必须确认每一笔 POS 交易都是由授权单位发出来的,以防止伪造交易侵入系统;要检验银行卡和持卡人的合法性,持卡人输入 PIN 时,应能防止他人窥视;重要信息应以密文传输,还应采用 MAC 技术确保交易数据的正确性,杜绝任何可能的篡改机会。

POS 系统的运行环境与 ATM 系统不同,ATM 系统全部由银行管理,而 POS 系统中的 POS 终端则是由特约商店管理,它既是银行 POS 系统的终端,也是特约商店计算机系统的终端。因此,POS 系统具有独特的安全特点和安全问题。

1. POS 系统的安全特点

POS 系统同其他电子银行系统的重要区别之一在于它的数据来自银行系统之外。POS 交易发生于闹市区的商店内,覆盖面广。该系统对各种商店、机场、加油站等消费点都是开放的,对所有的持卡人也是开放的,数据源很多,POS 交易频繁,交易笔数庞大,是一个开放系统。POS 交易的各种数据都是由 POS 终端的使用者和持卡人输入的,而且 POS 系统通常都是联机系统,可进行实时的电子资金转账工作。因此,POS 系统必须对每笔 POS 交易进行严格的风险控制。

2. POS 系统的安全内容

POS 系统的安全内容包括 POS 交易的认证性、隐秘性和正确性。

l）认证性

所谓交易的认证性，就是在处理每笔 POS 交易之前，系统必须事先确认该笔 POS 交易是由有权单位发送的，严防伪造的非法交易介入。为确保这一点，原则上每个终端用户和每台终端机都有一个密码，这个密码可由终端用户自定，一旦设定，就存入系统的密码文件中。除极少数有权限的人能读写该文件外，其他人都无法调看。该文件记录了每个合法用户的名称、密码和所能用的文件名称，还对每个用户的存取权限作了严格的规定。例如，有的用户仅限于检索，有的可提交作业，有的只可下指令，以严防使用者越界，闯入他人禁区。

2）隐秘性

所谓交易的隐秘性，就是在处理 POS 交易之前要识别持卡人的身份，严防他人盗用合法持卡人名义进行非法的 POS 交易，以保护消费者数据的完整性和保密性。现阶段通常采用个人标识码（PIN）识别持卡人的身份。持卡人在 POS 终端输入其 PIN 时不能被他人窥见，传输 PIN 时应加密，以防止中途被人窃取。PIN 的检验方法与 ATM 系统相同，这里不再重复。

3）正确性

所谓交易的正确性，就是要确保 POS 交易数据正确，杜绝对这些数据做任何可能的篡改。为此，交易数据和相关的重要数据在 POS 系统中传输时，必须经加密后以密码方式传输，在电文后还需要加送电文识别码 MAC。接收方通过电文识别码可检验电文在传输过程中是否被篡改。

4.2.6　POS 接入技术

POS 系统由 POS 终端、网络接入设备、前置机、主机四部分组成，在 POS 交易过程中，对交易速度影响最大的是网络接入设备以及 POS 接入方式。

POS 终端结构比较简单，一般由内嵌的调制解调器通过 PSTN（公用电话网）拨号连接，其本身对交易速度影响不大，但手机与座机分离的 POS 由于采用红外通信，相对来说要比一体机响应慢。拨号方式下一笔交易需要 10～20s，POS 程序一般采取"预拨号"方式提高交易速度，即在客户刷卡后和输入密码前先拨号，而不是在 POS 采集所需交易信息后再拨号连接，因此当交易发送时，POS 已经处于连线状态，这样一笔交易可以节省 3～5s 的时间。

POS 前置机、主机可以根据交易量的大小选用 PC、服务器或小型机，从硬件方面保证系统适应 POS 业务的发展。从技术方面来说，一般采用优化交易处理流程，简化不必要的环节，合理采用进程间通信方式。常用的参数配置包括信息放入共享内存而不是存放在文件中、数据库参数调整到最优化状态等。

POS 网络接入方式是提高 POS 交易速度的最重要的环节，一般分为下联接入方式和上联接入方式，下联接入指 POS 与网络接入设备之间的连接方式，上联方式指网络接入设备与 POS 前置机之间的连接方式。常用的接入设备有 NAC、华为 3Com 公司 Quidway 系列路由器、调制解调器、POSPAD 等。

1. 下联接入方式

下联接入方式一般有以下几种。

1）传统拨号方式

这种方式的特点是简单易行，一般适用于小型超市、百货商店、专卖店等场所，不用申请线路，插上电话线即可使用。除了上面提到的"预拨号"技术可以提高交易速度外，也可以在网络接入设备端增加拨入电话线路，并且把这些号码置为预拨号方式，这样可以有效提高 POS 的拨通率，相对提高交易速度。

2）专线组网方式

利用分组网组建 POS 网络，商户内部子母 POS 组成 RS-485 网络，在母 POS 端增加 DVM 或 POSPAD 作为 POS 的接入设备，它们之间采用 T3POS 协议通过串口通信，DVM 或 POSPAD 通过 X.25 端口与公用分组网连接，POS 与银行端网络接入设备或前置机之间的呼叫连接和拆线由 POSPAD 完成。银行端 X.25 线通过调制解调器连接到网控器的 X.25 下行卡。

POS 专线方式接入速率可以是 9600b/s 或者更高，POS 交易时间在 4s 左右，大幅缩短了交易时间，申请一条 16 条逻辑信道的专线就可同时允许 16 个 POS 同时接入，而且月租费固定，不受交易量大小的影响，大大低于公用电话网的收费标准。这种组网方式适用于大型百货商场、购物中心、超市。

3）商场收款机改造方式

利用商场收银系统和商场 MIS 受理银行卡把 FCR 和 POS 合二为一。商场三代 ECR 一般自带刷卡器，可以读取银行卡的第一磁道至第三磁道，只需要配备符合银行安全标准的外接密码键盘和一台与银行 POS 前置通信的控制机即可。软件改造需要在商场收银系统中嵌入银行卡受理模块，该模块负责采集信用卡磁条信息、持卡人密码、交易金额等要素，按银行 POS 报文标准打包发送至通信控制机，通信控制机通过 TCP/IP 方式与银行 POS 接入设备或 POS 前置机通信，在交易完成的同时将交易信息送至商场 MIS 系统，MIS 系统也会记录 POS 交易信息。

这种接入方式可以把商场网络系统与银行系统通过 2Mb/s 专用光纤连接起来，大幅提高了交易速度，由于银行卡受理与收银一体，操作简便，可以有效提高商场收银员受理银行卡的积极性，商场 MIS 存有交易记录，可以与银行实现自动对账，对商场和银行来讲是一种双赢的合作方式。

4）无线 POS 方式

无线 POS 从最早的短信和 GSM 拨号方式到目前获得广泛应用的 GPRS 或 CDMAIX，无线通信技术的发展有了较大的飞跃。

无线 POS 通过无线网络连接到移动公司的 GGSN(Gateway GPRS Support Node，网关 GPRS 支持节点)，移动公司的 GGSN 通过专用光纤与银行连接，移动公司为每个移动 POS 分配一个动态或静态的 IP 地址，为与银行连接的专线分配一个 IP 地址，并在 GGSN 上配置相应的路由信息，在 GPRS 无线 POS 上设置了银行方的 IP 地址和端口后，POS 就能够与银行进行 TCP/IP 通信。一般采用两种典型接入方案：一是 GGSN 通过专线连接到银行路由器，通过 TCP/IP 与 NAC 的 LET61 下行卡连接，再通过 LET61 上行卡与 POS 前置机连接；二是 GGSN 通过专线连接到银行端路由器，并直接上传到 POS 前置机，考虑到安全因素，在路由器端需要加防火墙。

采用 GPRS/CDMAIX 无线通信的 POS 具有一次登录网络永久在线的特点,可以实时与银行前置机通信,无线通信网络的传输速度已经达到 30～150kb/s,通常情况下,每笔交易在 3～4s 内即可完成。无线数据通信没有漫游费,按流量计费,每笔交易通信成本保持在 1～3 分钱,而且省去了布线的麻烦,因此特别适合需要移动支付的场所,例如交警处理违章罚款、超市、各种临时性代收费、移动售票、县级特约商户等。

2. 上联接入方式

网络接入设备与 POS 前置机之间一般采用流方式或 IP 方式通信。

1) RS-232 串口方式

这是比较常用的连接方式,通信速率为 9600b/s,NAC 和华为 3Com 公司 Quidway 系列的路由器在不增加硬件设备的情况下均可实现,但路由器需要手工配置异步连接方式。

2) TCP/IP 方式

NAC 需要增加 LET61 上行卡。华为 3Com 公司 Quidway 系列的路由器需要绑定 IP 和应用端口。这种方式交易速度比串口方式要快,但由于 POS 的传输数据量较少,就一笔完整的 POS 交易来说,这一优点体现不出来。

4.2.7　POS 系统实例

1. 法国 Carte Bancaire 系统

法国拥有多个 EFT/POS 系统,其中较出名的是由法国 Carte Bancaire 集团建立的 EFT/POS 系统,该系统覆盖全法国,是法国全国性的跨行共享系统,到 1986 年就已经安装了约 6.5 万台 POS 终端机。该系统可接受各成员行发行的借记卡及其签发的代理信用卡,推广使用 IC 卡,也可接受磁卡。

2. 日本某大型妇女服装专业连锁店的 POS 处理系统

对于现代化的大型专业连锁店来说,由于其连锁店的数目可多达数百个,所以一般都建有自己的主机系统。

CAFIS(Credit And Finance Infor-mation System)是主要用于 POS 交易的日本全国性的前方交换型数据通信网。其中,CATS-52 为日本 Omron 公司生产的银行卡识别终端,CC-2000 是 Omron 公司生产的通信集中控制器。

持卡人在商店购物时,在银行卡识别终端 CATS-52 上刷卡后,银行卡号、PIN 和销售额等数据通过数据通信网送入总部的通信集中控制器 CC-2000,以识别是否为可用卡,并将收集到的 POS 交易数据按发卡行进行分类,再通过 CAFIS 系统同各发卡行通信。各发卡行根据发来的请求信息进行授权处理,以确定是否批准这笔 POS 交易,并向商店返回授权信息。如果批准这笔 POS 交易,发卡行立即将销售额记账。设在总部的用于管理各商店 POS 交易的 AS/400 计算机记录了发送给发卡行的每笔 POS 交易数据,这样做一方面可以响应客户的日后查询,另一方面是为了核对发卡行的账单。在 AS/400 上处理的数据也送入主机 IBM 3090,以便同 POS 终端送来的销售数据进行核对。商店 POS 终端的销售数据通过数据通信网每天向主机 IBM 3090 传送一次。在总部设置了 3 台 CC-2000 通信集中控制器,每个商店同时连接两台 CC-2000。在具有优先使用权的 CC-2000 工作紧张或发生故障时，POS 系统终端 CATS-52 会自动判断并连通另一台 CC-2000，这样就可防止系统瘫痪，保证系统的安全运行。

4.3　中国现代化支付系统

中国现代化支付系统（China National Advanced Payment System，CNAPS）是中国人民银行按照我国支付清算的需要，利用现代计算机技术和通信网络自主开发建设的，能够高效、安全地处理各银行办理的异地、同城各种支付业务及其资金清算和货币市场交易的资金清算的应用系统，它主要提供商业银行之间跨行的支付清算服务，是为商业银行之间和商业银行与中国人民银行之间的支付业务提供最终资金清算的系统，是各商业银行电子汇兑系统资金清算的枢纽系统，是连接国内外银行的重要桥梁，也是金融市场的核心支持系统。

中国现代化支付系统主要由大额实时支付系统和小额批量支付系统两个业务应用系统组成。

4.3.1　大额实时支付系统

大额实时支付系统（High Value Payment System，HVPS）指以实时、全额的方式处理异地、同城每笔业务在规定金额起点以上的贷记支付和在规定金额以下的紧急的贷记支付的应用系统。

1. 大额实时支付系统的结构

大额实时支付系统是中国现代化支付系统的重要应用系统和组成部分，其系统结构包括两级处理中心，分别是国家处理中心（NPC）及省会（直辖市、首府）城市和包括深圳市在内的 32 个城市处理中心（CCPC）。商业银行省级分行作为支付系统直接参与者通过前置机系统与支付系统城市处理中心连接，商业银行营业网点作为支付系统间接参与者通过各自行内系统经前置机系统连接大额实时支付系统处理支付业务。

中国人民银行地市以上中心支行（中央银行会计集中核算系统，ABS）、库（国家金库会计核算系统，TBS）作为直接参与者与城市处理中心直接连接，通过城市处理中心处理其支付清算业务；中国人民银行县（市）支行作为间接参与者通过各自系统经中心支行（库）连接大额实时支付系统处理支付业务。

中央结算公司等特许参与者与大额实时支付系统国家处理中心连接，以办理支付交易的即时转账业务。

2. 大额实时支付系统处理的业务

根据大额实时支付系统建设的目的、设计的功能特点及其与小额批量支付系统应用范围的划分原则，大额实时支付系统用来处理下列支付业务。

（1）中国人民银行规定金额起点以上的跨行贷记支付业务。

（2）中国人民银行规定金额起点以下的紧急跨行贷记支付业务。

（3）商业银行行内需要通过大额实时支付系统处理的贷记支付业务。

（4）特许参与者发起的即时转账业务。

（5）城市商业银行的银行汇票资金的移存和兑付资金的汇划业务。

（6）中国人民银行会计营业部门和国库部门发起的贷记业务及内部转账业务。

（7）中国人民银行规定的其他支付清算业务。

3. 大额实时支付系统的运行时序

大额实时支付系统按照国家法定工作日运行。系统支持 24 小时连续运行，将每一个工作日分为日间业务处理时间、清算窗口处理时间、日终业务处理时间和营业准备时间四个时间段。8：30～17：00 为日间业务处理时间；17：00～17：30 为清算窗口处理时间，用于各清算账户筹措资金；17：30 进行日终业务处理，日终业务处理完后进入下一个工作日营业准备时间。

4. 大额实时支付系统业务的处理流程

大额实时支付系统采取逐笔实时处理、全额清算资金的方式处理业务。逐笔实时处理、全额清算资金是指发起清算行收到发起行发送的大额支付信息后，与发起行完成相关业务处理及资金清算后，同时自动将报文通过中间业务平台发送到中国人民银行前置机并加押传送至中国人民银行城市处理中心，同时城市处理中心向国家处理中心转发发起清算行的支付信息，国家处理中心收到支付业务信息后，对清算账户头寸足以支付的立即进行资金清算，即减少发起清算行在中国人民银行的备付金，增加接收清算行在中国人民银行的备付金；不足支付的，按资金清算的优先级次及收到的时间顺序进行排队处理。一般大额业务处理流程如图 4-12 所示，涉及参与者如下。

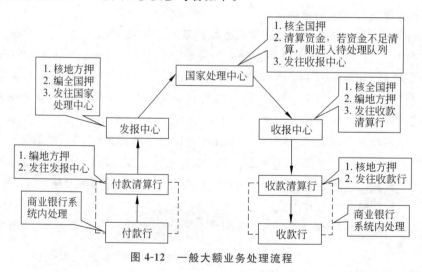

图 4-12　一般大额业务处理流程

（1）付款行：向付款清算行提交支付业务的参与者。

（2）付款清算行：向支付系统提交支付信息并开设清算账户的直接参与者或特许参与者（也可以作为付款行向支付系统发起支付业务）。

（3）发报中心（发报城市处理中心）：向国家处理中心转发付款清算行支付信息的城市处理中心。

（4）收报中心（收报城市处理中心）：向收款清算行转发国家处理中心支付信息的城市

处理中心。

（5）收款清算行：向收款行转发支付信息并开设清算账户的直接参与者（也可以作为收款行接收支付信息）。

（6）收款行：从收款清算行接收支付信息的参与者。

中国人民银行于 2005 年 6 月建成运行的大额实时支付系统目前连接了各银行业金融机构行内支付系统、中央债券综合业务系统、银行卡支付系统、人民币同业拆借和外汇交易系统等多个系统，是金融基础设施的核心系统，成为社会经济活动及资金运行的大动脉。因此，相关系统的安全稳定运行将严重依赖大额实时支付系统的运行状况。我国支付清算网络体系如图 4-13 所示。

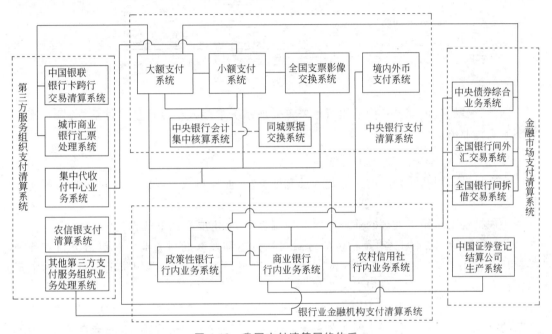

图 4-13　我国支付清算网络体系

2010 年第三季度，大额实时支付系统日均处理业务金额 4 万亿元以上，日均处理业务笔数稳定在 100 万笔以上，本季度共处理业务 0.73 亿笔，金额 305.74 万亿元，业务金额是第三季度全国 GDP（9.58 万亿元）总量的 31.91 倍。

4.3.2　小额批量支付系统

小额批量支付系统（Bulk Electronic Payment System，BEPS）是中国人民银行建设并运行的用于提供银行间支付清算的系统。小额批量支付系统处理同城、异地的借记支付业务以及金额在规定起点以下的贷记支付业务、批量发送支付指令、轧差净额清算资金。其中，同城业务是指同一城市处理中心的参与者相互间发生的支付业务，异地业务是指不同城市处理中心的参与者相互间发生的支付业务。

小额批量支付系统是以国家处理中心为核心，以城市处理中心为接入节点的两层星形结构，并与大额实时支付系统在同一支付平台上运行；中央银行会计集中核算系统（ABS）、国家金库会计核算系统(TBS)、同城清算系统通过城市处理中心接入小额批量支付系统;商业银行、清算组织等机构通过商业银行前置系统(Merchant Bank Front End,MBFE)与城市处理中心连接。小额批量支付系统结构如图 4-14 所示。

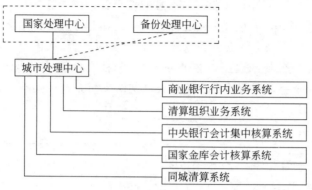

图 4-14　小额批量支付系统结构

国债、银联、外汇和城市商业银行汇票等处理系统不接入小额批量支付系统,只处理大额实时支付业务。

1. 小额批量支付系统处理的业务

小额批量支付系统处理的业务普遍具有种类多、业务量大、金额小、时限性要求不高等特点。

小额批量支付系统处理的业务按照业务流程分类,主要有以下几类。

(1) 普通贷记支付业务,是指付款行向收款行主动发起的付款业务。包括下列业务种类:汇兑,委托收款(划回),托收承付(划回),国库贷记汇划业务,网银贷记支付业务,中国人民银行规定的其他普通贷记支付业务。

(2) 定期贷记支付业务,是指付款行依据当事各方事先签订的协议,定期向指定收款行发起的批量付款业务。包括下列业务种类:代付工资业务,代付保险金,养老金业务,中国人民银行规定的其他定期贷记支付业务。

(3) 普通借记支付业务,是指收款行向付款行主动发起的收款业务。包括下列业务种类:中国人民银行机构间的借记业务,国库借记汇划业务,中国人民银行规定的其他普通借记支付业务。

(4) 定期借记支付业务,是指收款行依据当事各方事先签订的协议,定期向指定付款行发起的批量收款业务。包括下列业务种类:代收水、电、煤气等公用事业费业务,国库批量扣税业务,中国人民银行规定的其他定期借记支付业务。

(5) 实时借记支付业务,是指收款行接受收款人委托发起的将确定款项实时借记指定付款人账户的业务。包括下列业务种类:个人储蓄通兑业务,对公通兑业务,国库实时扣税业务,中国人民银行规定的其他实时借记支付业务。

(6) 实时贷记支付业务,是指付款行接受付款人委托发起的将确定款项实时贷记指定收款人账户的业务。包括下列业务种类:个人储蓄通存业务,中国人民银行规定的其他实时贷记支付业务。

小额批量支付交易业务类型结构如表 4-1 所示。

表 4-1　小额批量支付交易业务类型结构

指　标	年份	普通贷记	定期贷记	普通借记	定期借记	实时借记	实时贷记
支 付 交 易 笔 数 / 亿笔	2007	88.462	2.443	4.108	4.976	0.005	0.006
	2008	82.968	3.635	6.302	5.665	1.411	0.019
	2009	80.791	7.600	4.282	4.130	3.160	0.376
支 付 交 易 笔 数 / 万亿元	2007	33.371	0.020	66.494	0.110	0.003	0.002
	2008	29.106	0.216	30.444	1.117	38.996	0.121
	2009	19.368	0.135	16.331	0.669	63.264	0.053

小额批量支付系统处理的业务按照业务类型分类,主要有以下几类。

(1) 清算组织发起的代收付业务。支付系统允许清算组织作为特许参与者接入 CCPC 办理代收代付业务。清算组织负责将代收付清单通过小额批量支付系统转发至代理行,由代理行负责发起定期借贷记业务。清算组织不在支付系统开立清算账户,代收付业务的资金清算仍通过收付款单位的开户行进行处理。

(2) 同城轧差净额清算业务。CCPC 收到同城清算系统的同城轧差净额后,转发到同城清算系统所在城市的 ABS 处理。ABS 将涉及支付系统直接参与者的同城轧差净额提交至支付系统清算;对非直接参与者的同城轧差净额在 ABS 内部完成资金清算;TBS 的同城轧差净额按照付方启动的原则通过大额批量支付系统与 ABS 进行清算。

(3) 国库相关业务。主要包括一般的税款缴纳、实时扣税、批量扣税、预算收入上划、预算收入退库等预算收入类业务,财政拨款、财政直接支付、财政授权支付等预算支出类业务,以及国债兑付、国债发行的资金清算等其他业务。国库相关业务统一通过 TBS 与支付系统的接口发送和接收各类贷记业务、借记业务完成处理。

(4) 通存通兑业务。跨行储蓄通存通兑业务是指依托小额批量支付系统,实现不同银行营业网点的资源共享,储户可以通过任何一家银行的柜台办理跨行存取款业务。

(5) 支票圈存业务。指借助于支付密码技术,由收款人在收受支票时通过 POS、网络、电话等受理终端,经由小额批量支付系统向出票人开户行发出圈存指令,预先从出票人账户上圈存支票金额,以保证支票的及时足额支付。

(6) 支票截留业务。指持票人开户行收到客户提交的纸质支票后不再将支票交换至出票人开户行,而是通过小额系统向出票人开户行发起一笔借记业务,出票人开户行根据借记业务指令中提供的支票信息、支付密码、支票影像等确认支票的真实性,并通过小额批量系统完成跨行资金清算。

(7) 信息服务业务。指支付系统参与者间相互发起和接收的不需要支付系统提供清算服务的信息数据,主要包括支票"圈存"信息等非支付类信息。支付系统接收参与者发送的各类信息,经由所在 CCPC(同城业务)或 NPC(异地业务)实时转发给接收参与者。

2. 小额批量支付系统运行时序

小额批量支付系统实行 7×24 小时连续运行,系统每日 16:00 进行当日日切处理,即系统每一工作日运行时间为前一自然日 16∶00 至本自然日 16∶00。清算日为国家法定工作日,清算时间为 8∶30～17∶00。中国人民银行可以根据需要设定清算场次及清算时点。

3. 小额批量支付系统业务的处理流程

小额批量支付系统在国家处理中心进行异地业务轧差,在城市处理中心进行同城业务轧差。其基本业务处理流程可以归纳为 24 小时连续运行、逐笔发起、组包发送、实时传输、双边轧差、定时清算。

(1)小额批量支付系统处理的同城贷记支付业务,其信息从付款行发起,经付款清算行、城市处理中心、收款清算行,至收款行为止。

(2)小额批量支付系统处理的异地贷记支付业务,其信息从付款行发起,经付款清算行、付款行城市处理中心、国家处理中心、收款行城市处理中心、收款清算行,至收款行为止。

(3)小额批量支付系统处理的同城借记支付业务,其信息从收款行发起,经收款清算行、城市处理中心、付款清算行、付款行,由付款行按规定时限发出回执信息,原路径返回至收款清算行止。

(4)小额批量支付系统处理的异地借记支付业务,其信息从收款行发起,经收款清算行、收款行城市处理中心、国家处理中心、付款行城市处理中心、付款清算行、付款行,由付款行按规定时限发出回执信息,原路径返回至收款清算行止。

其中,付款清算行是指向小额批量支付系统提交贷记支付业务信息或发起借记支付业务回执信息的直接参与者;收款清算行是指向小额批量支付系统提交借记支付业务信息,并接收借记支付业务回执信息或贷记支付业务信息的直接参与者。

小额批量支付系统充分发挥了其作为我国零售支付系统的重要作用,为社会提供了业务种类齐全的支付清算服务,便利了社会公众的日常支付。2009 年,小额批量支付系统共处理支付业务 2.26 亿笔,金额 11.46 万亿元,日均处理业务 64.8 万笔,金额 328.4 亿元。

4.3.3　中国现代化支付系统的作用

中国现代化支付系统的作用主要体现在以下三个方面。

1)加快资金周转,提高社会资金的使用效益

在社会经济、金融的运行中,每天都有大量巨额资金进入支付清算环节,处于流转状态。支付清算效率的高低、资金流转的快慢对市场经济的发展将会产生巨大的影响。中国现代化支付系统是现代经济的血脉。大额实时支付系统采取从发起行到接收行的全过程自动化处理,实行逐笔发送、实时清算。通过支付系统处理的每笔支付业务不到 60s 即可到账。

2)支撑多样化支付工具的使用,满足各种社会经济活动的需要

中国现代化支付系统,尤其是其中的小额批量处理系统,能够支撑各种贷记、借记支付业务的快速处理,并能提供大业务量、低成本的服务,可以满足社会各种经济活动的需要。

3)培育公平竞争的环境,促进银行业整体服务水平的提高

随着我国金融体制改革的不断深化,逐步形成了政策性银行、国有独资商业银行、股份制银行、城市商业银行、农村合作银行、城乡信用合作社以及外资银行的组织体系,相互之

间既有合作,也有竞争:中国现代化支付系统是中国人民银行为金融机构提供的一个公共的支付清算服务平台,所有符合条件的银行及其分支机构都可以参与到这个系统中,从而为各金融机构创造一个公平竞争的环境,推动各银行的有序竞争,促进银行业整体服务水平的提高。

4.3.4　我国央行第二代支付系统

2009 年 12 月,中国人民银行正式启动第二代支付系统建设。央行的第二代支付系统建设和推进工作正按计划进行。作为第二代支付系统的重要组成部分,网上支付跨行清算系统已先期建成,并于 2010 年 8 月上线首期试运营,第二代支付系统在 2011 年整体建成。

第二代支付系统以清算账户管理系统为核心,以大额支付系统、小额支付系统、支票影像交换系统、网银互联子系统为业务应用子系统,以公共管理控制系统和支付管理信息系统为支持系统(图 4-15)。

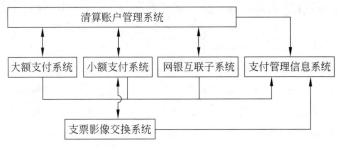

图 4-15　第二代支付系统架构

与第一代人民币跨行支付系统相比,第二代支付系统主要有以下新增功能及特点。

1) 灵活支持多种接入方式、清算模式

第一代支付系统以 CCPC 作为接入节点。全国性银行业金融机构以省级分行为单位通过所在地 CCPC 接入,地方性银行业金融机构以法人为单位通过所在地 CCPC 接入。第二代支付系统在保留现有接入方式的基础上,同时提供法人一点接入方式,支持银行业金融机构从 CCPC 或 NPC 一点接入。管理上可要求业务量达到一定规模的参与者通过 NPC 一点接入,其他参与者通过所在地 CCPC 一点接入。

第二代支付系统将同时支持"一点清算"和"多点清算",在一点接入方式下,银行机构可灵活选择资金清算模式,既可开设单一清算账户,所有支付业务通过该账户结算,也可开设多个清算账户,支付业务分别通过指定账户结算。在多点接入方式下,现有清算模式保持不变。

2) 提供全面的流动性风险管理功能

在保留第一代支付系统排队管理、清算窗口、自动质押融资、小额业务撮合等流动性管理功能的基础上,新增大额清算排队业务撮合、"资金池"管理、日终自动拆借、"一揽子"流动性实时查询等功能,为参与者提供更加全面的流动性管理。

大额清算排队撮合主要处理因直接参与者清算账户头寸不足而导致的清算排队的业务。该功能将进一步提高系统的资金清算效率,为直接参与者节约资金成本。"资金池"管理是指根据法人机构授权,系统将其在支付系统的清算账户与其分支机构进行双边绑定,当分支机构清算账户可用头寸不足支付时,自动从"资金池"内法人机构清算账户调拨资金以完成资金清算。日终自动拆借是指支付系统参与者之间预先签订拆借协议并在系统中存储,在日终自动拆借功能启用时,如果协议一方清算账户余额不足支付,则系统将自动从其协议另一方清算账户拆入资金,完成排队业务的资金清算。"一揽子"流动性实时查询是指商业银行通过支付系统实时查询包括清算账户和非清算账户余额在内的"一揽子"流动性。

3)实现了网银互联

网银互联系统为个人和单位用户提供跨行实时的资金汇划、跨行账户和账务查询,以及当下支付系统无法实现的跨行扣款、第三方支付、第三方预授权等业务功能,为商业银行在电子商务、跨行资金管理等方面提供创新服务奠定了有力基础。网银互联又被称为"超级网银"(Super-Bank)。使用传统网银,想知道自己在各家银行账户情况如何,需要进行多次登录、查询操作。而 Super-Bank 可通过统一的操作界面查询和管理多家商业银行开设的结算账户资金余额和交易明细,一个工行 U 盾即可完成所有银行网银登录。使用 Super-Bank 可直接向各家银行发送交易指令并完成汇款操作。Super-Bank 还有强大的资金归集功能,可在母公司结算账户与子公司结算账户之间建立上划下拨关系。

4)支持外汇交易市场的 PvP 结算

目前,我国境内银行间外币询价交易主要通过外汇交易市场完成,外币资金结算通过外币支付系统完成,人民币资金结算则主要通过支付系统完成,人民币与外币之间资金结算不同步,存在结算风险。第二代支付系统将与境内外币支付系统连接,支持人民币与外币交易的 PvP(Payment vs Payment,同步交收)结算,提高了结算效率,降低了结算风险。

5)支持人民币跨境支付业务发展

近年来,人民币在我国周边部分国家和地区大量流通,被周边国家和地区的居民作为交易媒介和支付手段大量使用。2009 年,国务院批准上海、广州等部分城市开展人民币跨境支付试点业务;2010 年,国务院批准 18 个省(市)开展人民币跨境支付试点,人民币正逐步向国际化货币发展。为支持人民币跨境支付业务的资金结算,第二代支付系统设计了相关功能,支持人民币用于跨境支付以及境外支付的最终结算。

第二代支付系统在功能上支持参与者之间办理以电汇、保函、托收、信用证为主要国际贸易结算方式产生的人民币跨境支付业务的信息流转及资金清算。支付系统参与者未来有可能扩展至其他国家地区,对于收、付款人开户银行均为支付系统参与者的跨境人民币支付业务,可直接通过支付系统办理;对于收、付款人开户银行不是支付系统参与者的,可通过代理行方式委托支付系统参与者完成资金结算。

除以上功能及特点外,第二代支付系统还具备健全的备份功能和强大的信息管理与数据存储功能,以建立高效的运行维护机制,进一步强化安全管理措施,并逐步实现支付报文标准国际化。

4.4 境外外汇支付清算系统

许多发达国家和地区的银行业都已建成运行效率高,较为完善、可靠的支付系统,尽管各国和各地区支付系统中的支付工具有所不同,支付方式各异,经营机构也不尽相同,但基本功能却是一致的,主要是用于银行间资金调拨、清算转账和证券交易的清算等。

4.4.1 全球金融网络通信系统

环球银行金融电信协会(Society for Worldwide Interbank Financial Telecommunication,SWIFT)是一个银行同业非营利性的国际合作组织,也是国际上最重要的金融通信网络之一。通过该系统可以在全球范围内把原本互不往来的金融机构全部串联起来交换信息。该系统主要提供通信服务,专为其成员金融机构传送同汇兑有关的各种信息。成员行接收到这种信息后将其传送到相应的资金调拨系统或清算系统内,再由后者进行各种必要的资金转账处理。

1. SWIFT 的历史

由于国际银行业之间经济活动日益频繁,账务往来与日俱增,传统的手工处理手段早已无法满足客户的要求,为了适应瞬息万变的市场发展,客户要求在一个国家内甚至世界范围内的转账结算与资金清算能迅速完成。所以,从 20 世纪 60 年代末 70 年代初开始,欧洲一些银行就酝酿建立一个国际通信系统以提供国际间金融数据及其他信息的快速传递服务,开始对通用的国际金融电文交换处理程序进行可行性研究。研究结果表明,应该建立一个国际化的金融处理系统,该系统要能正确、安全、低成本和快速地传递标准的国际资金调拨信息。

1973 年 5 月,来自美国、加拿大和欧洲的 15 个国家的 239 家银行宣布正式成立 SWIFT,其总部设在比利时的布鲁塞尔,它是为了解决各国金融通信不能适应国际支付清算的快速增长而设立的非营利性组织,负责设计、建立和管理 SWIFT 国际网络,以便在该组织成员间进行国际金融信息的传输和确定路由。从 1974 年开始设计计算机网络系统,1977 年夏,SWIFT 网络系统的各项建设和开发工作完成,并正式投入运营。

该组织创立之后,其成员银行数量逐年迅速增加。从 1987 年开始,非银行的金融机构,包括经纪人、投资公司、证券公司和证券交易所等开始使用 SWIFT。目前该网络已连接遍布全球 206 个国家和地区的 8000 多家金融机构,提供金融行业安全报文传输服务与相关接口软件,支持 80 多个国家和地区的实时支付清算系统。

中国银行于 1983 年加入 SWIFT,是 SWIFT 组织的第 1034 家成员行,并于 1985 年 5 月正式开通使用,成为我国与国际金融标准接轨的重要里程碑。之后,我国的各家国有商业银行及上海和深圳的证券交易所也先后加入 SWIFT。进入 20 世纪 90 年代后,除国有商业银行外,中国所有可以办理国际银行业务的外资和侨资银行以及地方性银行纷纷加入 SWIFT。SWIFT 的使用也从总行逐步扩展到分行。1995 年,SWIFT 在北京电报大楼和上海长话大楼设立了 SWIFT 访问点(SWIFT Access Point,SAP),它们与新加坡的 SWIFT 区域处理中心主节点连接,为用户提供自动路由选择。

2. SWIFT 系统的组织结构

SWIFT 系统是一个由其会员银行共同拥有的私营股份公司,董事会为最高权力机构。SWIFT 系统完全属于参加银行,按会员资格选举董事会。该董事会负责制定一般政策,SWIFT 系统以系统中发出的交易量大小按比例分配所有权,占系统总交易量 1.5% 以上的国家或国家集团才有资格被任命为董事会成员。SWIFT 系统的国家集团代表了各个国家的中央银行,每年集会几次,提出有关预算和政策上的事宜。每个国家所有加入 SWIFT 系统的银行及海外办事处也每隔一段时间就使用者的情况进行碰头,针对影响银行业务活动情况讨论发展的政策和策略。

SWIFT 系统的组织成员分为三类。

(1) 会员银行(member bank)。每个 SWIFT 系统会员国中,获有外汇业务经营许可权银行的总行都可以申请成为 SWIFT 组织中的会员行,会员行有董事会选举权,当股份达到一定份额后,有董事的被选举权。

(2) 附属会员银行(sub-member bank)。会员银行在境外的全资附属银行或持股份额达 90% 以上的银行可以申请成为 SWIFT 组织的附属会员银行。

(3) 参与者(participant)。世界主要的证券公司、旅游支票公司、计算机公司和国际清算中心等一些非金融机构可以根据需要申请成为 SWIFT 系统组织的参与者。但参与者只能使用一部分 SWIFT 报文格式。

上述每个成员行在参加 SWIFT 系统时,需要一次性支付参加费、安装费,并支付用于购买接口设备的费用,支付的培训费视每个银行采用的实现手段而定。并且,其成员行每季度要支付一次通信费用,它是由路由和通信量定价的。

3. SWIFT 网络系统所提供的服务

SWIFT 网络系统(SWIFT Net)提供以下服务。

(1) 全球性通信服务。为全球 206 个国家和地区的 8000 多家金融机构提供相互通信服务。

(2) 接入服务。使用户能够低成本、高效率地接入 SWIFT Net。SWIFT 的接入服务通过 SWIFT Alliance 的系列产品完成,包括传送金融信息的接口软件、接入 SWIFT Net 的窗口软件、接入 SWIFT Net 的桌面接入软件、文件传输接口软件等。

(3) 存储和转发电文(Store and Forward Messaging)服务。

(4) 交互信息传送(Interactive Message)服务。

(5) 文件传送服务。1992 年开始提供银行间的文件传送(Interbank File Transfer, IFT)服务,用于传送处理批量支付和重复交易的电文。

(6) 电文路由(Message Routing)服务。通过 SWIFT 网络系统传输的电文可同时复制给第三方,以便能由第三方进行电子资金转账处理,或转到另一网络完成支付结算、证券交易结算或外汇交易结算处理。

SWIFT 自投入运行以来,以其高效、可靠、低廉和完善的服务,在促进世界贸易的发展、加速全球范围内的货币流通和国际金融结算、促进国际金融业务的现代化和规范化方面发挥了积极的作用。

4. SWIFT 的电文

SWIFT 网络系统提供 240 多种电文标准,SWIFT 网络系统的电文标准格式已经成为国际银行间数据交换的标准语言。SWIFT 的标准部门每年都要根据用户需求总结现有的电文格式,研究制定新格式计划。鉴于 SWIFT 网络系统在外汇交易中的重要作用,我国的金融网络和金融应用系统必须与 SWIFT 网络系统接轨。因此,我国银行的电文或者直接采用 SWIFT 格式或者基于 SWIFT 格式的支持完成证券和贸易等业务电文的通信。通过 SWIFT 网络系统传输的电文类型包括以下十类。

（1）客户汇款与支票(Customer Payments & Checks)。

（2）金融机构间头寸调拨(Financial Institution Transfers)。

（3）资金市场交易(Treasury Markets—FX，MM，Derivatives)。

（4）托收与光票(Collections & Cash Letters)。

（5）证券(Securities Markets)。

（6）贵金属(Treasury Markets—Precious Metals)。

（7）跟单信用证和保函(Documentary Credits and Guarantees)。

（8）旅行支票(Traveler's Checks)。

（9）现金管理与账务(Cash Management & Customer Status)。

（10）SWIFT 系统电报。

SWIFT 的设计能力是每天传输 1100 万条电文，而当前每日传送 500 万条电文，这些电文划拨的资金以万亿美元计算。

在 SWIFT 电文中，用于区分各家银行的代码是 SWIFT Code，依靠 SWIFT Code 便会将相应的款项准确地汇入指定的银行。每个申请加入 SWIFT 组织的银行都必须事先按照 SWIFT 组织的统一规则制定本行的 SWIFT Code，经 SWIFT 组织批准后正式生效。每个银行（包括每个分行、支行）都有一个代码，由银行名称的英文缩写和总行所在地的英文缩写（也有用数字加字母表示某城市的）以及该分行所在地的代码（字母、数字或混合）组成。在国际上，银行的 SWIFT Code 都是统一的格式，例如，BKCHCN BJ110，其中 1～4 位为一家银行的统一代码（中国银行为 BKCH），5、6 位代表国家代码（中国为 CN），7、8 位代表城市代码（北京为 BJ），110 代表北京市分行。总行的 SWIFT Code 没有所在地代码，位数为 8 位（如中国银行总行的代码为 BKCHCNBJ），其余都为 11 位。

我国一些银行的 SWIFT Code 如下。

（1）ABOCCNBJ：中国农业银行。

（2）BKCHCNBJ：中国银行。

（3）ICBKCNBJ：中国工商银行。

（4）IBOCCNBJ：中国投资银行。

（5）COMMCNBJ：交通银行。

（6）PCBCCNBJ：中国建设银行。

（7）PBOCCNBJ：中国人民银行。

（8）CIBKCNBJ：中信实业银行。

（9）BOFXCNSX：美洲银行上海分行。

（10）HSBCCNSX：汇丰银行上海分行。

5. SWIFT 系统通信处理过程

SWIFT 网络系统由操作转换中心、地区处理站、银行处理站和终端四层结构组成，如图 4-16 所示。目前，SWIFT 系统有两个操作转换中心(Operating Center, OC)，分别位于荷兰的阿姆斯特丹和美国的弗吉尼亚。操作中心也就是交换中心，这几个操作转换中心由系统控制中心连成环形结构,并分别连接各地区处理站(Regional Processor,RP),少数较小的国家可共用一个 RP。因此,RP 也称为国家处理中心(National Processor,NP)。最后,地区处理站连接各自管理的银行处理站和终端,组成全球金融通信网络。

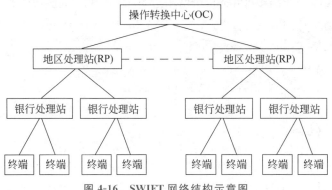

图 4-16 SWIFT 网络结构示意图

为进一步提高系统的运行可靠性,在各 RP 之间还设有备用链路。如果主链路出故障,则该 RP 可通过另一个 RP 连接到某一个 OC。

通常,一份电文若要经过一个 OC 转接时,其数据传输流程如下:源行(数据传输银行)通过调制解调器和国内租赁专线或电话线将电文发往所在的区域处理中心(RP);该区域处理中心用和相应的交换中心(OC)约定的密钥将电文加密后,经过调制解调器和国际租赁线路发往相应的 OC;该 OC 将电文解密后,用和目标行所在区域处理中心约定的密钥重新将电文加密,并经调制解调器和相应的国际租赁线路转发到目标行所在区域处理中心;该区域处理中心将收到的电文解密后,经过调制解调器和国内的租赁专线或电话线将电文发往目标行进行交易处理。

通常,SWIFT 网络的所有处理机(SCP、SP 和 RP)都集中在美国和荷兰这两个操作中心。

(1) 系统控制处理机(System Control Processor,SCP)。SCP 负责整个 SWIFT 网络的正常运行,不断监测、管辖、控制网络中的各种设备、线路和用户访问。在美国、荷兰的操作中心各有两台 SCP,在任何时刻,只有一台 SCP 处于激活状态,控制各个网络,其余 3 台 SCP 处于热备份状态,在激活 SCP 出现故障时,备份 SCP 被激活,保证了网络的安全可靠性。

(2) 片处理机(Slice Processor,SP)。SP 负责电报的存储转发和控制电报的路由选择。目前两个操作中心各有两台 SP 处于激活状态,同时每个激活的 SP 都有一台同型号的 SP 进行热备份。为适应发报量不断增长的需要,还要陆续增加 SP。

(3) RP。RP 是连接 SWIFT 网络终端(Computer Based Terminal,CBT)与 SWIFT 系统的安全有效的逻辑通道,运行在 RP 上的软件与运行在 CBT 上的接口软件通信,所有用户发出的电报都由 RP 对其格式、语法、地址代码等进行审核,合格后才能发往 SP。在电报即将出网进入 CBT 前,也暂时存放在 RP 上,等待送达接收用户。每台 RP 基本上承担一个国家的电报处理,所以称之为地区处理机,所有的 RP 都在美国和荷兰的两大操作中心内。

SWIFT 系统访问点(SWIFT Access Point,SAP)是连接 SWIFT 系统骨干网(SWIFT Transport Network,STN)的分组交换节点机,它们把 SWIFT 系统的各种处理机(SCP、SP 和 RP)和遍布世界的 SWIFT 用户连接到 STN 网上。

用户与 SAP 的连接根据发报量的大小、SAP 的位置以及对费用的权衡确定,用户与 SAP 有三种连接方式:专线连接,通过公共电话线的拨号线连接,通过公共数据网连接。为了增加安全性,避免由于设在本国的 SAP 出现故障而引起用户通信中断,备份线路可直接连接到某个境外的 SAP。

6. SWIFT 系统特点

SWIFT 网络是世界上大多数银行进行电子支付和开展外汇业务必不可少的网络。当前,世界上各银行把 SWIFT 系统制定的外汇业务模式作为往来清算的标准,特别是 SWIFT 网与美元、日元、欧元清算体系合为一体,它的作用越来越重要。各国银行把 SWIFT 系统制定的银行标志码作为唯一共识的银行往来清算账号。SWIFT 有多种业务模式,应用范围不断扩大,使得 SWIFT 系统成为一种国际银行间外汇业务的清算通信系统。与一般电子汇兑系统相比,SWIFT 系统具有以下特点。

(1) 报文标准化。SWIFT 系统提供了一套完整的报文标准化格式,为报文传递提供了一种通用的语言,它操作规范、易学,使网络上的交易变得简单、易实现且安全可靠。

(2) 低成本、自动、高效的服务。SWIFT 系统的宗旨是使用户从系统所提供的服务中获得最大的收益。它的业务费用低,能提供全天候 24 小时的服务,而且业务交易立即完成。一份 SWIFT 系统的电文一经发出即可得到回执,系统效率高,既经济又快捷。该系统每天允许处理 250 万条报文信息,划拨的结算资金至少可达 500 多亿美元。

(3) 安全可靠的数据处理传输。SWIFT 系统自动进行数据格式检查,其错误提示、报文压缩和展开都自动进行,分报自动实现,因此差错小,可靠性高。SWIFT 系统对全部电文包括字母、数字、符号进行加押,比以往电文处理中的部分加押方式提高了安全性和保密性。SWIFT 系统的可恢复性相当好,系统恢复时间低于 4 分钟。据统计,该系统自 1977 年以来已传送了 40 多亿条报文,从未丢失一条报文。

可见,SWIFT 系统是实现全球银行间高度自动化处理业务的理想网络,它采用先进的计算机和通信网络技术实现了信息的实时传送,也实现了全球银行间即时的清算转账。这种实时操作带来了银行业务和管理的巨大变革,使银行内部的业务运营实现了标准化、规范化和自动化,提高了效率和管理水平,使银行获得了更高的社会效益和经济效益。

4.4.2　美国联邦储备通信系统

1. Fedwire 系统概述

Fedwire 系统即美国联邦储备清算系统,它最早建于 1918 年,当时通过电报的形式第一次向各商业银行提供跨区的票据托收服务,实现资金调拨、清算净差额。但其真正建立自动化的电子通信系统是在 1970 年,此后 Fedwire 系统便获得了飞速的发展。该系统成员主要有美国财政部、美国联邦储备委员会、12 家联邦储备银行、25 家联邦储备分行及全国

1万多家商业银行和近2万家其他金融机构。

Fedwire是美国境内第一个支付与清算系统,系统使用的资金为美国的各商业银行在联邦储备银行的储备准备金,是典型的由中央银行经营并管理的实时、有限透支的大额支付系统,也是通过各商业银行在联邦储备体系的储备账户存款实现同业清算的主要支付系统。

Fedwire系统是为在美国境内、纽约市区外的银行进行美元清算,由国家中央银行建立信息传输和支付的系统,它同民间协会的CHIPS一起构成美元清算两大支柱。美联储在境内分设12个联邦储备区(见表4-2),建立计算机系统和自动信息转发站,分别用两位数字代号表示某一地区,如波士顿地区为01,纽约地区为02。

表 4-2　美联储清算系统的 12 个储备区

代号(number)	储备区(district)	代号(number)	储备区(district)
01	Boston	07	Chicago
02	New York	08	St.Louis
03	Philadelphia	09	Minneapolis
04	Cleveland	10	Kansas City
05	Richmond	11	District
06	Atlanta	12	San Francisco

Fedwire网络是从银行支票托收系统发展起来的,现已成为多种业务的资金清算系统。与美联储联网的美国境内银行注册9位数路由号,用FW后加9位数字表示。美国境外银行进行美元清算需要在其成员行开设美元账户,通过Fedwire系统成员行之间的清算完成纽约市外、美国境内的美元清算和资金调拨。Fedwire系统处理CHIPS清算以外业务的一般顺序是:先区内,后区外,多用于处理特殊的和大金额的业务。

2. Fedwire 系统提供的服务

存款机构通过Fedwire系统调拨资金,主要是指调拨其在联邦储备银行存款准备金账户的余额。Fedwire系统的资金调拨涉及的主要业务种类包括以下几个方面。

(1)买卖联邦资金。联邦资金是银行之间买卖期限为一个营业日的立即生效资金。银行每日进行联邦资金的买卖,主要是为了调整其准备金账户的余额,以防止因该账户上保持的余额高于法定准备金的要求而损失利息,或者低于法定准备金的要求而遭受罚款。在20世纪20年代,联邦储备体系的成员银行通过相互签发准备金账户付款支票的形式进行联邦资金的买卖。现在,各银行在联邦资金买卖成交后均通过Fedwire系统调拨准备金账户余额。

(2)拆借欧洲美元资金。欧洲美元是美国境内以外的银行账户上的美元存款。当美元银行通过其海外分行拆进欧洲美元时,资金在拆出行和拆入行之间的转移通过调整存款准备金账户余额完成。同样,两家美国境外银行进行欧洲美元交易时,如果两家银行不在同一家美国银行开设美元账户,那么资金的转移也需要通过各自开户的美国银行之间调整存款准备金余额完成。

（3）调整代理行账户余额。建有账户关系的银行之间通过 Fedwire 系统转移在联邦储备银行存款准备金账户的余额，以调整相互开立的账户余额。

（4）清偿私营支付清算系统的清算净额。联邦储备银行为参加票据清算和 CHIPS 清算等交易量大且实行差额清算办法系统的成员银行提供净额清算服务。为此，各成员银行通过 Fedwire 系统转移准备金账户余额完成每日的清算。

（5）受客户委托调拨资金。这主要是针对债券买卖的交割、活期存款余额补充，以及其他因提供商品或劳务而产生的金额较大、时间敏感性较强的付款。

3. Fedwire 系统的资金清算流程

Fedwire 系统运行时间以美国东部时区为准，每天早上 8:30 开始，截止时间是跨区为下午 5:00，区内为下午 6:00。由于是逐笔清算，因此系统一般要求付款银行提前半小时提交业务。Fedwire 系统的清算过程如图 4-17 所示。

图 4-17　Fedwire 系统清算流程

当美国境外银行 A 为本国客户支付一笔美元给另一个美国境外银行 D 的客户时，A 指示它的美元账户行 B（路径①）；银行 B 收到 A 要求经银行 C 转汇的指示后，利用 Fedwire 网清算。由于 B、C 都是美联储成员行，Fedwire 系统根据注册的 9 位数的路由号自动借 B 贷 C（路径②、③）；银行 C 收到转入汇款，立即通知在银行开设账户的美国境外银行 D（路径④）。

同样是完成美元清算，Fedwire 系统与 CHIPS 清算的不同之处是：Fedwire 系统属于每笔收付交易逐笔交割的实时清算，只要付款行在美联储账户上有资金，银行收付双方清算经网络处理立即一进一出，不能更改；CHIPS 属于净差额清算，在日终轧差之前，支付指示可以删除和修改。

4. 风险控制

Fedwire 系统的资金转账能为用户提供有限的透支便利，它根据各商业银行的一级资本计算其最大透支额。只有出现超过透支额的支付业务时，该支付命令才处于等待或拒绝状态。Fedwire 系统的这一措施解决了商业银行资金流动性的问题，提高了支付系统的效率，能实现及时的资金转移。但这同时也给中央银行带来了一定的支付风险，当某支付方发生清偿危机时，中央银行将承担全部风险。为了降低中央银行的信用风险，避免商业银行利用中央银行提供的透支便利转嫁风险，从 1994 年 4 月起，联邦储备银行开始对在其账户上的透支收取一定的费用，开始时年利率为 24%，1996 年将年利率提高到 60%，用以控制商业银行的日间信贷。

4.4.3 纽约清算所银行同业支付系统

1. CHIPS 简介

清算所银行同业支付系统（Clearing House Interbank Payment System，CHIPS）是纽约清算所协会（NYCHA）经营管理的全球最大的私营支付清算系统，主要进行跨国美元交易的清算。

纽约是世界上最大的金融中心，国际贸易的支付活动多在此完成。因此，CHIPS 也就成为世界性的资金调拨系统，此外，CHIPS 还是欧洲美元供应者进行交易的通道，目前全球95％以上的美元清算是通过该系统进行的。可以说，CHIPS 是国际贸易资金清算的桥梁，为维护美元的国际地位和国际资本流动的效率及安全发挥了十分重要的作用。

CHIPS 系统的成员有两大类：一是清算用户，要求在联邦储备银行设有储备账户，能直接使用该系统实现资金转移；二是非清算用户，不能直接利用该系统进行清算，必须通过某个清算用户作为代理行，在该代理行建立账户进行间接资金清算。目前，有 43 个国家、132 家银行参加 CHIPS 同业结算，其中有 47 家直接会员来自 19 个国家，包括纽约清算所协会会员、纽约市商业银行、外国银行在纽约的分支机构等，包括我国的中国银行和交通银行。

CHIPS 的成员银行都有系统标识码，作为受益银行的清算账号，在纽约市内的其他外国银行也可以选择 CHIPS 成员银行为代理行，并且在该行设定用户识别号（即 UID），UID 以字母 CH 开头，后面有 6 位数字。

CHIPS 是一个净额多边清算的大额贷记支付系统，每天只有一次日终结算，其最终的结算是通过 Fedwire 中储备金账户的资金转账完成的。CHIPS 规定在一天清算结束时，若有一家或多家银行出现清偿问题，且这些银行找不到为其代理的清算银行，则被视为倒闭，这时其造成的损失由其余各成员行共同承担，以确保一天清算的完成。这些风险控制措施不仅控制了成员行的风险，也控制了整个系统的信用风险。因此可以说，CHIPS 为国际美元交易提供了安全、可靠、高效的支付系统。

2. CHIPS 美元划拨过程

CHIPS 美元划拨和清算过程分为两部分：第一部分是 CHIPS 电文的发送，即资金调拨过程；第二部分是日终清算。现举例说明如下。

假设美国境外的某银行 A（汇款银行）汇一笔美元到美国境外的另一家银行 D（收款银行），CHIPS 的美元划拨业务具体过程如下（见图 4-18），其中资金调拨过程为（1）～（3），清算过程为（4）～（6）。

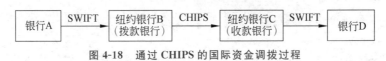

图 4-18 通过 CHIPS 的国际资金调拨过程

（1）美国境外的银行 A 经国际线路（如 SWIFT 系统）发电文指示给在纽约市内的参加 CHIPS 美元清算的成员银行 B（美国境外的银行 A 在纽约市内的银行 B 开设有用户识别

号,即清算账号),要求银行 B 于生效日(value date)扣其往来账,并将该款项拨付给在银行 C 设有往来账户的银行 D。

(2) 纽约市内的银行 B 收到电文后,通过 CHIPS 美元清算网络发送电文通知开设在纽约市内的另一家 CHIPS 成员银行 C。值得注意的是,银行 B 在经 CHIPS 网络传送电文时,信息要首先在 CHIPS 中央计算机系统中存储起来,直到生效日银行 B 下达"解付"命令,该计算机中心系统才会将付款通知传送到银行 C 的计算机终端。

(3) 纽约市内的 CHIPS 成员银行 C 通知美国境外的银行 D 接收汇款,完成汇款。

(4) 进行日终结算。CHIPS 的成员银行 B 将每天收到的不同的境外委托银行的付款单交给在纽约市内能够直接进行清算的银行进行净差额借记清算,在纽约市内能够直接进行清算的银行共有 20 家。

(5) 直接进行清算的银行在日终与美国联邦储备局银行(Fedwire)进行清算。

(6) 纽约市内的 CHIPS 成员银行 C 要与直接进行清算的银行进行净差额贷记清算。

在收汇终止时间后直接参加清算的成员银行为直接清算成员银行,如银行 B 和银行 C;委托其他成员银行代理清算的银行为非清算成员银行,如银行 A 和银行 D。

每个营业日终了,中央计算机对各参加银行当日的每笔交易进行统计,统计出各参加银行应借或应贷的净金额。中央计算机系统除了要给各参加清算的银行传送当日交易的摘要报告外,并需要于当日下午 4:30 后通过 Fedwire 网将各参加清算的银行应借或应贷的净金额通知纽约区联邦储备银行。纽约区联邦储备银行利用其会员银行的存款准备金账户完成清算。清算完成后,通知 CHIPS,CHIPS 则于下午 5:30～6:30 这 1 小时的时间轧平账务。

与此同时,在纽约市内的 CHIPS 成员银行将代理在 CHIPS 成员银行开设了 UID 的美国境外银行的清算,完成全部各个银行相互之间的美元支付,并且通过电子网络将支付结果通知被委托的银行,整个支付过程只需几秒的时间。

总之,利用 CHIPS,凡是在纽约市内的 CHIPS 成员银行以及开设了 UID 的美国境外银行,都可以经过 CHIPS 的成员银行将资金调拨指示经 CHIPS 美元清算系统支付给另一家接收银行进行接收,该银行(汇款人)必须是 CHIPS 的成员银行,收款人必须是该银行的客户行。

4.4.4　欧洲支付清算系统

自 1999 年 1 月 1 日欧元诞生的那一刻开始,欧洲中央银行就一直致力于将各成员的本币清算系统转换成欧元清算系统,并整合成一个欧元区的清算系统。欧洲间实时全额自动清算系统(Trans-European Automated Real-time Gross settlement Express Transfer System,TARGET 系统)于 1995 年开始建设,并于 1999 年 1 月 1 日正式启动,它是欧洲中央银行管理的连接欧元区各成员清算系统的实时欧元支付系统,包括欧洲中央银行自己的付款系统 EPM 以及 16 个成员当地的实时清算系统(Real Time Gross Settle-ment,RTGS)。在 TARGET 系统启动之后,成员的 RTGS 系统的职能分为两部分:当执行跨境支付职能时使用 TARGET 系统;当执行本国境内的支付职能时采用原有功能。

欧洲中央银行及成员中央银行负责监督 TARGET 系统的运营。TARGET 系统的清算成员包括欧元区内的各国中央银行,任何一家金融机构只要在欧元区内所在国家的中央银行开立汇划账户,即可通过与 TARGET 系统相连接的所在国的 RTGS 进行国内清算或跨国清算。该系统采取逐笔清算的方法,只要清算账户中有足够的资金,付款指示就能随时到达随时处理。在系统最佳情况下,从支付命令发出到经收款方的 RTGS 贷记到收款方账户仅仅需要几秒的时间。

采用 RTGS 模式,系统在整个营业日内连续、逐笔地处理支付指令,所有支付指令均是最终的和不可撤销的,从而大幅降低了支付系统风险,但对参加清算银行的资金流动性具有较高要求。由于资金可以实时、全额地从欧盟一国银行划拨到另一国银行,不必经过原有的货币汇兑程序,从而减少了资金占用,提高了清算效率和安全系数,有助于欧洲中央银行货币政策的实施。欧洲中央银行对系统用户采取收费政策,用户业务量越大,收费标准越低,这一收费规则对大银行更为有利。此外,系统用户需要在欧洲中央银行存有足够的资金或备有等值抵押品,对资金规模要求较高。加之各国中央银行对利用该系统的本国用户不予补贴,故与其他传统清算系统相比,TARGET 系统的清算成本较高。

4.4.5　英镑支付清算系统

清算所自动化支付清算系统(Clearing House Automated Payment System,CHAPS)是银行间实时发送同日起息指令的电子传输系统,它是由英格兰银行参与的 CHAPS 清算公司(CHAPS Clearing Company)运行的,专门提供付款和清算服务的系统。该系统是世界上最大的实时清算系统,也是独一无二的双币组合清算系统。CHAPS 为成员行及其他参与行提供有效、安全及可信赖的同日付款机制。每一笔通过 CHAPS 支付的汇款都是有条件的、不可撤销的和有保证的。

CHAPS 是伦敦的主要大额支付清算系统,可提供 CHAPS 英镑(1996 年实施该系统)和 CHAPS 欧元(1999 年实施该系统)两种独立清算服务。其中欧元清算与欧洲统一支付平台 TARGET 系统连接,便利英国国内与境外交易者之间的欧元批发性支付,并确保了英镑和欧元在伦敦金融市场交易中具有同等的计价地位。

伦敦还有两个重要的小额零售支付清算系统:一个是 BACS 有限公司提供的 ACH 电子支付清算系统,另一个是支票和贷记清算公司提供的纸质票据清算系统。

4.4.6　日本支付清算系统

日本银行间的支付清算体系主要包括四个系统,其中三个由私人部门运营,分别是:汇票和支票清算系统(Bill and Check Clearing System,BCCS),用于对提交到同城清算所的汇票和支票进行清算;全银数据通信系统(Zengin Data Telecommunication System,简称 Zengin System),用于零售贷记转账交易的清算;外汇日元清算系统(Foreign Exchange Yen Clearing System,FXYCS),用于外汇交易中日元部分的清算。第四个是由日本银行负责运营的日本银行金融网络系统(Bank of Japan Net Funds Transfer System,BOJ-NET),主要用于结算银行债务,包括私营清算系统清算后产生的净债务。2001 年,该系统由传统的定时清算系统(Designated-time Net Settlement,DNS)升级为实时全额结算(Real Time Gross Settlement,RTGS)系统。

为了加速和巩固日元的国际化进程,日本银行对日元的国际支付清算进行了精心安排,不仅建立了专门的 FXYCS 外汇清算系统,而且将其纳入了 BOJ-NET 系统运行,使得 FXYCS 系统中的日元交易实质上都能够通过日本银行账户进行结算,确保了所有东京跨国金融交易中日元清算的支付最终性。FXYCS 系统始终处于高效运转状态,日均交易额为 28 万亿日元,为东京外汇市场的国际化,尤其是日元的国际化发挥了重要作用。

日本银行是日本政府债券的托管结算机构,通过 BOJ-NET 系统以实时券款对付结算方式(DVP 方式)进行证券和资金的支付清算。JASDEC(日本证券存管中心)主要托管股票,JSCC(日本证券清算公司)办理清算,通过与 BOJ-NET 系统的连接也能够实现 DVP 清算模式。

4.5　移动支付系统

4.5.1　移动支付及其流程

移动支付系统是为银行或虚拟运营商提供移动支付增值业务的平台,它将实现最终消费者无须携带现金或银行卡,通过手机或移动网络与银行卡绑定完成的支付,交易双方只需要通过移动设备就可以在互联网上进行商业交易,它是集通信、金融为一体,倡导除现金、支票、信用卡之外的又一种消费模式。总体上讲,移动支付仍处于商业模式不清晰的阶段,但多家市场咨询公司对移动支付行业的前景持乐观态度。据慧聪行业研究报告分析,2008 年,移动支付用户规模达到 9750 万人,整体市场规模达到 11.7 亿元人民币。2006 年 1 月,中国超过 4 亿移动终端用户构成了世界最大的支付网点系统。2007 年 6 月,我国包括小灵通在内的移动用户数已达 6 亿户,众多行业可以利用这个支付平台,移动支付的潜在需求极大。在产业链内部,移动用户可以得到更出色的服务;金融机构借此开拓市场,节省设备购置成本和人工成本;商家通过移动支付增加销售;移动运营商则可以发展移动增值服务市场。

1. 移动支付运营的三种模式

最早的移动支付业务出现于 20 世纪 90 年代初期的美国,随后在日本和韩国出现并得到了迅速发展,如移动钱包、移动信用卡的正式使用都最早出现在日本和韩国,现在日本和韩国已经成为世界上移动支付领域的领先者。中国虽然起步较晚,但在电信运营商、银行及第三方服务提供商的大力推进下,移动支付业务发展迅速。移动支付产业目前主要有三种运营模式。

(1) 以运营商为主体的运营模式。该模式提供三种账户设置方式,分别是手机账户、虚拟银行账户和银行账户。当移动运营商作为移动支付平台的运营主体时,移动运营商会以用户的手机话费账户或专门的小额账户作为移动支付账户,用户所发生的移动支付交易费用全部从用户的话费账户或小额账户中扣减。典型例子有欧洲四家最大移动电信运营商品牌 Orange、Vodafone、T-mobile 和 Telefonica 联合运营的 Simpay 移动支付业务品牌等。

以运营商为主体的运营模式具备以下一些特点:直接和用户发生交易关系,技术实现简便;发生大额交易可能与国家金融政策发生抵触,运营商需要承担部分金融机构的责任;由于无法对非话费类业务出具发票,所以税务处理复杂。

(2) 银行独立运营模式。该模式通过专线与移动通信网络实现互联,将银行账户与手机账户绑定,用户通过银行卡账户进行移动支付。移动运营商只为银行和用户提供信息通道,不参与支付过程的运营和管理。由银行为用户提供交易平台和付款途径,银行独立享有移动支付的用户并对他们负责。当前,我国大部分提供手机银行业务的银行(如招商银行、广发银行、工行等)都由自己运营移动支付平台。

支付本身是银行的重要功能,由于银行零售网点较少,移动支付不仅是银行扩充服务网点的手段,更是银行之间争夺市场的工具:移动支付能降低银行支付系统的成本,深入银行网点和互联网未能触及的农村市场,提供 24 小时全天候服务,移动支付业务在金融领域的创新和运用将推动金融微支付领域的又一次变革。

该运营模式的特点:移动支付业务不能实现跨行互联互通,各银行只能为自己的用户提供服务。用户需要更换手机或 STK 卡,终端设备安全性要求很高。存在的问题是:用户用自己的手机使用了某一个银行支付业务,就不可以使用其他银行提供的该业务,不利于业务的市场推广和信息共享。

(3) 以第三方服务商为主体的运营模式。第三方服务商独立于银行和移动运营商,利用移动通信网络资源和金融机构的各种支付卡,实现支付的身份认证和支付确认。通过第三方的交易平台,用户可以实现跨银行的移动支付服务。典型的例子有瑞典的 PayBox,它是一家独立的第三方移动支付应用平台提供商;中国的典型案例有北京泰康亚洲科技有限公司的"万信通"平台和广州金中华通信公司的"金钱包"等。

该业务模式的特点:移动运营商、银行和第三方服务商之间的权责明确,提高了商务运作的效率;用户选择增多。平台运营商简化了其他环节之间的关系,但在无形中为自己增加了处理各种关系的负担;在市场推广能力、技术研发能力、资金运作能力等方面都要求平台运营商具有很高的行业号召力。

移动运营商拥有账单支付的基础环境与移动通信网络,但是缺乏像银行一样管理和控制支付风险的能力;同样,银行拥有客户支付消费的信任,而缺乏移动支付所需的接入通信网络和未经移动运营商同意接入的移动用户。由此可见,未来移动支付的发展趋势应该是利用各方优势,整合多方资源,建立一个完整的交易支付价值链,让用户在支付过程中体会到更大的便捷性和安全性,让移动支付与现金支付、电子支付等同时并存发展,成为主流的支付方式之一。

2. 移动支付流程

下面以当前比较流行的手机支付流程为例说明移动支付过程,整个过程包括消费者从网上选择产品或服务后,发出购买指令,执行购买操作,商家在无线运营商处取得消费者信息,进行确认,由无线运营商代收取费用并告知商家可以交付服务或产品,形成完整的手机支付过程,如图 4-19 所示。

具体步骤如下。

(1) 消费者通过互联网进入消费者前台系统选择商品。

(2) 将购买指令发送到商家管理系统。

(3) 商家管理系统将购买指令发送到无线运营商综合管理系统。

(4) 无线运营商综合管理系统将确认购买信息指令发送到消费者前台系统或消费者手

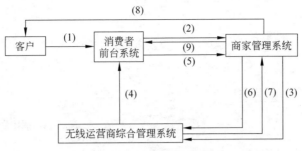

图 4-19　手机支付流程

机上请求确认,如果没有得到确认信息,则拒绝交易,购买过程到此终止。

（5）消费者通过消费者前台系统或手机将确认购买指令发送到商家管理系统。

（6）商家管理系统将消费者确认购买指令转交给无线运营商综合管理系统,请求缴费操作。

（7）无线运营商综合管理系统缴费后,告知商家管理系统可以交付产品或服务,并保留交易记录。

（8）商家管理系统交付产品或服务,并保留交易记录。

（9）商家管理系统将交易明细写入消费者前台系统,以便消费者查询。

这种支付过程属于以运营商为主体的支付模式,运营商充当了代收费的角色,在用户和商家交易结束后,运营商和商家之间还需要通过银行实现资金划转,而运营商收取一定的交易手续费。目前,由于账户和密码的确认信息都是通过无线传输的,对于网络运营商的诚信问题,人们普遍都会有不同程度的担忧,在移动支付领域难以出现大额支付,大部分手机支付也只局限于小额支付。移动支付跨出小额的门槛还需要解决更多的社会信用问题。运营商主导的支付方式简便、快捷,更适合小额支付,成为目前应用最广的移动支付方式。

4.5.2　移动支付实例——普天移动支付运营支撑系统

普天移动支付系统是普天信息技术研究院自主研发的基于 CGVAP 核心技术的具有国内自主知识产权的增值业务运营支撑系统产品,其移动支付业务的实现方式有下述三种。

（1）手机短信方式。用户只要将自己的银行卡与手机号码绑定后,发送一个手机短信到指定的短信号码,就可以完成商品的订购,用户收到系统回复的短信后,即可成功交易。

（2）网上交易方式。用户只要注册成为网上商店的会员,按需要选购,并完成在线支付,即可成功交易。

（3）无线 POS 机方式。用户只要在任意一台 POS 机终端上输入想购买的商品号和银行账号,即可成功交易。

移动支付系统网络结构如图 4-20 所示。

手机支付流程如下。

（1）用户到电子银行部申请手机支付,将手机和银行账号绑定。

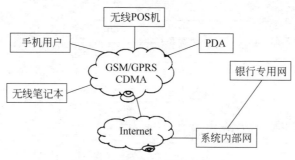

图 4-20　移动支付网络结构图

（2）访问网上商店并选择商品，商家发送指令到移动运营商。

（3）移动运营商发送确认信息到消费者，请求交易确认。

（4）消费者将确认购买指令发送给无线运营商综合管理系统，请求缴费操作。

（5）无线运营商综合系统缴费后，告知商家管理系统可以交付产品或服务。

思考题

1. 简述后方交换型的 ATM 系统网络结构的特点，并画出它的网络结构图和工作流程图。

2. 简述前方交换型的 ATM 系统网络结构的特点，并画出它的网络结构图和工作流程图。

3. 简述 POS 系统的安全内容。

4. 谈谈大额支付系统是如何实现其安全性和可靠性的。

5. 大额支付系统与小额支付系统的业务处理过程有什么不同？

6. SWIFT 网络系统提供了哪些服务？

7. Fedwire 系统在进行控制风险时采取了哪些措施？

8. 简述移动支付的三种运营模式。

综合实训

1. 我国的银行卡刷卡手续费的定价机制有哪些？

2. 进入中国金融认证中心 http://www.cfca.com.cn/，在证书体验平台下载测试证书链 RSA，安装证书。

3. 通过浏览器查看证书并进行证书的导入、导出操作。

4. 简述 cfca 证书的概念。

5. 回答问题：cfca 证书有哪些类型？安装证书后，浏览器有哪些安全标识？

第 5 章

电子支付工具

本章学习目标

- 掌握借记卡、信用卡的区别与特点。
- 掌握数字货币的概念、分类及各类型的特点及其之间的区别。
- 掌握电子支票、电子钱包、微支付的概念、特点及其交易流程。
- 熟悉国际上知名的信用卡组织。
- 熟悉国际上知名的数字货币系统、电子支票系统、电子钱包系统、微支付系统。

5.1 银行卡

5.1.1 银行卡概述

当今世界上流行着各种介质制造的卡片,其中尤以磁卡和集成电路卡(IC卡)使用得最多。由于各行各业都在发行自己的卡片,因此卡片的种类繁多,而且应用范围非常广泛。

银行卡也称金融交易卡,是由商业银行(含邮政金融机构)向社会发行的具有消费信用、转账结算、存取现金等全部或部分功能的信用支付工具,也是客户用来启动ATM系统和POS系统等电子银行系统并进行各种金融交易的必备工具。

1. 银行卡的产生和发展

随着商品经济的发展,现金支付和支票支付等传统支付方式已不能满足商品交易快速发展的要求。为解决这个问题,19世纪末和20世纪初,一些商户自行设计和使用了各种结算卡,开启了支付手段的变革。

美国西部的一些酒店经营者最早推出了一种只能定点使用的结算卡,持这种卡的客人可以先用餐,以后定期付款。这种卡的使用使酒店和客人都很方便。这种支付方式很快获得公众欢迎。零售商、石油公司和旅游娱乐业等纷纷仿效,给稳定的客户发放各种早期信用卡,用这种卡可以赊购商品,定期付款。这种方便买卖双方的支付方式促进了销售,获得了快速发展。

20世纪40年代,一些旅游娱乐信用卡开始跨地区使用,银行也开始发行和管理信用卡。银行作为买卖双方之外的第三方发行信用卡,使信用卡由原来仅限于买卖双方的信用工具发展成为一种银行信用方式。信用卡的使用范围、使用地区扩大了,信誉也增强了,推动了信用卡的发展。20世纪60年代,信用卡已在发达国家得到普及。20世纪70年代,在美国持卡消费成为一种普遍的方式。

信用卡的实际使用意义超出了传统的银行信贷作用,推动了电子资金转账(EFT)系统的产生和发展。信用卡成为一种全新的电子支付工具,促进了商品经济的发展和社会信息化的进程。因此,信用卡的推出是银行界的一项重大成就。

在信用卡之后,银行又推出借记卡、复合卡、现金卡等新的金融交易卡。由银行发行的金融交易卡统称银行卡,它是全新的电子支付工具,是电子银行系统的启动工具和重要组成部分。除了银行业外,流通业、制造业、电信业和其他许多行业也都发行了各自的金融交易卡。

银行卡采用集成电路(IC)卡作为介质后,不仅可作为金融交易卡,还可存储持卡人的许多其他信息,供多种系统共用同一张卡,银行卡正向多功能卡方向发展。

2. 银行卡的种类

银行卡目前的主要品种有信用卡、专用卡、电子钱包卡、购物卡、转账卡、提款卡等多种,根据结算方式、使用权限、使用范围、持卡对象以及所用载体材料的不同,可以划分为多种类型的银行卡,具体分类见表5-1。其中,结算方式和信息载体是两种最常用的划分方法,下面将分别详细论述。

表 5-1　银行卡的分类

分类方式	类型	特　点
使用范围	国际卡	可以在全球多个国家和地区使用,如 VISA 卡和 MasterCard 等
	地方卡	只局限在某地区内使用,如仅在中国境内使用的我国各商业银行发行的银行卡
授信额度	普通卡	授信额度较低,如我国大多为 1 万元人民币以下
	金卡	允许透支额度较高,如我国一般为 1 万~5 万元人民币
持卡对象	个人卡	持有者为有稳定收入来源的社会各界人士,卡中金额属于个人款项
	公司卡	持有者为各企事业单位或部门中的指定人员,卡中资金属于公司
合作单位	联名卡	与企事业单位合作,可消费打折的营利性质的银行卡
	认同卡	与公益单位合作的非营利性质的银行卡,一般属于宣传性质或公益性质
	基本卡	不与任何机构合作,如中国银行的长城卡
结算方式	贷记卡	允许持卡人"先消费、后付款",提供短期消费信贷,到期按有关规定清偿的银行卡
	借记卡	持卡人在卡中先有存款,具有取款、消费、储蓄等功能,是不可透支的银行卡
信息载体	磁卡	卡中磁条内存有客户业务所必需的相关数据信息,使用时需要专门的读卡设备
	芯片卡	也就是集成电路卡,卡片中嵌有芯片,专门存储相关业务数据信息,由于芯片具有数据处理功能,因此该卡片既可联机使用,也可脱机使用

1) 依据结算方式划分

按结算方式,银行卡分为信用卡(credit card)、借记卡(debit card)、复合卡(combination card)和现金卡(cash card)4 种。

(1) 信用卡。是最早发行的银行卡,也称贷记卡,是银行向金融上可信赖的客户提供无抵押的短期周转信贷的一种手段,它是目前国际上广泛流行的一种支付手段与结算工具,是由银行或专门的信用卡公司签发的证明持卡人信誉良好并可以在指定的商店或场所进行直接消费的一种信用凭证。发卡银行根据客户的资信等级给信用卡的持卡人规定一个信用额度,信用卡的持卡人就可在任何特约商店先消费、后付款,也可在 ATM 上预支现金。依照信用等级的不同,可将信用卡分为普通信用卡、金卡、贵宾卡等多个品种。

(2) 借记卡。在信用卡的基础上,银行推出了借记卡。借记卡的持卡人必须在发卡行有存款。持卡人在特约商店消费后,通过电子银行系统直接将顾客在银行中的存款划拨到商店的账户上。除了用于消费外,借记卡还可在 ATM 系统中用于取现。依据借记卡的使用功能,借记卡还可有多种品种,如专用于转账的转账卡、用于特定用途的专用卡等。

我国借记卡的分类

按中国人民银行颁布且于 1999 年 3 月开始施行的《银行卡业务管理办法》规定,我国的借记卡按功能不同分为转账卡(含储蓄卡)、专用卡和储值卡。转账卡是实时扣款的借记卡,具有转账结算、存取现金和消费功能;专用卡是具有专门用途(除百货、餐饮、饭店、娱乐行业外),在特定区域使用的借记卡,具有转账结算和存取现金功能;储值卡是发卡行根据持卡人要求将其资金转至卡内存储,交易时直接从卡内扣除的预付钱包式借记卡。

（3）复合卡。为方便客户，银行也发行一种兼具信用卡和借记卡两种性质的银行卡，这种银行卡称为复合卡，我国称之为准贷记卡。复合卡的持卡人必须事先在发卡银行交存一定金额的备用金，持卡人持卡消费或取现后，银行即做扣款操作；同时，发卡银行也可对这种持卡人提供适当的无抵押的周转信贷。因此，持卡人用复合卡时，当备用金账户余额不足时，允许在发卡行规定的信用额度内适当透支。

（4）现金卡。现金卡与前述信用卡、借记卡和复合卡不同，在现金卡内记录有持卡人持有的现金数。持卡人持卡消费后，商户直接从现金卡内扣除消费金额，这样，现金卡中的现金数也就相应减少了。因此，现金卡同现金一样可直接用于支付，不同的是现金卡内的货币是数字货币，数字货币是货币的高级发展形式，体现了银行卡向网络货币融合和两者接轨的发展趋势。

根据银行卡的不同性质，可区分不同种类的银行卡。很明显，先消费、后付款且用于信贷交易的银行卡是信用卡；先存款、后消费，在 ATM 交易和 POS 交易中只做直接转账用的银行卡就是借记卡；兼有信贷功能的借记卡是复合卡。这 3 种银行卡内实际上并没有现金，持卡人所拥有的真正的钱存在于银行的数据库里。这些银行卡只是证明持卡人的身份，证明持卡人在银行里有存款，或者在金融上是可信赖的客户。而现金卡则是在卡中本身就存有现金，是在金融交易活动中能如通货一样立即实现支付转移功能的电子货币。

2）按信息载体分类

按信息载体类型划分，银行卡经历了塑料卡、磁卡、集成电路卡、复合介质卡和激光卡等发展阶段。

（1）塑料卡。20 世纪 50 年代末，发达国家率先用塑料卡制成信用卡。顾客消费时，必须出示此卡以示身份，验明无误后，即可享受信用消费。这种塑料卡与计算机无关。

（2）磁卡。诞生于 1970 年，它是在塑料卡片上粘贴一条磁条而成，磁条里有 3 条磁道，可记录相关的信息。由于磁卡可直接输入终端机进行处理，是一种最简单有效的计算机输入介质。随着 PC 的推出和普及，磁卡的应用也迅速得到推广。直到现在，磁卡仍然是使用最广的银行卡。

磁卡的重要优点是制造成本低。磁卡的成本主要包括卡片成本、磁条成本和加工合成成本，这些费用都不高。但磁卡存在不少缺点：第一，安全性低，磁条中的数据易被破译和仿制；第二，不适合脱机处理；第三，磁卡的记忆容量小，存储信息数量有限。

（3）集成电路卡。1974 年，法国计算机工程师诸兰德·莫诺尔（Roland Moreno）发明了一种便携式存储器，即集成电路卡（Integrated Circuit Card，IC 卡）。IC 卡在塑料卡上封装了一个非常小的微型集成电路芯片，用来存储记录数据，它正好弥补了磁卡的不足，因此与磁卡相比，它具有如下几方面的优点。

- 安全性高，很难仿制。IC 卡设置了多级密码，逐级验证，以防假冒，具有不可复制且防外部侵入的存储区，故安全性很高。
- 具有 CPU 和强大的存储容量。IC 卡不仅可以存储个人的资产信息，如指纹、血型、医疗保险、社会福利等个人其他资料，还可存储软件。这样，可用软件控制持卡人的多样化需求，将现有的各种卡集成到一张 IC 卡上作为多功能卡使用。如使用同一张 IC 卡不仅可进行购物消费，还可用于支付税金和各种公共事业费，如房租、水电费、电话费等。

- 具有联机处理和脱机处理双重能力。IC 卡既可存储持卡人在银行的存款余额和交易数据,具有运算能力,又可存储安全控制管理软件,使卡片本身能有效地执行 PIN 检验和卡片的合法性检验。这样就可以将 IC 卡作为现金卡,允许脱机使用,从而可以大幅降低作业成本。这对于通信不发达的国家和地区尤其适合。

IC 卡的缺点是制造比磁卡复杂,成本也较高,但是随着微电子技术的进步和规模效应,这一缺点正在被克服。

(4) 复合介质卡。为了考虑磁卡已有的广泛应用市场,同时兼顾 IC 卡的发展,金融机构发明了一种混合性质的银行卡,它之所以被称为复合介质卡,即是一种在磁卡中内置 IC 芯片,在识别磁卡和 IC 卡的器具上都可以使用的过渡卡。

(5) 激光卡。激光卡也称光卡,国际标准称之为“光储卡”,是在塑料卡片中嵌入激光存储器而制成的。激光卡系统由激光卡、激光卡读写器和与之相连的计算机系统构成。激光卡上的光区域依次由透明层、光层和保护层所组成。当激光卡读写器的激光以特定的波长、光束尺寸和媒体线性速率从可访问光区域读或写时,光束就穿过透明层,照射含有特定材料的光层,完成二进制数字的读写操作。保护层用来增强光层的机械强度,以达到保护目的。激光卡同 IC 卡相比,除了可提供多重功能服务外,安全性更高,存储量极大,是 IC 卡存储量的百倍以上。目前,光卡尚在试验阶段,将来有可能是 IC 卡的劲敌。

3) 银行卡的其他分类法

银行卡除了按结算方式、信息载体分类外,还可以有许多其他分类法。

- 银行卡按使用货币种类可分为本币卡和外币卡。
- 银行卡按等级可分为普通卡、金卡、白金卡。
- 银行卡按发行对象可分为个人卡、商务卡、采购卡、政府卡等。
- 银行卡按持有者的身份可分为主卡和附属卡。

此外,银行还可与其他合作机构联合发行银行卡,这种银行卡被称为联名卡(与公司合作)、认同卡(与事业单位合作)。

3. 银行卡的应用领域

早期 EFT 系统所使用的银行卡多属单功能卡,如取款卡不能用来购物,信用卡不能用来提款。因此,一个人往往需要申请多种卡才能满足不同需要。一人多卡的缺点是携带、使用、保管不方便,持卡人还往往记不清每张卡的 PIN(个人标识码);对银行来说,对一人发多张卡时,成本也会相应提高。为解决这个问题,各国银行普遍采用发行多功能卡的办法,使卡片向单一规格发展。

银行发行的金融交易卡在金融界主要用于与电子银行系统有关的作业处理,包括持卡消费、启动 ATM 系统、企业银行联机、家庭银行联机、网上支付、银行柜台交易和个人资产管理等。

1) 持卡消费

持卡消费通过 EFT-POS 系统进行。持卡人既可用借记卡购物,并进行立即转账;也可用信用卡购物,做挂账处理;还可用现金卡购物,直接从卡内扣除货款。

2) 启动 ATM 系统

ATM 通常都处于等待服务状态,当持卡人插入银行卡后,立即启动 ATM,使之进入服务状态。持卡人可用借记卡在 ATM 上进行查询、存取款、转账等作业,有的银行也允许用信用卡预支现金。

3)企业银行联机

企事业单位的计算机同银行主机系统联机后,可用本单位的终端同银行交换信息,进行金融交易。为此,企业要事先申领银行卡,建立相应账户,才能启动联机系统。然后,客户输入密码,经检验无误后才能与银行主机进行通信。

4)家庭银行联机

社会大众可用电话、手机、PC 等多媒体手段,通过家庭银行系统同银行主机联机,进行金融交易。为此,客户须事先申领银行卡,建立相应账户,才能启动家庭银行联机系统,得到银行提供的家庭银行服务。

5)网上支付

在电子商务中,持卡人可通过银行卡账户完成网上支付。持卡人要进行网上交易,必须事先取得从事网上交易的数字证书,并在计算机上安装数字钱包软件,然后就可以上网购物,同时用银行卡账户完成网上支付。

6)银行柜台交易

持卡人可持卡到银行营业部的柜台进行金融交易。

7)个人资产管理

在前述 6 项应用领域里,磁卡和 IC 卡都可以使用,以 IC 卡为优。而在个人资产管理领域,由于要求存储的信息量多,只能使用 IC 卡。银行卡用于个人资产管理时,须在 IC 卡上存储与个人资产有关的各种数据,以便银行能提供有关资产管理方面的咨询服务,协助持卡人对其资产做有效的管理和投资。

5.1.2 信用卡

信用卡也称贷记卡,是银行向金融上可信赖的客户提供无抵押的短期周转信贷的一种手段。持卡消费后做挂账处理,待持卡人信用期满时,银行才向持卡人索还部分或全部贷款,或做扣账操作。这样,通过发行信用卡,银行可根据预先确定的信用限额向持卡人提供信贷。信用卡的使用使银行参与了销售点处的价值交换,特约商店通过银行将其信贷提供给顾客。持卡人持卡消费后,这些特约商店很快就能收到发卡行转来的资金。

1. 信用卡的功能

1)信用卡的基本功能

对持卡人来说,信用卡具有以下 3 种基本用途:在国内外特约商店购物,从参与该信用卡组织的成员金融机构预支现金,在 ATM 上预支现金。

发行信用卡的金融机构须申请加入某一地区性或全国性的信用卡系统。例如,我国的发卡行应加入“中国银联”组织。这些银行卡管理协会建有信用卡处理中心,以管理信用卡的各种处理活动。各成员行可共享这些全国银行卡网络上的资源,并发行各自的信用卡。发卡行可自由确定信贷授权要求、宽限期的长短、利率的高低(必须在法律允许的范围内)、计息方法、年度费用或交易费用、信用限额等。

持卡消费后,持卡人在发卡行产生一笔尚欠账项,届时发卡行向持卡人收取预定条款的利息。有的发卡行从过账日期起用平均日余额法计息;有的则允许持卡人在宽限期内偿还贷款时不收取利息;有的发卡行还向持卡人提供购物保险,提供全天候咨询、医疗、法律、购物优惠等增值服务,以鼓励持卡消费,使银行能从商户处收取更多的手续费。

为了扩大内需,促进我国的信用消费,中国人民银行正式颁布的《银行卡业务管理办法》规定,贷记卡的持卡人在进行非现金交易时,可享受如下优惠条件:①免息还款期待遇。免息还款期最长为 60 天。持卡人在免息还款期内还款无须向银行支付贷款利息。②最低还款额待遇。持卡人在到期还款日前偿还全部款项有困难时,可按发卡行规定的最低还款额还款。此时,自银行记账日起,未偿还部分须按规定利率计算利息。贷记卡持卡人预支现金和准贷记卡(复合卡)透支时不享受上述优惠条件。中国人民银行还规定,贷记卡透支按月计收复利,准贷记卡透支按月计收单利,透支利率以日利率 5‰ 计算。

我国的商业银行要向信用卡的持卡人收取 40～400 元不等的年费。接受信用卡的商店要同收单行签订商业协议。收单行对商户与持卡人所进行的信用卡交易提供金融服务,并向商户收取结算手续费。由于收单行要通过相应的全国银行卡网络同发卡行交换这些交易,并进行清算,收单行要支付一笔交换费给发卡行和信息交换中心,以承认它们对该笔信用卡交易所做的贡献。

2) 各信用卡公司的附加功能

随着信用卡公司之间的竞争日趋激烈,信用卡除了需要具备基本的功能外,还衍生出各种各样的具有高附加值的"特色服务",以提高信用卡的竞争力。

(1) 急救医疗服务。如运通、大莱、VISA 和 MasterCard 的"联合信用卡"都与世界各国的支援救助公司缔结合约,在世界范围内开展急救医疗服务,为持卡人提供最完善的服务。

(2) 紧急垫付服务。如果持卡人在旅行或出差期间因意外需要现金时,可以预先得到垫付,如 VISA 和 MasterCard 的信用卡会员可以得到紧急垫付 5000 美元。

(3) 附加保险费。对于在国外旅游的会员,若持卡消费,则各信用卡公司会为其提供各式各样的附加保险费。如 JCB 附加伤害保险;运通卡规定,在旅行中使用该信用卡进行结算,若因交通事故伤亡时可附加 20 万～40 万美元的伤害保险;而大莱卡只有在使用该公司的卡购买机票时才会附加 15 万美元的飞机伤害保险。

(4) 其他服务。如为持卡人提供预订旅馆、餐厅、派遣翻译等各种周到的服务。

最后,对于持卡人来说,若持有某一种国际信用卡,例如 VISA 卡,持卡人就可以利用电子商务服务器在世界各地使用这种国际信用卡进行购物和支付账款。信用卡通常用于存款、取款、购物消费、交通通信、娱乐旅游等,也可以用于交纳税款、交付租金、购房置地、发放工资和获得各种服务等。信用卡不仅具有现金支付功能和支票支付功能,还有信贷功能,所以世界上的发达国家都把发展信用卡作为实现金融电子化和"无现金社会"的重要工具。

2. 信用卡交易的处理过程

信用卡可用于购物和预支现金。这里简要说明用信用卡购物的处理过程。

1) 购物交易过程

用信用卡购物时的脱机操作框图如图 5-1 所示。

持卡人将其信用卡交给商户的收款员,经检验信用卡和持卡人的合法性并获得银行授

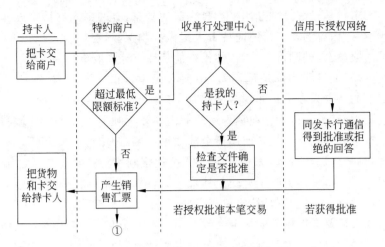

图 5-1　一笔典型的信用卡购物交易框图（1）

注：图 5-1 中接点①转接至图 5-2。

权后，收款员将该卡的特征记在"销售汇票"上，汇票上还要记上交易的细目，并要求持卡人在上面签名。汇票副本作为收据交给持卡人，完成购物交易。日终时，商户将当日的所有销售汇票存入收单行，收单行再同发卡行清算这些交易，如图 5-2 所示。

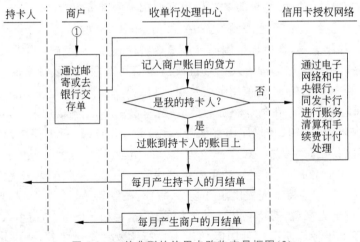

图 5-2　一笔典型的信用卡购物交易框图（2）

　　若特约商户安装有联机 POS 终端，则能通过网络同银行主机系统通信，顾客购物时，其信用卡在 POS 终端刷卡后，输入 PIN 和交易额后，这些数据被送往发卡行主机系统，经其核实授权后，商品就可成交了，POS 终端为顾客打印账单收据，同时相关的银行主机系统要更新顾客和商店的账目并进行清算，于是既完成了商品交易，也完成了电子转账工作。上述过程仅在 5 秒内就可全部完成。电子转账可在商品成交后立即进行，也可经过一个协议期（如 1 天或 2 天）后进行。

　　2）交易的授权

　　交易的授权方法随不同的情况而异，通常有如下两种情况。

（1）商户没有安装联机 POS 终端时，为了防止用信用卡进行欺骗活动，收单行通常为其每个特约商户规定一个最低标准限额。交易时，根据交易额比规定的最低标准限额高或低，商户应采取不同的控制技术。

超出最低标准限额的所有信用卡交易必须经过发卡行的授权方可成交。凡低于标准限额的小额交易，则授权商户自行认证。采用这种授权办法的主要目的是减少银行的手工授权工作量，通常控制在只有 8%～10% 的交易需要银行授权，而又不会给银行带来大的风险。

对于超出最低标准限额的交易，商户要打电话给收单行（或其处理中心）说明持卡人的卡号、信用卡的截止日期、商户的账号及交易额等。然后如图 5-1 所示，若持卡人的信用卡是该银行发行的，则检查授权文件，以确定是否批准这笔交易；否则收单行需要通过信用卡授权网络同发卡行通信，以得到批准或拒绝的回答。若获得批准，则商户可得到发卡行提供的批准码，并须把批准码记录到销售汇票上。此后，商户就可把货物和信用卡交给持卡人，商品交易就完成了。

对于低于最低标准限额的交易，银行授权商户根据银行提供的"止付卡表"（或称热卡表，hot card list）和其他检验手段进行核查。银行还可要求商户对持卡人在销售汇票上的签名同信用卡背面的签名进行比较，以决定是否认可这笔交易。

（2）商户安装联机 POS 终端时，所有信用卡交易全部送往发卡行进行授权处理，商户几秒内就可取得发卡行的联机电子授权。

当出现下列情况之一时，发卡行可否认一笔信用卡购物交易。

- 信用卡是已报的挂失卡或被盗卡。出现这种情况时，银行的安全人员应迅速根据具体情况采取相应的措施。
- 交易额超过持卡人的信用限额。
- 持卡人违约，如已过付款期还未还款、其账号已经被撤销等。

发卡行的授权处理中心必须做到以下几点。

- 为超过最低标准限额的信用卡交易提供一天 24 小时的授权处理服务。这种服务最好是联机服务。当系统关闭时，可委托可信赖的第三方提供暂代性授权服务。
- 当发现欺骗性使用信用卡时，应立即采取必要的处理措施。
- 维护现行的授权文件，作为核准授权与否的依据。

3）商户存款和结账

日终时，商户累计销售汇票，填入存单，以联机或脱机的办法送交其开户银行。银行通常立即将交易总额贷记商户户头。银行向商户收取约定的处理费用，并每月向商户提供一个月全部交易的月结单（对账单）和有关的商户账目。

4）变换和清算

如图 5-2 所示，收单行的处理中心将商户发来的各种交易分为自己的持卡人所做的交易和要同其他金融机构交换的交易两种。如果持卡人在该银行有一个账户，则处理中心就将该笔交易额从持卡人账户过账到商户账户上。对于一笔交换交易，则通过信用卡授权网络将交易数据传输给发卡行的处理中心进行结账处理。

对于一笔交换交易，收单行要支付交换费给发卡行，以承认其对本笔交易所做的贡献。

当然,如果收单行是该卡的发卡行,则不存在交换费用。

所有的跨行信用卡购物交易必须通过中央银行才能得以最终清算。

3. 银行处理中心的职责

信用卡交易过程一般有四个参与者:持卡人、商户、银行处理中心、一个地区性或全国性的银行卡组织。其中,银行处理中心总处于核心位置。

对持卡人来说,银行处理中心必须做以下事情:为其持卡人维护账目信息;从他行捕获每天的交易信息;从本行的各分行捕获预支现金信息;同他行按日进行交换和结算;向上级机构提供有关的信息和报告;通过网络向收单行发送授权信息;管理通信线路;给持卡人邮寄月结单。

对商户来说,银行处理中心必须做以下事情:为其商户维护账目信息;捕获商户的存单,更新商户账目,并同其他金融机构进行交换;为商户的交易请求提供通信网络和授权信息;向商户邮寄月结单;从各金融机构收回所有商户的销售汇票,以便响应查询;为商户提供各种支援服务。

4. 信用卡的国际组织

通常,各发行信用卡的金融机构都必须申请加入某一地区性或国际性的信用卡组织,如美国的 VISA 国际组织和 MasterCard 国际组织,这些信用卡组织已经建立了信用卡交换中心,可以处理许多有关信用卡的跨行处理事宜,管理信用卡的各种处理活动。各成员行支付其参与费后,就可共享这些国际性银行卡的网上资源,并发行自己的信用卡。目前,我国的银联卡也正逐步迈出国门,为持卡人提供更便利的服务。世界上有 5 大国际信用卡集团,分别是 VISA 国际组织、MasterCard 国际组织、美国运通公司、JCB 信用卡公司和大莱信用卡公司。

我国银联卡的国际化——人民币银联卡在美国实现受理

华盛顿时间 2005 年 12 月 5 日上午,中国银联股份有限公司和美国发现金融服务公司(Discover)在美国纽约举行中国人民币银联卡在美国的受理业务开通仪式。正在美国访问的中国人民银行副行长苏宁出席了开通仪式,宣布自即日起人民币银联卡在美国实现受理。苏宁还宣布人民币银联卡在印度尼西亚、菲律宾、越南、德国、法国、西班牙和卢森堡的受理业务近期也已开通,2005 年年底至 2006 年年初还将陆续在澳大利亚、新西兰、日本、马来西亚等国家开通受理业务。

资料来源:www.chinaepayments.com。

---

1) VISA 国际组织

VISA 国际组织是目前世界上最大的信用卡、旅行支票组织,它的前身是美洲银行信用卡公司。早在 1959 年,美洲银行就开始在美国加利福尼亚州发行"美洲银行卡",后来又专门成立了美洲银行信用卡公司,专营信用卡业务,同时吸收了许多中小型银行参加联营,并积极与西欧国家的一些商业银行合作。1966 年,美国美洲银行成立了美洲银行卡公司,为各银行提供信用卡服务,并委托其他中小银行代为发行美洲银行卡。1977 年,该公司正式以 VISA 作为该组织的标志,称为 VISA 国际组织。

VISA 国际组织总部设在美国的洛杉矶市,总处理中心设在洛杉矶的卫星城——圣曼托。VISA 国际组织实行董事会负责制,由董事会负责制定 VISA 国际组织的章程和各项规章制度,审批各项经费以及策划全球市场战略等重大问题。

VISA 国际组织经过几十年的发展,已成为世界上最大的信用卡集团,无论信用卡的数量还是交易额都居世界首位。据估计,VISA 国际组织的信用卡年交易额在 8000 亿美元以上。该组织现代化的授权系统和清算系统有力地支持了 VISA 卡在全球的发展。持有 VISA 卡的人几乎在全球任何一个国家或地区都可享受广泛的服务。从优先签账、饭店住房保证到全球医疗和法律服务,可以说无与伦比。持卡人在任何一个地区发现信用卡丢失或被窃,都可到就近的 VISA 组织会员机构挂失,发卡行接到通知后 1 小时内即可通知全球计算机系统,保证资金的安全;如持卡人在旅途中急需现金或信用卡,也可在 24 小时内获得紧急现金补偿或补发一张新卡。其品牌产品主要有普通卡、金卡、商务卡、转账卡、自动提款卡、VISA Cash、家庭卡、认同卡(慈善卡)以及旅行支票等。汇丰银行签订了办理 VISA 卡取现和直接购货业务。1987 年,中国银行加入 VISA 国际组织,成为该组织的主要成员,并于 1989 年开始发行人民币长城 VISA 卡。继中国银行之后,中国工商银行、中国建设银行和中国农业银行也分别加入了 VSIA 国际组织。

2) MasterCard 国际组织

MasterCard 国际组织是服务于商业银行、储蓄银行、储蓄和放款协会、存款互助会的非营利性全球会员协会,该组织的宗旨是为会员提供全球最佳支付系统和金融服务。1984年,MasterCard 国际组织建立了全球自动授权系统(INAS)和清算系统(INET)。经过几十年的发展,MasterCard 信用卡已由最初的单一产品发展成为系列产品,包括普通卡、金卡、商户卡、自动提款卡和旅行支票等。MasterCard 国际组织也发展成为仅次于 VISA 国际组织的世界第二大信用卡国际组织。

MasterCard 国际组织的管理总部设在美国纽约,总处理中心设在圣路易斯市。MasterCard 国际组织实行董事会负责制,董事会负责制定 MasterCard 国际组织的章程和各项规章制度,审批各项经费。MasterCard 国际组织作为一家全球性付账特许经营组织,拥有全球最受推崇的品牌。MasterCard 国际组织拥有 25 000 余家会员金融机构,为 210 多个国家和地区的消费者提供多种支持服务。2004 年,MasterCard 国际组织在全球发行的标有 MasterCard、Cirrus 和 Maestro 标志的信用卡、支付卡和借记卡多达 17 亿张,在全球拥有 3 000 万个接受点和商户,并在全球拥有 821 766 台自动取款机。作为高品质和创新型的业内领先者,MasterCard 在虚拟世界和现实世界中实现着全面的支付解决方案,并在 96个国家通过 45 种语言投放主题为“真情无价”的广告片,使 MasterCard 的品牌知名度达到了前所未有的高度。

MasterCard 国际组织于 1988 年进入中国,目前国内的主要商业银行都是其会员。MasterCard 国际组织在中国银行卡业从起步到发展的过程中起到了十分重要的作用。

3) 美国运通公司

美国运通公司是目前美国最大的跨国财政机构,该公司的业务主要包括 5 个部分。

(1) 旅游服务。该项业务是运通公司的核心业务,其中运通信用卡和旅行支票是该业务的主要组成部分。

（2）国际银行业务。运通国际银行是运通公司的一个主要组成部分。根据美国法律，该行只能从事国际银行服务，它目前在世界大多数国家和地区设有分支机构。

（3）投资业务。1984年4月，运通公司以3.6亿美元收购了莱曼兄弟公司，使该公司成为美国居第二位的投资公司。

（4）信托财务咨询等多元化服务。1983年12月，运通公司收购了IDS金融服务公司及其附属机构。

（5）保险服务。运通公司下设有消防基金保险公司，主要提供财产、责任保险和人寿保险。

运通卡属于旅游娱乐卡，主要信用卡品牌有运通卡、运通私人卡、运通金卡、运通公司卡、运通白金卡等。运通卡适合消费者外出旅游之用，持卡人在收到运通公司的对账单后需要一次还清所欠款项。美国运通公司全球的持卡人数量虽然远远少于VISA卡和MasterCard的持卡人，但其在全球信用卡交易中却占有很大比例，运通卡持卡人的人均年用卡消费金额高于VISA卡或MasterCard持卡人的人均年用卡消费额。

4）JCB信用卡公司

JCB公司是目前日本最大的信用卡公司，是唯一独立于美国的信用卡集团，也是全球五大信用卡公司之一。该公司由日本几十家商业银行筹资，并以日本著名的三和银行为主要后盾。在日本国内持JCB卡的消费者可以享受多种服务，从1982年起，JCB公司的信用卡业务从国内发展到海外，在全球特约商户已扩展到190多个国家的400万家。

5）大莱信用卡公司

1950年春，美国纽约商人麦克纳马拉（McNamara）与施奈德（Schneider）投资1万美元成立了大莱俱乐部，即大莱信用卡公司的前身。一年之后，约有200多人被说服携用俱乐部发行的信用卡，会员只要每年交3美元的会费就可以在纽约27家饭店中的任何一家记账用餐。到1951年年底，随着持卡人数量的增多，大莱卡交易额达到100万美元，公司开始盈利。以后公司的经营逐渐扩大到全球，公司也更名为大莱国际信用卡公司。1982年，美国花旗银行收购了大莱信用卡公司的大部分股票，大莱信用卡公司成为花旗银行的控股公司。公司总部设在美国芝加哥市，根据业务发展需要，大莱信用卡公司将全球划分为五大业务区，即亚太区、北美区、南美区、欧洲区和非洲区，各区实行独立核算，自负盈亏。

大莱卡分地区卡和国际卡两种。在消费限额方面，大莱卡与其他银行卡不同，它根据持卡人的消费能力确定消费限额。另外，大莱卡一旦丢失或被窃，持卡人只要及时向附近大莱信用卡机构挂失，即可领到新卡，如持卡人未能及时向大莱信用卡公司挂失而发生损失，持卡人只需要承担一定金额的损失。

中国开始办理大莱信用卡的业务始于1983年，同年3月，中国银行与美国花旗银行签订了"中国银行代理大莱卡取现和直接购物协议"，从此，大莱信用卡持卡人可在中国凭卡得到取现和直接购物服务。目前，大莱卡持卡人超过800万人，特约商户超过870万家，全球超过201个国家和地区接受该卡。

5. 信用卡服务与管理

商业银行推出信用卡产品前，必须做大量准备工作，信用卡的服务与管理工作也比较复杂。

1）选择参加一个地区性或全国性的信用卡组织

金融机构在推行自己的信用卡计划前,须选择参加一个银行卡组织。在中国须参加"中国银联"组织。银联建立了各级银行卡交换中心,可处理银行卡的跨行、跨地区业务。发卡行参加银联后,可共享银联及其成员行的资源,并专注核心业务,如销售信用卡、确定信用限额等信贷事宜、账务处理、收回到期贷款、用户服务等。

2）典型的信用卡组织机构

图 5-3 是典型的信用卡组织机构图,它涉及信用卡项目的所有活动。银行可将其中的一些项目委托给专业服务公司经营,自己则专注核心业务。银行将非核心业务和低附加值工作外包,可有效降低经营成本,提高服务效率,实现规模效应。美国有许多专业化的 CCO (Credit Card Outsourcing,信用卡委托外包业务)企业,如信用卡包销与分销商、信用卡坏账经营商、机具代理和维护商、个人信用中介机构、卡片制作商、授权委托代理商等,它们承担了美国七成的信用卡业务处理工作。

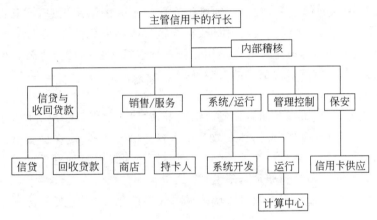

图 5-3　典型的信用卡组织机构

3）信用卡的推销

只有推销出大量的信用卡,并使持卡人积极持卡消费,才有可能形成规模经济。再好的信用卡系统,如果没有足够的积极持卡人,那也是失败的。

要做好推销工作,应深入调查客户需求,选定目标市场,开发适销对路的产品,通过各种有效推销渠道开展促销活动。信用卡的推销涉及改变人们的金融习惯的问题,银行常须采取各种办法刺激推销,如登广告,邮寄材料,当面咨询,设立包括礼品、奖金和各种能吸引顾客的赠品,提供各种优惠服务。我国的许多商业银行还不太重视市场调查和市场营销工作,这是阻碍银行卡形成规模经济的重要原因。

消费者要获得信用卡,必须向银行提出申请。银行要审查其信用程度,只向合格者发放信用卡,不能只追求发行量,而降低信用核准原则。

4）与特约商店签约

银行卡必须有足够庞大、积极的持卡人群,以及大量、分布广泛、服务良好的特约商店,才能形成规模经济,才能产生社会效益和经济效益。

商店接受顾客持卡消费的重要条件是用一个 POS 终端就能同各个银行通信,允许接收各种信用卡购物,得到所有银行的金融服务。

银行从特约商店的商业贴现中获取的收益通常为交易额的 1%～2%。银行的成本和收益同其商业客户的强有力合作密切相关。银行常采用各种优惠措施吸引商业客户同其签约。银行在同商店签约前,须认真评价商店的品质。品质差的商店,对银行可能会有欺骗行为。

5) 核准信用

核准信用是信用卡风险管理中的重要一环。将信用卡发放给新持卡人前,发卡银行应认真审查信用卡申请人的资信状况,并据此确定有效的担保和担保方式;当持卡人需要增加其信贷限额时,也必须进行资信评估。

发放信用卡时,要根据持卡人的资信评估状况规定一个信用限额。对于不太了解的客户,发卡行只提供较低的信用限额和较短的信用卡有效期。发卡行可允许有信誉的持卡人在持卡购物时超过其信用限额,若超过得不多,甚至还可以不经过发卡行核准。

为了分析持卡人的信用度,发卡行须维护有关持卡人的信用信息,同其保持长期稳定的联系,随时掌握其职业、财产、收入、住址、社会地位等的变化情况;还须定期对持卡人的用卡活动进行分析,并将分析结果写入信用报告。发卡行应根据持卡人资信状况的变化及时调整其信用额度,保持持卡人信息的有效性。

6) 信用卡的发放

客户申请被批准后,银行要向客户发放信用卡,并建立信用卡账户文件。

信用卡的加工制造、管理、编码和发放等过程容易出现漏洞,应在保安部门的严密监督下进行。若信用卡的加工制造工序委托外包,则银行必须采取各种有效的控制措施。信用卡的有效期一般为 3～5 年,到期须重新发放。

信用卡发放时要确保信用卡送到正确的持卡人手里,防止被他人窃取。

7) 安全控制

对于具有信贷风险的贷记卡和准贷记卡,要制定严格的业务规则,施行严格的安全控制。这些业务规则还要随着业务的发展进行动态调整。

信用卡的主要风险是欺骗性使用信用卡。信用卡的安全控制要做到以下几点:明确规定不同级别的内部人员的授权权限和授权额度;及时更新止付卡表,确保丢失卡和被盗卡能迅速被识别和冻结;及时更新持卡人文件中的信用评价信息,定期复查其资信情况,必要时调整其信用额度;经常对保安报告和欺骗性交易进行分析,并要采取相应的措施;提供各种安全训练项目,提高商店识别非法卡的能力等。

中国人民银行规定,贷记卡每日的累计取现不得超过 2000 元,还规定发卡银行应遵守下列风险控制指标:持卡人的单笔透支发生额,个人卡不超过 2 万元,单位卡不超过 5 万元;持卡人的月透支余额,个人卡不超过 5 万元,单位卡不超过综合授信额度的 3%,无综合授信额度的单位卡不超过 10 万元。

8) 收回贷款

向大多数持卡人收回贷款不会有什么问题,但若核准信用不严格,则会出现逾时收不回贷款的情况,甚至出现坏账。这种逾时未收款应该限制在信用限额内。如果此时不能及时收回其信用卡,则违约的持卡人就可能继续使用其信用卡,从而进一步增加其贷款额。

因此,控制违约账户是一项重要的工作。

收回到期贷款的工作应该包括:收回到期贷款,并对违约账户的信息进行分析;搜集违约账户信息,采取相应对策措施。

9) 向持卡人提供的服务

一个频繁使用信用卡交易的账户所产生的账目清算的复杂性与一个支票账户相当。持卡人为核对其月结单中的利息、销售汇票和付账等所做的查询活动还会明显增加银行办事员的工作负担。对持卡人的服务包括:回答持卡人的查询,更新持卡人的信息文件,向持卡人发送月结单,从收单行取回持卡人消费时的销售汇票。

10) 向商户提供的服务

向商户提供的服务如下。

(1) 向商户提供信用卡运行所需的物品,如销售汇票、存款票、各种显示材料,提供信用卡的图案、止付卡名单、信用卡的使用说明等。

(2) 确定同信用卡交易量和交易额有关的商业贴现率。

(3) 向商户提供月结单和其他信息服务。

6. 信用卡的使用情况及存在的问题

信用卡因具有先消费、后付款,在宽限期内还款不必付利息,灵活消费等优点,受到了客户的欢迎,很快得到推广,但其经营风险较大,管理过程复杂。

早在 1978 年,美国平均每个家庭有 2.2 张信用卡。此后,美国的信用卡使用量却开始呈下降趋势,1981 年时平均每个家庭拥有的信用卡降为 1.4 张。推出借记卡后,信用卡所占比重的下降趋势更加明显。出现这种情况主要是信用卡行业利润太低,主要问题表现在以下几点:资金成本与利润率收入之间的差额在缩小;50%的持卡人在宽限期内偿还了贷款余额,躲开了利息费用;信用卡的管理费用高,欺骗使用、违约使用、坏账等都在增加;信用卡服务的劳动强度大,与支票大致相当。

为了解决信用卡业出现的上述问题,各国的法律和金融机构都采取了一系列的措施。例如,有的国家的法律取消(或提高)了利率的最高限额限制,使信用卡行业有利可图;许多金融机构在法律许可的条件下,采取按年度收费或按信用卡交易额收费的办法;许多发卡行取消了宽限期,对所有的信用卡交易从过账之日起就开始计息;此外,在信用核准、卡的发行和其他保安问题上都采取了一系列有力的措施,有效地降低了信用卡的经营风险。

采取上述各种措施后,对大型发卡行来说,信用卡仍然是一个强有力的产品;然而对小型发卡行和最高利率受严格限制的地区的银行来说,仍然面临许多障碍。例如,难以在所有的信用卡操作领域里提供高效处理;没有足够的经费提供大银行所提供的许多辅助服务项目;随着市场接近饱和,大银行靠规模经济和技术优势常把小银行的持卡人吸引过去。

7. 我国信用卡概况

我国最早发行的银行卡是由中国银行于 1985 年发行的长城卡。之后,其他国有商业银行也相继发行了各自的银行卡,如:中国工商银行于 1989 年 10 月发行了牡丹卡;中国建设银行于 1990 年发行了建行万事达卡(后来改称龙卡);中国农业银行于 1991 年发行了金穗卡。1996 年 6 月,中国第一张国际支付卡问世。1999 年,个别银行开始发行贷记卡(信用卡)。

我国的国有商业银行都发行了各自的银行卡,如中国工商银行的牡丹卡。我国在发展借记卡的同时,商业银行应该加紧研制开发信用卡服务产品,不仅要发行普通信用卡,还应发行金卡和贵宾卡。可喜的是,在我国,有的银行已经看到了这种发展趋势,推出了自己的信用卡(贷记卡)。我国部分信用卡品牌及发卡银行如表 5-2 所示。

表 5-2　我国部分信用卡品牌及发卡银行

发 卡 银 行	品 牌 名 称	发 卡 银 行	品 牌 名 称
中国工商银行	牡丹卡	招商银行	一卡通、招商银行信用卡
中国农业银行	金穗卡	华夏银行	华夏卡
中国银行	长城卡	兴业银行	兴业卡
中国建设银行	龙卡	上海浦东发展银行	东方卡
交通银行	太平洋卡	广东发展银行	广发卡
中信实业银行	中信卡	深圳发展银行	发展卡
中国光大银行	阳光卡	北京银行	京卡
中国民生银行	民生卡	上海银行	申卡

由于我国各银行的电子化发展水平不同,不同银行发行的银行卡所具有的功能差异很大。每种银行卡只具有下述功能中的几种:存取现金、转账消费、信用借款、自动提款、代收代付、通存通兑、分期付款、有奖持卡消费及网上支付等。

5.1.3　借记卡

借记卡在外形、用途和用其购物时可快速将资金转账到商户等方面同信用卡相似,不同的是,它不像信用卡那样靠增加债务体现消费,而是将顾客在银行存款账户上的资金直接划拨到商户的账户上。正因为借记卡具有这一公认的特点,使借记卡具有低风险和低运行成本等优点,因此金融机构越来越多地推广借记卡,并向几乎所有的存款客户提供借记卡服务,而不管其信用级别如何。

1. 借记卡的性质

借记卡也称资产卡(asset card),它是一张银行卡,它标识持卡人是某特定银行的客户,即该持卡人在该银行有存款;它能为电子银行系统中的自助终端(ATM、POS)所识别,是启动这种终端交易的一把钥匙;借记卡向持卡人提供一种方便的支付机制,其办法是直接减少持卡人的资产,而不是像信用卡那样增加债务;借记卡同适当的支付体制结合,可在购物交易中代替现金和支票。

2. 借记卡交易的处理过程

一个典型的借记卡系统的业务操作如图 5-4 所示。借记卡交易涉及 4 个参与者:持卡人、商户、金融机构以及地区性或全国性的银行卡组织。从图 5-4 可看出,借记卡同信用卡一样,有如下几种主要用途:在指定的特约商店购物消费,在各成员银行存取现金,在 ATM上存取现金。

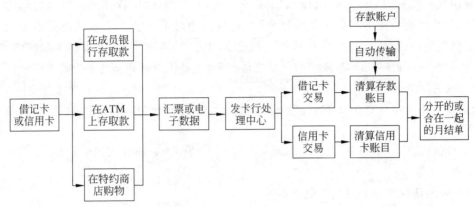

图 5-4　借记卡系统的业务操作

借记卡持卡人能得到的各项服务依发卡行所提供的条件而定。在成员行存取现金是借记卡的一项经常性服务,是典型的存款账户通存通兑服务。在 ATM 上存取款是上述服务的一种延伸,由持卡人自助完成。用借记卡进行购物消费的过程同信用卡购物消费的过程类似,它们之间的主要区别在于交易的账务处理方法不同。借记卡是做扣账处理,而信用卡是做挂账处理。由于这两种卡的账务处理方法不同,从而使它们的交易授权处理方法也不一样。

借记卡的上述三种用途中,最具潜力也最重要的是代替现金和支票在销售点购物消费。因此,借记卡和现金卡将是通往"无现金""无支票"和"无纸"社会的一把钥匙,从这个意义上讲,借记卡和现金卡代表着电子银行的未来。

3. 借记卡交易的授权

同信用卡系统一样,如果借记卡交易是脱机处理,交易额低于最低标准限额,则由商户检查"止付卡表"并使用其他核实手段,以决定是否核准这笔交易;若高于最低标准限额,则该商户必须打电话到收单银行的授权中心请求核准,必要时,收单行的授权中心还需要通过地区性或全国性的授权网络向发卡行的授权中心请求核准。如果借记卡交易是联机处理,则全部交易都发送到发卡行的授权中心进行授权处理。

5.1.4　IC 卡

1. IC 卡的分类

IC 卡是在塑料卡上封装一个非常小的集成电路(IC)芯片,用来存储记录数据。依据IC 卡上是否含有 CPU 和其他元件,可将 IC 卡分为存储卡、智能卡和超级智能卡;依据 IC卡的结构,可将 IC 卡分为有外部接触点的接触型卡和没有外部接触点的非接触型卡。

2. IC 卡作为银行卡的使用模式

IC 卡广泛地应用于各行各业,这里仅讨论 IC 卡作为银行卡使用时的使用模式。目前世界上使用 IC 卡作为银行卡的主要有普通 IC 卡、电子存折 IC 卡和电子钱包 IC 卡三种模式。

1）普通 IC 卡模式

采用这种模式时，IC 卡只用作 IC 信用卡。此时，IC 芯片中存储的信息内容与磁卡中的相同，其功能也与磁卡相同。脱机操作时，授权限额以上的消费仍须通过信用卡中心联机到银行主机中进行查询、授权和转账。同磁卡相比，采用 IC 卡只是提高了保密性、安全性及防伪性。这种卡的 IC 芯片中不存储货币余额，也就没有货币概念的存在。

2）电子存折 IC 卡模式

这种 IC 卡是电子存折式的有密码的 IC 现金卡。这种现金卡与前述的 IC 信用卡相比有如下特点。

（1）这种现金卡中的 IC 芯片上除了记录持卡人的个人资料和密码信息外，还写入了持卡人的存款余额。

（2）采用这种现金卡时允许脱机操作。

（3）在 POS 交易中做脱机操作时，采用卡-机（POS 终端机）对查和卡-机互为作用方式，以提高鉴别真伪的能力。

（4）POS 终端机与银行的联系方式包括联机方式和脱机方式。

3）电子钱包 IC 卡模式

该模式的特点如下。

（1）卡片上不设密码。

（2）卡片中的"钱包"里的钱用完后，还可通过特定的圈存机向钱包里圈存。

（3）由于卡片中不设密码，卡片丢失后，卡片中的钱也就丢失了。

（4）当大额消费时，仍然用磁卡授权方式；小额消费则用电子钱包方式，从而省去小额找零钱及需要带小额零钱的不便。

（5）由于电子钱包不设密码，交易处理速度更快，有时超过现金消费速度。

总之，IC 卡作为银行卡是 20 世纪 90 年代才开始发展起来的，具有广阔的发展前途。

5.2　数字货币

数字货币也称电子现金，在英语中表示为 e-money、digital money、e-cash、e-currency、electronic cash、electronic money 等，目前数字货币的发展尚属于初期，其内容形式不断演变，因此对数字货币定义的界定一直没有明确，其争议主要在于数字货币与电子货币的关系。

5.2.1　数字货币的概念

我国学者对两者之间的关系有许多不同的理解，主要包括：李翀（2003）等学者认为数字货币等同于电子货币，数字货币是指存在于互联网中的货币，包括预付卡、借记卡等；杨旭（2007）等学者认为数字货币是电子货币的一个分支，电子货币既包括以专业网络为基础的传统货币的电子支付形式，也包括基于公用互联网的数字货币；蔡则祥（2008）等学者认为数字货币与电子货币是完全不同的,不是由国家货币发行机关发行、不具备法偿货币资格,仅仅是由各网络商家发行的为网络消费者服务的货币,只能在网上流通且不能下线的虚拟货币才能称为网络虚拟货币。

　　本书采用的观点是数字货币属于电子货币,电子货币主要分为基于票据、银行卡等物理实体流转而完成款项支付的传统电子支付、网络支付和数字货币,同时又将数字货币分为两类:法定数字货币和私人数字货币,私人数字货币又分为虚拟货币与区块链币,如图 5-5 所示。

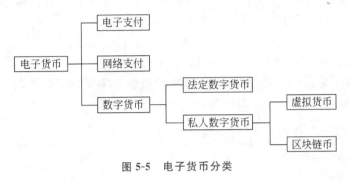

图 5-5　电子货币分类

　　数字货币是依靠密码技术创建、发行和实现流通的电子货币,它是电子货币形式的替代货币,目前流行于世界各国的数字货币有上百种,如比特币、莱特币、无限币、夸克币、泽塔币、元宝币等。

5.2.2　数字货币的特点

1. 数字货币支付与传统电子支付的区别

　　(1) 交易媒介。数字货币支付利用信息技术以数字化的方式进行款项支付,而传统电子支付在本质上是纸币在银行的存储形式,即存款货币,它的发行者是银行,其功能是通过银行卡等物理实体流转而完成款项支付,是资金信息的传递;从支付媒介来看,数字货币支付以最先进的网络为基础,而传统电子支付则是传统的通信媒介。

　　(2) 支付系统。数字货币支付基于一个完全开放的系统平台而运作,能够在全球范围进行支付,不受时间、区域的限制;传统电子支付是在较为封闭的系统中运行,支付行为多以境内为主,且易受时间和空间的限制,不提供全天候、跨境的支付服务。

　　(3) 支付效率。数字货币支付流程较为简单,用户只需要一台连接网络的 PC 就能够方便、快捷、高效地完成支付行为;而传统的电子支付受时间、空间以及操作流程等多重限制,难以实时完成资金支付流转,尤其是在应对跨境交易和支付的时候。以比特币跨境支付为例,它可以实现实时到账,而使用 VISA、MasterCard 等支付工具则需要 1~3 天甚至更长的时间才能到账,同时,在提现时间上比特币也有优越性,能够从 5~7 天缩短到 2~3 天。

　　(4) 支付成本。数字货币支付的流程简单化、操作便捷化以及支付的实时性、跨区域等特征使得数字货币的运作成本、交易成本等都比较低,因此,整个支付成本也会相应大幅降低。对应地,传统电子支付由于依赖传统银行及支付网络,需要缴纳由银行及其他支付网络收取的跨境费,支付成本相对较高。仍以比特币跨境支付为例,发送比特币只需要支付 0.001 个比特币(与支付额度无关),而使用 VISA、MasterCard 等则需要支付总金额 5%～8% 的高额手续费。

2. 数字货币支付与网络支付的区别

网络支付,尤其是第三方支付的兴起与发展是现代支付体系的一个重要补充,其在支付体系、交易媒介、支付效率等方面有着传统电子支付不可比拟的优越性,例如微信钱包、支付宝等,其某些属性特征与数字货币支付较为相似。对比来看,数字货币支付与网络支付的最大差异集中在两个方面:支付成本与跨境支付。

(1)支付成本。数字货币可以通过互联网绕开某些来自传统银行体系与国家边界的资金流动障碍,尤其是在进行跨境贸易的时候,资金划拨与支付仅承担少量的费用,潜在地为商家与客户节省了手续费。反观网络支付,尽管相较传统支付降低节约了很大的支付成本,但费用的节省相对有限。(见表 5-3)

表 5-3　2013 年比特币与主流支付平台的收费比较

变　量	零售业	电子商务	汇　款
市场成交量/百万美元	10383	609	549
主流支付平台平均费率/%	2.5	2.9	8.9
比特币系统费率/%	1.0	1.0	1.0
使用比特币的费率差异/%	1.5	1.9	7.9
主流支付平台交易手续费/百万美元	259.6	17.8	48.9
比特币系统交易手续费/百万美元	103.8	6.1	5.5
使用比特币潜在节省资金/百万美元	155.7	11.8	43.4

(2)跨境支付。2013 年,国家外汇管理局下发《支付机构跨境电子商务外汇支付业务试点指导意见》后,第三方支付机构跨境支付开始试点,允许参加试点的支付机构集中为电子商务客户办理跨境收汇和结售汇业务,一定程度上推动了跨境业务支付,但《指导意见》同时对跨境业务范围、交易金额等做出了规定和限制。但数字货币支付则不受时间、区域、金额的限制,能够实时完成跨国贸易和跨境支付,显示出其在跨境支付方面的优越性。

3. 法定数字货币与私人数字货币的区别

数字货币又分为法定数字货币和私人数字货币。

- 法定数字货币通常被称为央行数字货币、央行加密货币、央行电子现金等,例如中国人民银行正在研究准备推出的 CBDC(Central Bank Digital Currency,央行数字货币)。
- 私人数字货币常被称为民间数字货币、私营数字货币、非法定数字货币等,例如比特币。

两者区别如下。

- 在内在价值上,法定数字货币以国家信用为背书;私人数字货币则无信用背书。

- 在使用范围上,法定数字货币天然具有法偿地位,在具备流通环境的条件下,任何人、任何机构不得拒收;而私人数字货币不具法偿性与普偿性。
- 在价值尺度上,国家信用保证了法定数字货币计价的稳定;而私人数字货币价值不稳,公信力不强。
- 在发行动机上,私人数字货币往往追求社会接受度最大化或利润最大化,形成一定垄断后可能会给社会带来负面影响和潜在风险或损失;法定数字货币代表国家信用及社会整体利益,能维持本经济体范围内的整体利益最大化。
- 在业务架构上,法定数字货币具有中心化特征;而私人数字货币则采用以加密算法为核心的区块链技术,使用较大的代价处理双方交易确认等问题,无中心化机制保障,没有运行责任兜底机构。
- 在社会属性上,法定数字货币承载了更多的货币政策传导、测量、调节等功能,而私人数字货币专注于私人支付媒介作用,不考虑用于调节经济的国家功能。

5.2.3 数字货币的产生

世界上第一种数字货币是由被誉为数字货币之父的戴维·乔姆发明并发行的。乔姆于 20 世纪 70 年代在美国加州大学获得博士学位,他既是数学家、密码学家,又是计算机专家。20 世纪 70 年代末,他开始研究如何制作数字货币。他看到互联网潜在的巨大商机,认为在互联网上必须有自己的网络货币,它可以在互联网上自由流通,成为互联网上商品交易的媒介;同时它又应是一种无纸货币。经过多年的辛勤钻研,乔姆博士终于获得了成功,并于 1995 年开始在互联网上发行数字货币,因数字货币在当时太新颖,各国也未有法律规定不允许发行,故他发行的数字货币也就并不违法。为使发行成功并得到流通,他详细地说明了数字货币的发行理念和使用方法。

凡是向他申请使用互联网数字货币的前 1000 名网络货币持有者,均可免费获得 500 元的数字货币,在互联网上出售各种数字化商品的商人均可在网上定价,通过互联网向购买者收取数字货币。由于互联网上的许多软件是免费赠送的,与其白送,不如收取一些数字货币;同时,互联网上有些商品滞销,无人问津,与其等着,不如卖一点算一点,不管数字货币是否值钱。对于前 1000 名申请者来说,这 500 元数字货币是免费得到的,能用它购买一些网络产品,50 万元的数字货币很快就发行完了,同时,也确有商人接收了这种货币,这样有买有卖,乔姆博士的数字货币就开始在互联网上流通了。1995 年年底,由于数字货币的使用者越来越多,它被设在美国密苏里州的一家"马克·吐温"银行所接收。该行在互联网上刊登广告招揽生意,凡是在该行拥有存款账户的客户,均可以在国际互联网上拥有自己的数字货币账户,客户有权将自己存款中的美元或其他货币转为互联网数字货币,从而在互联网上进行交易时使用这种电子货币进行支付,如果接收这种数字货币的商人在"马克·吐温"银行中也拥有自己的账户,则整个交易就能顺利完成。

5.2.4 私人数字货币

根据私人数字货币交易时采用的网络是否有中心进行分类,可分为虚拟货币与区块链货币。

1. 虚拟货币

虚拟货币是一种数字货币类型,通常由其创建者控制,并被特定的成员所使用和接受,属于私人数字货币的范畴。所有虚拟货币都是数字化的(它们只存在于网上),但不是所有数字货币都是虚拟的,因为它们存在于特定的虚拟环境之内。实质上,虚拟货币是指由私人发行者为对等支付交易发行、管理和控制的货币价值。简单来讲,就是虚拟货币的货币价值、用处、存在方式都是由中心机构即发行主体控制的。例如游戏中的游戏币是由游戏公司通过游戏的内部算法生成的,它的用处是在游戏中用于结算交易,它的存在方式是只能在某款或几款游戏中使用,它的价值是由发行方决定的。人们最为熟悉的虚拟货币应该就是 Q 币了,它就是一种极具代表性的虚拟货币。根据我国现行规定,公众用法币购买的网络虚拟货币只能在某些特定平台内流通,不可跨平台使用,不可用网络游戏虚拟货币兑换人民币,也就是说,虚拟货币不可赎回。

虚拟货币的具体品种繁多,归纳起来可分为以下三种。

1) 游戏币

游戏币是网络游戏中流通的货币,用于购买游戏中的各种虚拟道具和服务。在虚拟的游戏世界中,玩家可以在虚拟的"金融市场"交易游戏币。不同的游戏币只能在相应的游戏中使用,不能跨游戏使用。要获得游戏币,最便捷的方式是直接用现实的货币购买。在境内,目前最具有代表性的就是腾讯公司发行的 Q 币,消费者可以通过网上银行、财付通、电话银行、手机充值等十多种手段购买 Q 币,然后用 Q 币购买腾讯公司提供的各种增值服务。

2) 积分金币

这种网络虚拟货币用于网站业务的营销,是网站为吸引网民、锁定客户而推出的一种"奖励措施"。积分金币主要用于网站内各种虚拟物品消费,它被用来计价、购买各种虚拟产品和服务。这类虚拟货币目前在使用中占有较大比例,但比较分散,常见于各种网站论坛。这些网络虚拟货币名称多样,统称为积分金币。要获取积分金币,最主要的方式有两种:一种是为论坛提供劳务进行交换,比如提供高质量的上传资料、宣传网站等;还有一种是直接用现实货币进行购买。不过这种网络虚拟货币更多的只是各类网站的一种营销手段的体现。

3) 网络消费币

比较著名的有美国贝宝公司(Paypal)发行的贝宝币,主要用于网上购物。这种虚拟货币在一定程度上对现实货币造成了冲击,消费者向公司提出申请,就可以将银行账户里的钱转成贝宝货币——相当于银行卡付款,但服务费较低,而且在国际交易中不必考虑汇率。严格来说,这种网络消费币具有第三方支付的性质,它同境内的第三方支付平台如支付宝、财付通等性质是一样的,要以真实的货币作为基础,但它具有跨国际性并且可以在网络中使用,因此其虚拟性更强,同纯粹的第三方支付如银行中介又不一样。我国境内目前尚未出现这类虚拟货币。

2. 区块链币

区块链币又称链币、区块币、币链、加密货币等

区块链技术是一种分布式记账技术,它的特点是去中心化、公开透明、不可篡改,即让

每个人都参与数据库的建立,而且每个建立的数据又是不可篡改的,大家都参与了,陌生人之间的信任问题也就解决了。

区块链能够在技术层面建立去中心化的信任机制,所以也被称为"创建信任"的机器。在现实世界中的价值传递往往需要基于一种信任机制确权和记账,依赖于某个中心化的机构。例如银行、证券交易所等,这种记账模式都是人们所熟知的。然而区块链却可以实现低成本的点对点价值传递,从而降低了信任的成本。

目前大多数的区块链币都是基于区块链的分布式系统(如图 5-6 所示),通过使用私钥和公钥促进对等传输,实现点对点交易。区块链币中,发行方不对货币的价值、用处、存在方式有任何控制,它运行在区块链网络上,价值取决于使用者。公钥和私钥也保证了区块链币会掌握在使用者手中,发行方或系统运营方无法对使用者手中的区块链币做任何更改。区块链币由于时间戳的关系,无法对区块链上运行的数据进行更改。一旦转账错误,是无法退回的。典型的区块链币有比特币、夸克币、泽塔币、元宝币等。

图 5-6 区块链币

下面以比特币为例进行简单介绍。

1) 比特币的诞生

比特币(BitCoin)是一种采用区块链技术,通过 P2P 网络(对等网络)传输,以社区共识作为工作量证明的虚拟数字货币。

2008 年 11 月 1 日,自称为中本聪的个人或团体在一个隐密的密码学评论组上发表了一篇名为《比特币:对等网络电子现金系统》的文章,介绍其对电子货币的最新构想,即如何使用对等网络创造一种不需要依赖信任的电子交易系统,也就是说,中本聪发明了比特币。

2009 年 1 月 3 日,中本聪在 P2P 基金会网站上第一次公开介绍比特币,描述其为一种新的、开源的、P2P 电子现金系统,随后中本聪为比特币系统建立了一个开放源代码项目,象征着比特币正式发行,并且很快就有一笔 50 枚比特币的交易出现,当然这是他亲自所为的。

自从中本聪出现之后,来自全球各地对其真实身份的疯狂"人肉搜索"一直从未停歇。能找到的资料少得可怜,甚至互相矛盾,例如从查到的资料看来,中本聪住在日本,可是他的电子邮件信箱却来自德国的一个免费网站,他转换自如的英式或美式英语却又不太像日本人,中本聪究竟为个人或是一个组织团体? 其真实身份究竟又是谁? 至今仍是一团谜云。

2）如何得到比特币

第一种方式：挖矿。

在自己计算机上挖矿，而为何称为"挖矿"？主要是因比特币的生产是需要经过计算机运行特定程序，在完成特定数学问题计算之后才生产出的，此过程就如同黄金挖采，故称之为挖矿，而参与者则称为矿工。

具体过程是矿工要在比特币官网上下载客户端程序，安装完成后会得到一个由 34 个数字与英文字母组成的比特币地址（如 1GWSBEP9F1RZHB2HG3GB87BZYAJGNUGDSX）或称之为账号并设定密码，打开客户端就会自动下载网络上的全部交易资料，其次矿工要下载比特币的专用运算工具，把上述的注册地址和密码输入运算程序并开始运算，也就是开始挖矿，此时，计算机会不断计算一系列数学题，当成功解完一道数学题时，就会得到一定数量的比特币（如图 5-7 所示）。

图 5-7 挖矿

第二种方式：买入。

可以上网购买比特币，而购买流程是先登录比特币交易平台，输入你的比特币地址（账号）与密码，接着就可进行交易了，在你付出款项达成交易后，系统就会把比特币送到你的比特币地址，可选择把比特币用计算机档案形式保留在计算机里或委托第三方存储。但要注意的是一定要备份，否则一旦档案丢失或被黑客盗走，就无法找回了。

第三种方式：换取。

不论从事哪种行业，只要你对比特币感兴趣，并看好比特币的发展潜力，你就可以用你提供的商品或服务换取比特币。

3）比特币的发行数量

就发行数量，比特币设计采取总量恒定，此方式一反传统货币的发行数量只能任由政府控制央行决定的方式。由于比特币的运算难度是自动调节的，在最初 4 年会有 1050 万枚比特币产出，接着，这个数目会每 4 年减少一半，第 4 年至第 8 年中，会有 525 万枚比特币产出，第 8 年到第 12 年则有 262.5 万枚比特币产出，直至 2140 年 2100 万枚比特币全部产出为止。此种设计可提高初期参与者的意愿，使比特币经济有持续发展的动力。

4）比特币的使用场景

（1）虚拟钱包：比特币地址。

比特币是一种虚拟货币，比特币地址也被称为虚拟账户或虚拟钱包，其功能相当于现实生活中的银行账户。

（2）支付：用比特币购物。

支付就是当你购买商品或劳务时，可以用比特币付款，相对地，当你出售商品或劳务时，亦可使用比特币收款。例如，2013 年 5 月 29 日，富比士公布了《接受比特币交易的十大网站》，而华义国际旗下的 WMALL 购物商城从 2014 年起开放使用比特币消费，并在 2014 年 4 月初上架 10 枚比特币试卖，短短几分钟内便销售一空。

（3）兑换：用比特币换钱。

兑换是指把比特币与实体货币进行交换，也就是说，把比特币换成美元、欧元、日元等，或把美元、欧元、日元等换成比特币。从这个角度来看，比特币已具备实体货币的兑换特征，不仅是一种虚拟货币了。

（4）创富：用比特币赚钱。

创富就是为投资者创造财富、带来利益。比特币最早公开交易时（2010 年）的价格是每枚 0.03 美元，2013 年 11 月时在 MT.GOX 交易平台出现高达 1200 多美元的高价，4 年间上涨近 4 万倍，2017 年更是比特币最风光的一年，比币特价格从不到 1000 美元一路上扬，在 2017 年 12 月 17 日涨至最高 19891.99 美元的顶峰。造富神话激励了无数后来者，各路资金蜂拥而至。币圈造富之快、捞钱之易，在人类有据可查的商业金融史上都是前无古人、后无来者的孤例。当然，如此高的投资报酬率也伴随着相当高的风险。2019 年 2 月 4 日，比特币由最高点一路下行急跌至每枚 3364 美元左右，较 2017 年 12 月的峰值 19891.99 美元已跌损近 82%，数字货币的泡沫终于破灭（如图 5-8 所示）。

图 5-8　比特币行情（**https://www.bitstamp.net/markets/btc/usd/? action＝buy**）

5）比特币的特征

- 去中心化：比特币是第一种分布式的虚拟货币，整个网络由用户构成，没有中央银行。去中心化是比特币安全与自由的保证（如图 5-9 和图 5-10 所示）。
- 理论上可以全世界流通：比特币可以在任意一台接入互联网的计算机上管理。不论身处何方，任何人都可以挖掘、购买、出售或收取比特币。

- **专属所有权**：操控比特币需要私钥，它可以被隔离保存在任何存储介质上。除了用户自己之外，无人可以获取。
- **低交易费用**：可以免费汇出比特币，但最终对每笔交易将收取约 1 比特分的交易费以确保交易更快执行。
- **无隐藏成本**：作为由 A 到 B 的支付手段，比特币没有烦琐的额度与手续限制，只要知道对方的比特币地址就可以进行支付。
- **跨平台挖掘**：用户可以在众多平台上挖掘不同硬件的计算能力。

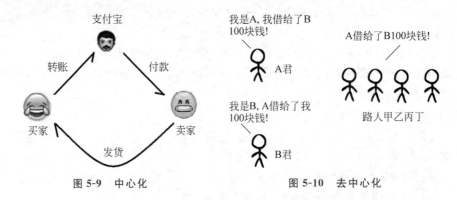

图 5-9　中心化　　　　　　　　图 5-10　去中心化

6）比特币的法律地位

理论上可以全世界流通，比特币可以在任意一台接入互联网的计算机上管理。不论身处何方，任何人都可以挖掘、购买、出售或收取比特币。但实际情况还要取决于各国的法律规定。

（1）美国。2014 年 3 月 25 日，美国国税局（Internal Revenue Service，IRS）颁布关于虚拟货币的注意事项与常见问题集（Frequently Asked Questions，FAQ），说明诸如比特币此类的虚拟货币属于资产，不是货币，并纳入税法体系内规范，也意味着其承认比特币的合法地位。

（2）德国。2013 年 8 月 19 日，德国财政部正式认可比特币为合法的记账单位，比特币既不是电子货币，也不是外币，更像是一种私有货币，为德国银行业条例下的一种金融工具，这意味着可用比特币交易，相对地，也将会被课税。德国作为世界上第一个正式认可比特币合法地位的国家，因为承认比特币合法，德国政府未来可以更合理地课税，也让人民有另一种支付方式可以选择。

（3）新加坡。新加坡是第一个对比特币制定税务规定的亚洲国家，将比特币的交易纳入税法体系内，赋予比特币合法地位，有助于比特币交易的稳定性，这正是比特币经济的参与者所渴望的，也说明新加坡一直以来采取开放态度以吸引外资的政策，让台面下的比特币交易浮上台面，亦能更合理地课税和监管。

（4）中国。2013 年 12 月 5 日，中国人民银行等五部委联合发布《关于防范比特币风险的通知》，强调比特币不是由当局发行的货币，不具法偿性与强制性等货币属性，故不是真正意义上的货币，而是一种特定的虚拟商品，各金融机构和支付机构不得开展与比特币相关的业务。

在全球受统计的 246 个国家和地区中，共有 99 个国家和地区（占比 40%）对比特币的交易和使用不施加限制,有 7 个国家和地区(占比 3%)是受限市场,有 10 个国家和地区(占比 4%)定义比特币为非法,有 130 个国家和地区(占比 53%)还没有更多的对待数字货币的信息。

这说明,占全球主体(53%,超过半数)的国家和地区仍在观望以比特币为首的数字货币在境内的合法性,也代表了比特币的"黑天鹅风险"依旧很大,因为其中一部分国家和地区最终可能会做出限制数字货币的立法决定。

7) 比特币的风险

(1) 投机性强。

中央财经大学金融法研究所所长黄震认为,货币应该作为一般等价物用于交易,但是目前比特币已经成为投资品,很多人购买就是为了囤着赌上涨,比特币没有太多的实用价值。比特币的原理与传统货币的原理不一样,最终能否颠覆传统货币取决于有多少人相信比特币。目前,比特币更像纸黄金,而不是一种严格意义上的货币。从整体来看,比特币的投资者将面临三大风险:比特币实用价值弱、政治和法律风险大、平台安全性差。首先,虽然目前比特币已经渐渐进入支付领域,比如可以用比特币购买网上的一些商品,有的房地产商宣称客户可以用比特币购房,欧洲街头也开始出现可兑换比特币的 ATM。但是比特币的实用价值仍较弱,投机性很强。考量比特币是否有投资价值,也需要考虑政治、经济、法律等背景因素。如果法律突然禁止使用比特币,那么投资者的钱就会化为乌有。

(2) 安全性低。

比特币交易平台存在安全性风险。2018 年,由于比特币交易量暴增,很多投资者反映交易平台页面很卡,也有投资者指出充值之后迟迟未能到账,这些问题的出现会降低投资者对比特币交易的信任度。

除了无法提现以外,平台的安全性也让投资者感到不安。比特币被盗走的案例时有发生,这些事件表明,比特币的存储和交易的风险会比传统货币大,这也成为比特币走向大众的一个障碍。

(3) 被指"世界最危险货币"。

无论是从宏观趋势还是微观动作来看,比特币就像一只蓝筹股,人们通过生产或是购买等手段获得比特币,唯一的目的就是等它升值到合适的时机再转手卖出,如同认沽权证的游戏。但是,比特币没有涨跌停板的限制,这使得比特币的投资风险是没有底线的。美国达拉斯联邦储备银行高级经济学家兼政策顾问王健就曾提出疑问:比特币的唯一用途是充当交换媒介的支付工具。如果一个支付工具的价格几个月内会涨十几倍,是好事还是坏事呢?如果一个货币的价格这么不稳定,那么它真的可能成为被人们广泛接受的支付工具吗?

5.2.5　法定数字货币

1. 央行数字货币 DCEP

1) DCEP 的概念

DCEP(Digital Currency Electronic Payment)是中国人民银行发行和维护的主权数字货币的简称,是基于国家信用的法定数字货币,不仅具有权威性,而且与纸币有同等价值和使用效力。这与私人公司发行的数字货币有本质区别。

2）DCEP 的发行数量

发行数量由国家进行调控，对 M0 的替代，DCEP 的价值只与人民币挂钩。

3）DCEP 信用背书

DCEP 的发行由运营机构如商业银行向央行按 100％全额缴纳准备金，然后通过商业银行与公众进行兑换。公众所持有的央行数字货币依然是中央银行负债，由中央银行信用担保，具有无限法偿性。

4）DCEP 的流通范围

DCEP 数字货币已经在深圳、苏州、雄安、成都及未来的冬奥会场景进行内部封闭试点测试，以检验理论可靠性、系统稳定性、功能可用性、流程便捷性、场景适用性和风险可控性。在试行中可以发现问题，解决隐患，确保 DCEP 数字货币在全世界流通。

5）央行数字货币的 9 个特点

（1）法偿性。

它的定位就是现金的替代，与现金一样是法币，有国家信用背书，具有无限法偿性，任何人都不能拒绝接收。你可以拒绝微信支付，你可以拒绝支付宝支付，你可以拒绝银行转款，但绝不能拒绝 DCEP。

（2）双离线支付。

目前，支付宝、微信的离线支付是"单离线"：对用户离线、对商户在线。其做法是在支付宝、微信客户端上生成一段标识码（通常是二维码），可以标示该用户。商户获取该标识码后，并向后台申请在该标识码对应的账户中扣款。

而央行数字货币能够像纸钞一样实现"双离线支付"，即在收支双方都离线的情况下仍能进行支付，未来只要两个人都安装了央行数字货币的数字钱包，不需要网络，也不需要信号，只要手机有电，两个手机相互碰一碰就能实现实时转账。两个手机碰一碰就能把一个人数字钱包里的数字货币转给另一个人（如图 5-11 所示）。

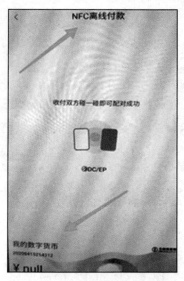

图 5-11 NFC 离线付款

（3）无须绑定银行卡。

在支付的时候是不需要绑定任何银行账户的。微信和支付宝支付都要绑定一张银行卡，而 DCEP 不需要。

除非你要往数字钱包里充钱，或者你想从数字钱包里取钱出来，除此之外，用户与用户之间的相互转账是不需要进行账户绑定的。这就意味着，DCEP 能像纸钞一样流通。

（4）面额不限。

不同于纸币 100 元、50 元、20 元等面额限制，DCEP 可以实现任意面额一次支付。

（5）匿名性。

DCEP 可以实现可控匿名，也就是说能满足匿名支付的需求。只要你不犯罪，你便可以进行一些不想让别人知道的消费。而支付宝、微信支付是与传统银行账户体系紧紧绑定的,都是实名支付,满足不了匿名的需求。

但是这个匿名是有限度的,可以称为前端匿名、后端实名。央行端可以查询每笔交易的往来数据。

(6) 没有利息。

DCEP 是对 M0 的替代,所以对于现钞是不计付利息的,不会引发金融脱媒,也不会对现有的实体经济产生大的冲击。

(7) 双层运营体系。

DCEP 采取的是双层运营体系。单层运营体系是指人民银行直接对公众发行数字货币。而人民银行先把数字货币兑换给银行或者是其他运营机构,再由这些机构兑换给公众,这就属于双层运营体系(如图 5-12 所示)。

图 5-12　双层运营体系

双层运营体系不会改变流通中的货币债权债务关系,为了保证央行数字货币不超发,商业机构向央行全额缴纳准备金,央行的数字货币依然是中央银行负债,由中央银行信用担保,具有无限法偿性。

双层运营体系不会改变现有的货币投放体系和二元账户结构,不会对商业银行存款货币形成竞争。由于不影响现有货币政策传导机制,也不会强化压力环境下的顺周期效应,因此不会对实体经济产生负面影响。

采取双层体系发放兑换央行法定数字货币也有利于抑制公众对于加密资产的需求,巩固国家货币主权。

(8) 中心化的货币。

央行推出的数字货币有国家信用背书,而且是中心化的,比特币所用的区块链技术则是去中心化的、代码化的、基于共识维护的。两者之间有着本质区别,央行推出的数字货币和比特币也没有联系。而且央行发行的数字货币不存在供应有限的情况,可以结合其他货币政策一起实施,而比特币的供应量是有限的(如图 5-13 所示)。

(9) 智能合约性。

根据中国央行数字货币表达式的结构(如图 5-14 所示)来看,DCEP 预留了可编程脚本和可拓展的应用属性,所以它不仅仅是一个支付工具,在搭载智能合约的情形下还可以设置触发条件,在满足条件的情况下数字货币才能生效,能够更加准确和灵活地执行货币政策,加强货币投放力度。

2. Libra 币

1) Libra 币的概念

Libra 币是由美国社交媒体集团 Facebook 开发的全球加密货币。该货币支持基础的

	DCEP	比特币
相同点	实现了真正的电子化支付和价值传递，节约了货币的发行成本	
不同点	定义不同	本质是货币，依赖本国的国家信用和国家影响力	没有团体做信用背书，本质是商品，其运作依靠算法和共识
	稳定性不同	类似于稳定币，其价值就是人民币的价值	价值不稳定，价格波动大
	中心化程度不同	为中心化的货币，其生产发行由央行决定	为去中心化的货币（但表现形式是商品），其生产发行由算法和基于共识决定

图 5-13　央行数字货币与比特币异同点比较

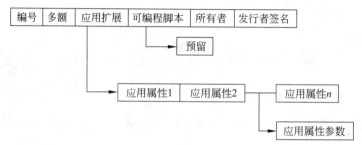

图 5-14　中国央行数字货币表达式的结构

基于区块链的网络。Libra 币发行所基于的资产是法币和短期国债，所以其本质上是一种法定数字货币。

2019 年 6 月 18 日，Libra 测试网在 GitHub 开源上线，并发布白皮书：Libra 的使命是建立一套简单的、无国界的货币和为数十亿人服务的金融基础设施。从联合创始人列表来看，加入 Facebook Libra 计划的合伙人基本是支付或互联网领域的头部玩家，包括信用卡清算巨头 MasterCard 和 VISA、线上支付系统 Paypal、线上旅游预订公司 BookingHoldings、电商平台 Ebay 和 Mercado、线上打车平台 Left 和 Uber、流媒体音乐平台 Spotify、线上奢侈品平台 Farfetch 以及电信运营商 Vodafone 等。Libra 的目标是脱离美元汇率的影响，追求实际购买力的稳定，建立一套简单的、无国界的货币和为数十亿人服务的新的金融系统，改变货币在世界各地流通的方式。

2）Libra 体系的三个核心

- 建立在安全、可扩展和可靠的区块链基础上。
- 以赋予其内在价值的资产储备为后盾。
- 由独立的 Libra 协会管理，该协会的任务是促进此金融生态系统的发展。

3）Libra 的发行数量

在发行数量方面，Libra 无发行上限，与法币、稳定币 USDT 和 Q 币相似。

4）Libra 信用背书

Libra 与稳定币 USDT 相似，均以资产储备为后盾，其中 Libra 以 100％挂钩一篮子（注：Libra 不挂钩人民币）银行存款和短期政府债券，进一步实现币值稳定和增加信用。

5）Libra 的流通范围

Libra 以 Facebook 全球 27 亿用户为基础,逐步扩大流通范围。

- 定位:全球性的数字货币。
- 技术:Facebook 技术与区块链技术,不是完全去中心化的,是有多个节点(以金融支付机构为主)的联盟链。
- 联合创始人:合伙人基本是支付或互联网领域的头部玩家,强化了支付功能与交换媒介的作用。
- 储备:有真实的资产担保,每个 Libra 数字货币都会有对应价值的一篮子货币和资产做信用背书,并接受 Libra 协会的创始成员监督,每位创始成员负责运行一个验证者节点,是 IMF 特别提款权(SDR)的拓展版。
- 支持美元、欧元、日元、英镑、新加坡元,不支持人民币。

6）Libra 的特点

(1) Libra 是一种稳定通证,并非主权货币,也难以成为超主权货币。主权货币是依托主权国家信用发行的货币,Libra 虽然由一篮子法定货币构成,但其构建者 Facebook 不具备主权国家政府信用,因此 Libra 是建立在其他国家主权货币的信用基础之上,又叠加了 Facebook 公司的信用,并结合区块链技术构成的一种稳定通证,并非主权货币,短时间内也很难成为超主权货币。Libra 使用真实的基础资产作为储备,由多种低波动率的法定货币和稳定性高的政府债券组成,能最大程度地降低 Libra 的波动性,致力于实现其稳定、低通胀的目标,有效避免了炒币等投机风险。

(2) 运转高效且容量大。Libra 致力于服务数十亿人的日常金融需求,其采用和迭代改善已广泛使用的区块链数据结构,具有极高的交易吞吐量和高容量存储系统,能够扩展到数十亿账户,同时具有低延迟、高效运转等特点,大幅缩短交易时间。

(3) 操作简单且成本低。使用 Libra 区块链交易时,可将一方的数据加密后传输至另一方,对方接收后进行解密即可完成交易。整个过程是点对点、离散化的,操作简单且绕过中介,无须支付中介费,能有效降低交易成本。

(4) 无国界,更易进入。Libra 和区块链具有许多独特属性,一方面分布式管理的属性可以确保网络不受单一实体控制,另一方面开放访问的属性允许全球各地任何能连接互联网的人群都能够参与其中。Libra 的设计突破了国界限制,在使用户更易进入的同时也使得全球金融系统的联系更加紧密。

7）Libra 对主权货币、金融监管和商业银行的影响

Libra 构想一方面是区块链技术在数字货币和金融领域的深度融合与应用,可能为金融业的创新与发展带来颠覆性的变革;另一方面也给国际货币体系和全球监管带来了极大的挑战和不确定性。

(1) Libra 对全球金融体系的影响。如果 Libra 被广泛使用并成为跨境支付的重要工具,将会对全球货币竞争格局产生一定影响,货币竞争格局的变化取决于 Libra 一篮子货币的构成。Libra 属于 eSDR(基于区块链技术升级的数字版 SDR),且比 SDR 的应用更为广泛,被纳入 Libra 的货币的国际地位将会得到提升并获得更广泛的使用;相对地,未被纳入的货币将被边缘化,从而对现有全球货币体系产生一定冲击。此外,由于 Libra 被设定为可

跨境自由流动的货币,即使一些国家的货币不能兑换成 Libra,也不可避免地会被 Libra 影响。

(2) Libra 对主权货币的影响。从技术角度看,Libra 区块链采用的拜占庭容错(BFT)共识机制可以在网络中建立信任,当 2/3 的节点(企业)达成共识时,就可以决定一项事宜,因此未来 Libra 有可能强势取代落后国家的主权货币。一般情况下,控制 1/3 的节点(企业)就可以干扰 Libra 的交易进程,而一旦掌控超过 2/3 的企业,就可以对 Libra 进行任意操控。Facebook 计划为 Libra 招募 100 个节点(企业),协会首批 28 个创始人几乎均为美国金融、科技、互联网领域的领先者,如果后期加入的企业也多为美国企业,那么阻碍 Libra 的正常运转是有可能发生的。因此,部分学者担心 Libra 项目表面上是为了让全世界享受廉价的金融服务,共享普惠金融带来的便利,实际上可能会沦为美国金融霸权的工具。

(3) Libra 对金融监管带来的挑战。Libra 对金融监管带来的挑战涉及多个层面。比如,资产抵押方面,Libra 由一篮子法定货币和政府债券组成,需要考虑由哪个国家对其提供担保,如果不同的国家按通证构成比例分别提供担保,则要进一步考虑不同国家的合规性要求的差异。又如,反恐、反洗钱方面,数字货币可能被用于逃避监管、税收和资本管制,或从事洗钱、恐怖主义等违法活动,触发金融风险,影响金融稳定。Libra 也面临着类似问题,从不同国家、不同金融渠道购买的 Libra 币都有可能导致洗钱行为的发生,成为不法分子逃避资本管控的渠道,这给金融监管当局打击洗钱、恐怖主义等活动带来了不小的挑战。

(4) Libra 对商业银行的冲击。商业银行支付清算业务是指客户在银行开立账户,通过银行账户进行日常交易的支付和转账,每一笔交易都由商业银行记录,银行从中收取一定的手续费,最终账户的清算工作也是由商业银行完成的。由于 Libra 基于去中心化区块链技术、采用分布式记账和离散化支付方式,因此客户在交易时绕过了商业银行直接进行交易,记账和清算也不会经过银行。随着 Libra 的广泛应用,商业银行的中间业务将被大量蚕食。在"互联网＋大数据"时代下,商业银行失去的将不仅仅是中间业务手续费,更重要的是失去与客户的接触及相关交易数据,从而引发客户信息与资源的流失,制约了未来的发展空间。

5.2.6 数字货币存在的问题

数字货币的发行和使用给人们带来了巨大的好处,同时也带来了新的问题。数字货币的最大缺点是需要一个庞大的中心数据库,用来记录使用过的数字货币序列号,以解决其发行、管理及安全验证等重要问题。当数字货币大量使用和普及时,中心数据库的规模将变得十分庞大,目前的计算机技术还很难对其进行正常管理且成本较高,这是目前数字货币很难推广的主要原因之一。

此外,数字货币不存在与实体货币兑换的问题,电子伪钞一旦出现或消费者硬盘一旦损坏,便会带来很大风险;只有少数商家接受数字货币,而且只有少数几家银行提供数字货币开户服务,这也给数字货币的使用带来了困难。技术上,各个商家都可以发行数字货币,如果不加以控制,电子商务将不可能正常发展,甚至因此带来相当严重的经济问题。

数字货币的安全使用也是一个重要问题,包括限于合法人使用、避免重复使用等。对于无国家界限的电子商务应用来说,数字货币还存在税收和法律、外汇汇率的不稳定性、货币供应的干扰和金融危机的可能性等潜在问题。

1. 税收和洗钱

由于数字货币可以实现跨国交易,税收和洗钱成为了潜在的问题。通过互联网进行的跨国交易存在是否要征税以及如何征收、使用哪个国家的税率、由哪个国家征收、对谁征收等税收问题。为了解决这些问题,国际税收规则必须进行调整。此外,由于数字货币像真实的现金一样,流通不会留下任何记录,税务部门很难追查,其不可跟踪性很可能被不法分子用以逃税,利用数字货币可以将钱送到世界上任何地方而不留下一点痕迹,洗钱也变得更加容易,如果调查机关想要获得证据,则要检查网上所有的数据包并且破译所有的密码,这几乎是不可能的。

2. 外汇汇率的不稳定性

数字货币会增加外汇汇率的不稳定性。数字货币也是总货币供应量的一个组成部分,可以随时兑换成普通现金,数字货币也有外汇兑换问题,其涉及的外汇兑换也要有汇率,这就需要在互联网上设立一个外汇交易市场,数字货币的汇率与真实世界的汇率应该是一样的,即使不一致,套汇交易也会使二者一致。在真实世界,只有一小部分主体如交易代理商、银行和外贸公司等能参与外汇市场,而在虚拟空间,任何人都可以参与外汇市场,这是因为手续费低,而且人们不受国界的限制。这种大规模参与外汇市场的现象将会导致外汇汇率的不稳定。虚拟外汇市场与现实世界外汇市场的区别在于:从一种货币的数字货币兑换成另一种货币的数字货币所需的费用比兑换普通现金的费用大幅降低了,因为数字货币的兑换只涉及电子数据的重写,而在现实世界,货币兑换涉及真实货币的流通费用,所以买汇与卖汇有一定的差价,如果采用数字货币就不用支付这些手续费,兑换费用低,这使更多的人参与外汇市场交易成为可能;用数字货币购物不再受到国界的限制,因为互联网是没有国界的,因此人们很容易就可以进行货币兑换,如果一种货币的数字货币贬值了,人们就会把它兑换成另一种货币的数字货币,由于数字货币的外汇汇率是与真实世界的汇率紧密联系的,这种不稳定反过来就会影响真实世界。

3. 货币供应的干扰

因为数字货币可以随时与普通现金兑换,所以数字货币量的变化也会影响真实世界的货币供应量。如果银行发放数字货币贷款,数字货币量就可能会增多,产生新货币。这样的数字货币兑换成普通货币时,就会影响现实世界的货币供应。数字货币也会有通货膨胀问题,而且因其特殊性,这些问题可能会更严重。在现实世界,国家边界和浮动汇率的风险在一定程度上抑制了资金的流动量,而数字货币却没有这样的障碍。而且,数字货币没有国界,也没有中央银行机构,可以由任何银行发放,所以即使政府想控制数字货币的数量也做不到。这个因素将使中央银行对货币量的控制更加困难。在没有一个中央银行对数字货币量进行有效控制的情况下,在虚拟空间发生金融危机的可能性比现实世界更大。

4. 恶意破坏与盗用

数字货币是存储在计算机中的,因此也可能遭到恶意程序的破坏,另外,如果不妥善加以保护,数字货币也有被他人盗用的危险。所以必须采取加密等安全措施,保护数字货币的存储和使用安全,防止非法复制和使用数字货币,否则数字货币就很难被客户所接受。

5. 法律问题

根据货币法定的原则,数字货币要真正成为通货的一种,还须经一国立法的明示认可。所以,数字货币可被认为是以既有货币为基础的二次货币,还不能完全独立地作为通货的一种。

5.3 电子支票

在通过电子商务所形成的资金流中,B2B(Business to Business)方式占 80%,且其所占比例仍呈上升态势。网上支付作为实现电子商务资金流转移的关键,正日益引起人们的关注。据统计,在 B2C 交易中,网上支付额约占总交易额的 20%,而 B2B 中采用网上支付的部分仅为总数的 3%。这主要是由于 B2B 交易涉及金额较大,适用于 B2C(Business to Customer)网上支付的电子现金和银行卡交易方式不再适合 B2B 交易。为了满足 B2B 方式交易的需求,一种新的网上支付手段——电子支票诞生了。

5.3.1 传统支票的运作

支票是指银行的活期存款人通知银行在其存款额度内无条件支付一定金额给持票人或指定人的书面凭证。客户在银行有一个支票的账户,可以通过这个账户支付各种消费。客户手里有支票本,在购物或消费时,客户在支票上填好有关的信息,比如金额、用途等,再签字盖章,然后把支票交给商家。商家拿到支票以后,先背书,然后向银行提示付款。如果商家和客户都在一个银行开户,那么银行操作起来非常简单,直接把有关的金额从客户账户上转移到商家账户上即可。如果商家和客户不在一个银行开户,那么商家一般把支票交给自己的开户银行,商家的开户银行和客户的开户银行之间通过票据清算系统进行清算。传统的清算是通过手工进行的,耗费大量的人力物力。出现自动清算所以后,通过机器进行清分、结算,大幅节省了费用,提高了效率。一般来讲,一个国家的中央银行会提供一个全国的清算系统,先将纸质支票进行清分结算,然后通过银行间的网络系统在各个银行之间划拨资金余额,使不同层次、不同地区的票据结算和资金划拨有效地进行。因此,传统的支票实际上已经是支票和电子化相结合的产物。不过,它仍然离不开纸质支票,银行结算的成本仍然比较高,同时,伪造支票也给银行和客户带来不少的损失。

电子支票的出现实际上使支票的概念发生了彻底的变革,它完全脱离了纸质媒介,真正实现了资金转移的无纸化和电子化。

5.3.2 电子支票的概念

电子支票的运作类似于传统支票。顾客从他们的开户银行收到数字文档,并为每一个付款交易输入付款数目、货币类型以及收款人的姓名。为了兑现电子支票,需要付款人在支票上进行数字签名。在美国和欧洲,支票的使用很不相同。大多数现有的电子支票解决方案是建立在美国的系统基础之上的,因此,付款人和收款人都必须对支票进行签名。收款人将支票拿到银行进行兑现,然后银行又将支票送回给付款人。

电子支票是一种借鉴纸质支票转移支付的优点,利用数字传递将钱款从一个账户转移到另一个账户的电子付款形式。电子支票的支付是在商户与银行相连的网络上以密文的方式传递的。

电子支票系统是电子银行常用的一种电子支付工具。支票一直是银行大量采用的支付工具之一。将支票改变为带有数字签名的电子报文，或利用其他数字电文代替传统支票的全部信息，就是电子支票。

比起电子现金的支付方式，电子支票的出现和开发是较晚的。1996 年，美国通过的《改进债务偿还方式法》是推动电子支票在美国应用的一个重要因素。该法规定，自 1999 年 1 月起，政府部门的大部分债务通过电子方式偿还。1998 年 1 月 1 日，美国国防部以及由银行和技术销售商组成的旨在促进电子支票技术发展的金融服务技术联合会（FSTC）通过美国财政部的财政管理服务支付了一张电子支票，以显示系统的安全性。

利用电子支票，可以使支票的支付业务和支付过程电子化。电子银行和大多数金融机构通过建立电子支票支付系统在各个银行之间发出和接收电子支票，向用户提供电子支付服务。电子支票系统通过剔除纸面支票，最大限度地利用了当前银行系统的自动化潜力。例如，通过银行自动提款机网络系统进行一定范围内普通费用的支付，通过跨省市的电子汇兑、清算实现全国范围的资金传输，大额资金（从几千元到几百万元）在世界各地银行之间的资金传输等。

5.3.3　电子支票的特点

电子支票有以下特点。

(1) 节省时间。电子支票的发行不需要填写、邮寄或发送，而且电子支票的处理也很省时。在使用纸质支票时，卖方必须收集所有的支票并存入其开户行。使用电子支票，卖方可即时发送给银行，由银行为其入账。所以，使用电子支票可节省从客户写支票到为商家入账这一段时间。

(2) 减少了处理纸质支票时的费用。

(3) 减少了支票被退回情况的发生。电子支票的设计方式使得商家在接收前先得到客户开户行的认证，类似于银行本票。

(4) 不易丢失或被盗。电子支票在用于支付时不必担心丢失或被盗。如果被盗，则接收者可要求支付者停止支付。

(5) 电子支票不需要安全存储，只需要对客户的私钥进行安全存储。

(6) 电子支票与传统支票工作方式相同，易于使用者理解和接受。

(7) 电子支票适于各种市场，可以很容易地与 EDI 应用结合，推动 EDI 基础上的电子订货和支付。

电子支票方式的付款可以脱离现金和纸张进行。购买者通过计算机或 POS 机获得一个电子支票付款证明，而不是寄一张支票或直接在柜台前付款。电子支票传输系统目前一般是专用网络系统，国际金融机构通过自己的专用网络、设备、软件及一套完整的用户识别、标准报文、数据验证等规范化协议完成数据传输，从而控制其安全性。目前这种方式已经较为完善，主要问题是如何扩展到互联网上操作。今后的发展趋势是它将逐步过渡到互联网上进行传输。这种方式尤其适合电子商务中的 B2B 应用。

5.3.4　电子支票的支付流程

电子支票的支付流程如下。

1. 开具电子支票

买方首先必须在提供电子支票服务的银行注册开具电子支票。注册时可能需要输入信用卡和银行账户信息,以支持开设支票。电子支票应具有银行的数字签名。

2. 电子支票付款

一旦注册,买方就可以和产品/服务出售者取得联系。买方用自己的私钥在电子支票上进行数字签名,用卖方的公钥加密电子支票,使用 E-mail 或其他传递手段向卖方进行支付;只有卖方可以收到已使用卖方公钥加密的电子支票,用买方的公钥确认买方的数字签名后,可以向银行进一步认证电子支票,之后即可发货给买方。

3. 清算

收款人银行验证付款人签名和收款人签名,并贷记收款者账号。付款人银行验证付款人签名,并借记付款人账号。最后,付款人银行和收款人银行通过类似自动清算所(Automated Clearing House,ACH)的网络进行清算,并将清算结果向付款人和收款人进行反馈。

用电子支票进行付款的基本流程如图 5-15 所示。

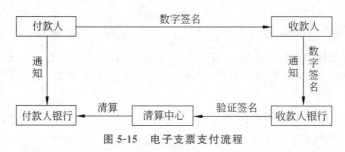

图 5-15　电子支票支付流程

(1) 买方根据要求产生一个电子支票,用自己的私钥在电子支票上进行数字签名。

(2) 买方使用卖方的公钥加密电子支票。

(3) 买方使用 E-mail 或其他方式向卖方支付。

(4) 只有卖方可以收到用卖方公钥加密的电子支票,并用自己的私钥解密。

(5) 卖方用买方的公钥确认买方的数字签名背书支票,写出一张存款单,并签署该存款单。

(6) 卖方向银行进一步确认电子支票。

(7) 卖方发货给买方。

值得注意的是,电子支票的数字签名都要被验证,而实际的纸质支票则很少验证手写签名。

因为电子支票中包含某些必选的信息和可选的信息以及数字签名,所以电子支票使用金融服务标记语言(Financial Services Markup Language,FSML)书写。FSML 的文档结构和数据条款都用标记限定,这种标记语言是由标准通用标记语言(Standard Ceneralized Markup Language,SCML)设定的。FSML 用来支持电子支票的数据结构和数字签名,但它也可以被扩展为其他金融服务文档。

使用 FSML 书写的电子支票包含所有普通纸质支票中所具有的全部信息,包括手写的、打印的、印刷的,甚至是利用磁条和条形码所代表的信息。另外,电子支票中还可以包含一些纸质支票中所不能包含的信息,如与电子订单和票据的接口信息等。

FSML 包含签名块,用于支持 FSML 文档块的增加和删除,并支持多种签名方式和协同签名等,也可以被依次处理电子支票的交易方背书该电子支票。另外,FSML 结构和签名机制也同样提供了封装和加密粘贴其他文档的能力,这样可以给收款人提供支付建议、订货单和汇款等信息,以使收款人能够把支票存储在合适的银行账号中。

电子支票使用 X.509 证书提供对签名的验证功能。当银行客户申请一个电子支票账号时,银行将向客户发放一个证书,当证书过期以后,银行将重新发放该证书,以保证一个证书对应一个用户账号,签名者的私钥也没有被盗窃和误用的风险。X.509 证书只能告诉签名验证者,证书发布时证书中的公钥与签名者的身份和银行账号一致,而不能保证电子支票的完全有效性。因为只有支付银行知道账号的目前状态和私有签名密钥是否被盗用,也只有支付银行能够判定电子支票是否是真实的,以及支票账号是否有足够的金额用于支付。

电子支票簿(check book)智能卡可以保护签名者的私有签名密钥,以防止盗窃或误用。使用加密硬件可以使签名验证者更能确信支票来自合法用户,因为签名私钥在满足银行工业标准的加密算法控制下只能在智能卡内产生和使用,签名私钥从来都不进入签名者的计算机,也防止了通过计算机网络对签名私钥的窃取。为了保证电子支票的唯一性,电子支票簿在每次签名时都自动产生一个序列号,并保存一个日志或记录,以备以后发生纠纷(如给定的电子支票是否被签名和背书等)时可以查询。电子支票簿由签名者的个人识别码(Personal Identification Number,PIN)控制。

为了与 E-mail、超文本传输协议(Hyper Text Transfer Protocol,HTTP)和其他类型的传输协议保持最大的兼容性,FSML 给出了一个限定的美国信息交换标准码(American Standard Code for Information Interchange,ASCII)字符集合,并对所有电子支票数据进行编码。为了防止电子支票被欺骗,可以利用数字签名充分保障消息的完整性、认证性和不可否认性。因此,电子支票系统和应用层密码技术可不受出口限制。另外,为了保证信息传输的机密性,可以通过安全电子邮件方式或双方之间已加密的交互对话方式进行消息传送。

目前,关于银行之间电子支票的清算都遵循美国国家标准协会(American National Standards Institute,ANSI)的 X9.46 和 X9.37 标准。在正常的支票流程中,银行提供的电子支票清算账号必须是电子支票清算中心组织(Electronic Check Clearing House Organization,ECCHO)或具有同等功能的其他组织的成员,或者相互之间按照一定的规则提供了清算功能等。但也有例外,比如自动清算所可用于银行之间的资金流转。主要的电子支票系统有 NetCheque、NetChex 和 NetBill 等。

向互联网站点提供后端付款和处理服务的 PaymentNet 也开始处理电子支票。

PaymentNet 采用 SSL 标准保证交易安全，美国最大的支票验证公司 Telecheck 通过对存储在数据库中的购物者个人信息及风险可靠度进行交叉检验确认其身份。

2001 年，CheckFree 公司处理了 8500 万宗电子交易，总额达 150 亿美元。不过，目前还没有人尝试过在电子商务网站通过互联网直接使用支票。

5.3.5　电子支票支付系统的关键技术

建立电子支票支付系统的关键技术有以下两项。

1. 传统支票兼容的技术

主要包括图像处理技术和条形码技术。支票的图像处理技术首先是将物理支票或其他纸质支票进行图像化处理和数字化处理，再将支票的图像信息及其存储的数据信息一起传送到电子支票系统中的电子支付机构。条形码技术可以保证电子支付系统中的电子支付机构安全可靠地自动阅读支票。实际上，条形码阅读器不仅是一种硬件，还包括一种阅读条形码的程序，该程序能够对拒付的支票自动进行背书，并且可以立即识别背书，加快支付处理、退票处理和拒付处理。

2. 支票的安全传递技术

支票的安全传递技术主要包括加密签名技术和数据压缩技术等。电子支票的支付是在商家与银行相连的网络上以密文的方式传递的，传递中大都使用公用密钥加密签名或个人身份识别码（PIN）代替手写签名，使用数字签名做背书，并使用数字签名验证付款者、付款银行和银行账户。

5.3.6　电子支票应用系统

1. FSTC 电子支票

金融服务技术联合会（FSTC）成立于 1993 年，1995 年 9 月 FSTC 给出了一个示范性的电子支票概念。和纸质支票一样，电子支票包含给付款人银行的一条指令，用来向被确认的收款人支付一笔指定数额的款项。由于这种支票是电子形式的，并且通过计算机网络传送，从而给支票处理带来了更大的灵活性。同时也提供了一些新的服务，如可以立即验证资金的可用性；数字签名的确认增强了安全性；支票支付能够很容易地与电子订单和票据处理一体化等。付款人在签发支票时需要提供的信息与使用纸质支票时所提供的信息一样多。所有能够签发电子支票的个人都拥有基于某种安全硬件的电子支票簿设备。支票在某种安全信封中被传送给收款人。这种信封将以安全电子邮件的方式或双方之间已加密过的交互对话的方式进行传送。

1) FSTC 电子支票概念

付款人签发支票时，需要提供的信息与使用纸质支票时所提供的信息应该相同，通常包含支付人、支付金额、支付起因、出票人、收款人、付款人、到期日等信息。通过改变支票中所含的信息可以得到不同类型的支票，如改变货币域信息可以生成旅行支票，而使用银行的数字签名可以生成保付支票等。

所有可以签发电子支票的个人拥有基于某种安全硬件的电子支票簿设备。在 FSTC

结构中，"支票簿"实际上是一种由电信设备公司生产的安全硬件设备，该设备被称作"智能辅币机"，它采用 PC 卡的形式，并在卡中内置了一个加密支持处理器，它的功能是安全地存储密钥和证书信息，并保持最近签发或背书过的支票记录。

2）FSTC 电子支票支付系统的结构

FSTC 电子商务小组在研究了银行后端处理系统中的一些必要变化后，在一份进展报告中详细论述了对电子支付基础设施上的一些考虑。该基础设施是在当前正在使用中的行间支付系统的基础上添加一个电子支付处理器（Electronic Payment Handler，EPH）的新系统。行间支付系统都具有处理信用卡交易、ACH 支付和其他形式电子资金转账的功能。这些系统与各种清算网络相连，以完成跨行交易。EPH 系统包括以下几个子系统。

- EPH 前端。该前端与互联网相连，并用其协议进行通信。从总体上来看，它将作为 EPH 的安全防卫线，公用网上的其他主机只能与该子系统直接通信。
- EPH 服务器。该服务器是 EPH 的核心，可以完成多种形式的任务，包括对电子支票的处理，它将使用 EPH 证书服务器的服务。
- EPH 证书服务器。该服务器的功能就是向银行客户发放证书，并能完成相应的证书验证或证书撤销功能。该证书服务器也可以验证其他银行的证书，这种组织方式暗含了银行部门认证层次结构的存在。

FSTC 电子支票支付系统结构如图 5-16 所示。

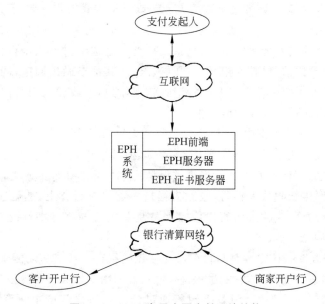

图 5-16　FSTC 电子支票支付系统结构

3）FSTC 电子支票支付系统流程

（1）付款人在签发支票时，使用由电信设备公司生产的被称为"智能辅币机"的安全硬件设备产生一张电子支票。

（2）生成的电子支票被放在某种安全信封中，通过安全电子邮件的方式或双方之间加密过的交互对话的方式进行传送。

(3) 收款人收到支票后将使用相应的安全硬件设备对支票进行背书,然后将支票发送给收款人银行。

(4) 收款人银行在收到支票后将利用自动清算(ACH)系统或电子支票呈进方式清分支票。在这一点上,其处理方式与目前使用的纸质支票所经历的过程是完全相同的。电子支票通过传统的 ACH 网络进行传送,相应地,资金就从付款人的银行账户转移到了收款人的银行账户。

4) FSTC 电子支票的支付方案

FSTC 电子支票的支付方案是将电子支票中的信息通过计算机网络从交易的一方快速地传送到另一方,该电子支票可以用于各种不同的支付方案中。FSTC 确定了以下 4 种不同的方案。

(1) 存款和清算方案。该方案实际上是与绝大部分传统纸质支票的使用方法相对应的。在使用该电子支票支付方案时,付款人通过支票簿设备签发一张电子支票,并将签发的支票传给收款人;而收款人利用相应的安全硬件设备对该支票进行背书,并把它传送到银行系统,然后由收款人银行使用 ACH 与付款人银行对支票进行清算;最后由收款人银行向收款人发送清算报告,同时付款人银行向付款人发送清算报告。这种方案的缺点是所有各方必须将其网络和处理能力升级,从而能够处理电子支票。在实际操作时,清算报告也可以在固定的时间间隔内以纸质报告的形式进行公布。

(2) 兑现和转账方案。该方案是收款人能够以电子方式接收支票,但是其开户行,即付款人银行却不能接收电子支票。使用该电子支票支付时,付款人利用支票簿设备签发一张电子支票,并将签发的支票传给收款人,收款人将支票呈送给付款人银行请求兑现该支票,并指明其银行账户等详情,付款人银行通知收款人,对其请求做出回应;同时付款人银行使用传统银行之间的电子资金转账(EFT)贷记收款人账户,而收款人银行向收款人发送清算报告,付款人银行也向付款人发送清算报告。

(3) 锁箱方案。在该方案中,目标账户是收款人银行基本账户,或是被称作"锁箱"的专用账户,它由银行或其他第三方为收款人保管。这种做法对应于银行在处理传统纸质支票时提供给法人客户的一种服务。它的支付过程是:付款人利用支票簿设备签发一张电子支票,并将签发的支票传给收款人银行,收款人银行对支票进行背书,然后通过 ACH 与付款人银行对支票进行清算,收款人银行以应收账款更新的方式将详细情况发给收款人,付款人银行定期发送声明给付款人。

(4) 资金转账方案。该方案是与目前广泛使用的银行直接贷记功能十分类似的一种方式。使用这种方案进行支付时,它的过程是:付款人利用支票簿设备签发一张电子支票,并将签发的支票传给付款人银行,付款人银行通过传统银行之间的电子资金转账(EFT)系统,把该笔资金转移到收款人的银行账户,并借记付款人的银行账户;而收款人银行则以应收账款更新的方式将详细情况发给收款人;付款人银行采用定期发送声明的方法通知付款人。在这种方案中,只需要付款人银行具备电子支票的处理能力即可,而其他所有的功能则可以通过现存的银行内部系统进行处理。

2. NetCheque

NetCheque 系统是由美国南加利福尼亚大学的信息科学研究所(Information Sciences

Institute，ISI)开发的，用于模拟支票交易银行。NetCheque 中包含 NetCheque 服务器(银行)的层次结构，提供了分布式清算账目服务，同时也允许用户在可信性、易接近性、可靠性等原则的基础上挑选中意的银行。系统中使用 Kerberos(一种适用于在公共网络上进行分布计算的工业标准的安全认证系统，是在 20 世纪 80 年代中期由美国麻省理工学院推出的基于可信赖第三方的用户认证系统)实现认证，并且中心服务器在认为有必要时，可对所有主要的业务进行跟踪。支票是通过将有关金额、货币类型、接收者姓名、银行名称、账号、支票号及其他细目的标准信息打包在一起而产生的，以上打包结果记为 C。用户 U 要想签一张支票，必须向 Kerberos 服务器申请一张票据，票据中包含一个私钥(Ku,Bank)。银行得到支票后，知道支票一定是用户 U 签的，这是因为只有三方能从票据中取出 Ku 及 Bank，这三方是产生票据的 Kerberos 服务器(假定是可信赖的)、用户 U 和银行。

　　NetCheque 系统也允许其他人用相同的签字方案签署支票。如果 V 从 U 处收到一张支票，V 可以用 U 签署支票的方式通过产生 Kerberos 签字而签署支票，然后把支票发送给银行存储。V 存储支票的银行和 U 提取支票的银行可以不同，这时，V 的银行把支票发送给 U 的银行，通过中介银行交易系统，现金被返回到 V 的银行并被存储。

　　NetCheque 系统在许多方面是模仿普通的支票交易系统的。Kerberos 系统的主要优点是使用私钥加密，而私钥加密一般都未申请专利。因此，许多好的加密方法可被采用，不必担心侵犯了专利权。

　　NetCheque 业务流程说明如下。

　　(1) 客户签发支票。首先生成支票明文部分，然后从 Kerberos 服务器获得一个标签 Tc，用来证明服务器对这张支票的信用授权。客户再用 Tc 向开户行证明身份，并获得加密证明文件 Ac，"明文＋Tc＋Ac"构成一张完整的电子支票。

　　(2) 支票通过公共网络传给商家。

　　(3) 商家收到支票后，根据 Tc 和 Ac 验证客户的身份以及信用，再对明文部分进行背书，加上商家的名称、背书时间等。

　　(4) 背书后支票传给商家的开户行，开户行通过验证确认是否接收支票，并通知商家。

　　NetCheque 业务流程如图 5-17 所示。

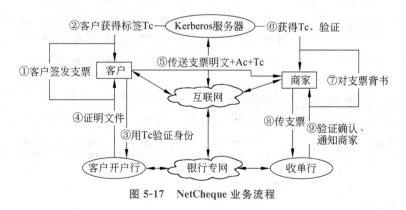

图 5-17　NetCheque 业务流程

使用 Kerberos 时，要求每个用户产生一个用于签署支票的票据，而票据常常会出现过期的问题,因此需要一个更好的在线环境。另一个主要问题是 Kerberos 环境仅在两方之间建立安全联系,因此无法使得某人签署的支票可由任何其他人验证。V 不能验证 U 对支票的签字,因为票据仅在 U 和银行之间建立一种安全的联系。这一问题的解决方法是要求支票的产生者对银行和接收者分别建立两个不同的签字字段。

3. NetBill

NetBill 是由美国卡内基·梅隆(Carnegie Mellon)大学的 J. D. Tygar 教授的研究组开发的,是用于销售信息产品的一个电子支票系统。该协议已获得 CyberCash 的商业用途许可,CyberCash 的 CyberCoin 协议也使用 NetBill 的方法。系统中有一台计算机记录各类账目。在其基本的交换协议中,中心服务器记录账目余额和欲购买信息的客户数。在服务器之间交换金额以前,首先交换经过加密和数字签名的购买订单,其协议可防止客户付账前获取欲购买的任何信息。

NetBill 协议涉及三方:客户、商家及 NetBill 服务器。把客户使用的软件简称为支票簿,把中心服务器使用的软件简称为钱柜。商家从钱柜收到客户想买什么的公报,客户持有的 NetBill 账号等价于一个虚拟电子信用卡账号。

NetBill 协议步骤说明如下。客户选择欲购买的商品,支票簿向钱柜发出报价要求,向商家查询某商品价格,钱柜将要求发送给商家(要求报价是因为商家对不同的客户可能提供不同的价格);商家向该客户报价,对报价进行数字签名,并将其返回给钱柜;客户如果决定购买,则告知钱柜他接受该报价,并对其购买要求进行数字签名;钱柜得到客户购买信息的要求后向商家转达该要求,商家用一个随机密钥对以上要求加密,并把加密的结果发送给钱柜,钱柜对加密结果计算一个安全的校验和,并把加密结果发送给客户;客户收到加密结果后,对加密结果计算一个校验和,把校验和、时间戳、购买描述以及最终所接受的价格打包在一起,形成电子购买订单(Electronic Purchase Order,EPO),即三元式(价格、加密商品的密码单据、超时值)的数字签名值,再把电子购买订单返回给钱柜;钱柜收到 EPO 后,检验其数据的完整性,然后就可安全地转账,钱柜对账目进行核对,并通知商家已完成转账;商家向钱柜发出一张发票,发票经商家数字签名,其中含有价格及用于解密的密钥;NetBill 服务器验证 EPO 签名和回签,然后检查客户的账号,保证有足够的资金以便批准该交易,同时检查 EPO 上的超时值是否过期,确认没有问题时,NetBill 服务器即从客户的账号上将相当于商品价格的资金划往商家的账号上,并存储密钥 K 和加密商品的密码单据,然后准备一份包含值 K 的签好的收据,将该收据发给商家;钱柜把发票传递给客户;客户对商家的加密结果进行解密。

NetBill 协议就这样传送信息商品的加密副本,并在 NetBill 服务器的契据中记录解密密钥。协议中,客户和商家使用加密技术可保护自己,防止个别客户的恶意欺诈,不法客户在收到所购货物后往往不予承认,协议中,客户首先对商家的加密结果求出校验和,然后才能获得解密密钥。与 First Virtual 相比,NetBill 在客户支付以前能够托管信息,而 First Virtual 在向客户发送数据及货物时则希望客户是诚实的。NetBill 仅是一项计划,其实现还有待进一步研究。

First Virtual 公司的 FV 系统从 1994 年 10 月开始正式运营,是互联网上最早开展结算服务的系统。要想成为 FV 的客户,必须具备的基本条件是:已经设置了可以经由互联网通信的环境,并持有有效的 VISA 卡或 MasterCard。满足这两个条件之后,即可将自己的信用卡卡号和电子邮件地址等用电话或传真通知 FV 并登录,接着 FV 便发行一个称为"虚拟个人识别码"的 ID 号给每一位顾客。顾客在网上购物时无须提供信用卡卡号,只需要将自己的 ID 号提供给商家。

FV 通过商家受理该 ID 号,检索已经登录的顾客个人信息,再对该顾客是否真正打算购物的确认电文用电子邮件授信。顾客接收到该电子邮件后,若回信则表示打算购物,FV 利用普通的信用卡支付网络,用与互联网无关的完全独立的形式向顾客的信用卡公司请求支付必要的金额。

First Virtual 公司于 2005 年 3 月 2 日被 RADVISION 公司全面收购。

5.4　电子钱包

5.4.1　电子钱包的概念及其形式

电子钱包是指装入电子现金、电子零钱、安全零钱、数字信用卡、在线货币、数字货币和数字现金等电子货币,集多种功能于一体的电子货币支付方式,它是顾客在电子商务活动中使用的一种支付工具,是在小额购物时常用的新式钱包。

Microsoft 公司在 1999 年 11 月就发布了在线电子钱包,它允许客户在任何 PC 上利用各种电子信用卡购物。Microsoft 公司把所有的服务都放在同一个站点上,并允许用户在该站点上单击自己的注册名字完成购买,2000 年就有 50 多家零售商加入这个站点。只要在 Microsoft 公司的这个站点上输入姓名、地址、信用卡号,用户就可以在不同的地方上网购物。其他公司,例如美国在线、IBM 等也提供电子钱包服务,但用户的信息是存储在个人的 PC 上的,因此只能固定在一个地方用。比较起来,Microsoft 公司的电子钱包更为自由、灵活和方便。Microsoft 公司还允许用户利用移动电话使用这种电子钱包。

实际上,电子钱包有多种形式,它可以是一种具有存储货币值和重要信息的智能卡,装有存储在银行的或来自电子钱夹的数字现金,从而可以在配套的 POS 装置上完成电子支付和消费。电子钱包也可以设计成装有各种电子现金、电子信用卡、安全零钱和在线货币的"小钱包",取代现金和许多消费者经常支付的 10 美元以下的硬币;电子钱包也可以将多张电子信用卡输入到电子钱包内,随时进行在线支付。

5.4.2　电子钱包的产生

英国国民西敏寺银行(National Westminster Bank)开发的电子钱包 Mondex 是世界上最早的电子钱包系统,于 1995 年 7 月首先在有"英国硅谷"之称的斯温顿市(Swindon)试用。起初,它的名声并不那么响亮,不过很快就在斯温顿打开了局面,被广泛应用于超级市场、酒吧、珠宝店、宠物商店、餐饮店、食品店、停车场、电话间和公共交通车辆。电子钱包使用起来十分简单,只要把 Mondex 卡插入终端,3~5s 之后一笔交易即告结束,读取器将从

Mondex 卡中的钱款中扣除本次交易的花销。此外,Mondex 卡还大都具有现金货币所具有的诸多属性,如作为商品尺度的属性、储蓄的属性和支付交换的属性,通过专用终端还可将一张卡上的钱转移到另一张卡上,而且,卡内存有的钱一旦用光或者卡遗失或被窃,Mondex 卡内的金钱价值便不能重新生成,也就是说持卡人必须负起管理上的责任,有的卡被别人拾到后照样能用;有的卡写有持卡人的姓名和密码锁功能,只有持卡人才能使用,比现金要安全一些;Mondex 卡损坏时,持卡人向发行机关申报卡内所剩余额,由发行机关确认后制作新卡发还。

使用电子钱包的顾客通常要在有关银行开立账户。顾客在使用电子钱包时,将其通过应用软件安装到电子商务服务器上,利用电子钱包服务系统就可以把自己的各种电子货币或电子金融卡上的数据输入进去。在发生收付款时,如顾客需要使用电子信用卡,如 VISA 卡和 Mondex 卡等,只要单击相应项目(或相应图标)即可完成。这种电子支付方式称为单击式或点击式支付方式。在电子钱包内只能装电子货币,即装入电子现金、电子零钱、安全零钱、电子信用卡、在线货币、数字货币等,这些电子支付工具都可以支持单击式支付方式。

在电子商务服务系统中,设在电子货币和电子钱包中的功能管理模块称为电子钱包管理器(wallet administration),顾客可以用它改变保密口令或保密方式,查看自己银行账号上收付往来的电子货币账目、清单和数据。电子商务服务系统中还有电子交易记录器,顾客通过查询记录器可以了解自己都买了什么物品,购买了多少,也可以把查询结果打印出来。

5.4.3　电子钱包的优势

电子钱包具有以下优势。

(1) 电子钱包给商家、客户和银行都带来了极大的方便。

电子钱包中的钱款以数字的形式被存储,使用时可以准确无误地被减除。消费者无须携带大量的现钞,也无须在 ATM 上取现,既减少了携带现钞的不便,又使交易因无须找零而加快了速度。对商业组织而言,付款方直接将电子钱包中的现金或支票发到收款方的电子信箱,并通过网络将电子付款通知单发送给银行,银行便可以随即将款项转入收款方的账户,这一支付过程仅需数秒即可完成,不仅使银行简化了手续,而且节约了用户的时间。

(2) 电子钱包较现金系统具有更大的可靠性。

电子钱包内置密码、证书概要和其他用户个人数据,完全脱离启动装置及中介装置,即使计算机资源丢失或被盗,电子钱包中的信息仍然能够得到保护。

(3) 电子钱包给予用户较大的隐私保护。

在使用电子钱包时,计算机可以为每个"电子代币"建立随机选择序号,且把此号码隐藏在加密的信息中。这样就没人能清楚地知道到底是谁提取或使用了这些电子现金,从而保护了个人隐私权。

(4) 电子钱包有利于降低交易成本和管理费用。

电子钱包的问世有效地减少了持有现金的成本,降低了庞大的现金流通费用,节约了各分支机构用于现金管理上的人力、物力和时间。电子钱包内设软件程序,可以根据场所的不同而被指定用于各种特殊的用途,另外,卡上的费用是分次输入的,有助于消费者更合理地使用现金。

（5）电子钱包使发行者获利的范围扩大。

一旦取得对这种支付媒体的控制,发行者就有机会通过占有其使用权获取专利。他们还可以从消费者和商人手中获得新的费用收入,从集中存入的电子现金中获取利息,通过吸收社会闲散资金以减少资金的滞留和沉淀,在不发行新货币的情况下充分运用这部分闲散资金,从大范围的投资中获取利润。

（6）电子钱包有利于银行法定准备金的管理。

库存现金的增减会引起法定准备金的变化,从而使银行的准备金发生额外变动。而当电子现金发生变化时,仅仅是以一种负债（电子现金账户上的负债）的增减代替另一种负债（存折上的负债）的增减。由于库存现金并不发生变化,所以当准备金率不变时就不会影响法定准备金的总体运作。

（7）电子钱包实现了“一卡走天下”。

电子钱包可以获取网络上的商务信息,用于保存财务资料、信息资源及其他个人数据;通过软件设计,它还可以被广泛地运用于通信、转换以及娱乐系统。电子钱包这种集支付、消费、转账、储蓄、结算、记录、存储于一体的优势给顾客带来了极大的方便,真正实现了“一卡走天下”。

5.4.4　电子钱包服务系统

使用电子钱包购物通常需要在电子钱包服务系统中进行,它是免费提供的,消费者可以直接使用与自己银行账号相连接的电子钱包服务系统,也可以从网上调用采用各种保密方式的电子钱包服务软件。在使用电子钱包时,将电子钱包通过有关的应用软件安装到电子商务服务器上,利用电子钱包服务系统和各种电子钱包软件就可以把自己的各种电子货币或电子金融卡上的信息、数据输入电子钱包。例如,可以将多张信用卡的信息输入电子钱包,也可以把电子信用卡上的钱款直接转到电子钱包。电子钱包支持单击式支付方式,这是一种在线支付方式,十分简单、灵活、方便,可以用各种保密方式进行,从而保障了其支付的安全性。同时,单击式支付方式也是电子钱包和电子现金等其他电子货币的主要区别之一。

5.4.5　电子钱包系统

电子钱包系统包括计算机系统、智能卡、刷卡设备、电子钱包微型阅读器、电子钱包终端及其他设备等。在电子商务服务器中还要配有电子钱包管理系统和电子钱包交易记录系统等。顾客可以用电子钱包管理器改变自己的口令或保密方式,用电子钱包记录器查看自己银行账号上的收付往来的电子货币账目、清单和数据。

电子钱包微型阅读器是银行提供的一种余额查看工具,消费者可以随身携带电子钱包微型阅读器,随时查看自己的电子钱包余额。有的电子钱包微型阅读器还具有通信功能等,这使消费者对电子钱包的使用更加快捷、自由、灵活和方便。

电子钱包终端有两种,一种是专用银行终端,另一种是多功能、多用途的终端。

电子钱包专用银行终端只装在银行里的柜台上,通常由银行的职员操作。这种终端只接受电子钱包,具有电子钱包所需的一些特殊功能,它能检验电子钱包上的芯片是否还能正常工作。一旦芯片有了问题,就可以通过这个终端查出钱包中还剩下多少钱,银行确认后才能将这笔余额付还给客户。

多功能的终端是在零售商处常用的终端,用途较多,应用范围比较广泛。这种终端不仅能够接受电子钱包,还能够受理其他支付工具,如信用卡、电子现金、电子支票或其他电子支付工具与支付系统。这种终端还能够和有相应接口的收银机连接起来,可以将电子钱包阅读器和读卡器等集成到一个由更复杂的计算机支持的收银机系统中。这些终端也可单独使用,其特点是体积小、易操作、便携式、灵活方便。

5.4.6 电子钱包购物的步骤

使用电子钱包购物的步骤如下。

(1) 客户使用浏览器在商家 Web 主页上查看在线商品,选择要购买的商品。

(2) 客户填写订单,包括项目列表、价格、总价、运费、搬运费、税费。

(3) 订单可通过电子化方式传输或由客户的电子购物软件建立。有些在线商场可以让客户与商家协商物品的价格。

(4) 顾客确认后,选定用电子钱包付钱。将电子钱包装入系统,单击电子钱包的相应项或电子钱包图标,电子钱包立即打开;然后输入自己的保密口令,在确认是自己的电子钱包后,从中取出一张电子信用卡进行付款。

(5) 电子商务服务器对此信用卡号码采用某种保密算法计算并加密后,发送到相应的银行,同时销售商店也收到经过加密的购货账单,销售商店将自己的顾客编码加入电子购货账单后,再转送到电子商务服务器上。这里,商店对顾客电子信用卡上的号码是看不见的,销售商店无权也无法处理信用卡中的钱款。因此,只能把信用卡送到电子商务服务器上处理。经过电子商务服务器确认这是一位合法顾客后,将其同时送到信用卡公司和商业银行。在信用卡公司和商业银行之间要进行应收款项和账务往来的电子数据交换和结算处理。信用卡公司将处理请求再送到商业银行请求确认并授权,商业银行确认并授权后送回信用卡公司。

(6) 如果经商业银行确认后拒绝并且不予授权,则说明顾客的这张电子信用卡上的钱数不够用或者已经透支。遭商业银行拒绝后,顾客可以单击电子钱包的相应选项打开电子钱包,取出另一张电子信用卡,重复上述操作。

(7) 经商业银行证明这张信用卡有效并授权后,销售商店就可交货。与此同时,销售商店留下整个交易过程中发生往来的财务数据,并且出示一份电子数据发送给顾客。

(8) 上述交易成交后,销售商店就按照顾客提供的电子订货单将货物在收货地点交到顾客或其指定的人手中。

至此,电子钱包购物的全过程就完成了。购物过程中间虽经过信用卡公司和商业银行等多次进行身份确认、银行授权、各种财务数据交换和账务往来等,但这些都是在极短的时间内完成的。实际上,从顾客输入订货单开始到拿到销售商店出具的电子收据为止的全过程仅需 5～20s 的时间。这种电子购物方式十分省力、省时。而且,对于顾客来说,整个购物过程自始至终都是十分安全可靠的。在购物过程中,顾客可以用任何一种浏览器(如 Netscape 浏览器)进行浏览和查看。由于顾客的信用卡上的信息别人是看不见的,所以保密性很好,用起来十分安全可靠,另外,有了电子商务服务器的安全保密措施,就可以保证顾客去购物的商店必定是真的,不会是假冒的,从而保证顾客安全地购买货物。

5.4.7　电子钱包应用系统——Mondex

Mondex 是英国银行业研制开发的一种 IC 卡型电子现金系统。在 Mondex 系统中,预先在 IC 卡芯片中载入币值,然后可以在零售场合使用。利用芯片中的微处理器和存储器,IC 卡本身能执行支付控制程序和芯片间的传输协议,从而实现币值从一张 Mondex 卡的芯片向另一张 Mondex 卡的芯片的转移,即支付。Mondex 支付系统的结构如图 5-18 所示,图 5-18 中的箭头表示 Mondex 电子现金的流动方向。

系统描述如下。

(1) 客户以银行存款申请兑换 Mondex 电子现金,发卡行受理后向客户发放载有等额币值的 IC 卡或向其 IC 卡中充等额币值。这一过程可利用 Mondex ATM 或专用的联网设备终端,并用卡片间的协议进行对话。

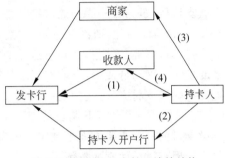

图 5-18　Mondex 支付系统的结构

(2) 持卡人可持卡对自己的银行账户进行存款和取款的服务,账户金额与卡内金额是此消彼长的关系。

(3) 持卡人可持卡向商家支付货款,商家利用"币值转移终端"的设备与持卡人的 Mondex 卡建立通信(网上或网下皆可),并造成币值的转移,其间完全不用银行的参与,由 Mondex 卡的读写设备自行检测卡的真伪。

(4) 持卡人可持卡与另一持卡人进行币值的转移(网上或网下皆可)。通过"Mondex 钱包"这一设备完成转移。若为网下,则付款人可将卡插入"钱包"中,将卡内一定数额的币值移入电子钱包的存储器芯片中,然后由收款人插入自己的 Mondex 卡,将电子钱包中保存的币值再移入自己的卡中。若为网上支付,则通过专用的卡读写器直接在双方的卡之间建立通信,将付款人卡中的一定数额的币值转移到收款人的卡中。

接收到 Mondex 电子现金的任何一方,包括持卡人的开户行、商家和其他个人以及持卡人自己,都可以向发卡行请求兑换 Mondex 卡内的余额,将电子现金又兑换成实体现金。

由以上分析可以看出,Mondex 系统具有良好的匿名性和离线操作性,与实体现金的使用十分近似。随着 IC 卡技术的完善,其安全性、防伪性以及多功能性都会不断提高,这对于电子商务中的支付而言是十分有利的,是应当大力发展的一种电子商务支付系统。

5.5　微支付

5.5.1　微支付的概念

随着网络和信息技术的发展,为提高互联网的服务质量,维护互联网信息提供者的权益,信息产品的销售越来越得到人们的关注。信息产品包括的范围比较广,如网上新闻、网上证券、信息查询、资料检索和小额软件下载等。信息产品本身的特点决定其收取的费用一般都非常低,如查看一条新闻收费一分等。这种支付机制有着特殊的系统要求,在满足一定安全性的前提下,要求有尽量少的信息传输、较低的管理和存储需求,即对速度和效率要求比较高。这种支付形式称为微支付或小额支付。目前国内应用最广泛的网上短消息服务就属于典型的微支付方式。

微支付的研究在国际上比较活跃,在传统微支付机制的基础上提出了多种新的微支付系统及其扩展,并在一些新的领域得到了应用,以满足不同的安全性和效率需求。但国内对微支付的研究还比较少,特别是缺乏全面系统的分析和比较,使人们无法判断协议的优劣,也无法在实际应用中选择和扩展协议。

微支付(micropayments)的特征是能够处理任意小量的钱,适合于互联网上"不可触摸(non-tangible)商品"的销售。一方面,微支付要求商品的发送与支付几乎同时发生在互联网上;另一方面,商品销售、处理与运输的"瓶颈"为保持成本低廉设置了障碍。为保持每个交易的发送速度与低成本,目前有很多厂商在致力于发展新的协议,以支持 SET 和 SSL 所不能支持的微支付方式,其中之一是微支付传输协议(MicroPayment Transport Protocol,MPTP),该协议是由 IETF 制定的工作草案。

微支付的一个重要方面是其定义随着对象而变化。有许多系统声明其是微支付,允许支付小于现有货币面额的数额,如 IBM 公司开发的 Micro Payments、Compaq 与 DEC 公司开发的 Millicent、CyberCoin 公司开发的 CyberCash 等。由 World Wide Web 协会和Commerce Net 领导的联合电子支付联盟(Joint Electronic Payment Initiative,JEPI)对支付协商过程进行标准化。对于买方(客户方),JEPI 是 Web 浏览器和 Wallet 使用不同协议的接口;对于卖方(服务器方),JEPI 在网络和传输层之间将下层传来的事务送给适当的传输和支付协议。

由于是小额交易,所以对交易本身的安全考虑并不要求太高,这样的系统仅仅使用用户的 PIN 就可以保护自己的用户标志了。此外,也可以使用安全的多币制电子支付系统Worldpay。使用 Worldpay 的好处是不受地域的限制。只要用户有信用卡或借记卡授权,Worldpay 就可以利用自己的处理多币制账户功能集中处理账户。这个转账的功能是传统交易行为的扩充,也是计算机金融自动化的产物。

5.5.2　微支付的特点

微支付与其他电子支付系统相比具有如下特点。

(1) 交易额小。微支付的交易额非常小,每一笔交易在几分(甚至更小)到几元之间。

(2) 安全性低。由于微支付每一笔的交易额小,即使被截获或窃取,对交易方的损失也不大。所以微支付很少或不采用公钥加密,而采用对称加密和哈希运算,其安全性在很大程度上是通过审计或管理策略保证的。

(3) 效率高。由于微支付交易频繁,所以要求较高的处理效率,如存储的信息尽量少,处理速度尽量快,通信量尽可能少等。在实际应用中,可在安全性和效率之间寻求平衡。

(4) 应用范围特殊。由于微支付的特点,其应用也具有特殊性,如信息产品支付(新闻、信息查询和检索、广告点击付费等)、移动计费和认证以及分布式环境下的认证等。微支付一般不适用于实物交易中的电子支付。

5.5.3　微支付模型

通用的微支付模型如图 5-19 所示,其中虚线表示离线方式。微支付模型一般涉及

C(Consumer,顾客)、B(Broker,代理)和 M(Merchant,商家)三方。顾客是使用微电子货币购买商品的主体;商家为用户提供商品并接受支付;代理是作为可信第三方存在的,用于为顾客和商家维护账号,通过证书或其他方式认证顾客和商家的身份进行货币销售和清算,并解决可能引起的争端,它可以是一些中介机构,也可以是银行等。

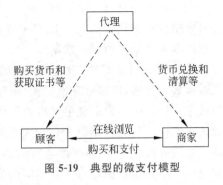

图 5-19　典型的微支付模型

　　根据不同的支付类型,微支付中的货币可以由票据(scrip)或哈希链等组成,可以由商家产生,也可以由代理(一般代理商家)和顾客产生。由商家或代理产生的微电子货币一般与特定的商家有关,如 Millicent 和 SubScrip 等。代理作为可信机构,也可以独立产生电子货币,它一般与特定的商家类型无关,如 MicroMint 等。顾客也可以根据代理的授权(如通过颁发证书)独立制造货币,它一般是基于哈希链形式的,可以与特定的商家有关,也可以无关,并具有灵活的扩展形式,如 PayWord 和 PayTree 等。

　　在进行支付之前,顾客一般通过离线方式获取微电子货币或交易中使用的数字证书。在一般情况下,顾客和代理之间可以通过宏支付或其他方式建立联系,以在代理处建立账号。顾客通过在线方式同商家进行联系,浏览选择商品和进行支付。商家一般可以在本地验证电子货币的真伪,但一般不能判断顾客是否在重复消费(除非对特定商家的货币)。每隔一定的时间(如一天或一周等),商家会把顾客支付的微电子货币提交给代理进行兑现;代理可以对微电子货币进行验证,以防止商家的欺骗和顾客的重复消费,这个步骤一般通过离线方式完成。另外,还有其他的微支付模型,如 μ-iKP 和 LITESET,它们建立在宏支付基础之上,利用宏支付协议和消息完成微支付过程。有些微支付机制(如 SubScrip)更简单,甚至不需要代理的参与,交易中只涉及顾客和商家。

5.5.4　基于票据的微支付应用系统

　　票据是微支付中最为常见的支付形式之一,它是一种面值很小的电子货币,一般由 M 或 B 代理产生(也可以由 B 独立产生),在不需要第三方参与的情况下,可以由 M 在线验证货币的真伪。在票据形式的微支付中一般不采用公钥技术,而使用对称密钥技术和哈希函数。常见的票据形式的微支付机制包括 Millicent、SubScrip 和 MicroMint 等。

1. Millicent

　　Millicent 是一种小额电子商务交易的互联网支付系统,由 Compaq 和 Digital 公司合作开发,其钱包使用的是可以在 Web 上应用的一种称为票据的电子令牌。票据被安全地保存在用户的计算机硬盘上,并用个人标识码或口令对其加以保护,它是基于票据和出售票据的代理(broker)的一种支付方式,可以使小额的电子商务交易安全有效地进行。它的基本思想是利用一个密钥控制的单向哈希函数认证和验证支付票据。一个票据代表了商家(vendor)给消费者建立的一个账号,该票据充当电子货币,在任何给定的有效期内,顾客都可以利用该票据购买商家的服务。当顾客利用票据在网上购买了商家的服务或商品以后,购买值将自动从票据中扣除,并返回一个具有新面值的票据,以进行后续交易的平衡。当顾客完成了一系列交易或支付以后,还可以把票据中剩余的值兑换成现金(同时账号关闭)。代理作为顾客和商家之间的中介,向顾客销售代理票据(broker scrip)并管理票据。对每个商家来说,票据是不一样的,所以顾客在交易前需要兑换特定商家的票据。代理也拥有票据是作为顾客购买商家票据或商家兑现顾客未消费完票据的公共货币而存在的。代理以购买和销售商家的票据作为对商家和顾客的服务形式。

在 Millicent 系统中,没有使用公钥技术,而采用了效率更高的单向哈希函数,部分采用了对称加密算法,所以处理速度快,服务器资源的消耗少,中央服务器的负荷小。单向哈希函数中使用的密钥只有凭据发行者代理和要验证并最终接收此凭据的商家才知道,可以有效防止票据的伪造。票据中包含唯一的序列号,对于特定商家可杜绝同一凭据的多次消费。采用分散式验证,不需要在线或离线可信第三方验证票据的合法性,这些都由商家独立完成。Millicent 协议有三种不同的实现形式,以便在效率和安全性方面提供平衡,可选择保证交易的认证性和机密性。Millicent 也进行了实际系统测试,协议本身效率较高;网络 TCP 连接速度才是影响其性能的主要原因,这也是许多微支付系统存在的问题。

Millicent 票据的产生、验证和使用涉及三种密钥,包括消费者密钥 customer_secret(证明其对票据的拥有权)、消费者控制密钥 master_customer_secret(商家从票据中提取信息产生消费者密钥)、票据控制密钥 master_script_secret(商家用来阻止破坏和伪造)。票据的结构如图 5-20 所示。

图 5-20　Millicent 票据的结构

各标记代表的意义说明如下。

Vendor:票据的商家标识。

Value:票据的金额。

ID♯:票据的唯一标识,部分用于消费者控制密钥 master_customer_secret 证书验证。

Cust_ID♯:产生消费者密钥,部分用于选择产生消费者密钥的消费者控制密钥。

Expires:票据的有效期。

Props:商家用于描述消费者属性的额外数据(年龄、住址等)。

Certificate:票据的签名,由票据中的密钥通过哈希算法推导出,部分来自 ID♯。

Millicent 协议是一个比较通用的微支付协议。在这个协议中,任何商家都可以发行电子货币(票据),消费者首先购买票据,然后通过支付票据以获取商家服务。在一般情况下,这种模式能够很好地工作。但是这个协议的一个特点是获得任何服务都必须拥有特定商家发行的票据,否则无法继续。中间人发行的票据只有兑换了才能够使用,它本身不能获得服务。这样,如果某个消费者需要获得多个商家的服务,则必须首先拥有他们的票据,中间人的票据只有在兑换成商家的票据之后才能够体现其价值。这个特点决定了它的局限性。在 Millicent 中,由于系统部分实现了共享密钥机制,使系统的存储和计算负担增加。同时,由于凭据是针对特定商家的且最终由商家产生和验证,所以顾客不能验证凭据的真伪,使商家和客户处于不平等的交易地位。此外,当客户与多个商家进行交易时,针对每一个新的商家,用户都要请求一个新的票据,因此整个协议的效率受到了较大的影响,比较适合于用户和商家具有较长久的关系且允许支付小于现有货币面额的场合,即用户很少更改浏览和使用的网站,Millicent 对经常更换商家的顾客效率不高。

2. SubScrip

为了减少同经纪人的在线通信消耗,有些微支付机制没有使用第三方经纪人,而是在用户与商家之间直接进行支付,当达到一定的支付额或一定时期后,商家可以通过一次传统的宏支付完成所收集到的多次微支付。这种机制比较适合对某些商家的重复支付。

典型的机制为 SubScrip,它基于预支付机制,无须对顾客进行身份验证;且支付只须商家在本地验证,而不需要第三方参与在线清算。同样,对一个新的商家进行支付时,也需要一个初始化过程,这对于短时间内对同一商家的重复消费是有效的。SubScrip 不需要介于顾客和商家之间的代理,而是使用一个顾客和商家都认可的宏支付系统担任这个角色,该宏支付用于在商家处建立一个临时账号,以进行后续的购买。所以 SubScrip 中顾客的匿名性也依赖于该宏支付系统。SubScrip 中的账号标识 ID(可以看作顾客和商家之间的共享密钥)以明文形式编码在 SubScrip 票据中,以同商家数据库中的相应账号对应。当进行购买时,顾客把 SubScrip 票据提交给商家,商家通过检查数据库验证票据的有效性。支付后的数额从数据库账户中扣除,然后产生一个新的账号标识 ID 和新的余额票据,并连同购买的信息或服务结果返回给顾客。顾客把新的 SubScrip 票据保存在本地,以备后用。

与 Millicent 中的凭据(电子硬币)不同,SubScrip 票据本身不具有任何价值,只是通过票据中的顾客标识在商家数据库中查找相应账号,真正的价值存在于商家的数据库中。SubScrip 票据只在商家处有效,且本身的交易额小,所以可以在一定程度上防止 SubScrip 票据的非法截获和使用。因此,SubScrip 只适用于那些安全的网络或截获的微支付价值低于截获者耗费的场合。

为了提高安全性,SubScrip 可进行公钥扩展,在建立账户的宏支付中,顾客把自己的公钥 PK 发送给商家,商家发送信息或新的票据时可使用该公钥进行加密,如{New_accountID} Pku,但公钥的引入会极大地降低微支付的效率。对于这类微支付而言,对每一个商家,顾客都要保留一个共享密钥。当商家较多或商家的更换频率较快时,仅是顾客端密钥的管理就是一个很大的负担。有人提出了一种密钥管理方式,它由顾客选择一个密钥 K_c,并根据需要利用顾客标识 ID_c 和商家标识 ID_v 产生顾客和商家的共享密钥,用表达式 $K_{cv} = f(ID_c, ID_v, K_c)$ 表示新产生的密钥 K_{cv},商家的公钥加密后发送给商家,该密钥只用于特定的商家。当需要更换或更新密钥时,可根据 K_{cv} 在顾客端和商家端分别导出新的密钥,如 $h(K_{cv}, n)$,其中 n 为整数,可根据密钥的更换次数增加,这样可以避免密钥的传输。

3. MicroMint

MicroMint 是由 Ronald L Rivest 和 Adi Shmir 提出的一种微支付体制,它基于唯一标识的离线电子现金,涉及交易的三方是顾客、商家和代理。MicroMint 是一个预付制的小额付款机制,使用者在使用前必须以其他电子支付工具向中介商购买后续进行小额支付用的代币,MicroMint 用 k 向哈希函数碰撞(Hash Function Collision)表示一个支付的代币,即 MicroMint 建立在哈希函数冲突原理基础之上。单向哈希函数 h 把 x 映射到另一个具有固定长度的 $y=h(x)$ 值。当两个不同的值(如 x_1 和 x_2)都被 h 映射到同一个值 y 时,即 $h(x_1)=h(x_2)=y$,则出现了哈希函数 h 的一个(双向)冲突。一般情况下,当 k 个不同的输入值 $x_1,x_2,\cdots,x_k$ 都被 h 映射到同一个值 y 时,即 $h(x_1)=h(x_2)=\cdots=h(x_k)=y$,则会出现一个 k 向哈希函数。

在 MicroMint 中,所谓的 k 向哈希函数碰撞是有 k 个不同的哈希函数输入值有相同的输出值,中介商利用这一组哈希函数输入值当作一枚代币交由使用者使用,商店在收到代币后只需要进行 k 次的哈希函数运算就可验证这枚代币,至于 k 的大小则可以由中介商依据所需的安全性及每枚代币所代表的金额进行调整。相关的数据如表 5-4 所示。

表 5-4　哈希函数的碰撞

碰 撞 形 式	双　向	k 向
首次可能产生的碰撞点	$2^{n/2}$	$2^{n(k-1)/k}$
经 C 次运算后可能的碰撞次数(首次碰撞产生后)	C^2 次碰撞	C^k 次碰撞

注:n 所代表的是哈希函数输出值的长度。

表 5-4 是利用生日悖论(Birthday Paradox)推导的,可以了解这个方法并巧妙地反向利用生日攻击法的特性,将制造代币的门槛值,也就是首次碰撞点延后到相当大量的运算之后,但又能够在首次碰撞点后快速而大量地产生代币。MicroMint 提供了极高的验证效率,但在目前计算机运算速度快速增长的状况下,MicroMint 必须不断选用安全性更佳的安全哈希函数,以更高的运算门槛确保 MicroMint 的代币不会被伪造。在 MicroMint 中,一个硬币由 k 向哈希函数冲突代表,k 一般取 4。所以,一个 MicroMint 货币由一个 4 向哈希函数冲突代表,即由 4 个具有相同哈希值 y 的输入值 x_1、x_2、x_3、x_4 组成:$C=\{x_1,x_2,x_3,x_4\}$,它代表一定数量的小额钱,如一分。

在 MicroMint 中,货币由代理铸造并销售给顾客。为了铸造 MicroMint 货币,需要找到多个具有相同哈希值 y 的 x 值,其计算成本取决于 x 和 y 的比特长度。铸造前几个货币的成本会很高,但随着货币量的增加,成本会越来越低。制造货币的代理也可以使用特殊的软硬件系统。同其他微支付类似,代理建立并维护顾客和商家的账号,并通过宏支付进行结账。顾客从代理处购买 MicroMint 货币并在商家处消费,商家通过离线方式在代理处结算。MicroMint 是同现实生活中的货币最为接近的微支付机制。

和 Millicent 一样,MicroMint 不使用公开密钥加密,节省了大量的计算成本。MicroMint 也不需要共享密钥。在一枚货币中的全部信息都是公开的。因此,它不像 Millicent 会在商家和代理都必须知道顾客的共享密钥而验证的地方产生瓶颈。当顾客与一个新的商家建立交易时,代理是离线的。与 Millicent 不同,一个 MicroMint 用户不需要从代理那里购买商家票据。MicroMint 中也存在大量的资源浪费。在 MicroMint 中,货币的产生不是基于需要,而是事先就大量产生的,这就浪费了大量的资源。

总而言之,MicroMint 是一种典型的微支付协议,它没有采用公钥技术,安全性较低,但效率较高,适合于低额度电子支付。MicroMint 使用代理产生货币,产生的货币没有使用签名，很容易被任何人验证，但不容易伪造。代理把货币销售给顾客，顾客再把这些货币提交给商家用于支付。MicroMint 一般是基于信用的，用户在真正付款之前就可以完成交易并获取所需的信息（如查看信息和下载软件等），所以对于用户的重复消费（同一个凭据使用两次）和恶意消费（所购买信息的总价值超过了其真实账户中的货币余额）没有良好的控制措施。MicroMint 为了预防重复使用，需要中央资料库记录未使用过的硬币。由于硬币的币值很低，因此商店收到硬币时可以选择不立即清算。

5.5.5　微支付的应用和发展

对微支付的研究有许多不同的方向，如移动微支付、微支付的公平性研究、具有认证功能的分布式微支付研究和采用新的安全技术的微支付机制等。

结合移动通信和移动电子商务中支付的特点，微支付在移动计费中的应用也显得越来越重要，将微支付哈希链应用到移动通信中的实时计费，以实现漫游和多方移动通信中的计费和支付，并对虚拟渠道提供商（Super Virtual Provider，SVP）微支付协议进行了改进，使其可以有效地应用在无线通信环境。根据微支付和移动通信的特点，研究基于微支付的移动通信支付和认证模型是目前微支付发展中最有潜力的方向之一，日本的 DoMoCo 公司提出的 i-mode 是将微支付应用于无线通信的最为成功的典范。

微支付面额小而要求效率高等特点，使得它实现完全的公平性是不可行的，当交易量较小时，微支付的公平性研究也没有多大的必要性；但当微支付的交易数量特别大时，如何采用有效的措施实现微支付的公平性将显得尤为重要。例如，在 PayWord 系统的基础上可以将每一个 PayWord 链分成两部分，交易开始时提供给商家一部分，接受了服务后再支付另外一部分。因为把支付哈希链分成了两部分，所以这种支付的公平性只适用于单元支付（即对每一个付费单元提供一次服务）的情况，而对多个支付单元的单次服务却没有太多制约。

通过对一些分布式环境下的认证协议（如 Kerberos）进行扩展和改进，可以很容易派生出分布式微支付机制，且可充分利用现有的认证基础设施。同样，对某些微支付机制，特别是基于哈希链的微支付方式，实现支付和认证的有效结合在某些分布式环境下（如移动通信）比较有效，这也是微支付需要研究的问题之一。

采用一些新的公钥密码技术（如椭圆曲线密码）替代现有的 RSA 密码算法，可以在充分利用公钥密码技术特性的基础上有效提高系统效率，这也是微支付发展中一个很引人关注的话题。

总之，微支付作为电子现金的一种支付形式，是目前电子支付发展的一个新方向，在满足安全性的前提下，它具有简单、高效的优点，且每一笔交易的费用都非常低。

思考题

1. 简述信用卡交易是如何授权的。
2. 举例说明数字货币有哪些类型。
3. 如何得到比特币？比特币的特征有哪些？

4. Libra 是什么？Libra 与比特币有何区别？

5. 比较电子支票与传统支票的异同。

6. 简述中国银行电子钱包的使用过程并实际使用。

7. 什么是微支付？其特点是什么？

综合实训

1. 登录一家银行网站，了解信用卡的还款方式有哪些（至少 3 种以上并做简单的解释）？如果逾期未还款，则利息如何计算。

2. 比特币如何使用？比特币的法律现状如何？你对比特币的评价如何？

3. 谈谈你对央行未来发行数字货币的一些建议。

第 6 章

网络银行

本章学习目标

- 掌握网络银行、手机银行的基本概念和特点。
- 掌握网络银行的基本业务构成和系统功能。
- 了解银行自动化应用的发展过程。
- 掌握网络银行发展的模式和发展形式。
- 了解国外网络银行和我国网络银行的发展状况。

6.1 网络银行概述

6.1.1 网络银行的概念

网络银行,或称网上银行、电子银行、虚拟银行,在英文中表示为 e-bank、electronic bank、netbank、cyberbank 等,是一种虚拟银行,是电子银行的高级形式。它无须设立分支机构就能通过互联网将银行服务铺向全国以至世界各地,使客户在任何地点(Anywhere)、任何时刻(Anytime)能以多种方式(Anyway)方便地获得银行的个性化、全方位服务,因此网络银行又被称为"3A 银行"。

网络银行具有强大的生命力,是 21 世纪电子银行发展的主流形式,它不仅快速抢占传统的银行业务,还创造各种新需求,使金融服务突破时空限制,不断拓宽金融服务领域和金融创新空间,提高金融服务质量,吸引更多具有高价值的客户。银行要抓住这次难得的历史机遇,不失时机地发展自己的网上银行服务。

处于全球信息化进程中的银行首先要成为电子商务的有力推进者,要为所有参与电子商务的各方提供网上支付服务;同时还要通过互联网将各类电子银行服务,特别是将家庭银行服务和企业银行服务推向全球;在此基础上还要进一步推行金融创新,为客户提供更多、更好的金融服务产品,提高银行的信息化水平,强化银行的风险管理,有效地降低金融服务成本,创造新的赢利空间。

1. 网络银行发展的四个阶段

网络银行业务的发展经历了一个从最初的形象宣传到进行各种金融交易的过程,按照网络银行经营业务的范围,可以将它的发展划分为四个阶段。

第一阶段:银行上网。在该阶段,银行设立站点,宣传自己的经营理念,介绍银行的背景知识以及所开办的业务,通过互联网这个信息传播媒体树立自己的形象,拓展社会影响力,更广泛地吸引市场资源。

第二阶段:上网银行。在这个阶段,商业银行往往将已开办的传统业务移植到互联网上,将互联网作为银行业务的网上分销渠道。

第三阶段:网上银行。在这个阶段,银行往往针对互联网的特点,建立新型的金融服务体系,创新业务品种,摆脱传统业务模式的束缚。同时,在提供标准化服务的基础上,逐步建立起以客户为中心的经营管理模式,更深入地分析市场与客户的需求,以提供智能化的财务管理手段为依托,建立起面向客户的个性化服务模式。

第四阶段:网银集团。这是一个基于 Extranet 的广泛应用,它是以网上银行为核心,涉及保险、证券、期货等金融行业以及商贸、工业等其他相关产业的企业集团。在互联网经济市场充分发展的背景下,网银集团树立起以网上银行为核心纽带的互联网托拉斯企业,逐步实现以数字技术为手段,高效管理社会的各种经济活动。

2. 网络银行概念

在英文文献中,网络银行与电子银行这两个概念经常具有同样的含义。电子银行(electronic bank 或 e-bank)不是一个新概念,国内学者认为,电子银行由公司银行(Firm Bank,FB)和家庭银行(Homc Bank,HB)构成,前者是金融机构与各公司、政府或事业单位的计算机联机,后者是金融机构与各个家庭的计算机或终端联机。从这个意义上说,电子银行与网络银行之间存在差别。

由于网络银行的快速发展,其标准、发展模式还处于不断演变之中,人们目前很难给网络银行做出一个规范的理论定义。

张民在其《网上银行》一书中认为,"网上银行"(i-bank)就是指采用互联网数字通信技术,以互联网作为基础的交易平台和服务渠道,在线为公众提供办理结算、信贷服务的商业银行或金融机构,也可以理解为互联网上的虚拟银行柜台。欧洲银行标准委员会将网上银行定义为:利用网络为通过计算机、网络电视、机顶盒及其他个人数字设备连接上网的消费者和中小企业提供银行服务的银行。

因此,广义地说,网上银行即网络银行,是指银行利用互联网这一公共资源及其相关技术为客户提供各种金融服务的电子银行。也就是说,网上银行是在互联网上建立一个虚拟的银行柜台开展各项金融服务,用户可以不受上网方式和时空的限制,如用户可以通过个人计算机、掌上电脑、手机或其他数字终端设备,采用拨号连接、专线连接、无线连接等连接方式登录互联网,只要能够上网,无论在家里、办公室还是在旅途中,都能够安全便捷地享受全天候的网上金融服务,如查询及转账、申请月结单、支票簿等;可在网上进行证券及外汇买卖,并可查询股价、汇价、金价以及利率等。

网络银行包括三个要素。

- 网络。
- 网上金融服务的提供者。
- 网上金融服务的消费者。

而通常所说的电子银行是指商业银行利用计算机和网络通信技术,通过语音或其他自动化设备,以人工辅助或自助形式,向客户提供方便快捷的金融服务。常见的 ATM/POS 系统、无人银行等银行服务形式都属于电子银行的范畴。因此,网上银行有别于传统的电子银行,它可以看作是电子银行的一种,是电子银行的高级发展形式。

6.1.2　网络银行的分类

1. 按服务内容分类

网络银行按其服务内容可分为广义和狭义两种。

广义的网络银行是指在网络中拥有独立的网站,并为客户提供服务的银行,这种服务可以是以下几种。

- 一般的信息和通信服务。
- 简单的银行交易。
- 所有银行业务。

广义的网络银行几乎涵盖了所有在互联网上拥有网页的银行,尽管这种网页有可能仅是一种信息介绍,而不涉及具体的银行业务。英美和亚太一些国家和地区的金融当局普遍接受这种定义,如美联储对网络银行的定义为:网络银行是指利用互联网作为其产品、服务和信息的业务渠道,向其零售和公司客户提供服务的银行。英国货币监督署(OCC)认为,网络银行是指一些系统,利用这些系统,银行客户通过个人计算机或其他智能化装置进入银行账户,获得一般银行产品和服务信息。英国金融服务局对网络银行的定义是:网络银行是指通过网络设备和其他电子手段为客户提供产品和服务的银行。

　　狭义的网络银行是指在互联网上开展一类或几类银行实质性业务的银行,这些业务包括上述的后两条,但不包括第一条,一般都执行了传统银行的部分基本职能。国际金融机构、欧洲央行(ECBS)倾向于采用这种定义。如根据巴塞尔银行监管委员会的定义,网络银行是指那些通过电子渠道提供零售与小额产品和服务的银行,这些产品和服务包括存款、账户管理、金融顾问、电子账务支付以及一些诸如电子货币等电子支付的产品与服务。欧洲银行标准委员会将网络银行定义为:那些利用网络为通过使用计算机、网络电视、机顶盒及其他一些个人数字设备连接上网的消费者和中小企业提供银行产品和服务的银行。

　　2. 按存在形式分类

　　网络银行按其存在形式可分为混合型网络银行和纯网络银行两类。

　　混合型网络银行(incumbent bank)是一种依附于传统银行的模式,即将网络银行作为传统银行的一个新的业务部门。因为对于传统商业银行而言,网络银行通常只是原有银行的一个事业部或是由它控股的子公司,是银行发展新客户、稳定老客户的一种手段。这种网络银行模式是在现有传统银行基础上运用互联网服务,通过其发展家庭银行、企业银行、手机银行等服务。这类银行机构密集,人员众多,一般已经具有一定的品牌知名度,在提供传统银行服务的同时推出网络银行的综合服务体系。

　　纯网络银行是一种虚拟性质的银行,也可以称为"只有一个站点的银行"或在线银行,这类银行一般只有一个办公地址,既无分支机构,也没有营业网点,它是完全依赖于互联网发展起来的全新电子银行,此种银行几乎所有的银行业务交易都依靠互联网进行。从业务经营方式来看,它又称为直接银行(direct bank),即发起人重新建立一家经营范围仅限于网络银行的子公司,除资本纽带外,在品牌、产品开发、企业文化和企业形象上,新的银行都有别于其发起人(公司)。这种银行机构少,人员精,采用电话、互联网等服务手段与客户建立密切的联系,提供全方位的金融服务。这种模式一般被市场的新成员所采用,其目的是通过全新的品牌形象和客户服务迅速进入新市场,并力争占领市场的一定份额。典型代表是成立于1995年的SFNB,随后是1996年成立的耐特银行(Net. B@nk),1998年成立的Telebank和CompuBank银行,各银行概况见表6-1。

表6-1　四家纯网络银行的比较

比较项目	银　　　行			
	SFNB	Net.B@nk	Telebank*	CompuBank
在线推出日期	1995 年 10 月	1996 年 10 月	1998 年 6 月	1998 年 10 月
年销售额/百万美元	10.8	18.1	100.1	1.2
员工数	300	40	96	13
市值/百万美元	N/A	1030	710	N/A
总资产/百万美元	110	388	2283	N/A
账户数	12 000	25 000	70 000	N/A
母公司	Royal Bank Financial Group	Net.B@nk,Inc.	Telebank Financial Corporation	CompuBank

　　* Telebank 的统计数据是母公司的,包含没有网络银行业务的客户。

　　资料来源:First USA research,1999。

目前欧洲的许多非银行机构大多采取此种方式进入银行业务领域。德国的 Entrium Direct Bank 是直接银行的代表,它在 1990 年作为 Quelle 邮购公司的一部分成立于德国,最初通过电话线路提供金融服务,1998 年开辟网上银行系统,目前已经成为德国乃至欧洲最大的直接银行之一。

6.1.3　网络银行的特征

1. 3A 式服务

在各种安全机制的保护下,客户可以随时随地通过互联网办理各项银行业务,享受一种在任何时间(Anytime)、任何地点(Anywhere)以多种方式(Anyhow)提供金融服务的全天候银行。网络银行突破了时间、空间的限制,利用互联网技术把自己和客户连接起来,进行充分的信息交流,实现以客户为中心的 3A 式服务。

2. 打破了传统商业银行的结构和运行模式

传统电子银行采用的是封闭的专用金融网络,而网络银行建立在开放的互联网之上,这是网络银行与传统银行的根本区别。网络银行以互联网为基础,它不再需要在各地设置物理性分支机构以扩展业务,因此组织结构和人力资源构成将与传统银行有本质的区别,其营销渠道和营销策略也发生了根本的变革。网络银行不仅起到方便客户、降低经营成本的作用,还打破了传统金融业的专业分工,模糊了银行业与证券业、保险业之间的界限,银行业由此不仅能够提供存款、贷款、结算等传统业务服务,而且可以更方便地提供客户投资、理财、保险等综合性全方位的金融服务,为商业银行的经营创新提供了新的空间。

3. 银行业务运营的电子化、标准化

传统银行使用的票证被全面电子化,如电子支票、电子汇票和电子收据等,同时全面使用网络货币即电子钱包、电子现金和安全零钱等。随着银行的业务文件和办公文件电子化,签名也数字化了;票据和文件的传送也网络化了,往来结算也由电子资料交换进行。这些都要求所有网络银行提供标准化的服务接口,即通过网络银行业务服务的标准化,使得提供的服务速度快、效率高、内容广、成本低。这样,客户不必到银行柜台,通过网络银行就可以获得令人满意的服务。

6.1.4　网络银行的服务功能

网络银行的业务一般包括两类。

(1)传统商业银行的业务品种的网上实现。传统商业银行把网络银行作为自身业务品种的一个新兴的分销渠道对待,这类业务基本上在网络银行建设的初期占据主导地位。

(2)针对互联网的多媒体互动的特性而设计提供的创新业务品种。以美国为例,几家纯网络银行的服务产品种类比较见表 6-2。开办这类业务的银行在组织机构和业务管理模式上彻底打破了传统商业银行的各种条条框框,成为真正意义上的网络银行。

表 6-2　几家纯网络银行的产品种类比较

产品种类	银 行				
	WingspanBank.com	SFNB	Net.B@nk	Telebank	CompuBank
有利息的支票账户	×	×	×	×	×
储蓄账户		×	×	×	×
柜员机服务	×	×	×	×	×
信用卡	×	×	×		
分期贷款	×				
房屋净值贷款	×				
大额存单	×	×		×	×
抵押贷款信息			×	×	
投资服务 　最新市场新闻 　免费研究报告及价格查询 　在线交易(收手续费)	× × ×		× × ×		
保险 　汽车 　房主财产 　租赁 　人寿 　健康	× × × × ×				
账单支付	×		×		×
理财规划工具	×		×		
投资工具	×		×		
资金市场		×	×	×	×

资料来源：First USA research,1999。

网络银行提供的服务可分成基础服务和衍生服务两大类。

(1) 基础服务是传统银行服务在网上的复制和延伸,如银行零售和批发服务、资金转账等。

(2) 衍生服务是利用互联网的优势为客户提供的基于互联网的全新的金融服务品种,主要包括网上支付、网上信用卡业务、网络理财、网上金融信息咨询、网上消费贷款业务,以及通过网络向客户提供由其他金融机构所提供的金融产品和服务等。

网络银行基础服务包括以下内容。

(1) 银行零售业务。典型代表是家庭银行,主要包括网上开户、清户、账户余额查询、利息的查询、交易明细查询、个人账户挂失、票据汇兑、电子转账等。

(2) 银行批发业务。主要表现形式为企业银行,主要服务对象是企业集团或单独的企业。业务内容涵盖查看账户余额和历史业务情况,不同账户间划转资金,外汇资金的汇入和汇出,核对账户,电子支付雇员工资,获取账户信息明细,了解支票利益情况,打印显示各种报告和报表,如每日资产负债表、余额汇总表、详细业务记录表、付出支票报表、银行明细表、历史平均数表等。另外,银行同业的拆借、往来资金的清算和结算也是其主要的批发业务。

网络银行衍生服务包括以下内容。

(1) 网上支付。网上支付服务已经成为判断一家银行是否能够被称为标准网络银行的必要条件。而且随着电子商务发展的深入,许多商家已经意识到网上支付服务中潜在的丰厚利润,这使得提供网上支付服务的竞争异常激烈。

(2) 网上信用卡业务。这种业务包括申办网上信用卡,查询信用卡账单,银行主动向持卡人发送电子邮件,信用卡授权和清算。如果银行存有持卡人的 E-mail 地址,那么银行每月可向他们提供对账单,让客户更快地收到信息,提高银行的工作效率,并节约了纸张。银行在网上还可以对特约商户进行信用卡业务授权和清算,传送黑名单、紧急止付表等。

(3) 网上投资理财服务。投资理财可以有两种方式:一种是客户主动型,客户对自己的账户及交易信息、汇率、利率、股价、保险费率、期货行情、金价、基金等理财信息进行查询,使用或下载银行的分析软件帮助分析,按自己的需要进行处理,满足各种特殊需求;另一种方式是银行主动型,银行可以把客户服务作为一个有序进程,由专人跟踪进行理财分析,提供符合其经济状况的理财建议及相应的金融服务。

(4) 网上金融信息咨询服务。金融信息是个人、公司及政府机构进行投资决策、管理活动、制定经济发展规划的依据,它涉及的范围非常广泛,如汇率、利率、股价、保险、期货、金价、基金等以及政府的金融行业政策、法律法规等。在电子金融时代,社会公众对金融信息有着越来越强烈的需求,网络银行可以通过向用户提供这些金融信息获得收益,并赢得潜在的顾客群。

(5) 网上消费贷款服务。即使在发达国家,在传统的消费信贷市场上,消费者的贷款过程也被概括成枯燥乏味和烦琐。因为对于消费者来说,收集有关消费信贷服务的信息非常费时,即使收集了信息,但由于缺乏消费信贷知识,也无法据此选择出对自己更为有利的贷款商品。另外,贷款手续的烦琐也往往使潜在的消费者望而却步。网络在信息传输和处理上具有的随时性、及时性和双向性等特征使网上消费贷款服务成为可能。

网络银行已不仅仅限于提供传统的银行产品和服务,作为重要的支付中介,由于它经常被各种客户光顾,因此获得了一种资源——注意力,进而使它成为保险公司、证券公司、共同基金等非银行类金融机构的合作伙伴。这些公司可以通过网络银行的网站销售自己的金融服务和产品,从而获得一种新的销售渠道;而网络银行除获得由这些产品和服务的销售所产生的网上支付服务的佣金之外,还能获得这些非银行金融机构为换取新的销售渠道所支付的报酬,从而缔造一个双赢的局面。

6.2　网络银行的发展模式及开发形式

6.2.1　网络银行的发展模式

1. 纯网络银行的发展模式

如前所述,所谓纯网络银行或直接银行,是指那些仅仅凭借互联网开展银行业务的独立经济组织,它们一般都没有店面柜台,也没有分支机构。世界上第一家网络银行 SFNB 就是一家典型的纯网络银行,它在经营之初就得到了政府监管机构的认可,并且加入了美国联邦储蓄保险公司(FDIC),它通过互联网网络提供全球范围的金融服务。

纯网络银行遵循这样一种战略,即把从管理费用中节省出来的部分返还给客户。这体现在给储蓄账户以及大额存单支付更高的利息,而其他服务向客户收取低的手续费。

纯网络银行的发展有两种不同的经营理念:一种是以印第安纳州第一网络银行(First Internet Bank of Indiana,FIBI)和 WingspanBank 为代表的全方位发展模式;另一种是以休斯敦的康普银行(CompuBank)为代表的特色化发展模式。

1) 全方位发展模式

对于采用这种发展模式的网络银行而言,它们并不认为纯网络银行具有局限性。它们认为随着科技的发展和网络的进一步完善,纯网络银行完全可以取代传统银行。它们还认为纯网络银行应该提供传统银行所提供的一切服务。这些纯网络银行始终致力于中小企业,如 FIBI 通过推出的"中小企业贷款服务",从而改变了纯网络银行没有企业贷款服务的历史。

WingspanBank 是美国第一银行的分部创建的纯互联网的金融服务信息媒介,它发现一些客户必须通过单独的网站进行各种交易活动,这些客户希望在线处理一系列金融交易,例如证券抵押、贷款、投资、申请信用卡、支付账单等,从而意识到在线银行不仅能够而且应该给个人提供他们所需的所有金融服务。因此,它提出自己作为纯网络银行的定位将是"第一个大型的,包含广泛、充实且有大量不同产品的纯网络银行及金融服务网站"。WingspanBank 为了实现它的全方位发展模式,首先建立了 4 个即期目标:开发新客户,交叉销售产品,维护网站一致性,提供美妙的客户体验。另外,公司通过广泛地与 Microsoft、美国在线、IBM 等公司合作,培养并建立关系网,获得有关互联网的经验,因此它能提供一个方便、集中的地点,让客户获得所有的金融服务。

2) 特色化发展模式

持有这种经营理念的纯网络银行也许更多一些。它们承认纯网络银行具有局限性,与传统型银行相比,纯网络银行提供现金服务要少得多。例如,由于没有分支机构,它们无法为中小企业提供现金管理服务,也不能为客户提供安全保管箱,纯网络银行若想在竞争中获取生存,就必须提供特色化的服务。这类银行的代表就是 CompuBank,这家位于休斯敦的纯网络银行只提供在线存款服务。在 CompuBank 的高级管理人员看来,纯网络银行若想在竞争中获取生存,必须提供特色化的服务。因此,纯网络银行应该专注于具有核心竞争力的业务,其他的业务则可以让客户在其他银行获得。另一个例子是 Net.B@nk,它曾经是仅次于 SFNB 的纯网络银行,在 1999 年一季度末,它的存款已经达到 3.327 亿美元,在后者被收购以后,它成为纯网络银行的领头羊。它们的服务特色在于以较高的利息吸引更多的客户。

2. 混合型网络银行的发展模式

由于这种银行模式是在原有银行的基础上投资建立的网上业务渠道,其目的是进一步巩固现有客户基础,降低服务成本,提高经营效率,因此,它可以充分延伸银行原有的品牌优势,并利用网络渠道优化自身形象,改善客户关系,扩大产品的市场占有率,最终实现传统业务与网上银行的协调发展。目前,它主要有收购已有的纯网络银行和发展自己的网络银行两种发展模式。

1) 购并模式

即收购现有的纯网络银行。加拿大皇家银行(Royal Bank of Canada,RBC)是加拿大规模最大、盈利能力最好的传统商业银行之一。100 多年来,加拿大皇家银行在美国只是从事银行批发业务。1998 年 10 月,它以 2 亿美元收购了 SFNB 除技术部门以外的所有部分。加拿大皇家银行进行收购的战略目标有两个:一是为了扩大其在美国金融市场的业务和份额,通过收购 SFNB,它可以迅速介入美国的银行零售业务市场;另外一个战略目标是,它可以利用这次收购将银行业迅速拓展到一个新兴的、飞速发展的领域。这次收购使 RBC 立即站在网络银行发展的最前沿。

2) 延伸模式

即发展自己的网络银行业务。更多的传统银行是凭借其原有品牌和产品服务优势,利用原有的 IT 部门或是与计算机软件商合作,发展网络银行业务。如美国加利福尼亚州的 Wells Fargo 银行,它作为美国最著名的商业银行之一,在 10 个州拥有自己的营业机构,管理着数千亿美元的资产。它为了实现适应客户多变的交易偏好并降低交易成本的战略目标,早在 1992 年就开始建设自己的网络信息系统,为开展网络银行业务奠定了基础。它调查发现,客户除了要求查询账户余额、交易记录、转账、支付支票、申请新账户和签发支票等基本银行业务外,还需要一种有关账簿管理、税收和财务预算的服务。1995 年,它与 Microsoft 公司、Intuit 公司建立战略联盟,发展网络银行服务,从而在稳定老客户的基础上进一步开拓了市场份额。

需要说明的是,也许是受金融监管的限制,目前我国还没有一家纯网络银行。我国商业银行的网上业务多采用延伸模式,即通过构建网上银行业务部门,将现有的银行业务扩展到互联网上,但传统业务与网络业务还需要进一步整合。

6.2.2　网络银行的开发形式

网络银行作为现代技术应用的产物,其技术开发战略十分重要,就目前网络银行系统的开发建设形式而言,无论是传统的商业银行,还是新兴的纯网络银行,一般有外包型、独立开发和合作开发三种开发模式。

1. 外包型

外包型即选购现成的软件包。这种方式直接选用 IT 厂商推出的各种现成的网络银行解决方案。美国的许多网络银行采用的就是这种方式。如 Wells Fargo 的一部分个人银行业务选用的就是 Microsoft 公司的 Money 和 Intuit 公司的 Quicken 等个人银行系统。

这种模式的优势是开发周期短、速度快、经济和方便;其缺点是受 IT 厂商的制约太大,这种捆绑对于网络银行业务的长远发展是不利的。由于这种捆绑效果使银行无法迅速和灵活地适应变化了的客户需求,因此无法显示自己的服务特色,无法完全按照自己的意图开发新产品,更无法在网上建立自己的品牌。它的另一个缺点是,这些商用软件公司(如 Intuit 和 Microsoft)会成为供应链上的控制者,制约银行自主选择商户,也就是说,软件公司将决定银行对于供应链中的业务合作伙伴的选择。根据 1994 年美国莱斯利·威尔科克斯(Leslie Wilcox)等的《信息技术外包指南》报告,在对 76 个组织的 223 个信息技术外包合同的调查中,他们发现隐蔽的成本构成了信息技术外包业务中的最大问题。在每一个供应商撰写的合同中都存在隐蔽成本,有的隐蔽成本加起来甚至高达 100 多万美元。这是我国网络银行推行外包战略时应充分考虑的问题,要加强对合同细节的审查和修改,通过合同附件或参考条款等形式明确细节内容。

美国大陆银行采取的是完全的技术外包战略。它一反商业银行恪守的保持对信息技术完全控制的传统,与 IBM 公司的系统集成公司(ISSC)签订了为期 10 年、金额达数百亿美元的信息技术外包合同。它将银行资源集中起来营造其核心业务——掌握客户的需求并与客户建立良好的关系。美国大陆银行认为,执行这种几乎完全放弃对信息技术控制的战略,是它服务于客户的经营理念和宗旨的自然体现。技术外包后,商业银行面临的两个关键问题同样出现在美国大陆银行面前,即维护现有系统的软件和开发新的应用程序。网络银行项目外包失败通常出现在这两个问题上,但美国大陆银行较好地从法律上和项目管理上解决了这两个问题。据估计,美国大陆银行与 ISSC 的合作每年能节省 1000 万美元的开支。

美国大陆银行的成功经验可以概括为以下五点:一是商业银行应关注核心业务,而不是信息技术;二是商业银行要适当控制信息,当外包计划还不成熟时,为了保持职员的效率和士气,应适当控制这种计划信息;三是尽早确定与外包供应商的关系;四是保证实现对业务单元的控制权,外包不是将包袱外抛,业务单元的决策权还在银行方面;五是选择外包供应商不是单纯地选择一个卖主的问题,也不能仅仅听卖主的推销意见,银行方面应尽量获得各种管理咨询的意见,以确定从多角度客观评价外包供应商长期合作的能力和意愿,并从法律规则的角度确定双方的权利和义务。

2. 独立开发

独立开发即银行自己组织技术力量,完全自主地开发建设网络银行项目。这种模式的优势是由于银行了解业务,开发出来的系统有较强的灵活性,且可以依据业务的变化随时调整系统;不足之处在于信息技术更迭较快,银行一般并不擅长软件开发,而且它们没有像软件公司那样拥有持续的资源以支持以后的开发和升级服务。我国的招商银行采取的就是这种完全独立的开发战略,它的开发经验是"四个统一",即统一开发、统一硬件、统一软件和统一使用。招商银行在国内金融软件公司没有成长起来时,在深圳总行成立了计算机中心,统一进行技术开发,然后将产品向各分行推广。到 2000 年,招商银行计算机中心有 200 多人。可以说,在纯技术上,招商银行与国有大银行相比并没有很大的优势。招商银行处于领先地位的基础,一是具有先行者优势,二是在相当程度上依靠其全国统一的系统装备基础,如统一的柜台联网、ATM 和 POS 联网等。

3. 合作开发

合作开发即混合型开发。它一方面依靠自己的技术力量和决策主动权,同时在 IT 厂商的帮助下进行合作开发。为了克服第一种开发模式造成的捆绑效应,又充分考虑技术的发展,许多银行在网络银行开发上采取了与 IT 厂商合作的开发模式。具体做法如下。

(1) 投入前所未有的大额资金建设信息构架、技术基础架构和在线银行产品服务,以对付来自非银行界的威胁,并且彻底改变银行对零售客户的服务。

(2) 对于不是自己核心能力的相关技术方案与软件开发商合作,自己的业务人员积极配合。由于软件开发商始终关注信息技术的快速变动,且它不局限于本项目的应用,从而能以规模经济的低成本提供更好的软件产品。

(3) 寻找可以直接连接客户,中间人、银行和第三方服务提供商的在线金融供应商,这些金融供应商的目标是提供终端客户最佳的服务品质和最便宜的售价。通过这种通力合作的模式产生规模效益和正反馈效益,即这样做的目标就是借提供越来越多客户且越来越便利的服务,以获取客户的忠诚度。

中外网络银行多采用这种与 IT 厂商合作开发的混合战略。例如,1990 年美国第一诚信银行集团就将部分信息技术业务外包。我国目前的网络银行系统基本上采用的就是这种模式,如中国建设银行总行网络银行项目与惠普公司合作,中国建设银行广东省分行网上企业银行项目与信雅达公司合作等。这种模式的优势是开发出的系统具有较强的灵活性,且可以随时应付技术环境和用户需求的变化。

6.3　网络银行平台建设及发展策略

6.3.1　网络银行的业务处理平台

1. 传统银行业务处理系统的弊端

传统银行的后台业务处理系统与现有的网络银行系统中的后台业务处理要求相比已不适应现代化商业银行发展的需要,这主要表现在以下四个方面。

1) 业务的管理模式方面

传统银行服务以柜台业务为主,网络银行则要求以客户自助服务方式为主。现行的后台业务处理系统在风险控制、事中审核、事后监督等方面,仍按照传统的柜台业务处理流程进行设计,是对手工的简单代替。

2) 业务的处理模式方面

传统银行往往以产品为中心进行管理,各级业务部门是业务处理的主体。而网络银行为满足客户服务的个性化需求,势必要求银行对原有的业务处理流程和组织结构进行深度重组,即要求后台业务处理系统支持跨部门的业务处理,并能够对全过程进行跟踪管理。但现有的后台业务系统往往以联机交易处理为主,对资源的配置管理局限于职能部门内部,对跨部门业务处理的支持能力很弱。

3) 信息采集方面

现有后台业务处理系统的信息处理不能完全共享,并且只对与业务有直接相关性的信息进行采集和加工,信息内容有限,导致客户关系管理、客户行为分析、市场分析所需要的信息都散失在不同业务处理过程中。

4) 对需求变化的反应速度方面

外部需求变化主要来自两方面。一方面,银行受外部压力推动有可能对业务流程、管理体制重新调整,而且这种改造调整过程有可能一直持续下去;另一方面,金融创新要求将多种传统银行业务进行不同的组合,要求将传统银行业务和其他金融业务组合。上述两个方面均要求后台业务处理系统必须能够灵活配置和管理银行的各项资源,能够灵活改变业务的处理流程、业务逻辑甚至管理模式,以支持来自前端市场的需求变化。

2. 网络银行的价值链

从上述分析可以看出,要适应网络时代客户需求的变化,网络银行建设很重要的一点就是要建立高效的业务处理平台。但是,业务平台又是建立在价值链这一基础之上的。现实中,网络银行更多的是采用混合发展模式,即将网络银行作为传统业务的补充形式。以这种模式的服务网络为基础,借助迈克尔·波特的基础价值链分析方法,可以建立网络银行的价值链模型。

对图 6-1 进行分析可知,除了辅助服务系统,如网络银行的开发、人力资源管理、管理咨询服务和系统支持外,网络银行的基础价值链一般由两大部分构成:一是前台价值链,主要包括前台服务基础设施,如 ATM 和 POS 网点设施及通信线路等,以及网站设计、市场和营销、客户服务中心和电子商务合作伙伴等环节;二是后台价值链,主要包括后台服务设施、软件,如集成管理信息系统、业务流程及组织构架、制度及规划管理决策等环节。

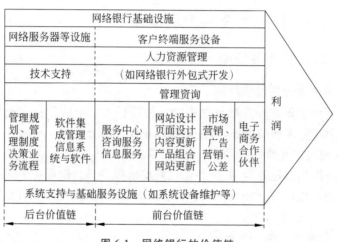

图 6-1 网络银行的价值链

具体而言,前台价值链的市场和销售环节包括服务产品的研究与开发、市场研究、市场推广、广告策划和营销公关等内容。通常与银行核心竞争力相关的服务产品及系统支持的研究与开发由商业银行自身完成,而市场推广和广告策划等方面可以通过管理咨询公司完成。网站设计环节包括网站总体规划和结构设计、网页设计、产品组合设计、内容更新及网站维护等内容。依据网络银行的发展策略,网站规划与设计可以选择不同的开发模式,如外包或自己开发等。服务中心主要以客户为中心,通过计算机、电话、传真等各种方式为客户提供集成化的售后服务,它也可以作为客户的信息服务中心与咨询服务中心。电子商务合作伙伴是商业银行延伸网上业务的重要价值环节,它通过网上支付服务可以实现网络银行的重要价值源泉。

后台价值链分为两个层次:一是后台系统软件,包括管理信息系统、决策支持系统、客户资源数据库、资金清算系统、财务管理系统、信贷管理系统、信用卡或银行卡系统、风险管理系统以及后台业务综合集成系统;二是管理,包括网络银行战略管理、银行制度(如内部激励机制与人事制度等）、银行后台业务流程及其管理体制、决策程序和分支机构管理模式等内容。

3. 综合业务处理平台

在网络银行发展初期，开发网络银行系统的重头戏是如何提高整个系统的前台（front-office）业务处理能力，网络银行系统涉及的业务主要还是那些传统的银行业务，后台（back-office）业务处理模式及客户服务方式并没有发生本质的变化。

如图 6-2 所示，在网络银行系统中，所谓前台业务处理系统是指系统中与银行客户直接打交道的部分，它主要涉及前台价值链部分的内容，它的任务主要是接收和响应客户的服务请求，而后台业务处理系统则是处理客户服务请求，为客户真正提供服务的部分，它主要包括后台价值链方面的内容。一般来说，后台业务处理系统对于客户来说是不透明的，犹如一个"黑箱"，客户对"黑箱"如何处理具体业务并不关心，关心的是从与"黑箱"具有紧密联系的客户经理中得到的服务。但是，"黑箱"所代表的后台业务处理系统直接决定着前台的服务质量，因此，后台业务系统的服务质量直接关系到商业银行的"客户关系战略"。网络银行价值链要得以实现，就要求前、后台业务能有效集成，通过后台业务对信息进行处理和加工，及时反馈客户信息，从而保障和支持前台业务的准确性与及时性。后台业务要处理来自不同系统的信息，同时处理模式要与银行现有的后台管理模式和业务流程相吻合。如何将各种业务信息整合并集成一个系统，不仅是技术问题，更多的是管理体制问题，这些都使得前、后台业务集成更加复杂。这里要求银行利用信息技术对现有的业务流程进行再造，才能有效地支撑网络银行的整个价值链体系。

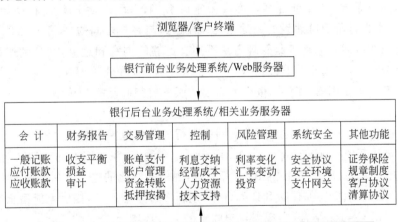

图 6-2　网络银行前台业务处理系统和后台业务处理系统的关系

网络银行的前台业务处理系统固然重要，但后台业务处理系统的设计也非常重要，因此建议网络银行系统遵循以下原则。

（1）在网络银行发展战略和总体规划的指导下规划好后台业务处理系统的整体框架。后台业务系统的整合是网络银行开发的一项重要任务。由于后台业务多由大量以单项功能为主的、分散的业务子系统构成，因此应该事先规划好后台业务处理系统的整体框架以及框架所涵盖的业务范围,确定框架所依赖的信息标准,制定系统改造的整体计划和实施方案,才能使系统整合不陷入困境。

（2）做好项目需求分析与流程重组工作,采取平稳渐进的建设思路。现有的后台业务处理系统一般都比较复杂,在保证对现有银行业务运作支持的前提下,借助先进的信息技术改造后台业务处理系统势在必行,银行的业务流程再造工作是非常重要的,由于涉及现有业务人员观念与工作方式变革等问题,因此需要在相应的制度保障下采取渐进的变革方式才能顺利进行。

（3）与一些系统集成商和网络公司合作,采用先进的信息技术和设计思想共同完成系统建设,随着后台业务系统所要支持的业务范围的扩大,关键事务处理和异步事务处理的比重逐渐增大,信息技术的支持显得更加重要。目前,中间件、工作流管理等技术在银行电子化领域广泛应用需要与软件商合作,将先进的技术与银行业务结合起来,实现改善传统业务服务方式的目的。

6.3.2　网络银行的发展策略

为适应客户需求多元化、多变化发展的趋势,网络银行业务也向综合化、全能化的趋势发展。网络技术的应用使得消费者有更多的选择权,他们能更方便地比较产品的价格和服务质量,消费者能更加容易地选择提供优质服务的金融机构,其流动性更大,客户可以更方便地改换到任何一家银行,无法提供更佳服务的银行就会失去客户的忠心。银行必须建立信誉良好的顾客服务。商业银行要留住客户,最重要的是及时、有效地处理客户信息,通过多渠道识别客户需求,设计符合客户潜在要求的金融产品,与客户建立长期稳定的关系。也就是说,网络银行价值链建设的关键点是商业银行与客户之间的"关系战略"。

银行业现在所面临的挑战是管理者是否拥有足够的创意和远见,充分利用科技并不断提供新的金融产品,以满足客户变化多样的需求。对此,管理阶层必须调整持续驱动客户银行交易的五项重要因素:简单、依个人需要的服务、便利、品质和价格。因此,网络银行的建设应考虑以下几点。

（1）加强银行业务和中间业务,丰富网络银行的服务范围与对象。

（2）健全认证中心（Certification Authority,CA）制度,完善网上购物和网上支付功能。

（3）与电子钱包、POS和智能IC卡等集成,提供多样化的电子支付手段。

（4）与其他金融机构如保险和证券合作,创新多种金融产品,提供全能型金融服务。

（5）与Call Center结合,实现与客户联系的无缝环境。

（6）与客户关系管理系统结合,实现个性化的金融服务。

6.4　网络银行实例分析

网络银行是欧美电子商务应用的主要领域,在零售银行交易方面,网络银行业务占5%~10%,低于网上证券交易的20%~25%,但远高于零售商业领域（B2C）的2%。

各国的网络银行接纳度呈现较大的差异,欧洲国家在整体上保持领先,挪威和芬兰的接纳度超过40%,居于世界前列水平,亚洲的韩国也有较高的水平。图6-3给出了各国网络银行接纳度的差异情况。

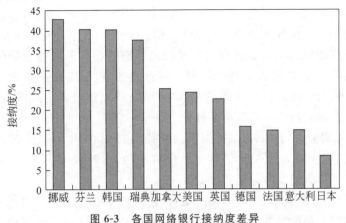

图 6-3　各国网络银行接纳度差异

数据来源：Celent，转引自 http://www.chinapapyment.com/

　　Forrester、Datamonitor 和 Jupiter 三家研究机构在 2004 年对欧洲网络银行用户数进行估算，研究表明，该地区网络银行用户数为 2500 万～5400 万，占互联网用户数的 39％。

　　而根据尼尔森公司 2004 年对分布在欧洲、亚太、南美和中东的 46 个国家的 25 408 位网民的调查，全球 30％的网民每周至少使用网络银行 2～3 次，而其中 14％的网民每天使用网络银行。相比之下，中国的网民对网络银行尚怀有疑虑，仅有 1/5 的中国网民最少每周 2～3 次使用网络银行，5％的网民每天使用网络银行。这与其他国家的网络银行使用率相距甚远。将近 1/3 的巴西网民和 30％的葡萄牙网民基本上每天使用网络银行；而在波兰、智利、荷兰、新西兰和爱沙尼亚，均有大约 1/4 的网民每天使用网络银行。

　　网络银行在欧洲和大洋洲发展迅猛。在网络银行使用频率最高的前 10 个国家当中，欧洲占了 8 个席位。另外两个国家是新西兰和澳大利亚。这 10 个国家分别有 2/3 的网民每周使用网络银行至少一次。而在亚洲，虽然互联网普及率和对银行系统的了解程度日益提高，网络银行的使用频率仍旧偏低。

　　与中国拥挤的银行营业厅形成鲜明对比的是，全球平均有 14％的网民声称他们甚至从来不亲访银行，1/3 称他们去银行的次数少于每月一次。北欧的网民是最少访问银行的，而其中为首的是瑞典网民，有 36％的人称他们从不去银行，荷兰（34％）、挪威和俄罗斯（30％）紧随其后。北欧之外，越南（29％）和阿根廷（29％）也是在这方面列前十位的国家和地区。

6.4.1　国外网络银行概况

　　Internet 起源于美国，网络银行服务业也起源于美国。金融研究机构 Tower Group 的研究报告指出，虽然公众对网络银行的安全问题一直存在顾虑，但美国网上银行业务仍继续保持稳定增长。

　　目前，网络银行已经成为美国银行零售业务的正式渠道，接纳网络银行的用户也越来越多。1996 年，美国大约有 240 万家庭使用网络银行；2003 年，这一数据增加到 2920 万，2007 年达到了 4250 万，占家庭总数量的 37％，其间的复合年增长率达到 9％。从整体上看，80％以上的美国家庭使用多种银行业务渠道，如营业网点、电话、网络以及 ATM，因此难以界定单纯的"网上银行用户",在线方式只是通常使用的银行业务渠道之一。

虽然网络银行正在发挥越来越重要的作用,但还是有不少消费者抗拒使用网络银行业务。消费者不使用网络银行业务的主要原因包括:费用过高,担心互联网安全问题,担心交易的差错以及没有使用的必要等。多数主要的网络银行已经采取相应措施以减少用户的上述顾虑,包括:对于那些被大量使用的网络银行业务(包括支票影像化以及账单支付业务)提供免费服务;为在线银行客户提供零风险承诺;研究消费者的在线行为特征,提供更好的网站导航以及提高网络银行的可用性。

2004 年,市场研究公司 Vividence 对美国网络银行 2003 年的最佳客户体验进行了排名,其中美洲银行营业收入为 490 亿美元并保持第一,营业收入为 95 亿美元的 National City 依靠良好的在线客户支持排名第二。

Vividence 的调研覆盖了 2000 名网上银行客户,近 50% 的被访者表示网络银行功能以及在线账单支付服务是他们选择开户银行最重要的依据,只有 42% 的被访者表示营业场所以及 ATM 状况是考虑的第一因素。该研究表明,网络银行功能已经成为客户选择银行最重要的依据之一。

同时,该研究也发现,影响网络银行开户的最大障碍在于过长而复杂的在线申请流程,25% 的被访者表示由于申请流程过于混乱而导致中途放弃,这个比例远高于其他电子商务行业。

此外,银行网站存在的各种问题也影响着客户的体验。31% 的被访者抱怨银行网站的客服链接不明显;21% 的用户仍有安全与隐私方面的顾虑。在调查中,威尔士法戈(Wachovia)银行的客户支持排名最佳,客户认为该银行的帮助中心与 FAQ 最为完善。不容忽视的是,客户还对隐私条款中过于技术化和法律化的语言表示无奈。在安全与隐私方面,客户对美洲银行、Wachovia 以及 Chase 的满意度最高。

下面分别对有关网络银行做简单介绍。

6.4.2　国外网络银行发展状况

1. 安全第一网络银行

安全第一网络银行(SFNB)是由 Michael C. McChesney 和 James S. Mahan 于 1995 年 10 月 18 日创立的。在创立初期的 8 个星期内就获得了约 1000 名客户(开立了个人支票账户),这些客户遍布美国超过 50 个州和全球各地。它不仅开创了纯网络银行服务的先河,更代表了一种全新的服务模式。这家银行除了设立在亚特兰大的总部外,没有任何实体的营业大厅和分支机构,完全在网上运作,每天 24 小时提供全球范围的金融业务,用户通过互联网进入 SFNB 的网站就可以享受服务。

SFNB 是网络银行的先锋,它被联机银行协会评为 1996 年最具创意的站点。SFNB 创立了多个第一:第一家网络银行,第一家获得联邦监管机构认证可以在万维网上营业的银行,第一家获得联邦保险的网络银行,第一家在美国全部 50 个州都有客户及账户的银行,在互联网上进行了第一笔银行交易——在 1995 年 10 月 18 日给国际红十字会捐献 1000 美元。

SFNB 在短期内取得了长足发展,虽然员工数不足 100 名,但截至 1999 年年底,已有账户 21 000 个,并以每月 650 个账户的速度快速增长,支票存款余额达到 1.35 亿美元。SFNB 还实现了股票上市,成为完全独立经营的银行。SFNB 于 1998 年因种种原因巨额亏损,被加拿大皇家银行(http：//www.royalbank.com)收购,但其对网络银行业务的开创性贡献已经载入史册。图 6-4 为加拿大皇家银行的网站,可以看到,在其主页上有关网络银行的服务占据明显的位置。

图 6-4　加拿大皇家银行网站

2. 美洲银行

通过 http：//www.bankamerica.com 可以进入美洲银行的主页,见图 6-5。其最显著的服务项目就是家庭银行业务和建立客户自己的银行。家庭银行的目的是让客户在家里就能处理各种商业银行交易。它通过方便快捷的方式把客户与美洲银行的支票账户服务连接起来。客户可以在任何时候、任何地点根据自身的需要通过互联网进入网上美洲银行管理自己的账户。

美洲银行的家庭银行服务提供 24 小时的不间断服务,包括快速余额查询、账户信息、票据支付、转账、客户服务、各种信息下载等。

美洲银行推出建立客户自己的银行的服务,很有特色。这些服务尽可能采用电子介质的方式,节省了费用。如美洲银行专门为网上支付而开设的电子钱包业务,当客户拥有自己的电子钱包后,可以通过任何一台联网的计算机登录自己的电子钱包,在网上进行方便快捷的支付。客户使用一次电子钱包后,其所有结账信息都会被记录下来,下次就不必再重复填写相关表格;同时,客户可以把多种信息,如客户的家庭、单位、亲朋好友的通信方式等相关资料记录在电子钱包里；客户可以利用电子钱包选择不同的支付方式，当信用卡即将过期时，电子钱包甚至可以自动提醒客户；如果客户在电子钱包中设定一些重要的日期，电子钱包会用 E-mail 的方式主动提醒客户注意。这些服务无疑给客户带来很大的方便。

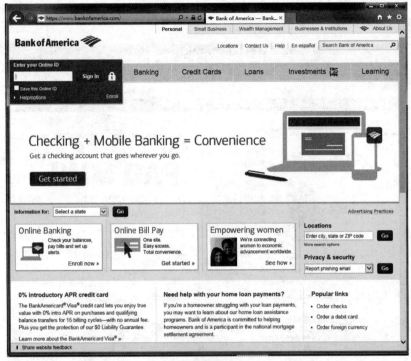

图 6-5　美洲银行网站

3. 美国 Mellon 银行

除了超大型和大型国际银行积极开发互联网银行应用以外，中小银行也积极通过应用新技术增强自己的业务能力，以获得与大银行竞争的机会。

在美国的小型商业银行中，Mellon 银行就是一个借助网络银行发展业务的著名例子。通过网址 http：//www.bnymellon.com 可以进入 Mellon 银行的站点，见图 6-6。

Mellon 银行成立于 1869 年，总部位于美国宾州匹兹堡，是一家历史悠久、功能完善、业务较全面的小型商业银行，其资产总额为 406.46 亿美元，受托管理的资产约为 1 万亿美元。Mellon 银行的业务范围主要包括投资服务和银行业务两大部分。Mellon 银行的银行业务，包括个人金融服务和商业金融服务两大部分，其中又细分为投资、PC 银行业务、支票与存款、信用卡、抵押贷款、一般借款、机构信托、全球证券信贷、投资信息服务、商业银行业务、中间市场银行业务、机构银行业务、国际银行业务、现金管理、保险、网络服务等。

早在 20 世纪 90 年代，Mellon 银行就积极应用新技术，成为在电子银行业务上领先的银行。它们开发的 PC 银行业务很有特色，客户使用 Mellon 银行的 PC 银行业务可以查询账户余额，在账户间转账、付款、订购支票，通过电子邮件与 Mellon 沟通甚至可以通过自己的计算机获得股票和共同基金的即时报价，这在当时是非常有吸引力的。

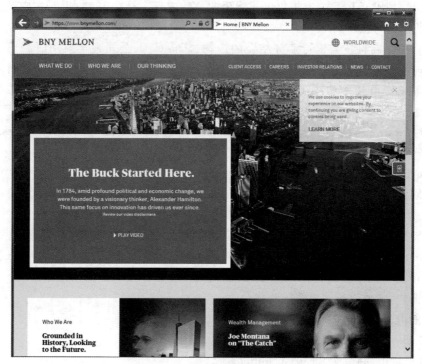

图 6-6　Mellon 银行主页

　　Mellon 银行在比较早的时候就在网络银行业务方面有许多创举。如 Mellon 银行与美国财政部的金融管理服务局(FMS)联合进行了美国国内的一个电子商务项目。当时,这个项目的第一阶段目标是能够让持有 Mellon 银行 MasterCard 信用卡的政府职员可以访问两个政府部门的 Web 站点,安全地进行电子购物。其第二阶段目标是为更大范围的 Mellon 银行 MasterCard 信用卡持卡人提供服务。

　　在技术上,Mellon 银行通过一个互联网支付网关处理有关的交易,该网关由 MasterCard 组织负责开发与管理,使用的是 IBM 公司的技术。该项目使用的 SET 协议是专门为在 Internet 及其他开放网络上进行商品和服务支付时保护消费者的银行卡信息而设计的,它集成了加密技术和数字认证技术。认证技术识别交易各方的身份,保证消费者与合法的商户进行交易。

　　SET 协议由 MasterCard 国际组织和 VISA 国际组织联合开发,GTE、IBM、Microsoft、Netscape、SAIC、TerisaSystems、VISA、Risign 等主要厂商也参加了协议的制定,为电子商务的安全性提供了高层次的保障。

　　2008 年金融危机中,由于担心 Mellon 银行成为雷曼兄弟公司之后另一个次贷危机的牺牲品,在美联储和美国财政部的压力下,2008 年 9 月 14 日,美国银行与华尔街第三大投资银行 Mellon 集团达成协议,以每股 29 美元的价格、约 440 亿美元的换股方式收购 Mellon 银行。

　　4. Mark Twain 银行

　　Mark Twain 银行是美国一家只有 33 年历史的地区性小银行,其股票在纽约证券交易所上市交易。它是美国第一家提供电子货币业务的银行。早在 1996 年 4 月,它就获得了第 1 万个电子货币的客户。

电子货币是高科技与银行业务结合的产物。DigiCash 公司最早成功研制出了电子货币产品,这是一种安全、灵活地把货币匿名存储在用户自己的硬盘中,并在支付活动中使用的技术。电子货币技术解决了无形货币的存储、使用和流通的技术问题,具有划时代的意义。

Mark Twain 银行针对电子货币的特点,设计推出了 World Currency Access 账户服务,使电子货币成为自己的业务特色,抢占了市场,争取了客户。

Mark Twain 银行推出的电子货币业务给客户带来的好处是显而易见的,它提供了一种在互联网上进行商户购销活动的安全、方便、可靠的支付手段,很容易与商户现有的 Web 服务器集成,同时支付成本很低。

客户使用 Mark Twain 银行的电子货币业务的手续非常简单,只需要开立专门的 World Currency Access 账户,存入一些金额,安装有关软件,然后与 Mark Twain 银行的账户进行连接就可以了。而且 World Currency Access 账户没有最低余额限制,可以开立 25 种货币的账户,方便进行网上跨国购物。

客户的电子货币可以存放在三个地方。

- Mark Twain 银行。
- 电子货币"制造所"(E-cash mint)。
- 客户的硬盘中。

这取决于客户给银行或计算机发出什么指令。

当客户把钱存入 Mark Twain 银行的 World Currency Access 账户时,钱是存放在 Mark Twain 银行里的。当客户要求把自己 World Currency Access 账户中的一定金额转化为电子货币时,银行负责把这部分钱转移到电子货币"制造所"中。这时,客户可以在自己的计算机中看到这部分"金额",但还不能使用。要想真正使用电子货币,先要给银行发送指令,请求电子货币"制造所"为自己印制一定金额的电子货币。这时,"钱"才转移到客户自己的计算机硬盘中,用于实际支付活动。客户可以把自己计算机硬盘里用剩下的电子货币放回到电子货币"制造所"里妥善保存,也可以从电子货币"制造所"里把部分或全部金额存放回 Mark Twain 银行的 World Currency Access 账户中,以致最后还原为纸币或支票。所有这些转换过程和支付过程都是通过互联网进行的,十分方便快捷,除了向 Mark Twain 银行 World Currency Access 账户存入或提取金额需要邮寄支票外,其他所有业务功能,客户不出家门就可以完成。

转移费用是很低廉的,目前 Mark Twain 银行提供的是免费服务。

目前,电子货币的使用还处于试验状态,但可以肯定,将有越来越多的银行开办自己的电子货币业务,银行间的电子货币转账业务也指日可待。

5. 芬兰网络银行

芬兰股份银行于 1996 年开办网络银行业务,在两年的时间里已发展了 16 万个用户。1997 年,芬兰最大的商业银行梅里塔银行和莱奥尼阿银行也相继加入提供网上服务的银行行列。据芬兰有关部门统计,只有 510 万人口的芬兰,上述三大银行利用网络银行办理支付业务的用户已达到 50 万个。

6. 瑞典网络银行

2001 年,瑞典网络银行客户达到 340 万户,半年内激增 70 万户。全国 2/3 的银行客户都已经成为网络银行客户。

从网络银行客户的分布情况来看,瑞典四大商业银行控制了 90% 以上的客户。其中,诺迪亚银行(Nordea)和联合储蓄银行的网上客户都已经超过了 100 万,瑞典斯安银行和瑞典商业银行分别拥有 64 万和 45.3 万网上客户。

诺迪亚银行是北欧目前最大的商业银行,由瑞典、芬兰、丹麦和挪威四个北欧国家的银行合并而成。除瑞典外,它还在北欧其他国家拥有 170 万网络银行客户。诺迪亚银行 2001 年通过互联网结算的账目已达到 8800 万笔,超过美国美洲银行一倍,居世界之首。

7. 德国的 Gries&Heissel 银行

Gries&Heissel 银行是德国第一家网络银行,该银行为其用户提供可在最新的银行里实践网上交易的机会。

该银行通过互联网可提供的服务包括:回答关于账户的存款问题,完成银行转换和贷款,日常操作,如整理标准订单、订购支票和银行信用卡或地址的变化等。

6.4.3　中国网络银行概况

1. 我国网络银行发展概况

自从 1996 年中国银行开国内网络银行之先河以来,国内各大商业银行也纷纷跟进,网络银行业务迅速发展。我国网络银行的发展历程如表 6-3 所示。

表 6-3　中国网络银行的发展历程

时　间	特征和主要事件
萌芽阶段 (1996—1997 年)	网络银行服务开发和探索。 • 1996 年,中国银行投入网络银行的开发; • 1997 年,中国银行建立网页,搭建"网络银行服务系统"; • 招商银行开通招商银行网站
起步阶段 (1998—2002 年)	各大银行纷纷推出网络银行服务。 • 1998 年 4 月,招商银行在深圳推出网络银行服务"一网通"品牌正式推出; • 1999 年 4 月,招商银行在北京推出网络银行服务; • 1999 年 8 月,中国银行推出网络银行,提供网络信息服务、账务查询、银证转账、网上支付、代收代付服务; • 1999 年 8 月,中国建设银行推出网络银行服务,首批开通城市为北京和广州; • 2000 年,中国工商银行在北京、上海、天津、广州四个城市正式开通网络银行; • 2001 年,中国农业银行推出 90599 在线银行;2002 年 4 月,推出网络银行; • 2002 年年底,国有银行和股份制银行全部建立了网络银行,开展交易型网络银行业务的商业银行达 21 家

时　　间	特征和主要事件
发展阶段 （2003—2010 年）	加强网络银行品牌建设、改善产品和服务成为重点，重点业务发展带动各大网络银行业务发展。 • 2003 年，中国工商银行推出"金融@家"个人网络银行； • 2005 年，交通银行创立"金融快线"品牌； • 2006 年，中国农业银行推出"金 e 顺"电子银行品牌； • 2007 年，个人理财市场火热带动网上基金业务猛增，直接拉动个人网络银行业务的大幅增长； • 2008 年，网银产品和服务持续升级，各银行在客户管理、网银收费等方面积极探索
成熟阶段 （2010 年以后）	网络银行相关法律逐步完善，主要银行的网络银行业务进入稳健时期

1999 年，中国金融认证中心成立，为网络银行在线支付服务提供了强有力的安全支持；同时，中国互联网用户数量的快速增长也为网络银行的发展提供了良好的客户基础。截至 2014 年 12 月，中国网民数量已经达到 6.49 亿户，中国手机网民规模达 5.57 亿，手机网民占整体网民的比例上升到 85.8%（见图 6-7），互联网普及率达 47.9%，中国已经成为世界上互联网用户最多的国家。

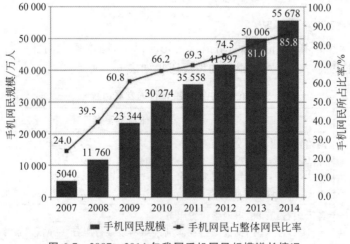

图 6-7　2007—2014 年我国手机网民规模增长情况

随着网络银行对人们生活影响的加大，网络银行用户数也逐年增长。Analysys 易观智库产业数据库发布的《中国网络银行市场季度监测报告 2015 年第一季度》数据显示，2015 年一季度，网络银行客户交易金额达到 353.5 万亿元，环比增长 0.4%（见图 6-8）。

Analysys 易观智库分析认为：从交易规模增长速度上来看，网络银行已经走上了正轨，整体发展趋于稳定和稳步增长，这与这些年网络银行的大力推广密不可分。另一方面，网络银行在大额转账、支付方面的优势明显，根据艾瑞咨询最新发布的《2015 年中国网络信贷用户调研报告》显示，2014 年中国网民申请贷款的情况中，有 41.0% 的网民表示申请过贷款，其中，通过线上渠道申请贷款占比 30.3%，线下渠道申请贷款占比 10.6%。而线上申请

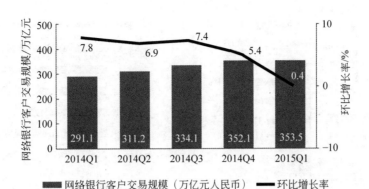

图 6-8　2014 年一季度至 2015 年一季度中国网络银行交易额增长趋势

贷款渠道中,银行网络渠道占比最大,达到 13.2%;其次是电商平台,占比达 8.2%;P2P 小额信贷占比 3.1%;金融搜索平台占比 3.0%;其他金融机构线上申请贷款渠道占比 2.9%(见图 6-9)。

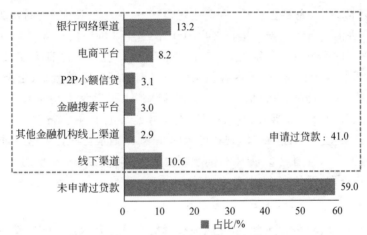

样本:N=3515;于2015年3月通过iClick社区联机调研获得。

图 6-9　2014 年中国网民申请贷款及最常使用渠道分布情况

向第三方账户充值和网络购物是中国网银及手机银行用户最常使用的功能,这两项功能的用户超过用户总规模的 45%;转账汇款、账户管理和公共缴费分列第三到第五位;投资理财贷款融资等高级金融服务的使用人数较少,这两项服务的最常使用人数之和均未超过用户总规模的 10%(见图 6-10)。通过这些数据可以看出:首先,用户利用网银及手机银行向第三方账户充值的增多并不利于电子银行的发展,这使银行远离商业环境,无法开展利润更多的高级金融业务;其次,网银用户最常使用的功能是网络购物,说明网银充分发挥了服务网络经济的功能;最后,附加值更高的投资理财、贷款融资等业务使用者很少,说明银行利用网络开展业务的能力有待提升。

中国香港特别行政区的商业银行于 2000 年开始积极投入网络银行的建设,2001 年起进入快速发展阶段。其发展策略可以总结为:以抢先推出网络银行服务为手段,抢占市场

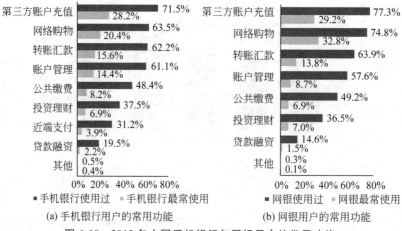

图 6-10 2012 年中国手机银行与网银用户的常用功能

先机;以推出热门服务作为先导产品;以优惠价格吸引客户;以提供全球化服务取胜。在定位上以多渠道营销为主,先零售客户,后企业客户;先一般银行服务,后财富管理服务。截至 2005 年,中国香港共有个人网络银行客户 300 万个,企业网络银行客户 11 万户。其中汇丰、恒生、东亚银行的客户占比分别为 32％、15％和 11％。在产品品种方面,以上三家银行和花旗、渣打等银行较为齐全,服务内容包括账户查询、转账、账单缴费、定期存款、查询汇率利率、按揭贷款、私人贷款、支付信用卡账项、保险服务、买卖股票及外汇等。在安全机制上,中国香港金融管理局要求所有开办网络银行的本地银行必须实行双重认证机制,即保安编码器、电子证书或手机短信认证,现在已有约 20 家本地银行实行了这一机制。

中国台湾地区也已有超过 20 家银行陆续开通网络银行服务,所提供的金融服务产品包括在线转账、账户查询、形象广告、业务宣传等。

2. 我国各主要商业银行网络银行业务发展现状

我国网络银行虽然起步较晚,但是发展势头迅猛。报告显示:2015 年第一季度中国网络银行市场格局基本维持稳定,工、建、农、中四大行依然凭借庞大的客户群体分别位列市场前四位,合计拥有 66.9％的市场份额,交通银行与招商银行分别以 7.1％和 6.5％的市场份额紧随其后,各家股份制银行网络银行市场交易份额均有不同程度的上升(见图 6-11)。

《2010 年中国电子银行调查报告》数据显示:2010 年,全国城镇人口中,个人网银用户比例为 26.9％,其中活跃用户比例达到 80.7％,交易用户平均每月使用次数高达 5.6 次,高于 2009 年的 4.8 次。同时,网银安全性一直是各界关注的焦点,意向用户中有高达 71.9％的用户认为个人网银是安全的,证明了市场对于网银安全性的信赖也正稳步提升。企业网银方面,2010 年,企业网银用户比例为 40.9％。企业网银活跃用户中有 60.5％的用户使用证书版/高级版/专业版企业网银,明显高于普及版/简易版/查询版的用户比例。无论是活跃用户还是交易用户,转账汇款、账户查询是其使用频率最高的两项企业网银功能,远高于其他网银功能的使用比例,这说明网银的使用在企业用户中得到了进一步的发展,已经成为很多企业日常运营的第一选择。

中国工商银行于 2000 年推出网络银行业务,并将网络银行、电话银行、手机银行服务归

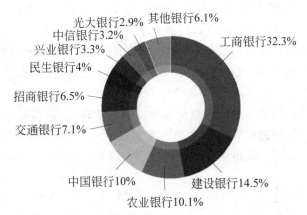

图 6-11　2015 年第一季度中国网络银行市场交易份额

来源：易观智库

为一类，统称电子银行，树立了以"金融 e 通道"为主品牌，"金融@家""工行财 e 通""95588"为子品牌的电子银行品牌体系，形成集资金管理、收费缴费、金融理财、电子商务和营销服务功能于一体的综合金融服务平台。"金融@家"个人网络银行拥有 12 大类、60 多项功能，业务主要包括 24 小时转账汇款、信用卡网上还款、在线缴费、外汇、证券和保险信息及交易服务、网上贷款、个人理财、网上挂失、账务及财经信息、通知提醒等服务。"工行财 e 通"企业网络银行能为企业或同业机构提供的自助金融服务主要有账户管理、收款业务、网上汇款、证券登记公司资金清算、电子商务、集团理财、贷款业务、投资理财、贵宾室、代理行服务等。2015 年一季度工商银行产品创新力度加大，其旗下的"融 e 购"企业商城也正式对外营业，支持企业客户之间的交易，提供商贸信息撮合、商品在线交易、在线支付融资和金融增值服务，以及向投资银行客户、票据经营机构等提供线上信息发布及交易撮合等特色服务。

招商银行于 1997 年 4 月推出银行网站以来，已形成了以企业网络银行、个人网络银行、网上商城等子系统为主的网络银行服务体系。早在 2000 年年底，招商银行的企业网络银行客户数就超过 18 000 户，网上交易金额突破 5000 亿元；个人网络银行用户数超过 6 万户。

中国银行网络银行系统于 1997 年 7 月正式投入使用，"积极、稳妥、持久、创新"是其发展网络银行的战略指导方针，目前主要提供"企业在线理财""支付网上行"和"银证快车"三大系列服务。除了基本的转账、查询等业务以外，中国银行的个人网络银行还推出了"外汇宝"、开放式基金等多种自助投资服务；企业网络银行中的特色服务"报关及口时通"和"期货 e 支付"可以使用户轻松实现网上支付通关税费、异地报关以及期货保证金和出入资金支付等。

中国建设银行于 1998 年 8 月推出网络银行业务，以"方便、快捷、实用"作为主要业务标准，建成了技术先进、业务齐全、初具规模的网络银行系统。2004 年 4 月，建设银行推出网络银行 3.0 版，统一了电子银行品牌"e 路通"，先后推出了全国龙卡支付、柜台签约、查得快、网上双币种贷记卡业务等功能，进一步完善了网络银行服务内容。截至 2010 年年底，建设银行个人网银客户数目已突破 5000 万户，企业网银客户数已达到 90 万户，网上银行日均交易量超过 700 万笔。

中国农业银行在 2000 年建成网络银行中心,建立了包括网络银行、网络支付在内的电子商务系统。2005 年 3 月,中国农业银行成立了专门的电子银行部,网络银行服务增加了贷记卡业务、智能安装包、漫游汇款、企业及个人跨中心实时到账、批量复核等功能,并开通了网络银行咨询和投诉服务。2005 年,中国农业银行网络银行个人注册用户达 79.67 万户,企业注册客户达 7.37 万户,网上渠道全年交易额突破 9 万亿元。

上海浦东发展银行的网络银行可以为客户提供汇款转账、证券基金投资、外汇投资、网上贷款等功能,其中"轻松理财""电子客票""网上二手房"等服务独具特色。2006 年 4 月,该行"浦友创富"网络银行正式推出公司网银离岸查询服务,以便企业客户及时掌握离岸业务信息。

交通银行的网络银行业务于 1999 年开始启动,已在上海、郑州、重庆等城市开通。其网络银行业务已经从最初的信息发布、个人账户查询等发展到网上外汇买卖、网上支付、网上结算、个人账户管理、贷记卡和基金买卖、集团现金管理、财务管理等范围更广的产品。

中国光大银行于 1999 年推出网络银行业务,并在北京投入使用,此后不断推出新版本并在全国推广。中国光大银行网络银行系统主要提供企业、集团、个人服务,尤其是集团服务独具特色,具有"一点接入、全辖服务、实时到账"等优势,在安全性、可用性、可信性等方面日臻完善,2015 年一季度,光大银行推出的众筹直销银行名称活动亮点颇多,通过汇集网民的创意精神,利用互联网智慧、遵循客户意愿的方式获取直销银行名称,此项活动既通过众筹调动客户参与的积极性,又为即将上线的直销银行做了免费的品牌推广。

民生银行持续的产品和服务创新使网络银行服务质量全面提升,赢得了客户的持久依赖和大力支持,网络银行开户和交易火爆,2015 年一季度为推广直销银行推出了"回家的金喜"活动,通过关注民生银行直销银行微信公众号,上传火车票、机票、全家福、聚会等回家主题照片并分享至朋友圈即有机会获 0.1g 民生金奖励。

3. 我国各主要商业银行网络银行安全状况

安全性是网银最大的考核要素,网银和手机银行的不安全事件多来自外部,与产品设计、运营系统的关系比较小,并且可以预防,风险可控。中国金融认证中心(CFCA)《2014 中国电子银行调查报告》显示,72％的用户认为网上银行是最安全的,远高于其他电子银行渠道,认为手机银行安全的仅有 15％。艾瑞咨询 2012 年统计数据显示招商、民生、光大网银和手机银行综合用户满意度占据前三(见图 6-12)。

分析如下:首先,股份制银行的用户规模不及国有银行,因此更加重视用户的需求,因此满意度比较高;其次,招商和民生银行除了更重视用户体验,积累了大量运营经验外,在传统金融业务领域也具备很强的竞争力,因此用户满意度较高;最后,国有银行用户规模庞大,这导致国有银行的手机银行在发展过程中难以调和不同用户之间的需求,因此对用户满意度有所影响。未来若能有效地将用户分类,进行差异化、定制化的服务,这一现象则可有所改观。

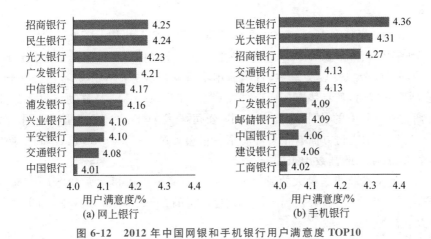

图 6-12　2012 年中国网银和手机银行用户满意度 TOP10

6.5　手机银行

6.5.1　手机银行概述

手机银行由手机、GSM 短信中心和银行系统构成。在手机银行的操作过程中,用户通过 SIM 卡上的菜单对银行发出指令后,SIM 卡根据用户指令生成规定格式的短信并加密,然后指示手机向 GSM 网络发出短信。GSM 短信系统收到短信后,按相应的应用或地址传给相应的银行系统。银行对短信进行预处理,再把指令转换成主机系统格式,由银行主机处理用户的请求,并把结果返回给银行接口系统,接口系统将处理的结果转换成短信格式,短信中心将短信发送给用户。

手机支付的方式有两种。

第一种途径是费用通过手机账单收取,用户在支付其手机账单的同时支付这一费用。在这种方式中,移动运营商为用户提供了信用,但这种代收费的方式使得电信运营商有超范围经营金融业务之嫌,因此其范围仅限于下载手机铃声等有限业务。

第二种途径是费用从用户的银行账户(即借记账户)或信用卡账户中扣除。在该方式中,手机只是一个简单的信息通道,将用户的银行账号或信用卡号与其手机号连接起来。

6.5.2　国外手机银行的发展

Guta 银行是俄罗斯最大的银行之一,该银行已于 2000 年实现了通过手机或计算机远程操作现有的银行业务,具体功能包括外汇买卖、当前账户查询、转账(转到 VISA 卡、欧罗卡或 MasterCard)、发票和公共事业费用支付、通过移动商贸系统购买商品等。Guta 银行运用多级认证系统确保手机交易安全。WAP 技术使得手机银行更方便,无须去银行网点,只需登录 Guta 银行的网站即可。

意大利 Toscana 银行推出的 BT 手机银行是一项 WAP 业务,适用于 GSM 手机用户。服务功能包括当前账户查询及交易、移动电话充值、转账、股票交易、外汇买卖等。Toscana 银行和客户之间采用了安全数据加密,并运用两级密码,即使用登录密码和交易密码确保交易的安全。

德国 Deutsche 银行和 Nokia 公司合作开发了 WAP 手机银行,Nokia 为此提供 WAP 服务器、7110 多媒体手机,而 Deutsche 则是德国第一家提供 WAP 手机银行业务的银行。

美国《福布斯》杂志发表文章称,日本使用手机支付服务的用户数量已经达到 4900 万户,包含多项成熟应用,其趋势有望向全球发展。NTT DoCoMo 是移动支付业务开展得最好的运营商之一,采用的技术是日本 Sony 公司研发的 FeliCaIC 智能芯片技术。NTT DoCoMo 在开展移动支付方面有很多经验值得借鉴。NTT DoCoMo 已经将此项业务拓展至海外多个市场,涉及欧洲数十个国家。

Smart Money 是菲律宾最大的通信公司 PLDT 旗下的手机运营商 Smart 推出的手机银行,用户不需要更换手机,运营商不需要支付昂贵的 SIM 卡的开发成本,却实现了移动支付业务的大规模普及。

6.5.3　手机银行的类型

1. SMS 手机银行

SMS(Short Messaging Service)是最早的短消息业务,也是现在普及率最高的一种短消息业务。目前,这种短消息的长度被限定在 140B 之内,这些字节可以是文本。SMS 以简单方便的使用功能受到大众的欢迎,但它属于第一代的无线数据服务,在内容和应用方面存在技术标准的限制。中国工商银行较早采用该技术。

2. STK 手机银行

手机银行(STK 卡)是指装有 STK 手机卡的一种手机。STK 是英文 SIM Tool Kit 的缩写,简称用户识别应用发展工具,是在 GSM 手机使用的大容量 SIM 卡中开发的应用菜单。STK 可以理解为一组开发增值业务的命令、一种小型编程语言,它允许基于智能卡的用户身份识别模块(SIM 卡)运行自己的应用软件。STK 技术主要应用于手机银行、股票交易、外汇买卖、理财秘书等领域。移动新业务"手机银行""股票查询与交易"等就使用该项技术。STK 卡同原来的 SIM 卡一样,可以在普通 GSM 手机上使用。不同的是,STK 卡是新一代的智能卡,具有很高的存储量。普通的 SIM 卡的存储量为 8KB,而 STK 卡容量为 32KB,以后还会继续成倍增加,这就使得它可以存储大量的信息。

3. K-Java 手机银行

Java 是 Sun 公司开发的一种计算机编程语言,K-Java 即 J2ME(Java 2 Micro Edition),是专门用于嵌入式设备的 Java 软件。

4. 国内手机银行的发展

移动支付产业属于新兴产业。2015 年 6 月,我国手机支付用户总数规模达到 9.05 亿户,支付金额达 34 746 亿元人民币,中国互联网市场支付金额为 32 888 亿元人民币,移动支付市场季度交易规模首次超过互联网支付市场季度交易规模。据《中国互联网络发展状况统计报告》显示,截至 2020 年 3 月,我国网络支付用户规模达 7.68 亿,较 2018 年增长 1.68 亿,占整体网民的 85%,手机网络支付用户规模达 7.65 亿,较 2018 年增长 1.82 亿,占整体手机网民的 85.3%。2020 年第一季度,网上支付业务量达 176.83 亿笔,同比增长 8.58%,移动支付业务量达 225.03 亿笔,同比增长 14.29％,移动支付业务量保持增长态势。据艾媒咨询的数据显示,2019 年我国手机用户使用移动支付产品较为频繁,日均使用 3 次以上的用户占比达到 45.5％,其中有 5.5％ 的用户日均使用移动支付产品 10 次以上,使用移动支付产品进行日常消费已逐渐成为常态。据艾媒咨询预计,我国的移动支付用户规模在 2020 年年底有望达到 7.9 亿人。

中国工商银行和招商银行的手机银行是采用 STK 方式或 SMS 方式实现的;建设银行的手机银行基于 BREW 方式实现,服务于 CDMA 手机。目前仅有交通银行和北京市商业银行开通了 WAP 方式的手机银行。相比之下,北京市商业银行的手机银行业务目前仅支持移动全球通客户,且功能较少;交通银行的手机银行支持移动、联通的手机客户,实现功能较为完善。

5. 手机银行和网络银行的比较

总体来说,同传统银行和网络银行相比,手机银行支付有如下特点。

(1) 更方便。手机银行尽管只是网络银行的一个精简版,但是远比网络银行更快捷,成本更低,用户可以随时随地进行商务活动,而且便于小额支付。

(2) 更广泛。提供 WAP 网站的支付服务,实现"一点接入,多家支付"。

(3) 更个性化。用户根据自己的需求和喜好定制移动电子商务的子类服务和信息。

(4) 更加信用可靠。手机号码具有唯一性,手机卡上存储的用户信息可以确定一个用户的身份。

(5) 更有潜力。目前还不成熟的商业模式和用户习惯导致手机银行和支付的发展还没有达到许多人在".com"时代的预期。网络银行的成功在于它不仅是银行业电子化变革的手段,更是因为它符合电子商务的发展要求,而手机银行在这方面还有很大的潜力可以挖掘。

6. 我国手机银行业的发展前景

中国银行业协会数据显示:截至 2014 年年末,手机银行个人客户达到 6.68 亿户,同比增加 30.49％;交易总额达 31.74 万亿元,同比增加 149.12％。微信银行个人客户约 3666.81 万户,交易总额达 1073.67 亿元。

手机银行 App 是银行互联网金融的主要产品之一,是投资理财、账户交易、线上购物、金融资讯等银行业务的全景化服务。但目前大部分手机银行 App 不是银行开发的,银行机构自主性小,安全性不可控,例如微信银行依赖于微信平台。从长远来看,开发独立的手机银行 App 是趋势。

在已开展手机银行业务的银行中,工商银行手机银行的使用率依然最高,达 35.1％;建设银行紧随其后,为 35.0％;农业银行、中国银行不断提升用户体验,并给予各种优惠措施。这些都促使手机银行业务的发展进入了快车道。

对不同人群最常使用的手机银行功能的分析表明,在校学生更倾向于使用手机银行支付功能,较少使用手机理财功能;行政和事业单位人员、国企干部更倾向于使用手机银行的转账汇款功能、缴费功能、信用卡功能和理财功能;外企和民企中高级主管、私营企业主使用手机银行信用卡功能的倾向性显著。

思考题

1. 什么是网络银行？什么是手机银行？
2. 简述银行自动化应用的发展过程。
3. 分析网络银行能够开展的业务。
4. 简述网络银行有哪些开发模式。
5. 简述网络银行有哪些发展形式。
6. 比较手机银行与网络银行的支付特点。

综合实训

访问任意一家银行的网站，进行个人银行卡的注册，完成如下操作。

1. 账务查询、网银转账、网上缴费。
2. 使用网上支付进行实际购物。
3. 绑定手机，通过手机支付进行实际购物。
4. 了解网上个人业务与企业业务。
5. 查询实时汇率、存款利率、理财产品收益率。

第 7 章

互联网支付

本章学习目标

- 掌握第三方支付平台的相关概念。
- 熟悉第三方支付模式和交易流程。
- 掌握互联网银行的特点。
- 掌握微众银行与网商银行的概念及业务特点。
- 了解网联的概念及交易流程。

7.1　第三方支付平台概述

2005年,马云在瑞士达沃斯世界经济论坛上首次提出了"第三方支付"的概念。马云在会上表示,电子商务首先应该是安全的电子商务。一个没有安全保证的电子商务环境是没有真正的诚信可言的。然而要解决安全问题,需要先从交易环节入手,而C2C交易环节的核心问题是支付。

7.1.1　第三方支付的概念

第三方支付是指具备一定实力和信誉保障的独立机构,采用与各大银行签约的方式,基于互联网提供线上(互联网)和线下(电话及手机)支付渠道,完成从用户到商户的在线货币支付、资金清算、查询统计等系列过程的一种支付交易方式,是第三方电子支付的简称。

第三方支付服务商(服务机构)是指利用网络支付手段向电子商务交易者提供支付清算服务且独立于交易双方及银行的法人或其他组织。第三方支付服务商通过与银行的商业合作,以银行的支付结算功能为基础,向政府、企业、事业单位和个人提供中立、公正的面向其用户的个性化支付结算与增值服务。

7.1.2　第三方支付的作用

第三方支付的作用包括以下几个方面。

(1) 由于第三方支付服务商的存在,银行降低了发展商户和收单成本,商家也减少了与多家银行网关连接的开发费用和系统开销。所以一个好的第三方支付服务商对每家银行来说都是一个"超级商户",对每一家商户来说都是一家"超级银行"。

(2) 第三方支付服务商提供一系列的应用接口程序,将多种银行卡支付方式整合到一个界面上,负责交易结算和与银行的对接,使网上购物更加快捷、便利。

(3) 提供信用担保的第三方服务商利用自身信用提供交易担保,有效地解决了"拿钱不给货、拿货不给钱"的问题,降低了商品交易中的风险,提高了电子商务网站交易的成功率,促进了电子商务交易量的增长。

7.1.3　第三方支付的类型

根据不同的分类标准,第三方支付可分为不同的类别。

1. 根据支付渠道分类

根据支付渠道不同,将第三方支付分为第三方网上支付、第三方手机支付和第三方电话支付三个类型。其中,第三方网上支付占整个第三方支付市场交易额的90%以上。在没有特殊说明的情况下,本书提到的第三方支付主要是指第三方网上支付。

2. 根据业务模式和支付流程分类

根据业务模式及支付流程不同,第三方支付可分为网关型支付模式、账户型支付模式及特殊的第三方支付——银联电子支付。

1）网关型支付模式

支付网关是指连接银行内部的金融专用网络与互联网的一组服务器，其主要作用是完成两者之间的通信、协议转换和对数据进行加密、解密，以保护银行内部数据安全。在支付网关模式下，第三方支付平台扮演着"通道"的角色，没有内部交易功能（图 7-1）。网上消费者的付款直接进入支付平台的银行账户，然后由支付平台与商户的银行进行结算，中间没有经过虚拟账户，而是由银行完成转账。银行完成转账后再将信息传递给支付平台，支付平台将此信息通知商户并与商户进行账户结算。在支付过程中，交易双方不能看到对方银行卡号码等支付信息，商品种类、规格等交易信息也不能让交易双方以外的人获取。网关型支付模式的典型代表是首信易支付。首信易支付从 1999 年 3 月开始运行，是中国首家实现跨银行跨地域提供多种银行卡在线交易的网上支付服务平台，目前支持全国范围内 23 家银行及全球范围 4 种国际信用卡在线支付，拥有千余家大中型企事业单位、政府机关、社会团体组成的庞大客户群。

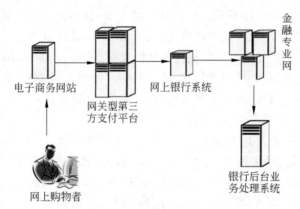

图 7-1　网关型第三方支付平台

2）账户型支付模式

在账户型支付模式下，付款人和收款人首先必须在第三方支付平台开立虚拟账户（大部分第三方支付平台都用客户的 E-mail 作为账户名），付款人需要将实体资金转移到支付平台的支付账户中（可使用不同的方式进行充值）。当付款人发出支付请求时，第三方平台将付款人账户中相应的资金转移到自己的平台，然后通知收款人已经收到货款，可以发货。收款人通过物流将货物发出，付款人确认收货并检验完毕后通知第三方支付平台，第三方支付平台将临时保管的资金划拨到收款人账户中。最后收款人可以将账户中的款项通过第三方支付平台和实际支付层的支付平台兑换到银行的账户中保管（图 7-2）。账户型支付平台为电子商务交易的双方提供了信用保障，而且安全措施也更加严密，普遍实现了通过电子签名等手段保障账户资金安全。因此，账户型第三方支付模式是第三方支付企业未来发展的主要方向。国内账户型第三方支付平台的典型代表是支付宝和财付通。

支付宝是支付宝公司针对网上交易而特别推出的安全付款服务，其运作的实质是以支付宝为信用中介，在买家确认收到商品前，由支付宝替买卖双方暂时保管货款的一种增值服务。

支付宝创新的产品技术、独特的理念及庞大的用户群吸引了越来越多的互联网商家主

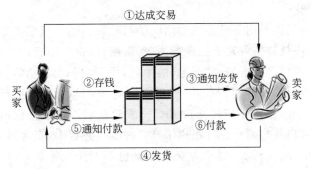

图 7-2　账户型第三方支付平台

注：①买家在互联网上选购商品，下单达成交易；②买家通过自己的账户向第三方支付平台付
款；③第三方支付平台收到买家货款后，通知卖家发货；④卖家通过物流向买家发货；⑤买家验货满
意后通知第三方支付平台付款；⑥第三方支付平台向卖家账户付款。

动选择支付宝作为其在线支付系统。2019 年 1 月 9 日，支付宝正式对外宣布其全球用户数
量已超过 10 亿。支付宝已发展成为融合支付、生活服务、政务服务、社交、理财、保险、公益
等多个场景与行业的开放性平台。除提供便捷的支付、转账、收款等基础功能外，使用支付
宝还能快速完成信用卡还款、话费充值、生活缴费等。使用支付宝时，可以通过智能语音机
器人一步触达上百种生活服务，不仅能享受消费折扣，与好友建群互动，还能轻松理财，累
积信用。

　　2019 年 6 月，支付宝及其本地钱包合作伙伴已经服务超过 12 亿的全球用户，覆盖中
国、日本、韩国、新加坡、马来西亚、泰国、柬埔寨、越南、老挝、菲律宾、印度尼西亚、澳大利
亚、新西兰、爱尔兰、英国、法国、德国、意大利、瑞士、奥地利、比利时、荷兰、摩纳哥、西班牙、
希腊、瑞典、丹麦、挪威、芬兰、俄罗斯、捷克、南非、美国、加拿大、以色列、阿联酋等 38 个国家
和地区。

　　网关型支付模式和账户型支付模式的对比如表 7-1 所示。

表 7-1　网关型支付模式和账户型支付模式的对比

支付模式	网关型支付模式	账户型支付模式
平台代表	北京首信易、上海环讯、快钱等	支付宝、财付通等
主要市场	B2B,B2C	C2C,B2C
客户群体	企业、政府机构等	个人、中小企业
盈利方式	根据客户规模和特点提供不同的产品，收取年服务费和交易手续费	广告收入、店铺费、商品登录费、交易服务费等
主要优势	独立网关，灵活性大，一般都有行业背景或者政府背景	拥有庞大稳定的客户群，在中介担保服务中建立了个人信用评价体系，可信度较高
主要劣势	缺乏完善的信用评价体系，增值服务少，缺乏服务特色	交易产生纠纷时仲裁效力有限，对沉淀资金的处理不够透明，有很大的金融和政策风险

3）银联电子支付

　　银联电子支付平台（ChinaPay）是中国银联控股的银行卡专业化服务公司，拥有面向全

国的统一支付平台,主要从事以互联网等新兴渠道为基础的网上支付、企业 B2B 账户支付、电话支付、网上跨行转账、网上基金交易、企业公对私资金代付、自助终端支付等银行卡网上支付及增值业务,是中国银联旗下的网络军。

ChinaPay 依托中国银联全国统一的跨行信息交换网络,在中国人民银行及中国银联的业务指导和政策支持下,致力于银行卡受理环境的建设和银行卡业务的推广,将先进的支付科技与专业的金融服务紧密结合起来,通过业务创新形成多元化的支付服务体系,为广大持卡人和各类商户提供安全、方便、快捷的银行卡支付及资金结算服务。公司充分利用中国银联全国性的品牌、网络、市场等优势资源,整合银联体系的系统资源、银行资源、商户资源和品牌影响力,实现强强联合、资源共享和优势互补。

3. 根据是否依托于电子商务网站分类

根据第三方支付服务商是否为与其同属一集团内的电子商务平台提供支付服务而分为独立的第三方支付和非独立的第三方支付。

1) 独立的第三方支付

独立的第三方支付平台是指完全独立于电子商务网站,由第三方投资机构为网上签约商户提供围绕订单和支付等多种增值服务的共享平台。这类平台仅提供支付产品和支付系统解决方案,平台前端联系着各种支付方法供网上商户和消费者进行选择,平台后端连接着众多的银行,由平台负责与各银行之间的账务清算,同时提供商户的订单管理及账户查询等功能。我国独立的第三方支付公司包括银联、首信、环讯 IPS、Yeepay 等。

下面以快钱为例说明这类第三方支付的特点。

作为独立的第三方支付企业,快钱没有自己的商业交易平台,采取与各类行业、各种企业联合的方式推广自己的支付工具。快钱针对不同行业的商家推出各具特色的功能和服务,使商家能得到量身定做的支付平台,包括人民币支付、神州行支付、企业网银支付、外卡支付、电子邮件账单付款等,是国内支持货款支付方式最多的网关。快钱绝大部分的销售收入来源于向收款方收取的手续费。在快钱注册的用户之间通过快钱账户的款项往来是免费的,但是如果用户要进行结算,比如从快钱账户中取现,就要对个人用户或商户收取一定金额的费用。2010 年 10 月,快钱荣获中国信息安全产品测评认证中心颁发的"支付清算系统安全技术保障级一级"认证证书和国际 PCI 安全认证证书;2014 年,快钱与万达集团达成战略控股合作,将互联网金融业务辐射到更多的产业和场景中。目前,快钱已覆盖超过 4 亿个人用户和 400 多万商户,对接 100 多家金融机构。

2) 非独立的第三方支付

非独立的第三方支付平台是由电子商务网站(电子商务交易平台)独立或者与其他机构合作开发,同各大银行建立合作关系,凭借其公司的实力和信誉,承担买卖双方中间担保的第三方支付平台。这类支付网站最初是为了满足自身配送商品和实时支付而研发搭建的,逐步扩展到提供专业化的支付产品服务。其典型代表是支付宝、贝宝、财付通以及云网支付等。这类机构的特点如下:盈利方式包括年费加手续费;客户群体面向 B2C、C2C 市场,向个人或中小型电子商务网站提供在线支付服务。其优势在于其自身是经营电子商务的企业,所以充分了解客户的支付需求。但由于依附于自身的电子商务企业,发展行业受限;同时因为既服务于所隶属的电子商务网站,又要服务于竞争对手(其他的电子商务网站),所以会引起其他电子商务企业的质疑。

4. 根据第三方支付服务商的市场定位分类

从第三方支付服务商的市场定位角度看,又可以将网上支付分为两类:专一型和综合型。

(1)专一型,即专注于某一细分市场。这已经成为许多支付厂商的选择,如云网专注于网游领域,快钱专注于电话支付。

(2)综合型,即构建综合支付平台。和云网、快钱不同,腾讯财付通、淘宝支付宝选择了另外一条路线——构建综合化的电子支付平台,为不同类型的用户提供定制化的解决方案,全面满足人们在线生活中对于支付的多元化需求。

7.1.4 第三方支付平台的交易流程

第三方支付模式使商家看不到客户的信用卡信息,同时又避免了由于信用卡信息在网络多次公开传输而导致的信用卡信息被窃事件。

以 B2C 交易为例,第三方支付模式的交易流程如下。

(1)客户在电子商务网站上选购商品,最后决定购买,买卖双方在网上达成交易意向。

(2)客户选择利用第三方作为交易中介,用信用卡将货款划到第三方账户。

(3)第三方支付平台将客户已经付款的消息通知商家,并要求商家在规定时间内发货。

(4)商家收到通知后按照订单发货。

(5)客户收到货物并验证后通知第三方。

(6)第三方将其账户上的货款划入商家账户中,交易完成。

7.1.5 第三方支付平台的特征

第三方支付平台有以下特征。

(1)第三方支付平台是为网络交易提供保障的独立机构。

例如,国内的支付宝就相当于一个独立的金融机构。当买家购买商品的时候,钱不是直接划到卖家的银行账户上,而是先划入支付宝的银行账户上,当买家确认收货并且认为没问题时,才会通知支付宝把钱划入卖家的账户。支付宝在交易过程中保障了交易的顺利进行。

(2)不仅具有资金传递功能,而且可以对交易双方进行约束和监督。

例如,支付宝不仅可以将买家的钱划入卖家账户,而且如果出现交易纠纷,比如出现卖家收到买家订单后不发货或者买家收到货物后找理由拒绝付款的情况,支付宝会对交易进行调查,并且对违规方进行处理,比如罚款等,可以起到监督和约束交易双方的作用。

(3)支付手段多样且灵活。

用户可以使用网上支付、电话支付、手机短信支付等多种方式进行支付。例如,云网的用户不仅可以用网上支付的方式购买飞机票,而且可以用电话支付的方式将银行账户的钱转到云网账户中购买飞机票。

7.1.6　第三方支付平台的优缺点

第三方支付平台的优点如下。

(1) 使用方便。

(2) 比较安全。

(3) 支付成本低。

(4) 支付担保业务可以在很大程度上保障付款人的利益。

第三方支付平台的缺点如下。

(1) 这是一种虚拟支付层的支付模式,需要其他"实际支付方式"完成实际支付层的操作。

(2) 付款人的银行卡信息将暴露给第三方支付平台,如果这个第三方支付平台的信用度或者保密手段欠佳,将给付款人带来相关风险。

(3) 第三方结算支付中介的法律地位缺乏规定,一旦该中介破产,消费者所购买的"电子货币"可能成为破产债权,无法得到保障。

(4) 由于有大量资金寄存在支付平台账户内,而第三方平台为非金融机构,所以有资金寄存的风险。

(5) 第三方结算支付中介中的资金流无法得到政府的有效监管,可能成为犯罪分子洗钱的途径。

7.1.7　第三方支付平台的发展概况

在全球范围内,美国的 PayPal 是最成功的第三方支付平台。2006 年年底,PayPal 在世界上的 103 个国家和地区开展了业务,支持的币种达 17 种,拥有 1.33 亿用户,其中活跃用户 3760 万户。PayPal 获得的巨大成功依赖于若干特定的条件,包括:特定的金融支付业务支撑环境,准确的市场定位与恰当的市场时机,灵活坚决的扩张战略与有效的风险控制措施,特定的法律与政策环境等。PayPal 的技术与业务模式极易复制,但即使拥有雄厚金融背景的花旗银行(Citibank),以及拥有强大品牌支撑的 Yahoo Paydirect 都没有在第三方支付领域战胜 PayPal。Yahoo 和其他公司,比如 Citibank,都在经历失败后关闭了各自的在线支付系统。

2006 年 6 月,Google 推出了 Checkout 第三方在线支付业务,是 Google 利润最高的业务。Checkout 第三方在线支付服务的优点在于,Google 在搜索市场的领导地位使得 Checkout 在线支付服务对依赖于 Google 搜索服务的很多商家很有吸引力,另外其价格也有优势,Google 推出支付服务之后,为了从 PayPal 手中抢夺市场份额,给商家和消费者提供了多种优惠政策。尽管 Checkout 的用户使用率在增长,但其品牌知名度和使用率远远落后于对手 PayPal。据 2007 年年初的调查显示,在品牌认知度方面,有 80% 的受访者认可 PayPal,而仅有 45% 的用户认可 Checkout。

在中国,第三方在线支付最早可追溯到 1999 年 3 月开始运行的"首信易支付"。从某种意义来说,第三方支付是基于互联网参与金融服务业务的一个创新行业,因此初期的第三方支付公司大多以技术见长。

随着电子商务的快速发展,第三方支付行业蓬勃发展。如今,第三方支付早已和人们的日常生活息息相关,如缴纳水电费、缴纳考试报名费等。艾瑞咨询的监测数据显示,2015年一季度中国第三方互联网支付交易规模达到 24 308.8 亿元,同比增长 29.8%,环比增长 3.4%。

2015 年一季度第三方互联网支付交易规模市场份额中,支付宝占比 48.9%,财付通占比 19.9%,银商占比 10.7%,快钱占比 6.8%,汇付天下占比 4.9%,易宝支付占比 3.2%,环迅支付占比 2.1%,京东支付占比 1.9%(图 7-3)。

京东支付实现战略升级,全面布局网购、航旅、基金保险等行业;万达控股的快钱加速布局互联网金融 C 端市场(Consumer Market,消费者市场),现有业务交易规模增速稳定,交易规模市场份额基本不变;汇付天下、易宝支付、环迅支付继续在 P2P 资金托管领域深耕,合作模式尚处于探索阶段。

随着我国电子商务环境的不断改善,支付场景不断丰富以及金融创新的活跃,使网上支付业务取得快速增长,而第三方支付机构发展的互联网支付业务也取得了较快的增长。随着产业集团、金融机构等加入第三方支付市场,未来行业格局将充满变数和机遇。

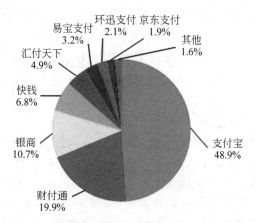

图 7-3　2015 年一季度中国第三方互联网支付交易规模市场份额

来源:www.iresearch.com.cn

7.2　互联网银行

2017 年 5 月 22 日,银监会共批准筹建 17 家民营银行(表 7-2),从首批 5 家试点银行(深圳微众、上海华瑞、温州民商、天津金城、浙江网商)来看,微众与网商银行就是互联网特征相当明显的互联网银行。

- 微众银行有股东腾讯。
- 网商银行有股东阿里巴巴。
- 新网银行有股东小米。
- 中关村银行有股东用友网络。
- 亿联银行有股东美团点评。

根据《中国银监会市场准入实施细则》规定,民营银行必须实行"一行一店"模式,即在总行所在城市仅可设 1 家营业部,不得跨区域。基于这一要求,定位为互联网银行可以为民营银行在一定程度上解决获客难题。

表 7-2　17 家民营银行

民营银行名称	获 批 时 间	开 业 时 间	注册资本/元
深圳前海微众银行	2014 年 7 月 24 日	2014 年 12 月 12 日	30 亿
温州民商银行	2014 年 7 月 24 日	2015 年 3 月 20 日	20 亿
天津金城银行	2014 年 7 月 24 日	2015 年 3 月 27 日	30 亿
上海华瑞银行	2014 年 9 月 26 日	2015 年 1 月 27 日	30 亿
浙江网商银行	2014 年 9 月 26 日	2015 年 5 月 27 日	40 亿
重庆富民银行	2016 年 5 月 3 日	2016 年 8 月 26 日	30 亿
四川新网银行	2016 年 6 月 7 日	2016 年 12 月 28 日	30 亿
湖南三湘银行	2016 年 7 月 26 日	2016 年 12 月 26 日	30 亿
安徽新安银行	2016 年 11 月 7 日	2017 年 5 月(拟)	20 亿
福建华通银行	2016 年 11 月 23 日	2017 年 1 月 16 日	24 亿
武汉众邦银行	2016 年 12 月 5 日	2017 年 5 月 18 日	20 亿
吉林亿联银行	2016 年 12 月 16 日	2017 年 5 月 16 日	20 亿
江苏苏宁银行	2016 年 12 月 16 日	尚未开业	40 亿
威海蓝海银行	2016 年 12 月 16 日	2017 年 6 月 1 日(拟)	20 亿
辽宁振兴银行	2016 年 12 月 19 日	尚未开业	20 亿
北京中关村银行	2016 年 12 月 19 日	尚未开业	40 亿
梅州客商银行	2016 年 12 月 29 日	尚未开业	20 亿

7.2.1　微众银行

微众银行(深圳前海微众银行简称)是由腾讯公司及百业源、立业集团等知名民营企业发起设立的,总部位于广东省深圳市,2014 年 12 月经监管机构批准开业,是国内首家民营银行和互联网银行(图 7-4)。微众银行注册资本为 30 亿元人民币,主要股东为腾讯、百业源投资和立业集团,股东结构如图 7-5 所示。

2015 年 1 月 4 日,李克强总理在深圳前海微众银行敲下回车键,卡车司机徐军就拿到了 3.5 万元贷款。这是微众银行作为国内首家开业的互联网民营银行完成的第一笔放贷业务。该银行既无营业网点,也无营业柜台,更无须财产担保,而是通过人脸识别技术和大数据信用评级发放贷款。

图 7-4　微众银行 logo

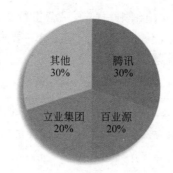

腾讯	百业源	立业集团	深圳市淳永投资有限公司	深圳市横岗投资股份有限公司	深圳光汇石油集团股份有限公司	涌金投资控股有限公司	深圳市金立通信设备有限公司	信太科技(集团)有限公司	中化美林石油化工集团有限公司
30%	20%	20%	9.9%	5%	4%	3%	3%	3%	2.1%

图 7-5 微众银行股东结构

1. 微众银行发展历程

2014 年 12 月 16 日：深圳前海微众银行股份有限公司正式成立。

2014 年 12 月 28 日："深圳前海微众银行股份有限公司"的微众银行官网成立(http://www.webank.com)，成为我国第一家上线的互联网银行。

2015 年 5 月 15 日：正式对外推出"微粒贷"。

2015 年 8 月 15 日："微众银行"App 上线。

2015 年 9 月 21 日："微粒贷"上线微信。

2017 年 11 月 3 日："微业贷"试点。

2018 年 6 月 26 日：2018 年主体信用评级上调至 A3。

2018 年 9 月 27 日：有效客户超 1 亿。

2019 年 8 月 5 日：鹏城实验室与该行联合建立的"鹏城实验室-微众银行'AI 金融联合实验室'"正式揭牌。

2019 年 9 月 9 日："微众企业爱普"App 发布。

2019 年 11 月 5 日：获穆迪"A3"及标普"BBB＋"评级，成为首家获得国际评级的数字银行和民营银行。

2. 主要业务

1) 消费金融

"微粒贷"是国内首款在从申请、审批到放款全流程实现在互联网线上运营的贷款产品，具有普惠、便捷的独特亮点。

- "微粒贷"依托腾讯两大社交平台 QQ 和微信，无担保、无抵押、无须申请。
- 客户只须提供姓名、身份证和电话号码就可以获得信用额度。
- "微粒贷"产品定位为互联网小额(500 元～20 万元的额度设置)信贷产品，比一般信用卡的贷款利率要低，可以满足大众的小额消费和经营需求。
- "微粒贷"循环授信、随借随还；1 分钟到达客户指定账户。

- 提供 7×24 小时服务。
- 用互联网技术触达海量用户,将极其便捷的银行服务延伸至传统银行难以覆盖的中低收入人群。

2) 大众理财

2015 年 8 月 15 日,微众银行正式推出首款独立 App 形态产品。微众银行 App 为用户优选符合多种理财需求的金融产品,且支持实时提现,实现高效便捷的资金调度,切实帮助用户轻松管理财富。

3) 平台金融

微众银行已与物流平台"汇通天下"、线上装修平台"土巴兔"、二手车电商平台"优信二手车"等国内知名的互联网平台联合开发产品。通过连接有数据、有用户的互联网企业,将微众银行的金融产品应用至它们的服务场景中,将互联网金融带来的普惠利好垂直渗透至大众的衣食住行,实现资源的有效整合和优势互补,达成合作共赢的崭新模型。

3. 业务特点

1) 借款操作简单

用户在绑定银行卡的前提下,只需要一键点击"借钱",系统便会在几秒内判断个人信用情况,并给出一定的额度,然后用户根据相应提示填写信息,就能在线完成借款(图 7-6)。不仅借款操作简单,而且用户不需要抵押物品,极其方便可信。

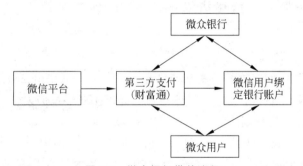

图 7-6　微众银行借款流程

2) 个人征信

"微粒贷"主要依靠两部分信息进行个人信用情况的计算,一是腾讯积累多年的社交数据,二是中国人民银行的个人征信数据。信用情况的计算依据既真实可靠,数据又比较多,使得计算出的结果正确率很高。

个人征信数据主要依据微信和手机腾讯 QQ 用户在整个腾讯体系产品内的数据。

- 手机腾讯 QQ:根据手机腾讯 QQ 的活跃程度对用户设置授信额度。
- 微信:参考其微信的活跃程度。

这就意味着,如果客户在微信上非常活跃,拥有多且固定的微信群,并经常在群里发声且对话不限于单向,交际圈比较固定,微信朋友又是来自五湖四海,那么系统将认为该客户活跃度是比较高的,该客户获得高额度授信的概率也会非常大。相反地,如果该客户的微信并不常使用或者微信群少且极少"冒泡",那么该客户的活跃度就不那么高了,该客户获得高额度授信的概率也会很小。

3）合作服务费模式

微众银行作为国内第一家互联网银行，为了弥补自己线下业务的不足，通过联合优质可靠的行业伙伴采用合作服务费模式。微众银行更多地充当着"连接者"和"输出者"的角色。"连接"是指微众银行连接着客户和金融机构，连接那些缺乏金融能力却拥有用户、场景的平台，连接那些缺乏客户但具有资金能力的机构。而"输出"的东西有用户、科技和新的风险管理能力与手段。

7.2.2　网商银行

网商银行即浙江网商银行，是由蚂蚁金服作为大股东发起设立的中国第一家核心系统基于云计算架构的商业银行。它作为银监会批准的中国首批 5 家民营银行之一，于 2015 年 6 月 25 日正式开业（图 7-7）。

浙江网商银行注册资金为 40 亿元，浙江蚂蚁小微金融服务集团有限公司认购该行总股本 30％股份；上海复星工业技术发展有限公司认购该行总股本 25％股份；万向三农集团有限公司认购该行总股本 18％股份；宁波市金润资产经营有限公司认购该行总股本 16％股份。其他认购股份占总股本 10％以下企业的股东资格由浙江银监局按照有关法律法规审核，其中，金字火腿（002515）持有浙江网商银行 3％股份。

图 7-7　网商银行 logo

1. 网商银行发展历程

2015 年 6 月 25 日，网商银行正式开业（https://www.mybank.cn）。

2015 年 7 月，网商银行第一笔互联网纯信用贷款在浙江桐庐发放；网商银行宣布启动大学生回乡回村创业扶持计划。

2015 年 8 月，网商银行联手中文流量统计网站 CNZZ 面向中小创业网站推出流量贷。

2015 年 9 月，网商银行上线农村金融专属产品"旺农贷"，为农村地区用户提供互联网信贷服务，推动普惠金融。

2015 年 10 月，网商银行联手支付宝口碑推出面向线下中小餐饮商户的口碑贷。

2015 年 11 月，网商银行面向天猫、淘宝上的小微商户推出双十一大促贷。

2015 年 12 月，网商银行服务小微企业数量突破 50 万家。

2016 年 2 月，网商银行服务小微企业数量突破 80 万家，为小微企业累计提供了超过 450 亿元的信贷资金。

2016 年 3 月，网商银行 App 正式公开上线。

2. 浙江网商银行的业务

浙江网商银行采用全流程网络经营模式，以互联网为主要手段和工具，全网络化营运，没有物理网点，主要为线上客户提供有网络特色、适合网络操作、结构相对简单的金融服务和产品。

1）资金来源

资金来源与传统银行完全不同,不做现金业务,网商银行的资金主要来源不是吸收公众存款,目前 70% 的资金来源于非银行业金融机构的存款。

2) 客户类型

网商银行的三大目标客户群体为电商上的小微企业、个人消费者和农村用户。

3) 业务产品

业务模式采取"小存小贷",主要提供 20 万元以下的存款产品和 500 万元以下的贷款产品,不服务"二八法则"中 20% 的头部客户,而是以互联网的方式服务"长尾"客户。如果小微企业发展壮大,超出了网商银行服务的能力范围,则就把这些客户推荐给其他银行。

- 借钱:网商贷、旺农贷。
- 理财:余利宝。
- 贴现:网商贴。
- 企业网银。
- 供应链金融:自理宝、回款宝。

3. 浙江网商银行的业务特色

(1) 与银行贷款相比较,提供网商银行贷款。

- 时效高,"即贷即到即用",而一般银行的贷款审批流程都比较烦琐。
- 灵活方便,能随借随用、随时还款,即"310":3 分钟申请贷款,1 秒及时到账,0 人工干预。而一般银行经营贷款都需要抵押、质押或担保。
- 网商银行与客户的关系除了信贷关系、合同关系外,还有朋友关系,即从小陪伴、帮助客户成长。
- "永远在线",网商银行将真正实现为用户提供"随时、随地、随心"的金融服务。

(2) 服务于小微企业,采用小存小贷模式,设置了存贷款上限,特色清楚,符合差异化经营导向。

(3) 采用网络银行模式,利用互联网技术开展银行业务,客户来自电商。

(4) 技术优势。浙江网商银行是国内第一家将核心系统部署在基于阿里云计算和蚂蚁金融技术能力的金融云上的商业银行,其包含核心系统在内的银行整体系统是国内首个完全去 IOE,完全基于自主可控技术的银行系统。依靠技术每天发放几十万笔贷款,这在传统银行是不可想象的。所以有一种说法称:与其称之为网商银行,不如说也是一家有银行牌照的科技公司。

(5) 大数据做风控。

- 大概有 10 万个数据的标段,1000 多个风控模型,全部是网商银行自己打造的。根据风控模型客观公正地评判一个客户的风险状况。有了数字技术以后,普惠金融更容易达成目标,可获得性也会越来越高。服务效率得到了很大提高,成本也大幅下降。
- 从村淘渠道得来的消费及生产的实时数据和分析由大数据驱动,可以为客户带来更适合他们的产品。

(6) 人才优势。在网商银行的人员构成上,技术人员占 50%,数据科学家占 25%,业务人员、运营人员非常少。这样才能不断扩大覆盖面、提高效率、降低成本,特别是在风控层面。

（7）成本优势。网商银行的笔均贷款大概为 1.1 万元，笔均贷款时长是 90 天，且贷款是完全信用，不需要任何担保和抵押，随借随还，大幅节约了企业的融资成本。网商银行现在的借贷成本在 1 元左右，这是任何一家传统银行都无法与之相比的，其背后主要依靠技术能力。

7.3　网联

2016 年，中国的非银行支付机构的网络支付业务共发生 1639 亿笔，金额达 99 万亿元，同比增速均达到 100%。中国的第三方支付无论在场景、用户量、规模、应用创新方面都是独有的。

网络支付业务的飞速发展，一方面对经济的发展和日常生活的便利起到了积极的支撑作用，另一方面也伴随着资金流向不透明、资金挪用、备付金的预付价值归属和安全、交易游离监管之外、支付机构违规从事跨行清算以及多头连接导致社会资源浪费等问题，其根源在于支付机构与银行直联形成的代理清算模式。

此前，第三方网络支付机构虽按监管机构要求，将用户支付或存留的钱存管到银行，但现实中，由于它们与很多银行直接合作，在各行都开有账户，于是就具备了跨行清算的功能。大量第三方支付机构绕开银联，形成了直联银行的现有模式。一家第三方支付机构连接几家甚至几十家银行，不仅接口重复投入，而且开设多个备付金账户，关联关系复杂且资金往来不透明，无法实现监管。

在这一背景下，网联应运而生。

监管部门计划断开支付机构与银行的直联，由网联负责一端连接支付机构、一端连接商业银行，为支付机构提供支持大规模、高并发的交易资金清算通道和转接平台，这既决定了网联的独特地位，也是行业发展的必然。

目前，在世界范围内尚未出现专门为第三方支付机构服务的清算平台，而这样一种线上支付监管体系也属首创。

7.3.1　网联平台

网联平台是在中国人民银行指导下，由中国支付清算协会组织支付机构，按照"共建、共有、共享"的思路筹建，主要处理非银行支付机构发起的涉及银行账户的网络支付业务，旨在逐步取缔支付机构与银行直接连接处理业务的模式。

7.3.2　网联清算有限公司

网联清算有限公司（Nets Union Clearing Corporation，NUCC）是经中国人民银行批准成立的非银行支付机构网络支付清算平台的运营机构。在中国人民银行指导下，网联清算有限公司由中国支付清算协会按照市场化方式组织非银行支付机构以"共建、共有、共享"原则共同参股出资 20 亿元，于 2017 年 8 月在京注册成立，为公司制企业法人。

网联清算有限公司的 45 家股东中（图 7-8）包括央行相关单位七家（中国人民银行清算

总中心、国家外汇管理局下属梧桐树投资平台有限责任公司、中国印钞造币总公司、中国支付清算协会、上海黄金交易所、银行间市场清算所股份有限公司、中国银行间市场交易商协会），共出资 7.6 亿元，占比 37%；29 家第三方支付机构持股 63%，支付宝和财付通最终持股比例均为 9.61%。

序号	投资人名称	背景备注	本次实缴出资源/万元	股权比例
	网联清算股份有限公司第 1 期股东出资明细表			
1	中国人民银行清算总中心	央行直属机构	12 000	12.00%
2	中国印钞造币总公司	央行直属机构	3000	3.00%
3	中国支付清算协会	央行直属机构	3000	3.00%
4	上海黄金交易所	其他国家机构	3000	3.00%
5	银行间市场清算所股份有限公司	其他国家机构	3000	3.00%
6	中国银行间市场交易商协会	其他国家机构	3000	3.00%
7	梧桐树投资平台有限责任公司	外汇局直属机构	10 000	10.00%
8	支付宝(中国)网络技术有限公司	阿里巴巴	9610	9.61%
9	财付通支付科技有限公司	腾讯	9610	9.61%
10	网银在线(北京)科技有限公司	京东	4710	4.71%
11	天翼电子商务有限公司	中国电信	2770	2.77%
12	快钱支付清算信息有限公司	万达	2450	2.45%
13	平安付科技服务有限公司	平安集团	2450	2.45%
14	北京百付宝科技有限公司	百度	2420	2.42%
15	联动优势电子商务有限公司	海立美达	1990	1.99%
16	中移电子商务有限公司	中国移动	1640	1.64%
17	银联商务有限公司	银联	1550	1.55%
18	通联支付网络服务股份有限公司		1280	1.28%
19	易宝支付有限公司		1210	1.21%
20	顺丰恒通支付有限公司	顺丰	1200	1.20%

图 7-8　网联清算股份有限公司第 1 期股东出资明细表（部分）

7.3.3　网联发展历史

2016 年 4 月：央行牵头建设网联清算平台。

2016 年 10 月：央行批复网联平台筹建。

2016 年 12 月 17 日：网联技术方案通过专家评审。

2017 年 8 月 29 日：网联清算有限公司注册成立。

2017 年 3 月 31 日：网联平台启动试运行，当日首笔跨行清算交易通过微信红包由腾讯财付通平台发起，收付款行分别为中国银行与招商银行；首笔签约交易验证则由京东支付与中国银行率先完成。

2018 年 6 月 30 日,网联平台开始正式启动业务切量,即支付机构与银行原有的直连模式将全部切断,网络支付交易全部通过网联模式转接清算,财付通成为首家切量的大型支付机构。

在商业银行中,中国银行为主要参与银行。

7.3.4 网联系统处理过程

1. 系统架构

网联是"三地六中心"的分布式架构,即在北京、上海、深圳 3 地建设 6 个数据中心,3 个城市的 6 个机房同构设计,同时对外提供服务且互为备份。任何一个机房或一个城市发生重大故障,其他机房可以继续提供 12 万笔/秒的平稳运行服务。

2. 支付机构与银行接入网联平台的原则

在业务对接上一点接入。银行以总行为单位、支付机构以企业为单位统一接入网联平台,不支持分支机构、分行或分公司的接入。

在技术实现上,根据支付机构的业务规模以及能力水平,大型支付机构采用 6 线接入网联三地六中心,中型支付机构至少采用 4 线接入网联三地四中心,小型支付机构至少采用 2 线接入网联异地两个数据中心。各家机构在所有线路上要做到流量平均分布,以最大化地利用网联三地六中心的处理能力。

接入之后即可通过网联进行交易的转接,支付机构可以根据平台的规则选择任意数据中心发布请求,平台根据银行接入数据中心的情况就近转发。

3. 交易流程

为确保网联清算的数据与支付机构、银行三方一致,具体流程如下(图 7-9)

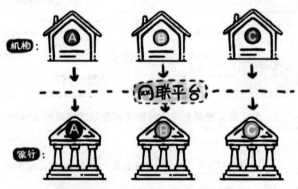

图 7-9　网联清算流程

首先,机构会发起交易,通过报文发给平台渠道,渠道会转发交易模块进行处理,同时调用银行前置接口查询交易状态,如果处于未名状态,则会重试 3 次,最终会将网联交易状态置为终态,返回支付机构,协议支付的整个过程最长持续 1 分钟,退款和付款为 10 分钟,最后进行关单处理。整个过程在架构和报文上保证了三方一致。

其次,每个批次清算完成后还会进行对账处理,平台会给机构和银行发送对账文件,机构和银行会与平台进行对比,如果发现不一致,则立刻通知网联,如果平台发现数据存在缺失,则会进行补对账处理,重新生成对账文件并发送给机构和银行,确保三方对账一致。

最后,当银行或机构发现自己的对账文件和网联对账文件不一致时,银行或机构会始终以网联平台为准,银行或机构将进行差错处理。如果出现银行扣款,但用户还未收到商品的情况,则此时银行就会将这笔资金退还给用户,用户就不用再担心多扣款的情况了。

综上所述,网联平台会从各个维度保障数据一致性,即使机构或者银行造成了不一致,网联也会把它们纠正为一致状态。即使在极端情况下出现数据短暂不一致的情况,平台也会通过对账、差错处理等措施把数据补上,保障数据的最终一致性。

4. 以超市购物为例说明网联清算模式下的整个支付清算业务流程

- 小明在超市买了 1000 元钱的商品,用微信支付时选择使用绑定的招商银行卡付款。
- 财付通收到小明的请求后,向网联平台发起一笔协议支付交易。
- 网联平台将交易信息存储在数据库里,并将请求转发至招商银行,招商银行在小明的账户中扣掉 1000 元钱,网联收到招商银行扣款成功的通知后,会给财付通反馈支付成功的回执,同时通知工商银行(财付通备付金行)给财付通工商银行账户增加 1000 元钱。
- 最后,财付通将支付结果通知小明,小明带走商品。

小明需要等待支付结果才能完成交易,因此要求整个支付链路具备低延迟的特点,网联交易转接的处理时间被设计为秒级响应。

5. 清算流程——分批次清分对账

在网联交易转接模式下,小明在支付成功后获得了自己的商品,但是招商银行和工商银行之间还没有完成最终资金清偿,网联会对所有交易信息进行清分轧差,清分轧差数据为招商银行－1000,财付通备付金工行账户＋1000,网联会生成清算指令并提交中国人民银行大额支付系统,由大额支付系统完成各家银行机构资金的统一清算。

网联对数据分批次进行清分,并按场次将轧差净额提交至中国人行银行大额支付系统进行清算,即将交易按照一定的时间间隔进行切片,一天会切成多个交易批次,在批次时间切换后,对批次数据进行清分处理。每个批次结束后 2h 内,参与机构和银行会得到交易的最终凭证,即各自的交易流水文件(包括对账汇总流水及交易明细)。

7.3.5　网联业务

1. 转接服务

主要处理非银行支付机构发起的涉及银行账户的网络支付业务,实现非银行支付机构及商业银行一点接入,提供统一公共的转接清算服务,实现资金清算的规范化、透明化、中心化运作。在推动实现跨行清算合规、行业创新加速、社会成本降低等方面起到重大作用。

2. 制定标准

组织制定并推行与平台系统及网络支付市场相关的统一标准规范,协调和仲裁业务纠纷,并提供风险防控等专业化的配套及延展服务。网联平台正在研究制定二维码支付标准,为行业"解决乱象、断开直连、普惠金融、优化生态"。

3. 防范风险

网联平台将通过将网联平台作为转接清算平台以解决支付机构与银行直连带来的系统性风险防控和金融监管方面的漏洞。在此模式下构建的网联平台一方面可以规范市场发展和清算行为,另一方面也成为交易和业务的纽带和核心。伴随这一过程,网联平台的建立将从规范市场出发,在服务市场的过程中最终实现引领市场的作用。

4. 降低成本

对于第三方支付机构来说,未来只要接入网联这一家平台即可,不再需要单独接入银行接口,降低了对接成本。

7.3.6　与银联的区别

(1) 银联和网联同属央行支付结算体系,银联是卡组织,处理银行卡相关业务。网联主要负责处理支付机构发起的涉及银行账户的网络支付交易的转接清算。

(2) 银联在银行卡清算之外有延展性业务,例如银联商务的线下收单业务。网联目前的主要任务是网络支付交易的清算,同时,未来网联也希望能够更多地走向国际,一是帮助股东支付机构走向海外;二是看是否有机会进行基础设施能力的输出。

7.4　我国第三方电子支付平台

2010 年 9 月 1 日,中国人民银行制定了《非金融机构支付服务管理办法》,要求第三方支付平台须获得支付业务许可证,即市场所称的"第三方支付牌照",这之后,网络支付工具被纳入市场和法律的监管体系中。截至 2015 年,央行共发放了 5 批次支付牌照。其中,2011 年 5 月 18 日,支付宝、银联商务、财付通、快钱、拉卡拉等 27 家公司获得了首批支付牌照;同年 8 月 2 日,央行又发放了第二批支付牌照,包括得仕卡、畅购卡等 13 家企业如约获批;第三批和第四批分别有 26 家单位和 95 家单位获得支付牌照,时间分别是 2013 年 1 月 6 日和 2013 年 6 月 27 日,这比前两批次发放的间隔时间长了很多;2014 年 7 月 15 日,央行发布了第五批 19 家企业的名单,其中包括链家地产旗下子公司北京理房通支付科技有限公司、安邦保险控股公司北京帮付宝网络科技有限公司等,截至 2015 年 3 月 30 日,中国人民银行共发放 270 张牌照(中国人民银行发放的第一批第三方支付牌照名单见表 7-3)。

表 7-3　中国人民银行发放的第一批第三方支付牌照名单

序号	许可证编号	公司名称
1	Z2000133000019	支付宝(中国)网络技术有限公司
2	Z2000231000010	银联商务有限公司
3	Z2000311000013	北京商服通网络科技有限公司
4	Z2000444000013	深圳市财付通科技有限公司
5	Z2000531000017	通联支付网络服务股份有限公司

续表

序号	许可证编号	公司名称
6	Z2000611000010	开联通网络技术服务有限公司
7	Z2000711000019	北京通融通信息技术有限公司
8	Z2000831000014	快钱支付清算信息有限公司
9	Z2000931000013	上海汇付数据服务有限公司
10	Z2001031000010	上海盛付通电子商务有限公司
11	Z2001111000013	钱袋网(北京)信息技术有限公司
12	Z2001231000018	上海东方电子支付有限公司
13	Z2001344000012	深圳市快付通金融网络科技服务有限公司
14	Z2001444000011	广州银联网络支付有限公司
15	Z2001511000019	北京数字王府井科技有限公司
16	Z2001611000018	北京银联商务有限公司
17	Z2001731000013	杉德电子商务服务有限公司
18	Z2001811000016	裕福网络科技有限公司
19	Z2001912000014	渤海易生商务服务有限公司
20	Z2002044000013	深圳银盛电子支付科技有限公司
21	Z2002131000017	迅付信息科技有限公司
22	Z2002211000010	网银在线(北京)科技有限公司
23	Z2002346000018	海南新生信息技术有限公司
24	Z2002431000014	上海捷银信息技术有限公司
25	Z2002511000017	北京拉卡拉网络技术有限公司
26	Z2002631000012	上海付费通信息服务有限公司
27	Z2002744000016	深圳市壹卡会科技服务有限公司

第三方支付牌照一般指支付业务许可证,支付业务许可证的申请人应当具备下列条件。

- 在中华人民共和国境内依法设立的有限责任公司或股份有限公司,且为非金融机构法人。
- 有符合本办法规定的注册资本最低限额。
- 有符合本办法规定的出资人。
- 有 5 名以上熟悉支付业务的高级管理人员。
- 有符合要求的反洗钱措施。
- 有符合要求的支付业务设施。
- 有健全的组织机构、内部控制制度和风险管理措施。

- 有符合要求的营业场所和安全保障措施。
- 申请人及其高级管理人员最近 3 年内未因利用支付业务实施违法犯罪活动或为违法犯罪活动办理支付业务等受过处罚。

7.4.1 支付宝

支付宝(中国)网络技术有限公司是国内领先的独立第三方支付平台,由阿里巴巴集团在 2004 年创办。支付宝致力于为中国电子商务提供简单、安全、快速的在线支付解决方案。

1. 发展历程

支付宝发展历程大体上经历两个阶段,从最初的"植根淘宝"到"独立支付平台"。与同时期诞生的其他第三方支付平台不同,支付宝一开始只面向淘宝,即与淘宝网购物的应用场景相结合,服务于淘宝交易,其后,支付宝独立发展,向独立支付平台转型。支付宝已成为电子商务的一项基础服务,担当着"电子钱包"的角色。

1) 第一阶段:植根淘宝(2003—2004 年)

支付宝在 2003 年最初上线主要针对淘宝上购物的信用问题,即解决网购用户的需求,推出"担保交易"模式(图 7-10),让买家在确认对所购的产品满意后才将款项发放给卖家,降低网上购物的交易风险。支付宝植根于淘宝网购需求,充当淘宝网资金流工具的角色。

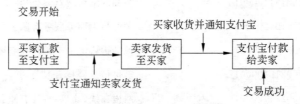

图 7-10 支付宝担保交易流程

当时,支付宝(淘宝旗下的一个部门)并没有长远的发展目标,只是一款专为淘宝网的发展需要而打造的支付工具,主要面向淘宝网提供担保交易,解决淘宝网发展的支付瓶颈问题。有人认为,淘宝能够在短时间超越易趣,不仅是由于淘宝的免费模式,支付宝对买卖双方信用的建立也是不可或缺的。

反过来,淘宝网的发展为支付宝带来了源源不断的用户。2004 年,阿里巴巴管理层认识到支付宝在初步解决淘宝信用瓶颈后,不应该只是淘宝网的一个应用工具,即"支付宝或许可以是一个独立的产品,成为所有电子商务网站的一个非常基础的服务"。

2004 年 12 月,支付宝从淘宝网分拆,支付宝网站上线,并通过浙江支付宝网络科技有限公司独立运营,宣告支付宝从淘宝网的第三方担保平台向独立支付平台发展。

2) 第二阶段:独立支付平台(2005 年至今)

支付宝首先切入的是网游、航空机票、B2C 等网络化较高的外部市场,截至 2006 年年底,使用支付宝作为支付工具的非淘宝网商家已经达到 30 万家以上,支付宝的独立支付平台的身份也开始被外界所接受。

2007 年,支付宝分别与第九城市、南方航空等一系列外部企业达成合作,当年支付宝的全年交易额为 476 亿元人民币(占整个电子支付市场 47.6% 的份额),其中大约 70% 来自淘宝,外部商家占比 30% 左右,这一年,支付宝开始针对商家(淘宝网和阿里巴巴网站的交易除外)展开收费。

2008 年 8 月,支付宝用户数突破 1 亿,超越淘宝网的 8000 万用户,占网民总数的 40%,10 月份支付宝宣布正式进入公共事业性缴费市场,通过支付宝可以网上缴纳水、电、燃气以及通信费等日常费用。另外,支付宝与卓越亚马逊、京东商城、红孩子等独立 B2C 展开合作,成为其平台的支付方式之一,并推出 WAP 手机版,布局移动领域。2008 年,支付宝全年交易额达 1300 亿元人民币以上。

截至 2009 年 12 月,支付宝外部商家已经增长到 46 万家,全年交易额达 2871 亿元人民币,市场份额为 49.8%。

2010 年 12 月,支付宝用户突破 5.5 亿,除淘宝和阿里巴巴外,支持使用支付宝交易服务的商家已经超过 46 万家,并于 2011 年获得央行颁布的首批第三方支付牌照,业务范围涵盖货币汇兑、互联网支付、移动电话支付、预付卡发行与受理(仅限于线上实名支付账户充值)、银行卡收单等。

2011 年 7 月,支付宝推出手机支付产品——条码支付(barcode pay),进军线下支付市场,同年 9 月 1 日的交易额达到 30.4 亿元,创历史新高,交易笔数达到 1130 万笔,远超此前全球领先的支付公司 PayPal。

2011 年 11 月 11 日,"光棍节"当天淘宝商城支付宝交易额突破 33.6 亿元,支付宝当天支付成功 3369 万笔,再度刷新世界纪录。

2012 年 2 月 8 日起,支付宝关闭信用卡充值服务,但可继续使用信用卡付款。

2012 年 5 月 11 日,支付宝获得基金第三方支付牌照,开始对接基金公司。

2013 年 6 月 17 日,余额宝服务正式上线。

2013 年 8 月,用户使用支付宝付款不用再捆绑信用卡或者储蓄卡,能够直接透支消费,额度最高为 5000 元。

2013 年 11 月 11 日,支付宝成交额达 350.19 亿元,2015 年的"双 11",支付宝支撑起了 8.59 万笔/秒的支付洪峰。

2. 商业模式

支付宝实际上只是一种虚拟的电子货币交易平台,并通过对应银行实现账户资金的转移,也就是说支付宝资金的转移通过用户支付宝账户和银行账户进行,商业银行为支付宝提供基础服务,而支付宝更像是一款搭载在商业银行上的支付应用(图 7-11)。

图 7-11　支付宝运行模式

支付宝需要将用户资金存放在合作商业银行当作交易保证金,中国工商银行对资金进行"托管"服务,检查支付宝存放在各家商业银行的客户交易保证金余额总和是否与用户存放在支付宝的资金余额与待处理款、未达款余额之和平衡,并按月出具报告。这也间接解释了支付宝用户沉淀资金的去向,即以交易保证金的形式存放在合作的商业银行。

目前,支付宝向用户提供付款、提现、收款、转账、担保交易、生活缴费、理财产品(主要是保险)等基本服务,相当于一个电子钱包。

3. 营收来源

支付宝目前分为个人服务和商家服务两种类型,营收上支付宝采取对个人用户免费以形成巨大的用户规模,反过来向商家用户收费的模式(现阶段商户在淘宝上使用支付宝不需要费用,由淘宝统一向支付宝支付)。具体来讲,支付宝向商家提供的服务有支付产品、行业解决方案以及第三方服务。

1) 支付产品

支付产品可以分为接口类产品和清算类产品两大类,接口类产品指将支付宝接口集成到商户网站,主要包括普通网站接口、平台商接口(B2C 或 C2C 模式);清算类产品无须集成支付宝接口,用于支付宝账户之间、支付宝和银行之间的资金流转,主要包括大额支付款、批量付款等产品。另外,支付宝还向商业用户提供增值服务(支付宝快捷登录等),目前大部分增值服务免费。

支付产品有两种收费模式:

(1) 单笔阶梯费率,即按交易额的比例收费,费率由交易额区间决定,如 0～6 万元的费率为 1.2%,6 万～50 万元的费率为 1.0%,交易额越大,费率越低。

(2) 包量费率,是指在包量内只收取预付费,超过包量流量后,按每笔交易额的 1.2%收取服务费,合同有效期为 1 年。如选择 600 元套餐,包量交易额为 6 万元人民币,超出 6 万元人民币后的交易额按 1.2%收取费用。

2) 行业解决方案

行业解决方案是主要针对航旅、B2C、物流、网游、保险、海外、缴费、无线、公益捐赠等行业需求而开发的个性化解决方案。例如针对中小 B2C 商户的 COD 专业版(货到付款业务管理平台),商户通过平台向指定的物流公司发送代收货款的发货请求,同时获得代收的货款和运费等资金,最终获得发货回单。

易观国际在第三方支付研究报告中称,行业解决方案的利润分成模式相对较为复杂:行业解决方案针对不同的行业、不同的业务合作模式采用不同的收费模式和标准,扣除相应的成本以及和商户共同进行的营销推广成本,形成最终的利润。

3) 第三方服务

支付宝为商户建造第三方服务平台,进驻的第三方主要包括域名/空间/主机、网站建设软件/系统、网站管理工具等互联网基础服务提供商,为电子商务网站提供类似日常生活中的水、电、煤气的基础服务。

4) 其他业务

2010 年年末,支付宝用户突破 5.5 亿。随着用户规模的扩大,支付宝也将从个人登录页面的显示链接广告和商家在支付宝的营销推广活动中获取一定收益。支付宝还联合建行推出卖家信贷,卖家以应收账款作为担保向建行申请贷款,缓解资金流转问题,贷款额度在 50 元至 5 万元之间,申贷到还款过程全部通过支付宝网络进行。

另外,支付宝的运行模式必定会导致用户资金部分时段停留在支付宝银行账户上,即产生通常所说的沉淀资金。2010 年年初日交易额为 14 亿元人民币时,业内专家估计沉淀资金在 100 亿元人民币左右,而 2011 年 4 月份支付宝 CEO 彭蕾称日交易额已超过 26 亿元。

前面已提到沉淀资金以交易保证金的形式存在合作商业银行,并受银监会监管,这也限制了沉淀资金的商业化用途。按 200 亿元人民币的沉淀资金规模、一年期定期存款利息计算,目前沉淀资金一年的利息收入约为 6 亿元人民币(PayPal 上用户交易保证金产生的利息归 PayPal 所有)。

但央行颁布的《非金融机构支付服务管理办法》并未明确沉淀资金利息的归属问题,支付宝目前也没有将利息收入列入营收范畴,按支付宝方面的说法是:"支付宝的沉淀资金利息一直挂在应付款项上,即不计入收入,也不计入支出,第三方支付、银行和客户都不能动用这笔资金,这部分资金一直在等待监管层明确其归属。"

4. 主要成本结构

支付宝的成本主要来自平台的维护费用、销售推广费用以及银行划款手续费用,平台的维护费用主要指软硬件设备的购置和升级、员工薪资等,销售推广费用包括支付宝的广告投入(电视、门户、搜索引擎)和销售返点。

至于银行划款手续费用,由于支付宝的交易涉及用户与支付宝银行账户之间的资金流动,支付宝需要交纳银行划款手续费用,对于千亿级交易额的支付宝,银行划款手续费用是一笔不容忽视的成本支出(支付宝提供的服务一般涉及两次划款:用户银行账户到支付宝银行账户,支付宝银行账户到用户银行账户)。

7.4.2　财付通与微信支付

1. 财付通

财付通(TenPay)是腾讯公司创办的在线支付平台。财付通与拍拍网、腾讯 QQ 有着很好的融合,按交易额计算,财付通排名第二,份额为 20%,仅次于阿里巴巴公司的支付宝。

财付通是腾讯公司于 2005 年 9 月正式推出的专业在线支付平台,致力于为互联网用户和企业提供安全、便捷、专业的在线支付服务。

财付通构建全新的综合支付平台,业务覆盖 B2B、B2C 和 C2C 各领域,提供网上支付及清算服务。针对个人用户,财付通提供了在线充值、提现、支付、交易管理等丰富的功能,创造了 200 多种便民服务和应用场景;针对企业用户,财付通为 40 多万家大中型企业提供了专业的资金结算解决方案和极富特色的 QQ 营销资源支持。

经过多年的发展,财付通服务的个人用户已超过 2 亿,服务的企业客户也超过 40 万,覆盖的行业包括游戏、航旅、电商、保险、电信、物流、钢铁、基金等。结合这些行业特性,财付通提供了快捷支付、财付通余额支付、分期支付、委托代扣、EPOS 支付、微支付等多种支付产品。

2009 年财付通启用全新的品牌主张"会支付,会生活",强调"生活化"为财付通独特的品牌内涵。这一主张发布后受到业界的极大关注,支付业内流行起一场"生活风"。

2013 年 8 月财付通联合微信发布微信支付,强势布局移动端支付。

2. 微信支付

微信支付是由腾讯公司知名的即时通信服务免费聊天软件微信(WeChat)及腾讯旗下第三方支付平台财付通联合推出的互联网创新支付产品。

微信支付提供公众号支付、App 支付、扫码支付、刷卡支付等支付方式。微信支付结合微信公众账号,全面打通 O2O 生活消费领域,提供专业的"互联网＋"行业解决方案,微信支付支持微信红包和微信理财通,是移动支付的首选。

有了微信支付,用户的智能手机就成了一个全能钱包,用户不仅可以通过微信与好友进行沟通和分享,还可以通过微信支付购买合作商户的商品及服务。

用户只需要在微信中关联一张银行卡并完成身份认证,即可将装有微信 App 的智能手机变成一个全能钱包,之后即可购买合作商户的商品及服务,用户在支付时只需要在自己的智能手机上输入密码,无须任何刷卡步骤即可完成支付。

2014 年 3 月 8 日,王府井百货接入微信支付。

2014 年国庆长假期间,丽江、大理、西塘、鼓浪屿、凤凰等热门旅游景区内近 3000 家客栈和民宿已全面上线微信支付。

2014 年 11 月,继微信智慧酒店、智慧餐饮、智慧剧院相继落地后,顺丰速运宣布在全国范围内支持微信支付,率先在快递业提出"微信智慧生活"全行业解决方案。

2015 年 5 月 5 日,家乐福在广州、深圳的 13 家门店首批接入微信支付。用户在家乐福购物买单时,只需要使用手机出示微信的刷卡条形码或二维码,扫码成功后便可完成支付,购物体验更为高效便捷。

2015 年 6 月,微信正式推出"指纹支付"。用户开通该功能,下单后进入支付流程,根据界面提示将手指置于手机指纹识别区,即可实现"秒付",支付流程中无须输入密码。

微信支付目前已开通的接口银行包括中国银行、中国农业银行、中国建设银行、招商银行、深圳发展银行、宁波银行、光大银行、中信银行、广发银行、平安银行、兴业银行、民生银行等绝大部分银行,其他银行仍在陆续接入中。

1) 使用流程

(1) 首次使用,需要用微信"扫一扫"功能扫描商品二维码,或直接点击微信官方认证公众号的购买链接。

(2) 点击"立即购买",首次使用时会有微信安全支付弹层弹出。

(3) 点击"立即支付",提示添加银行卡。

(4) 填写相关信息,验证手机号。

(5) 两次输入,完成设置支付密码,购买成功。

2) 应用情景

(1) 线下扫码支付。用户扫描线下静态的二维码(图 7-12),即可生成微信支付交易页面,完成交易流程。

图 7-12　微信扫一扫

（2）Web 扫码支付。用户扫描 PC 端二维码跳转至微信支付交易页面，完成交易流程。

（3）公众号支付。用户在微信中关注商户的微信公众号，在商户的微信公众号内完成商品和服务的支付购买。目前已经支持微信支付的有 QQ 充值、腾讯充值中心、广东联通、印美图、麦当劳、微团购等。

以 QQ 充值为例（已完成微信支付绑卡），操作步骤如下。

（1）关注服务号"QQ 充值"，点击功能菜单中的"充话费"进入充值页面。

（2）填写手机号并选择充值金额，点击"立即充值"。

（3）输入微信支付密码。

（4）支付成功，7 秒内收到成功充值确认短信。

3）安全保障

微信支付有五大安全保障，为用户提供安全防护和客户服务。

（1）技术保障。微信支付后台有腾讯的大数据支撑，海量的数据和云计算能够及时判定用户的支付行为是否存在风险。基于大数据和云计算的全方位身份保护，最大限度地保证用户交易的安全性。同时微信安全支付认证和提醒可以从技术上保障交易的每个环节的安全。

（2）客户服务。7×24 小时的客户服务，加上微信客服，及时为用户排忧解难。同时为微信支付开辟专属客服通道，以最快的速度响应用户提出的问题并做出处理判断。

（3）业态联盟。基于智能手机的微信支付将受到多个手机安全应用厂商的保护，如腾讯手机管家等，将与微信支付一道形成安全支付的业态联盟。

（4）安全机制。微信支付从产品体验的各个环节考虑用户的心理感受，形成了一整套安全机制和手段。这些机制和手段包括硬件锁、支付密码验证、终端异常判断、交易异常实时监控、交易紧急冻结等。这一整套机制将对用户形成全方位的安全保护。

（5）赔付支持。如果出现账户被盗被骗等情况，经核实确为微信支付的责任后，微信支付将在第一时间进行赔付；对于其他原因造成的被盗被骗，微信支付将配合警方积极提供相关的证明和必要的技术支持，帮用户追讨损失。

2014 年 9 月 26 日，腾讯公司发布的腾讯手机管家 5.1 版本建立了以微信为核心的丰富的移动支付安全入口，同时还为微信支付打造了"手机管家软件锁"，打通了微信支付的整个服务链条，实现微信支付的全程保护。腾讯公司此次为了区别于市场上的"手机泛安全管理"的概念，更加突出移动支付安全的概念，在品牌形象上给用户更专业的感受，还在安全入口上独创了"微信支付加密"功能，其风险预警系统可直接调用微信支付的内部数据，加大力度为微信支付的安全保驾护航。

7.4.3　快钱

快钱是国内领先的独立第三方支付企业，旨在为各类企业及个人提供安全、便捷和保密的综合电子支付服务。目前，快钱是支付产品最丰富、覆盖人群最广泛的电子支付企业，其推出的支付产品包括但不限于人民币支付、外卡支付、神州行卡支付、联通充值卡支付、VPOS 支付等众多支付产品，支持互联网、手机、电话和 POS 机等多种终端，满足各类企业和个人的不同支付需求。截至 2009 年 3 月 31 日，快钱已拥有 3500 万注册用户和逾 26 万家商业合作伙伴,并荣获中国信息安全产品测评认证中心颁发的"支付清算系统安全技术保障级一级"认证证书和国际 PCI 安全认证。

快钱总部位于上海,在北京、广州等地设有分公司。公司拥有由互联网行业资深创业者、优秀金融界人士和顶尖技术人员组成的国际化管理团队,在产品开发、技术创新、市场开拓、企业管理和资本运作等方面都具有丰富的经验。出众的执行力和快速的发展使得快钱获得了硅谷大型风险投资基金的风险投资,并于 2006 年荣获第三届中国国际金融论坛十佳中国成长金融机构殊荣。

快钱产品和服务的高度安全性以及严格的风险控制体系深受业内专家和众多企业及消费者的好评,快钱电子支付平台采用了国际上最先进的应用服务器和数据库系统,支付信息的传输采用了 128 位的 SSL 加密算法,整套安全体系获得了美国 MasterCard 网站信息安全认证、美国 VISA 持卡人信息安全认证和美国运通(American Express)的 DSS 认证,而美国 Oracle 公司、VeriSign 数字安全公司和 Scan Alert 网络安全公司每天为快钱提供全面的安全服务,确保了数以亿计交易资金的往来安全。快钱同中国工商银行、中国银行、中国建设银行、中国农业银行、交通银行、招商银行、中信银行、上海浦东发展银行、民生银行、兴业银行、光大银行、华夏银行、广东发展银行、深圳发展银行、上海银行、北京银行、北京农村商业银行、上海农村商业银行、渤海银行、南京银行、宁波银行、平安银行、厦门国际银行、广州市商业银行、中国邮政储蓄银行、全国农信社资金清算中心、全国城市商业银行资金清算中心、广州银行电子结算中心等金融机构结成战略合作伙伴,并开通了 VISA 等国际卡的在线支付,服务覆盖国内外 30 亿张银行卡。快钱和多家国内外知名企业,如网易、搜狐、百度、TOM、当当、柯达、神州数码、万网、国美、三联家电等公司达成战略合作。

7.4.4 环讯

上海环迅电子商务有限公司(以下简称环迅支付)成立于 2000 年,是国内最早的支付公司之一。

目前,环迅支付与国内主流银行以及 VISA、MasterCard、JCB、新加坡 NETS 等多个国际信用卡组织建立并保持着良好的合作伙伴关系,是中国银行卡受理能力最强的在线支付平台,每天受理数万笔在线交易。环迅支付集成了银行卡支付、IPS 账户支付及电话支付等几大主流功能,并自主研发了酒店预订通、票务通等新产品,为消费者、商户、企业和金融机构提供全方位、立体化的优质服务。

此外,环迅支付还为广大个人用户打造了一个网络导购资讯门户——IPS 商情网,通过数十个特色频道集中推广环迅 IPS 开展的各类市场活动,为旗下众多商户提供了一个商品展示平台。2005 年,环迅支付成为中国唯一一家通过 ISO 9001:2000 认证的在线支付企业。2007 年环迅支付荣获"2007 中小企业 IT 产品优选""中国信息安全值得信赖品牌奖"以及"优秀电子支付服务平台奖"等多个奖项。

7.4.5 银商

银联商务有限公司是中国银联控股的专门从事银行卡受理市场建设和提供综合支付服务的机构,成立于 2002 年 12 月,总部设在上海市浦东新区,是首批获得中国人民银行支付业务许可证的支付机构,是中国人民银行确定的 21 家重点支付机构之一。

银联商务以"服务社会、方便大众"为理念,致力于改善中国银行卡受理环境和电子支付环境,为发卡机构、商户、企业和广大持卡人提供优质、高效、安全、规范的综合支付服务。

银联商务在国内支付市场处于领先地位,非金融支付行业综合支付市场份额排名第一,第三方支付企业和银行业金融机构共同参与的银行卡收单市场份额排名第一,互联网支付市场份额排名第三。《尼尔森报告》2013 年度全球收单机构排名表中,银联商务在全卡种收单交易笔数排名表中位居亚太地区第一,全球第 20 位。

截至 2015 年 4 月,银联商务已在全国所有省级行政区设立机构,市场网络覆盖全国 337 个地级以上城市,覆盖率为 100%,服务特约商户 430.3 万家,维护 POS 终端 517.2 万台,服务 ATM 2.42 万台,服务自助终端 23.6 万台,便民缴费终端 198.97 万台,是国内最大的银行卡收单专业化服务机构。

银联闪付是中国银联的产品线品牌之一,标示银联非接触式支付产品,用于 PBOC 2.0 非接触式 IC 卡等支付应用。

闪付具备小额快速支付的特征。用户选购商品或服务,确认相应金额,用具备闪付功能的金融 IC 卡或银联移动支付产品,在支持银联闪付的非接触式支付终端上轻松一挥便可快速完成支付。一般来说,单笔金额不超过 1000 元时无须输入密码和签名。目前,各地的非接触式闪付终端主要覆盖日常小额快速支付商户,包括超市、便利店、百货、药房、快餐连锁等零售场所和菜市场、停车场、加油站、旅游景点等公共服务领域。

7.4.6　京东支付与网银在线

京东钱包原名为网银在线,为京东集团全资子公司,是国内领先的电子支付解决方案提供商,专注于为各行业提供安全、便捷的综合电子支付服务。网银在线成立于 2003 年,现有员工 700 余人,由具有丰富的金融行业经验和互联网运营经验的专业团队组成,致力于通过创新型的金融服务支持现代服务业的发展。凭借丰富的产品线和卓越的创新能力,网银在线受到各级政府部门和银行金融机构的高度重视和认可,于 2011 年 5 月 3 日首批获得央行支付业务许可证,并成为中国支付清算协会理事单位。

京东钱包是网银在线的个人账户产品,致力于为用户提供安全、快捷、可信赖的在线支付服务。京东钱包提供卓越的网上支付和清算服务,为用户提供在线充值、在线支付、交易管理、提现等丰富功能。在电子支付领域,京东钱包凭借丰富的产品线、卓越的创新能力迅速赢得消费者、金融机构以及政府部门的高度认可。京东钱包联合中国银行、中国工商银行、招商银行、中国农业银行、中国建设银行等国内 20 多家银行以及 VISA、MasterCard、JCB、AE、Diners Club 等国际信用卡组织致力于为国内企业和个人提供完善的预付费卡和电子支付解决方案。支持互联网、POS、手机等多种线上线下的终端支付形式,以及银行卡、外卡等各种支付工具,形成了网关支付、京东支付(快捷支付)、跨境支付、代付、POS 支付、预付费卡系统技术等业内领先产品。

网银在线已拥有 10 万家商业合作伙伴,其中既包括宝马、中青旅、TCL 等传统大型企事业单位,也覆盖到好利来、海底捞、麻辣诱惑等大型民营连锁企业,以及京东集团、金山软件、窝窝团、神州租车等知名互联网公司,提供航空、教育、旅游、数字娱乐、电子商务、零售、

P2P 等多个行业的全面解决方案,协助企业提升财务管理效率、拓展营收渠道。自 2015 年 4 月 28 日 0:00 起,"网银＋"更名为京东支付,网银钱包更名为京东钱包。

7.4.7 汇付天下

汇付天下有限公司(简称汇付天下)于 2006 年 7 月成立,总部位于上海,并在北京、深圳、成都等地设有分支机构,注册资金为 1 亿元人民币,核心团队由中国金融行业资深管理人士组成。

汇付天下定位于金融级电子支付专家,与国内商业银行及国际银行卡组织均建立了合作关系,聚焦金融支付和产业链支付两大方向,核心竞争力是为行业客户快速准确地定制支付解决方案,创新研发电子支付服务产品,推动各行业电子商务的发展。目前,汇付天下已服务于基金行业、航空票务、商业流通、数字娱乐等万余家行业客户,如华夏基金管理公司、中国国际航空、中国南方航空、中国东方航空、网易、中国平安保险集团、联想集团、苏宁易购、携程、12580 等。

1. 竞争优势

汇付天下作为一种支付平台,其最大的竞争力就是安全、周到、全面、快捷的服务。汇付天下是中国第一家实现"系统灾难备份"的支付公司,成功杜绝了由于自身资金实力限制或运营金融支付系统的经验不足所带来的系统漏洞,真正做到了支付系统"零时间"切换的运行服务,它们采用的"多通信网络动态接入"的方式使任何接入网络的用户均可以稳定、可靠地使用网上支付服务。汇付天下利用先进的技术和业务专家的资深经验,向商户提供了完善的"单边账"处理解决方案,最大程度地保护了商户的利益,并成为中国第一家全面解决交易"单边账"的支付公司。

汇付天下的两大创新产品"天天付"和"天天汇"为企业和个人提供了全新的解决方案。"天天付"是汇付天下针对电子商务企业各类网上付费需求设计的支付产品,支持银联、VISA、MasterCard、JCB 等银行卡用户的网上支付,满足 B2B、B2C、C2C 各种商务模式的需求,为电子商务企业、网络商户提供安全、可靠、高效的网上支付环境。"天天汇"是汇付天下与国内商业银行合作推出的新型汇款产品,以满足企业和个人在全国范围内跨地区、跨银行的汇款需求。"天天汇"覆盖了全国所有个人银行账户(包括存折和银行卡),帮助企业和个人解决在全国范围内不同地区、不同银行或银行账户之间的汇款问题。

2. 汇付天下的经营模式

汇付天下能够在国内的第三方支付平台占据相当重要的地位,这和它的经营模式是分不开的。

1)业务优势

(1)免费接入,免年费,免服务费,交易手续费为 0.8%。

(2)99.9%交易成功率。率先解决网上支付"单边账"问题,汇付天下通过和银行后台连接,系统自动对可疑交易进行校验,对交易状态进行在线更正确认,从根本上避免了银行扣款成功而商户收不到成功交易应答的情况。

(3)T＋1 清算周期。即时将商户当天的交易资金清算到商户指定的银行账户,实现资金的快速回笼,无论资金多少,均保证在第二天到达商户的账户。

(4) 7×24 小时客户服务。建立全国统一的客户服务体系,7×24 小时为商户以及广大持卡人提供客服咨询服务,随时随地为商户和持卡人解答疑问。

(5) 365 天安全运营保障。汇付天下率先在国内支付公司中实现"灾难备份",分别在中国电信和中国网通建立了运行系统,使用先进的 IT 技术,实现两套系统实时切换,生产系统全年无停机。

2) 市场推广策略

在国内众多第三方独立支付公司中,目前汇付天下处于领先地位,在产品品种、交易数量、交易金额等方面甚至超过其他所有支付公司之和,这与它的推广策略是分不开的。

(1) 礼金券。汇付天下经常向用户发放礼金券,用来培养用户的消费方式,同时拉近与用户的关系,达到很高的客户满意度和忠诚度。

(2) 广告。汇付天下每年在大型网站、金融以及电子商务等杂志上做广告以吸引更多的眼球,增加与潜在目标客户的接触量,增加网站的流量和影响面。

(3) 服务。目前,汇付天下利用领先的技术为企业和个人用户提供了科学、快捷、安全的解决方案,推出了网上支付、跨行汇款、个人理财等产品及应用,并提供强大的担保和承诺服务,解决并消除用户的后顾之忧。同时,为了让更多用户体验到"金融级"的网上支付服务,推出回馈用户的诸多活动。例如,汇付天下联合中国农业银行推出"汇付天下农行用户缤纷回馈,开启巴厘岛浪漫之旅"活动。

7.4.8　易宝

易宝(YeePay)(北京通融通信息技术有限公司)是专业从事多元化电子支付一站式服务的领跑者。易宝致力于成为世界一流的电子支付应用和服务提供商,专注于金融增值服务领域,创新并推广多元化、低成本、安全有效的支付服务。在立足于网上支付的同时,易宝不断创新,将互联网、手机、固定电话整合在一个平台上,继短信支付、手机充值之后,首家推出易宝电话支付业务,真正实现离线支付,为更多的传统行业搭建了电子支付的高速公路。

易宝具有三大特点:易扩展的支付、易保障的支付、易接入的支付。由于用户的重要数据只存储在用户开户银行的后台系统中,任何第三方无法窃取,因此为用户提供充分的安全保障。从接入易宝到使用商家管理系统,无须商家做任何开发,零门槛自助式接入,流程简单易学、即接即用。凡是易宝的客户,都可以自动成为财富俱乐部的会员,享受易宝提供的各种增值服务、互动营销推广以及各种丰富多彩的线下活动,拓展商务合作关系,发展商业合作伙伴,达到多赢的目的。

7.4.9　通联支付

通联支付网络服务股份有限公司(简称通联支付)成立于 2008 年 10 月,是中国万向控股、上海国际集团、用友软件、上海国和基金等机构共同出资成立的一家综合性支付服务企业,总部位于上海,注册资本金为 14.6 亿元人民币,是目前国内第三方支付企业中注册资本最为雄厚的企业。

通联支付作为一家市场化运作的第三方支付公司,立足于方兴未艾、拥有广阔发展前景的金融支付产业,凭借对行业的深刻理解,秉持"市场第一,客户第一,服务第一"的经营思想,秉承"专业提升品质,联合创造价值"的服务理念,紧密围绕商业银行、商户和持卡人的核心服务需求,致力于为客户和合作伙伴提供安全、灵活、符合客户需求的产品及解决方案。公司一直努力以优质的服务赢得客户的长久信任,以创新的模式最大限度地帮助客户提升整体竞争优势和价值。

通联支付经政府部门批准的经营范围是:为企业、个人的支付、转账等业务提供技术平台、软件开发和相关专业化服务;从事计算机软件服务,计算机系统的设计、集成、安装、调试和管理;数据处理及相关技术业务处理服务;广告设计、制作、代理,利用自有媒体发布广告;经济贸易咨询服务;自有设备租赁;计算机、软件及辅助设备、电子产品销售;金融自助设备运营管理维护服务及技术咨询服务。

通联支付的业务主要包括两大方面:行业综合支付服务和金融外包服务。客户范围除银行和传统的百货超市餐饮商户企业外,还包括基金、保险、航空、物流、医疗、休闲等行业的合作伙伴和若干大型集团企业客户。

通联支付未来将以支付业为基础,逐步扩展到其他金融服务领域,并最终形成一套完善的综合服务及产品体系,力争凭借全方位竞争优势成长为业界领先的行业支付解决方案及综合支付服务提供商,其最新推出的零支付系统是消费者、商户、个人企业都可以使用的更放心的支付平台。

通联支付的业务覆盖面非常广泛,包括以下三个方面。一是业务地域覆盖面广,目前通联支付在国内有 36 家省级分支机构、280 多个二级地市业务部、1800 多个县域服务点。二是积极布局海外业务,以通华金控为平台,下设多家子公司,服务于海外客户、跨境电商等。三是业务涉及面广,除了基于行业场景的综合支付服务体系外,通联支付还依托其强大的科技实力与自主研发能力提供全面的金融科技服务,加速企业向信息化和智慧化的演进。

7.4.10　拉卡拉

拉卡拉集团成立于 2005 年,目前拥有拉卡拉金服集团和拉卡拉电商公司两大业务集群,是联想控股成员企业。

拉卡拉金服集团是中国领先的综合性互联网金融服务公司,下辖个人支付、企业支付、征信、小额贷款、保险理赔等多家子公司,2014 年集团各项业务年复合成长率超过 100%,支付交易额超过 1.8 万亿元,拥有近 1 亿个人用户和超过 300 万企业用户。

拉卡拉电商公司是中国领先的社区 O2O 电商公司,开创了中国电子商务 2.0 时代,其"社区店＋电商＆金服平台＋身边小店 App"三位一体的模式很好地解决了线下零售店对接电子商务的难题,是"互联网＋"的典型形态,用互联网技术帮助线下店铺实现了"任选全球精品,服务周边社区"的梦想,铺设了一张强大的电子商务网络。

7.4.11　度小满钱包

度小满钱包是北京百付宝科技有限公司(以下简称百付宝)旗下品牌。百付宝是由全球最大的中文搜索引擎公司百度所创办的,是中国领先的在线支付应用和服务平台。

度小满钱包以建立"简单可依赖"的在线支付信用体系为己任,凭借其创新的产品技术、丰富的应用功能、为用户量身定做的交易体验流程,为互联网用户和企业提供安全、可依赖的在线支付服务。

度小满钱包提供卓越的网上支付和清算服务,为用户提供了在线充值、在线支付、交易管理、生活服务、提现、账户提醒等丰富功能,特有的双重密码设置和安全中心的实时监控功能更是给度小满钱包账户安全提供了双重保障。

度小满钱包致力于为消费者打造一个"随身随付""优惠无处不在"的钱包。同时,致力于打造成为用户资产管理平台、会员权益的消费运营平台。

2014 年 4 月发布的度小满钱包功能全面升级,将随手机百度 4 月下旬的 5.3 版本更新时推出。用户可在手机百度的生态中体验到度小满钱包更为丰富的应用场景和用户权益。

在电子支付领域,度小满钱包凭借创新而务实的风格、领先的技术、敏锐的市场预见力、对消费者和商家双重负责的企业形象,迅速赢得银行等合作伙伴的高度认同。截至目前,度小满钱包已与中国工商银行、招商银行、中国农业银行、中国建设银行、中国银联等建立了战略合作伙伴关系。随着中国经济的快速发展和网络应用的不断成熟,电子商务产业已进入高速发展阶段。度小满钱包将一直致力于在线支付行业,不断根据客户的需求推出创新产品,为促进电子商务产业的持续发展做出不懈努力。

7.5 第三方网上支付平台的监管模式

7.5.1 第三方网上支付平台的国际监管模式

目前,国际上的网上支付监管模式主要有三种。

1. 美国模式

美国对第三方网上支付业务实行的是功能性监管,即将监管的重点放在交易的过程中,而不是从事第三方支付的机构。美国采取的是多元化的监管体制,分为联邦和州两个层面进行监管。但美国并没有制定针对第三方网上支付业务的专门法规条例,只是采取在现有的法规中寻求相关的监管依据,或者对已有法规进行增补的手段。

在沉淀资金定位问题上,美国联邦存款保险公司(FDIC)认为,第三方网上支付平台上的滞留资金是负债,而不是联邦银行法中定义的存款问题,因此该平台不是银行或其他类型的存款机构,不需要获得银行业务许可证。该平台只是货币转账企业或货币服务企业的机构。但 FDIC 同时指出,各州监管部门可依据本州法律对第三方网上支付业务做出自己的定位。

美国联邦存款保险公司通过提供存款延伸保险实现对滞留资金的监管。第三方网上支付平台的留存资金需要存放在该保险公司保险的银行的无息账户中,每个用户账户的保险额上限为 10 万美元。

美国《爱国者法案》规定,第三方网上支付公司作为货币服务企业,需要在美国财政部的金融犯罪执法网络注册,接受联邦和州两级的反洗钱监管,及时汇报可疑交易,记录并保存所有交易。

美国并没有明确的电子货币概念,一般将储值卡作为电子货币的代名词。

2. 欧盟模式

欧盟规定网上第三方支付媒介只能是商业银行货币或电子货币,这就意味着第三方网上支付公司必须取得银行业执照或电子货币公司(ELMIs)的执照才能开展业务。基于这种定位,欧盟对第三方网上支付公司的监管是通过对电子货币的监管实现的。该监管的法律框架包括三个垂直指引:《电子签名共同框架指引》《电子货币指引》和《电子货币机构指引》。《电子签名共同框架指引》确认了电子签名的法律的有效性和在欧盟内的通用性。《电子货币指引》和《电子货币机构指引》要求非银行的电子支付服务商必须取得与金融部门有关的营业执照(完全银行业执照、有限银行业执照和电子货币机构执照),在中央银行的账户中留存大量资金,并将电子货币的发行限定在传统的信用机构和新型的受监管的电子货币机构。美国和欧盟对电子货币的监管有许多共同之处:需要执照和审批,实行审慎的监管,限制用客户资金进行投资,反洗钱等。

3. 亚洲模式

第三方网上支付平台在亚洲的出现较欧美略晚,仍处于发展初期,但各国(地区)监管当局一直密切关注其发展,不断调整相应的监管措施。

新加坡率先实施了监管,并在 1998 年颁布了《电子签名法》。韩国成立了监管机构,并颁布了相关法规条例。韩国在 1999 年亚洲金融危机后颁布了《电子签名法》,给予电子交易中的电子记录和数字签名与纸质对应物同等的法律地位,并增补了有关电子货币发行的法律。但是,各国都没有对第三方网上支付平台制定专门的监管法规,相应的监管政策仍处在探索阶段。

7.5.2 第三方网上支付平台的法律风险

1. 主体资格和经营范围的风险

2006 年 7 月,中国社会科学院金融研究所在一份报告中对这一问题提出了警示:目前依托于银联建立的第三方支付平台,除少数几个不直接经手管理往来资金,将其存放在专用的账户外,其他都可直接支配交易资金,这就容易造成资金不受监管甚至越权调用的风险。

2. 结算和虚拟账户资金沉淀风险

早在 2005 年 11 月 24 日,中国社会科学院金融研究所在其发布的 VISA 国际组织委托的研究课题《现代电子支付与中国经济》报告中也曾警示:支付宝等第三方支付机构从事资金吸储并形成资金沉淀,如缺乏有效的流动性管理,则可能存在资金安全和支付的风险。

第三方网上支付平台在提供中介和信用中介的过程中涉及的资金包括两类,第一类是结算,第二类是虚拟账户的资金,这两类资金如何保证、谁来担保等风险都是需要考虑的问题。

3. 期权安全的风险

由网络安全引发的电子支付过程被盗等现象频繁发生,电子签名或数字签名在电子支付中使用不足。另外,目前在电子支付中的交易限额没有得到很好的执行。

4.《反洗钱法》带来的洗钱风险

央行在发布的《反洗钱报告》中称,网上银行在银行业务中占据的比重上升很快,而且交易大多通过电话、计算机网络进行,银行和客户很少见面,这给银行了解客户带来了很大的困难,也成为洗钱风险的易发、高发领域之一。

5. 信用卡套现的风险

信用卡的管理办法和信用卡的条例也正在出台。根据信用卡的条例,利用信用卡套现的刑事责任将被明确。除了即将出台的信用卡条例外,还缺乏三个方面,即银行卡方面的条例、个人破产的相关条例和信用方面的法律。

6. 电子商务纠纷引发的连带责任风险

例如,交易完成以后,若货物在送到持卡人手里后遭到拒付,则根据国际信用卡的惯例是有 60 天免费的,而持卡人又没有收到货物,这是一个常见的电子商务纠纷引发的连带责任。

7. 虚拟性带来的欺诈风险

由于网络具有虚拟性,目前也没有实行上网实名制,一旦虚拟世界中的"黑心"卖家骗到钱财后从网络消失,再想找到他将非常困难。

7.5.3　我国对第三方网上支付业务监管的现状

2009 年 3 月下旬,银监会向各大银行下发了《关于"支付宝"业务的风险提示》(以下简称《提示》),《提示》指出,"建议对网上信用卡支付业务实行适度收费制度""一旦网上支付业务出现重大风险隐患,各行应停止与支付宝等第三方支付厂商之间的业务合作"。《提示》提出,现阶段第三方支付模式存在五大风险:第三方支付厂商信用风险、网络黑客盗用资金风险、信用卡非法套现风险、发生洗钱等犯罪行为风险和法律风险。

1. 我国对第三方网上支付平台的监管法规

目前,我国还没有专门针对第三方网上支付的法律和法规,可以依据的只有"四个参考",即一项意见、一项法律、一项指引、一项办法(征求意见稿)。

参考一:2005 年 1 月 8 日,国务院下发了《国务院办公厅关于加快我国电子商务发展的若干意见》(国办发〔2005〕12 号〕)文件,要求对这一资金交易额越来越大的市场进行监管。"但在实际工作中,国务院的这些要求还没有得到有效的贯彻落实,行业发展没有规范,民族产业没有得到应有的扶持和保护。"有业内专家指出监管现状并不乐观。

参考二:2005 年 4 月 1 日起施行的《中华人民共和国电子签名法》规定可靠的电子签名与手写签名或者盖章具有同等的法律效力,在法律层面上规范了网上支付中的电子签名行为。

参考三:2005 年 10 月 26 日,中国人民银行发布了《电子支付指引(第 1 号)》(中国人民银行公告〔2005〕第 23 号),对银行从事电子支付活动提出了指导性要求,重点调整银行及其客户在电子支付活动中的权利和义务关系。

参考四：2005 年 6 月 10 日，中国人民银行发布了《支付清算组织管理办法》（征求意见稿），对从事网上支付业务的非银行机构的性质、业务开办资质、注册资本金、审批程序、机构风险监控以及组织人事等做出了相应规定。

2. 我国对第三方网上支付平台的监管原则

（1）市场导向性监管原则。这项原则是为适应市场的需求而产生的，监管部门的监管措施也应立足于市场，使市场资源合理配置，避免以往脱离市场，"一放就乱、一管就死"的现象发生。

（2）审慎有效性监管原则。由于信息的不对称性和外部性，市场存在着失灵。监管部门应以风险管理为基础，结合我国的现实国情、人文背景，在对第三方网上支付平台的监管中寻找安全与效率的最佳均衡点，在监管收益与成本的权衡中把握监管力度。

（3）鼓励创新的监管原则。金融监管部门应作为第三方网上支付平台发展的催化剂，避免不成熟的监管措施阻碍有益的革新和实验，因此相关监管政策不应规定过细，要为未来的发展留有解释的空间。

（4）动态监管原则。第三方网上支付平台在我国还是新生事物，未来的发展存在诸多不确定性，监管部门应进行动态的监管、有弹性的监管，分阶段制定监管政策，在发展中规范，在规范中发展。

7.5.4 我国对第三方网上支付业务监管的对策

1. 确定非银行中介的法律地位

根据第三方支付公司不同的经营模式明确其不同的法律地位。《支付清算组织管理办法》（征求意见稿）提出第三方网上支付结算属于支付清算组织提供的非银行类金融业务，第三方支付公司是金融增值业务服务商，这样的定位符合我国现有国情，物理上掌握或控制现金流不是判断是否是银行的标准。第三方支付公司只是银行业务的补充和延伸。

2. 关注交易资金安全

（1）要实现公司的自有账户与客户沉淀资金的账户分离，禁止公司将这部分资金进行放贷、投资或挪作他用，由银行对客户账户进行托管。

（2）设立保证金制度。客户资金账户必须随时保留一定比例的资金用作保证金，如30％，第三方支付公司不能调动全部的客户资金。巨大的客户资金产生的可观利息是第三方支付公司利润的主要来源，利息的归属问题有待商榷，可以用客户资金账户的利息作为保险金为客户提供保险，避免第三方支付公司一味追求利息而人为延长在途资金的在途时间。

（3）加强对大额交易、汇款转账业务的实时监管，防止第三方网上支付成为洗钱的新通道。

3. 提高技术安全等级

第三方支付服务商应具备固定的经营场所和满足电子支付服务要求的物理环境。第三方支付服务商应具有符合国家有关安全标准的技术和设备，特别是提供虚拟账户支付服务的，应重点防范非法入侵和数据篡改，确保数据和资料在采集、存取、处理、使用和传输中的机密性、完整性、可用性和不可否认性。第三方支付服务商应保证一定规模的研发投入以获得技术进步,不断提高系统的安全级别。

思考题

1. 简述第三方支付模式。
2. 简述第三方支付平台交易流程。
3. 我国民营银行与传统银行有什么区别?
4. 微众银行的主要业务有哪些?
5. 浙江网商银行的业务特色有哪些?
6. 简述网联与银联的区别。

综合实训

1. 假设你开了一家卖服装的网店,由于资金紧张想要快速得到贷款,请给出贷款方案并对贷款的流程和需要的贷款条件进行简单说明。

提示:选择网商银行(https://www.mybank.cn)或微众银行(http://www.webank.com/)进行贷款。

2. 为什么说蚂蚁金服挑战了中国银联的主导地位?
3. 谈谈建立线上支付统一清算平台的必要性,简要介绍网联平台。

第 8 章

移动支付

本章学习目标

- 掌握远程支付、近场支付、二维码
  支付、NFC 支付的概念。
- 掌握二维码支付的流程和 NFC
  支付的模式。
- 了解移动支付存在的风险和移动
  支付未来的发展趋势。

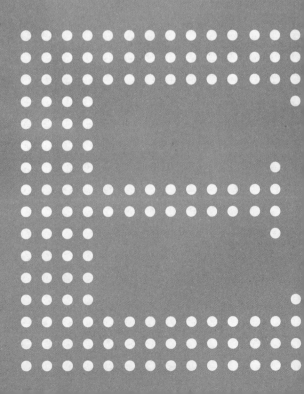

8.1　移动支付发展背景

8.1.1　我国移动支付发展概况

如果说互联网的出现颠覆了人们原有的生活方式,那么移动互联网的发展将再次改变人们的生活方式。2014 年一季度,央行公布报告显示,移动支付业务金额接近 4 万亿元,同比增速为 200%。而艾瑞咨询的统计数据显示,中国移动支付业务中的第三方移动支付市场交易规模达 15 328.8 亿元,环比增长 112.7%(图 8-1)。

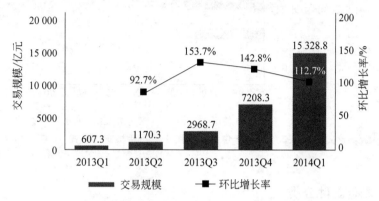

图 8-1　中国第三方移动支付市场交易规模及增长率

来源:www.iresearch.com.cn

从 2012 年中国移动用户使用手机支付的方式(图 8-2)看,扫描手机条码支付和手机近场刷手机支付使用频率近 58%,无疑会是今后移动支付发展的两大趋势。从移动支付细分市场交易规模结构来看,2012 年移动远程支付正快速进入高速成长期,占比达 97.4%,其中移动互联网支付占比超过短信支付,达 51.7%,而近场支付占比仅为 2.6%,其中最主要的原因是占移动支付交易份额 79% 的支付宝与财富通是以二维码为技术核心的。根据冀码二维码数据研究中心发布的《手机二维码市场报告》,2013 年 3 月,仅中国地区手机二维码发码量已达 2574 万次,扫描量达 908 万次。

就在人们一致看好二维码支付的未来时,2014 年 3 月,央行发文暂停二维码支付等线下支付业务及虚拟信用卡有关业务,原因是二维码无法保障支付安全。这无疑给近场支付(NFC)技术发展带来绝好的机遇,ABIResearch 曾预测称,全球 NFC 支付市场规模有望从 2012 年的 40 亿美元上涨到 2017 年的 1910 亿美元。实际上全球 NFC 支付规模在 2016 年突破了 1000 亿美元的大关。巨大的市场前景与绝好的发展机遇引得三大运营商、手机厂商、金融机构和互联网企业纷纷入局,大力推广近场支付,大打安全与标准牌,其中宣传最多的口号是:近场支付基于物理载体,有硬件加密,相比软件生成的二维码支付更安全。

在中国未来的移动支付市场中,近场支付和二维码支付谁会成为赢家?本章从适合中国移动支付发展的角度分析对比这两种技术的优缺点和它们未来在移动支付中的应用。

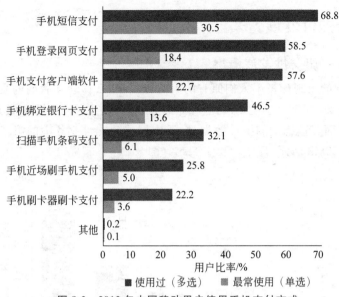

图 8-2   2012 年中国移动用户使用手机支付方式

8.1.2   移动支付分类

站在不同的角度,移动支付有不同的分类。

1. 按支付额度分类

按用户支付的额度,可以分为微支付和宏支付。

(1) 微支付。根据移动支付论坛的定义,微支付是指交易额少于 10 美元,通常是指购买移动内容业务,例如游戏、视频下载等。

(2) 宏支付。指交易金额较大的支付行为,例如在线购物或者近距离支付(微支付方式同样也包括近距离支付,如交停车费等)。

2. 按完成支付所依托的技术条件分类

按完成支付所依托的技术条件,可以分为远程支付和近场支付。

(1) 远程支付。指通过移动网络,利用短信、GPRS 等空中接口和后台支付系统建立连接,实现各种转账、消费等支付功能。

(2) 近场支付。指通过具有近距离无线通信技术的移动终端实现本地化通信,以进行货币资金转移的支付方式。

3. 按支付账户的性质分类

按支付账户的性质,可以分为银行卡支付、第三方支付账户支付、通信代收费账户支付。

(1) 银行卡支付。指直接采用银行的借记卡或贷记卡账户进行支付的形式。

(2) 第三方支付账户支付。指为用户提供与银行或金融机构支付结算系统接口的通道,实现资金转移和支付结算功能的一种支付服务。第三方支付机构作为双方交易的支付结算服务的中间商,需要提供支付服务通道,并通过第三方支付平台实现交易和资金转移结算安排的功能。

(3) 通信代收费账户支付。指基于移动话费账户系统的移动电子商务支付服务。这种支付方式目前提供小额、无物流的数字化产品的支付,覆盖范围包括软件付费、邮箱付费、数字点卡购买、手机保险、电子杂志等领域。

4. 按支付的结算模式分类

按支付的结算模式,可以分为即时支付和担保支付。

(1) 即时支付。指支付服务提供商将交易资金从买家的账户即时划拨到卖家账户。一般应用于"一手交钱、一手交货"的业务场景(如商场购物),或应用于信誉度很高的 B2C 以及 B2B 电子商务。

(2) 担保支付。指支付服务提供商先接收买家的货款,但并不马上支付给卖家,而是通知卖家货款已冻结,卖家发货;买家收到货物并确认后,支付服务提供商再将货款划拨到卖家账户。支付服务提供商不仅负责货款的划拨,同时还要为不信任的买卖双方提供信用担保。担保支付业务为开展基于互联网的电子商务提供了基础,特别是对于没有信誉度的 C2C 交易以及信誉度不高的 B2C 交易。

5. 按用户账户的存放模式分类

按用户账户的存放模式,可分为在线支付和离线支付。

(1) 在线支付。指用户账户存放在支付提供商的支付平台,用户消费时,直接在支付平台的用户账户中扣款。

(2) 离线支付。指用户账户存放在智能卡中,用户在消费时直接通过 POS 机在用户智能卡的账户中扣款。

8.2　二维码支付

8.2.1　二维码支付的概念

1. 定义

二维码是指用某种特定的几何图形按一定规律在平面(二维方向上)分布的黑白相间的图形记录数据符号信息,在代码编制上巧妙地利用构成计算机内部逻辑基础的 0、1 比特流的概念,使用若干个与二进制相对应的几何形体表示文字数值信息,通过图像输入设备或光电扫描设备自动识读以实现信息自动处理。

2. 手机二维码支付产品分类

按手机二维码的生成主体可将手机二维码支付产品分为以下四类。

(1) 生成二维码的主体是第三方支付平台,例如支付宝公司的二维码收款业务。支付宝用户免费领取"向我付款"的二维码。付款方只须打开支付宝手机客户端的"扫码功能"扫描收款方的"向我付款"的二维码,即可跳转至付款页面,在付款成功后,款项将直接到达二维码绑定的支付宝账户中,收款人也会收到短信及客户端通知。

(2) 生成二维码的主体是银行支付系统,也称二维码银联模式,例如民生银行手机银行。收款人进入手机银行,点击二维码,选择二维码账户管理,再选择自己收款的银行卡和户名,这样就生成了二维码。当客户有资金往来需要时,无须再记忆烦琐的账户姓名、开户支行等信息,收款人只须将二维码图片进行保存并发给付款方,付款方登录民生手机银行,轻松扫一扫,输入付款金额,即可完成付款,操作简易,实时到账,免收手续费。

（3）生成二维码的主体是商家 App,例如一拍即付应用,通过手机银行客户端中的二维码解码技术,拍摄网站、报纸、平面广告或者网点宣传单上的商品二维码图片后,自动在手机客户端生成商品订单,客户只须执行后续的订单支付手续,即可完成商品的购买。

（4）生成二维码的主体是通信营运商,例如,从第三届中国-东盟博览会开始,中国移动广西公司就启用二维码门票,移动客户通过手机支付平台,在手机账户话费中扣费成功后获取二维码凭证,在规定时间到博览会移动电子入场券专用检票处验证通过后即可入场。

3. 手机二维码实现的原理

二维码相对于一维码具有信息容量大、容错能力强、保密性和防伪能力好、抗损毁能力强等优点,被应用在众多领域,其中就包括移动支付领域。随着智能手机的推广以及移动通信增值业务的增长,应用在手机上的二维码产生了。

手机二维码是将信息编织成二维条码,再通过彩信方式存储到手机里,可供阅读和传播。手机不但可作为二维码信息的载体,而且可以作为二维码的识读设备,只要在手机中安装二维码识读软件,就能够通过扫描的方式读取二维码存储的信息,使用起来非常方便。手机二维码将进一步融入衣食住行等各个方面,不断改变人们的生活习惯。

4. 手机二维码支付流程

一个手机二维码支付工具的应用至少要有七个基本结构要素。

（1）身份,即谁发出支付指令,谁要把货币的贮藏价值转移走。该结构有两个子结构,分别是"用户所拥有的"与"用户所知道的",与身份认证中的双因素认证一一对应。

（2）指令(二维码)生成主体,即是谁生成的指令。

（3）支付终端,即发出和接收指令的终端或载体是什么。

（4）这个指令通过什么渠道传递。

（5）谁处理这个支付指令以及如何实现支付服务。

（6）付款账户,即价值从哪里转出。

（7）收款账户,即货币将流向哪里。

这些基本结构要素可以通过多种方式联系起来,而每一个联系都受到属性的影响和约束。手机二维码支付工具有三个基本属性:第一是安全,这个应用应具有较高的安全性;第二是监管,互联网金融可持续的健康发展离不开央行的金融监管;第三是金额,即这个应用可以用在多大规模金额的转移上。当然还可以用其他属性描述以及约束结构,如便捷性、可靠性、性价比、可接受性、普及度等附加属性,这些附加属性与上述的三个基本属性共同刻画并影响一个支付产品的应用。

手机二维码支付产品流程如图 8-3 所示。

8.2.2 二维码在移动支付中的应用

手机二维码在我国的主要应用模式有三种,分别为解码识读信息、解码链接上网、解码

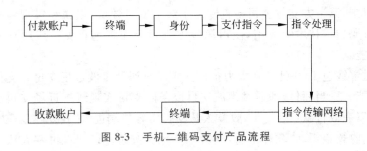

图 8-3　手机二维码支付产品流程

验证真伪。

1. 解码识读信息

利用手机摄像头扫描二维码,解码软件在解码后显示数据信息,以减少用户的输入,方便用户获取信息。

例如一拍即付应用,即客户通过手机银行客户端中的二维码解码技术拍摄网站、报纸、平面广告或者网点宣传单上的商品二维码图片后,自动在手机客户端中生成商品订单,客户只须执行后续的订单支付手续,即可完成商品的购买。借助一拍即付技术,银行可以更迅速地进行金融产品和服务的营销推广,并且可以与商户合作,实现电子商务 O2O(Online to Offline)模式。对于客户而言,则免去了商品搜索、下单的麻烦,大大简化了商品购买操作步骤,提高了客户体验。一拍即付主要应用在产品海报、公交站虚拟超市以及报纸、杂志等平面媒体和电视购物等方面。

2. 解码链接上网

手机扫描二维码,显示相关的 URL 链接,用户可以点击这一链接以访问相关网站进行数据浏览或数据下载。这种模式在公交系统广告中的应用较多。

例如,微信的扫一扫功能的使用频率很高:登录网页版时需要扫描二维码,通过扫描对方二维码添加好友,扫一扫还支持扫描封面、街景和翻译等高级功能。

3. 解码验证真伪

手机扫描二维码之后将数据提交给验证服务器,由服务器核实产品或服务的有效性,这种应用模式在电子票务、产品防伪应用较多。

例如,一般民众很容易忘记带优惠券出门,但手机版的二维码优惠券可随时存放在手机银行,对客户来说方便了许多。就店家而言,只要简单制作优惠券图档放在手机网站上即可使用,一方面节省印刷成本,另一方面内容调整更新更快速,更容易增加客户消费意愿。

手机二维码应用于现场小额支付,客户外出消费时无须携带钱包或银行卡,通过手机银行快速生成小额电子消费凭证,凭借收到的短信、彩信或手机下载的二维码即可到合作商户进行消费,真正实现"一机在手,消费无忧"。随着该业务在全国的逐渐推广应用,客户的日常消费习惯将发生变化,购物支付将更加便捷。

8.2.3　融合线上支付与线下支付

二维码未来将成为移动支付的一个重要入口。移动支付分为线上支付和线下支付两个领域,长期以来,第三方支付公司一直专注于线上支付领域,银联和银行一直主导线下领域,但随着二维码扫描技术的应用,使得第三方支付公司将远程支付应用到线下商户的现场支付成为可能。

例如,支付宝钱包 10.0 已经在大力推广线下二维码及声波近场支付。支付宝钱包 10.0 推出重要的功能——当面付,即通过声波支付或条码支付实现线下近场支付。具体过程只需要四步就可以完成付款:第一步,收款人从支付宝客户端进入"我要收款"功能,并输入对方支付宝账户、收款金额、收款理由后,点击"下一步"按钮;第二步,付款人从支付宝客户端中选择条码支付,切换显示付款人的条码,收款人选择"扫描对方二维码"选项并扫描;第三步,付款人在手机上看到对方收款金额、收款理由等信息,确认付款;第四步,收款人和付款人手机上分别显示交易完成信息。

上述过程类似消费者出示银行卡,收银员通过 POS 实现收款,其中以扫码代替了刷卡环节。

8.2.4 手机二维码支付产品风险分析及应对策略

1. 手机二维码软硬件风险及应对策略

二维码具有多种生成软件和多个生成主体,具体现状如下。

(1) 码制标准不一。二维码技术的研究始于 20 世纪 80 年代末,目前常见的二维码有 20 余种,在众多的二维码技术标准中,QR(Quickly Response)码与 DM(Data Matrix)码的应用最为广泛,DM 码是韩国市场上的手机二维码的主流技术,QR 码是日本市场的手机二维码技术标准。我国原有的二维码标准是从美国 PDF417 和日本 QR 码翻译过来的,由于 PDF417、QR 等国外码制没有考虑汉字编码的问题,在我国使用时经常会出现汉字信息表示效率不高等问题。随着国内技术的不断创新,自主二维码技术开始出现,这些码制各有优劣,版权分离,标准不一,设备和翻译软件存在兼容问题,应用推广起来存在较大的困难,从客观上割裂了市场,阻碍了二维码应用的发展。

(2) 容易受到手机病毒攻击。目前我国部分手机上没有内置的二维码读取软件,用户需要额外下载安装,这也为某些不法行为提供了方便。手机病毒通过二维码得以传播,恶意损害手机用户利益的案例并不鲜见。

(3) 终端设备支持能力差。二维码业务的发展对手机终端的依赖性较强,特别是依赖于终端摄像镜头、操作系统支持等。支持变焦的手机对距离 100mm 以内和 10m 以外拍摄二维码没有做过多优化,致使很多手机不能正确识别出二维码。

(4) 个人信息容易被泄露。对生成的二维码没有进行加密,二维码信息容易泄露。例如早期的火车票信息采用了二维码技术,但二维码没有加密,车票被丢弃后,任何人一扫即可轻易获得车票上的个人信息。

针对二维码目前存在的各种问题,迫切需要行业管理部门及时跟进,建设二维码综合服务平台,联合二维码技术行业管理机构、移动运营商、服务商与二维码技术提供商、设备商、用户组等多个机构,共同推动我国二维码行业应用与大众应用系列标准的制定,从二维码信息编码、二维码符号标识、二维码应用规范、二维码质量判定以及二维码公共服务、多种二维码应用服务接口与系统等多个层面、多个领域规范二维码技术的应用,尽早出台我国二维码的技术标准。

手机二维码技术的发展趋势是：手机二维码标准将会多标准并存,支持多种手机二维码标准的解码软件将出现,大众市场的一般性应用编码将向用户开放,商业模式将呈现多样化特点。

2.手机二维码支付体系系统风险及应对策略

手机二维码支付指令的清算处理可以有多个主体。

1) 资金安全隐患

传统的 POS 支付是以银行卡为基础的,通过中国银联综合业务系统与中央银行的大额支付系统 NPC 的连接实现银联卡跨行交易的资金清算,涉及的清算对象必须在中国人民银行会计营业部门开立清算账户。

手机二维码支付是一种基于账户体系搭建的新一代无线支付方案。在该支付方案下,商户将消费者购买商品或服务的信息生成二维码后,消费者通过扫描二维码获得消费信息,替代了线下通过 POS 机刷卡的环节,最后既可通过绑定银行卡进行移动支付,也可通过消费者在第三方支付机构开立的虚拟账户与商家虚拟账户之间进行支付结算,而在第三方支付机构开立的虚拟账户是无银行监控的账户,即第三方支付机构替代了银联的角色,资金安全存在隐患。

2) 应对策略

(1) 开放央行的支付平台接口,支持与鼓励第三方支付机构全面接入央行支付平台,促进我国网上支付平台的统一。

网上支付跨行清算系统上线运行以来,还没有一家取得支付牌照的第三方支付机构接入,值得高度关注。中国人民银行应采取各种有效措施支持与鼓励第三方支付机构全面接入央行支付平台。

- 加强对央行支付平台优越性、统一性、安全可靠性等方面的宣传,引导第三方支付机构积极接入央行支付平台。
- 尽快支持、帮助符合条件的第三方支付机构接入央行支付平台。
- 在第三方支付机构申请支付服务牌照时,制定相关措施鼓励其接入央行支付平台。
- 开展对现有第三方支付机构网上支付平台的监管和检查,对于不符合业务、技术标准的应责令整改,促进其网上支付平台接入央行支付平台。
- 组织开发网上支付跨行清算系统各种接入的新模式,支持第三方大型和小型机构全面接入央行支付平台。
- 允许支付宝等规模较大的第三方支付机构的网络支付平台整合并入央行支付平台,作为央行支付平台的重要补充。最终打造以央行支付平台为核心和基础的,连接各行网银系统以及第三方机构的全国统一的网上支付平台。

(2) 规范网上支付业务技术标准,实施对第三方支付业务的有效监管。

随着第三方支付机构逐步接入央行支付平台,中国人民银行要针对第三方支付服务业务制定一系列制度办法,建立统一的业务规范和技术安全标准。业务上必须有统一的第三方支付业务服务规范、业务风险防范、电子信息报文和业务操作流程等具体标准;技术安全上有统一的设备安全策略、网络安全与防火墙、系统应用接口安全、数据访问控制、系统应急处置等系统风险防范标准与措施。

当第三方支付机构全面接入支付平台后,中国人民银行要研究建立符合我国实情的第三方支付业务监管框架,以增加对第三方支付机构的监管效力。

建立第三方支付机构接入和退出央行支付平台机制,在接入业务合规性和技术安全性的认证、审查上把好关。

对第三方支付机构的系统运行、业务处理、技术维护、信息安全等内控风险防范提出更高的要求。

监管应包括交易行为、经营行为的全部过程,涵盖具体业务的每一细节,核心目标是对挪用沉淀资金和非法转移资金进行有效管制。

3. 手机二维码支付法律风险及应对策略

手机二维码支付流程与现行的《银行卡收单管理办法》存在一定的冲突。

《银行卡收单管理办法》第 16 条规定:"收单机构应当对实体特约商户收单业务进行本地化经营和管理,通过在特约商户及其分支机构所在省(区、市)域内的收单机构或其分支机构提供收单服务,不得跨省(区、市)域开展收单业务。对于连锁式经营或集团化管理的特约商户,收单机构或经其授权的特约商户所在地的分支机构可与特约商户签订总对总银行卡受理协议,并按照前款规定落实本地化服务和管理责任。"

如果严格按照此项规定,就意味着第三方支付机构如支付宝、财付通等必须在全国建立分支机构,并且与全国各地的实体特约商户签订收单协议。但问题在于,二维码支付所采取的是网上支付通道,并非线下支付通道,那么该类业务到底属于网上支付还是线下支付呢?业内资深人士表示,按照当前的监管规定无法对其进行明确的定义。

以下是关于应对策略的建议。

(1)支付机构是不可或缺的市场力量,但只是支付体系的补充。金融的本质是货币、资金的安全,对于支付机构的风险一定要逐步规范。

(2)目前监管政策还处于模糊状态,中国人民银行有必要出台更为详细、准确的监管政策,以适应这种新的产业的发展。

(3)借助第三方支付接入央行支付平台的契机,出台全国统一的网上支付业务收费标准。目前商业银行的网银系统收费标准不统一,第三方支付行业也处于"价格战"之中,为了抢占市场,很多第三方支付机构采取降低交易手续费的策略,导致第三方支付业务的无序竞争。中国人民银行应借助商业银行与第三方支付接入央行支付平台的契机,会同相关部门制定全国统一的网上支付业务的收费标准,根据网上交易双方、银行、商户的利益,出台科学合理的第三方支付业务收费定价机制。收费机制可借鉴中国银联的 7∶2∶1(发卡银行∶收单机构∶银联系统)收费分配模式,更好地兼顾金融消费者、商业银行、第三方支付机构和系统运行等各方的利益,促进第三方支付服务行业规范有序、健康快速地发展。

总之,目前来说,迅速崛起的二维码支付已面临如何符合现有监管规定的问题,这不但需要监管层做出选择,也需要第三方支付机构自身做出思考。

8.2.5 二维码支付对提升小额支付便捷性的意义

现在大型超市结账排队现象非常严重,即使信用卡、预付卡购物能省去找零环节,但打印单据、签字仍要耗费不少时间。而二维码支付能帮助零售企业进行快速结账,从客观上增加了顾客流量。采用手机二维码扫码支付不需要对手机进行额外改造,只需要下载安装客户端即可完成线下消费。二维码在不知不觉中已经成为缩短现实世界和数字世界之间距离的桥梁性工具。

8.3 NFC 移动支付

8.3.1 NFC 概念

NFC 是 Near Field Communication 的缩写,即近距离无线通信技术,允许电子设备之间通过非接触式点对点数据传输(在 10cm 内)交换数据。

NFC 支付系统需要具备这样一些组成部分:安全单元(Secure Element,SE),负责确保支付系统的安全,可以固化在手机中,也可以存在于 SIM 卡、SD 卡这样的可拆卸装置中;NFC 前端芯片,通过连接的天线负责无线通信;OTA(Over The Air)即空中下载控制部分,负责对于存储在 SE 中的 NFC 支付应用进行下载和管理。

NFC 从本质上和目前存在的 Wi-Fi 以及蓝牙是类似的,但是 NFC 采用的是 13.56MHz 的频率,与目前广为流行的非接触智能卡(ISO 14443)所采用的频率相同,所以移动支付市场是 NFC 技术的主打领地。

8.3.2 NFC 移动支付原理

1. 定义

NFC 支付是指消费者在购买商品或服务时,即时采用 NFC 技术通过手机等手持设备完成支付,是一种新兴的移动支付方式。支付的处理在现场进行,并且在线下进行,不需要使用移动网络,而是使用 NFC 射频通道实现与 POS 收款机或自动售货机等设备的本地通信。

2. NFC 支付设备

NFC 支付需要以下两种设备。

(1) NFC 手机:指带有 NFC 模块的手机。

(2) NFC 支付终端:主要包括 NFC 收款机(NFC POS 机)、NFC 自动售货机、NFC 读卡设备等。

3. 应用

NFC 手机支付作为 NFC 近场支付模式的应用,要将银行卡、NFC 智能终端、NFC 技术及受理终端结合起来。目前已实现银行卡与 NFC 智能终端合二为一。NFC 支付的具体模式如图 8-4 所示。

8.3.3 NFC 在移动支付中的应用

NFC 的应用模式一般有三种:卡模式、读卡器式、点对点式。卡模式就是将具有 NFC 功能的设备模拟成一张非接触智能卡;读卡器式指从 NFC 标签上读取信息;点对点式是指

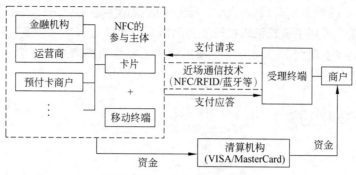

图 8-4　NFC 支付的具体模式

两个具备 NFC 功能的设备相连接,实现点对点数据传输。NFC 技术在手机上的应用主要有以下 6 类:

(1) 通过(touch and go)。例如门禁管理、车票和门票等,也可用于物流管理。用户将存储着票证或门控密码的设备靠近读卡器读取内容。

(2) 支付(touch and pay)。例如非接触式移动支付,用户将设备靠近嵌有 NFC 模块的 POS 机即可进行支付并确认交易。日本的电信运营商在很早之前就开始普及 NFC 功能,在日本的大城市中几乎每个商铺和自动售货机均支持 NFC 支付。在发生交易以后,手机运营商会自动扣除手机话费余额,而后付费的用户可以像使用信用卡一样到月底统一支付。

(3) 连接(touch and connect)。例如把两个 NFC 设备相连接以进行点对点(peer-to-peer)数据传输,例如下载音乐、图片互传和交换通讯录等。

(4) 浏览(touch and explore)。用户可将 NFC 手机接靠近街头具有 NFC 功能的智能公用电话或海报浏览交通信息等。

(5) 下载(load and touch)。用户可通过 GPRS 网络接收或下载信息,用于支付或通过门禁等功能。例如,用户可发送特定格式的短信至家政服务员的手机以控制家政服务员进出住宅的权限。

(6) 刷卡充值。例如,下载"和包支付"客户端,在手机上注册北京市政一卡通的后台账户,并通过银联向账户中充值。一旦余额不足,可以选择"圈存"选项,从一卡通注册账户中圈存几十元放入刷卡账户。此外,还能在手机上实时查询北京市政交通一卡通账户余额和消费明细。

8.3.4　二维码支付与 NFC 支付比较

1. 技术比较

1) 基础技术

二维码是一种编解码方式,其应用就是承载信息,作为单向被读凭证或唯一的身份识别标志。

NFC 是通信方式,其应用是双向的信息交互(读卡器模式是识读,卡模拟模式是被读,点对点模式是交互)。

2) 通信技术

二维码可以通过网络传输,费用低廉,可复制性强,可大范围应用;其缺点是对阅读器的位置要求高,不能对二维码内容进行重置,读取速度慢,从打开二维码读取软件到瞄准二维码完成扫描大约需要 5s,而且扫描者需要停下来进行精准扫描,在人流量大的区域,这个弱点是致命的。

NFC 只适用于实物与实物之间的交互;但 NFC 标签可加密,安全性高,读取速度快,对阅读位置的要求低,只需要一个大概位置就可完成读取,方便快捷,并且可对标签内容进行随时、快捷的更改。

2. 生产成本比较

1) 硬件成本

二维码与一维码一样,是几乎零成本的信息存储技术。二维码是将信息通过一定的算法转化成计算机容易识别的特殊图形,将这样的特殊图形打印到物品上,而打印或印刷一个特殊图形的成本极低。

NFC 支付对于手机硬件规格、标签、终端等设备要求高,用户转化成本高。

2) 使用成本

采用二维码方案不仅价格低廉,而且受众群体门槛低,对客户而言,不需要更换手机设备,只要有一个智能手机,可以正常接收彩信或者正常显示图片,不需要进行任何复杂的操作,即可享受手机二维码带来的便利,节省了客户的使用成本;对银行业而言,只需要利用成熟的二维码技术快速开发相应的编码解码软件,即可大量节省仓储物流成本,提高银行业务效率,改善客户体验,将金融业务渗透到人们生活的方方面面。

NFC 支付虽然制造成本不是很高,但用户转化成本高。根据品牌机使用调查,一部手机在正常使用的情况下,人均持有周期约为 2 年,这就说明大多数人会在 2 年左右更换手机。用户如果想要使用 NFC,就不得不更换带有 NFC 功能的手机,造成了用户使用成本的提高。NFC 设备在国内普及也需要一定的时间。

3. 应用解决方案比较

1) 互加好友功能

二维码的典型应用是微信,通过每个账户独有的微信二维码,账户之间可以互加好友。与此同时,将二维码发送至 Web 并呈现出图像就可进行扫描,并没有载体的要求,无论虚拟的屏幕显示还是实体的纸质,只要能够保证二维码的完整性即可完成读取任务。不仅如此,二维码还可以对单元方格进行美化,拓展深层次的商业用途。

NFC"互粉"功能的典型应用是新浪微博,实现该功能必须双方都装有并打开新浪微博支持 NFC 的客户端,同时 NFC 手机的 NFC 功能处于开启状态,双方手机触碰之后即可完成"互粉"动作。较之二维码,NFC 省去了二维码调用和对方瞄准读取的过程。

2) Wi-Fi 连接

在一些需要连接 Wi-Fi 的公共场合,Wi-Fi 的提供者如果将账户和密码贴出,则会出现蹭网的现象,而不贴出又会被反复问及。

二维码的解决方案是将账户和密码集成于二维码当中,需要连接 Wi-Fi 的用户使用手机进行扫描以获得账户和密码,再输入账户和密码进行连接,二维码等于一个开放式的加密,增加了一道连接程序。

NFC 的解决方案是对应用标签进行编程,需要连接 Wi-Fi 的手机只需要在标签前一触,手机即可自动连接,无须输入操作。

3)广告牌的应用

二维码广告牌在国内随处可见,而 NFC 标签的广告牌在国内基本没有。国外大多数广告牌是集二维码和 NFC 于一身的。

4. 安全隐患比较

1)硬件安全机制

二维码本身没有病毒,二维码其实就是一串网址,用手机摄像头扫描二维码,通过手机中的二维码识别软件才能读出信息。虽然二维码没有病毒,但二维码背后的链接可能是有病毒的网址或者带插件的网址,这样的二维码是不安全的。

NFC 为保证硬件的安全性采取以下三种措施。措施一:NFC 一般有专用安全芯片,有三种放置方法,即集成在 NFC 芯片内、集成在 SD 卡内、集成在 SIM 卡内,但考虑到安全性和使用方便,一般集成在 SIM 卡内;措施二:卡的发放过程由电信运营商和银联(银行)采用 TSM(可信服务管理)平台管理,将银行卡信息安全地下载到手机 SIM 卡中;措施三:对手机 NFC 的认证采用了 CPU 加密技术,其安全水平与银行发行的芯片卡相同。

2)软件安全机制

二维码的安全机制存在以下问题。

(1)二维码生成软件和扫描软件存在风险隐患。由于技术门槛低,二维码目前处在"人人皆可制作、印刷和发布"的状态。有些山寨二维码软件提前内置病毒或恶意代码,一旦安装就会遭遇恶意广告和扣费等问题;有些不法分子将带有病毒程序、不良信息的网站或者钓鱼网站的网址发布成二维码形式,然后通过各种手段诱导用户扫码。对于普通用户来说,无法鉴别二维码的信息内容和发布者的身份信息,用手机扫二维码成了高风险操作。

(2)支付终端的安全性较难保障。与传统 POS 机具等专用专控的支付终端相比,二维码形式的手机支付终端环境复杂,被攻击的渠道多,安全性较难保障,可能会导致用户身份信息、交易信息泄露,资金遭受损失。

NFC 安全机制的特点如下。

(1)NFC 手机采取硬件加密和软件加密相结合的方式,在不到 0.1s 的时间内就可以完成 ID 与密钥等数据的传递,黑客在如此快速地交换数据的条件下截获并破译无线电信号的概率很小。

(2)NFC 技术在设备上的功能是通过第三方软件体现的,如果相关软件设计上有瑕疵,就有可能使 NFC 支付存在安全隐患。

(3)如果将具有 NFC 功能的手机与带有芯片的银行卡、公交卡等智能卡放在一起,则 NFC 设备可以直接读取个人信息、账号信息、交易记录等。如果具有 NFC 功能的手机安装的是山寨支付软件或被植入了病毒的支付软件,就存在泄露用户隐私的风险,不法分子可以读取银行卡信息并复制银行卡,盗取卡内资金。

案例一:北京公交集团推出的一款采用 NFC 技术的官方软件,可对市政交通一卡通进行自助充值,查询操作需要第三方软件的支持。当在公共场所进行一卡通充值时,虽然各项操作没有问题,但只要登录充值程序之后,默认账户就已经成立,而支付宝账户信息菜单中没有清除已登录支付宝账户的功能按钮,这就意味着该项支持 NFC 识别技术的软件存在以下问题:①无法在公共场所进行一卡通充值;②个人账户方面的隐私问题有泄露的可能性;③支付宝支付密码有泄露的可能性。

案例二:有研究人员曝出 NFC 支付存在严重漏洞,黑客可编写手机程序随意在波士顿、西雅图、盐湖城、芝加哥以及费城等地刷地铁卡。NFC 卡本身具有只读保护,但第三方应用软件交通系统则没有设置该安全保护层,这就让破解程序有了可乘之机。

3) 通信安全机制

二维码只是信息的一个载体,通过网络传输信息,如果识别的二维码是可靠的,且二维码在拍摄过程中没有被移花接木,则二维码的信息传输就是安全的。

NFC 通信安全性能存在以下问题。

(1) NFC 刷卡手机支付需要在小于 0.1m 的范围内才能通信,并且只能点对点通信,这虽然可以保证在移动支付通信时数据传输的高度保密性与安全性,但两个支持 NFC 的设备不需要任何密码或验证就可以直接连接进行文件传输和软件互传,这就存在安全隐患。例如在拥挤的公交车上,陌生手机有可能读取到你的银行卡信息。

(2) NFC 支付安全最让人忧虑的是中间人攻击,即通过在一台手机上安装某种形式的间谍软件或恶意软件而感染其他手机,窃取用户手机上的数据,用户将面临巨大的资金损失风险。

(3) NFC 无法远程传输信息。

4) 手机丢失防风险比较

二维码支付指令验证手段较为单一,安全性屏障不够,其最大的特点是所有支付指令和验证手段都通过手机完成,要么是在手机中输入支付密码,要么是通过短信验证码的方式完成支付指令验证,甚至可通过手机重置支付密码。因此支付交易过程中的安全因子单一,验证通道单一。一旦用户手机丢失或被遥控,可能会直接造成用户资金损失。

NFC 支付一般都绑定一张以上的银行卡、公交卡、第三方支付账号等,一旦手机丢失,所绑定的卡就有被盗刷的风险。虽然可以到金融机构挂失补办,但是电子现金余额无法追回。

8.4　移动支付的未来发展趋势

对于二维码和 NFC 支付这两种技术,它们的应用前景都非常广阔。

2010 年,二维码已开始逐渐升温,现在街头巷尾已随处可见二维码。支付宝与微信的手机支付都采用了二维码的扫一扫模式,具备很大的优势,主要体现在以下三个方面。首先,成本更低,商家不需要任何硬件设备的升级。其次,支付宝、微信有巨大的客户群体,非常容易推广,对消费者而言也非常方便。最后,也是最重要的,商家通过这些客户支付信息可以了解客户的消费习惯,利用这些信息可以产生增值服务,这是最具商业价值的。二维码未来的发展仍然前景广阔。

国内的二维码支付一度被央行叫停,因此 NFC 前景备受关注,三大运营商、中国银联、手机制造商都进一步采取措施大力推进 NFC 技术,中国移动与中国银联就支付标准达成协议,银联推出支持 NFC 手机的 Quick Pass 终端近 300 万台,三星、索尼等手机制造商也纷纷推出带有 NFC 功能的智能手机,加上央行有意推动 NFC 有关通用平台的建设,很多学者认为 NFC 支付将会取代二维码扫码技术成为中国移动支付的主流技术。

但是,NFC 技术的推广面临许多问题。

(1) 中国的信用卡大多是不带芯片的 IC 卡,不能在 Quick Pass 上使用 NFC 功能。

(2) 中国有两个不同的移动支付标准:中国移动的 2.4GHz 和中国银联的 13.56MHz,虽然中国移动暂时向银联妥协了,但毕竟 13.56MHz 技术是日本系技术,而 2.4GHz 技术具有国内自主知识产权,如果从安全性和先进性考虑,将来有可能采用中国移动的标准,NFC 支付技术的发展仍需时日。

(3) NFC 支付模式在完成支付后,消费者和商家不会有任何互动,对于商家意义不大,积极性不高,阻碍了 NFC 支付技术的迅速推广。

(4) NFC 技术需要专门的 NFC 标签、NFC 读写芯片甚至 NFC 应用,它所涉及的产业链将更加庞杂,实实在在的载体让 NFC 更具赢利点,利益划分也是推行 NFC 比二维码更难的一个原因。

支付宝钱包 10.0 已经具备 NFC 功能。目前在 Android 手机上已经可以读取银行卡和公交卡信息并进行支付。中国银联已经完成了二维码支付系统的技术开发,正在与各大银行商讨合作推广事宜。

每项技术都有其独到的特点,只要发挥其特点服务于人类,就不会被替代。二维码的远程传输是 NFC 无法做到的,NFC 的快捷读取和近场安全也是二维码难以比拟的,未来二维码与 NFC 到底如何发展,还需市场的考验。

随着近场行业标准、受理环境、应用场景、应用内容等基础条件的逐步成熟,近场支付将会迎来市场的爆发式增长。典型代表即 NFC 支付技术,目前全球成功的案例为日本最大运营商 NTT DoCoMo 推行的手机钱包业务 Osaifu-keitai,2013 年其手机钱包用户渗透率已超过 70%。

当前我国移动支付市场正处在从第二阶段向第三阶段转变的时期,二维码、声波、LBS 等移动互联网交互技术只是 NFC 等近场支付方式全面推广完成前的过渡手段。

常见的近场支付技术除 NFC 以外,还包括蓝牙、红外线等,NFC 支付优势明显(表 8-1),未来将居于主导地位。

表 8-1 近场支付技术的比较

技 术	低功耗蓝牙(ibeacon)	红外线	NFC
终端普及率	高	高	较低
能耗	中	高	低
安全性	中,软件实现	低	高,硬件实现
传输距离	≤50m	≤3m	≤0.1m
传输速度	200kb/s	115kb/s	规划速率可达 868kb/s

续表

技　术	低功耗蓝牙(ibeacon)	红外线	NFC
建立时间	3ms	0.5s	0.1s
独立存储功能	无	无	有

来源：中国产业信息网。

在能耗方面,低能耗蓝牙比红外线低,NFC 对能耗要求更低,即使在电池没电的情况下,具有 NFC 功能的手机依然可以通过其射频模块激发完成电子支付。

在便捷性方面,红外线信号具有方向性,低能耗蓝牙的建立时间很短,NFC 所需的建立时间也非常短,尤其适合地铁、公交等快速通过类应用场景。

在传输距离方面,NFC 小于 0.1m,达到厘米级,而蓝牙和红外线的传输距离都在米级甚至十米级,较短的控制距离使 NFC 精确度较高,在近场支付中独具优势。

在安全性方面,红外线保密性差,蓝牙通过软件加密,而 NFC 的卡或终端内置 SE 安全芯片,通过密钥认证保证安全性。

由此可以看出,无论是功耗还是便捷性、精确度以及安全性,NFC 都是目前最适合近场支付的一种技术,从技术评估的角度,NFC 将会成为近场支付的主流技术。

8.5　典型企业案例分析

1. PayPal

谈到互联网支付,需要讨论衍生于互联网第三方支付公司的货币市场基金。以美国的 PayPal 为例,这里仅进行简要回顾。PayPal 是互联网货币市场基金的鼻祖。早在 1999 年,PayPal 在成立不到一年的时间便推出了货币市场基金。用户只需要开通货币基金账户,就可以每月获得收益,因此 PayPal 受到了很多用户的欢迎。但是 2000 年之后,随着美国利率大幅下降,原有的收益难以维持,PayPal 只好不时采取放弃管理费甚至补贴的方式维持货币基金的收益率。随着 2005 年之后利率的大幅回升,PayPal 货币基金的规模在 2007 年达到了 10 亿美元的巅峰。但在金融危机之后,美联储实行了超低利率政策,导致整个货币市场基金行业再次面临困难,PayPal 的货币基金也在经营了十余年之后于 2011 年 7 月告别了市场。

由于美国金融业发展较早,已经建立起了一个高效、稳定、安全的支付系统,最典型的例子就是信用卡。美国信用卡系统的建立依赖于安全成熟的个人信用体系、完善的基础设施、先进的互联网技术以及配套的金融监管措施的构建,信用卡消费已经很方便地覆盖到了几乎所有消费领域,因此当地消费者对新的支付方式(诸如 PayPal 这样的网络支付系统)并没有很强的诉求,导致支付系统的革新动力不足。

而近几年随着移动互联网及智能手机的技术革新和移动社交平台爆炸式的增长,美国也开始觉察到,基于移动社交平台的移动支付系统存在巨大的发展空间。因此,移动支付应运而生。作为互联网支付在媒介上的补充,发达国家完善的网络基础设施为移动支付提供了良好的发展温床,而移动支付本身又能够明显改善用户体验,减少刷卡费等成本。

目前在全世界范围内,关键的战场是移动支付领域,除 PayPal 以外,比较大的应用还有 Google Wallet、Square、Stripe 等。下面以移动支付领域的佼佼者 Square 为例,进行移动支付商业模式的介绍。

2. Square

Square 是 Twitter 联合创始人杰克·多西(Jack Dorsey)于 2009 年 12 月在美国旧金山成立的移动支付创业公司,主要解决个人和企业的移动端支付问题。其两大业务体系为 Square reader 读卡器和 Pay with Square 便捷移动支付。截至 2011 年 12 月,使用 Square 移动支付业务的商家数量已超过 100 万,占美国所有支持信用卡支付商家中的八分之一,并以每月新增 10 万商户的速度增长。

自从 2009 年创立以来,Square 就一直备受华尔街的青睐。此前,花旗创投和摩根大通 Digital Growth Fund、红杉资本、Kleiner Perkins、First Round Capital 和 Marissa Mayer 等都曾投资过 Square。高盛公司的前任 CFO David Viniar 还于 2013 年 10 月加入了 Square 的董事会。Square 此前已融资 3.41 亿美元,公司估值也迅速上升。在最近一轮融资中, Square 的估值已高达 50 亿美元。

Square 的盈利模式简单明了,其最主要的收入来源是向用户收取的交易服务费,目前为每笔交易额的 2.75%。2012 年初,其年交易量达 40 亿美元,实际营收超过 1 亿美元。主要成本在于:①交付给各银行的交易佣金;②Square 刷卡器硬件成本;③团队的开发和运营成本。Square 提供的基础价值即"移动支付"本身,解决了商家和个人用户之间的资金交易问题;同时,Square 还具有交易管理、消费者与商家间的交互、移动社交等与支付和日常生活息息相关的价值。

思考题

1. 举例说明二维码支付存在的安全隐患及其采取的对策。
2. 简述二维码支付体系的系统风险及其应对策略。
3. 举例说明 NFC 支付具有哪些优势。
4. 简述移动支付的发展趋势。

综合实训

1. 采用移动支付方式实现购物、转账、发红包、查余额、查交易明细、充值等功能。
2. 使用具有 NFC 功能的手机进行联网(选作)。
3. 打开手机银行 App,查找银行是否提供含有账户信息的二维码,以方便接收汇款。

第 9 章

电子支付风险

本章学习目标

- 掌握支付风险定义和类型。
- 了解美联储的支付系统风险管理办法。
- 了解我国支付风险管理的措施。
- 掌握 P2P 的概念及运作模式。
- 掌握众筹的概念及融资模式。
- 了解中国互联网金融融资主要模式的潜在风险。
- 了解支付活动中的法律法规。

9.1 支付风险概述

支付风险给安全、可靠地完成支付交易带来了风险。对参与支付交易的各方来说,都希望完全消除风险,但是完全消除风险又有着极大的困难,基本无法实现。因此,认识并控制风险,将支付交易风险限制在交易各方可承受的最低程度是支付系统安全、可靠地完成支付交易的基础。

9.1.1 支付风险定义和类型

支付风险是指在支付交易过程中,由于伪造支付指令、资金头寸不足和支付系统环境失误等原因所造成的支付交易延误和失败。不同的支付工具,其风险程度差别很大,即使同一种支付工具,由于支付处理过程、处理环境和处理方法不同,其支付风险也不同。因此综合研究支付交易过程中不同支付工具、不同支付处理环境、处理方法和不同支付系统的支付风险,对于采取有效的风险控制运行机制,严格控制支付风险有着极为重要的意义。

一般来说,支付风险有如下六种。

1. 非法风险

非法风险指人为的非法活动,如假冒、伪造、盗窃等行为所造成的支付风险。非法活动严重损害了人们对支付系统的信心,阻碍了经济活动的正常开展。对于银行来说,支付命令发起人所发起的支付命令的真实性和账户资金的可用性都会带来支付风险。贷记支付,如汇兑、委托收款和定期贷记等,由于支付发起人的开户银行能够确切地了解发起人账户资金的可用性,因此支付命令的真实性很容易证实,银行的支付风险较小。而借记支付,如支票、直接借记、借记卡等,账户资金的可用性及支付命令的真实性需要采用较为麻烦的方法进行证实,故银行的支付风险相对较大。以直接借记为例,当一笔直接借记支付交易指令发出以后,如果支付方返回的是拒绝支付指令,支付发起银行就必须接收该支付命令,并且返还给该支付指令发起者。没有完成支付交易,给客户带来损失,这是直接借记支付工具固有的支付风险,虽然影响较小,但限制了这种支付工具的使用。

2. 清算资金不足

交易支付过程的最终完成以交易双方银行清算账户资金的划转而结束。无论净额轧差清算还是全额逐笔清算,付款行清算账户资金头寸不足都会造成支付交易过程延误,带来风险;即使为了稳定金融市场,确保清算秩序正常,采用非自愿的强制性贷款措施能够保证清算完成,但强制性贷款扩大了信贷规模,又滋生出其他的支付风险。

清算资金不足造成的风险主要有信用风险和流动性风险。

信用风险是指在支付过程中因一方无法履行债务合同而带来的风险。信用风险的发生源于支付过程的一方陷入清偿力危机,即资不抵债。

流动性风险是指在支付过程中一方无法如期履行合同时所产生的风险。

流动性风险与信用风险的区别在于,流动性风险中的违约方不一定是清偿力发生危机,而仅仅是在合同规定的时间内无法如期如数履行债务,但如果给予其足够的时间,该方可以通过变卖资产以筹措相应资金而满足清算的要求。

3. 银行无力支付

银行无力支付会给支付发起客户带来损失。作为银行,为客户提供完善、及时、安全可靠的支付服务是银行赚取利润、参与竞争、赖以生存的基础。任何银行给客户造成的支付风险都将大大损害银行的信用,危及银行的生存,危及金融市场的稳定和货币稳定。

4. 系统风险

系统风险指参与支付过程的一方因自身风险而导致其他参与者陷入困境。例如,在参与支付清算的各个金融机构中,一家发生支付风险,引起另一家也发生的支付风险。这样的连锁反应会危及整个支付清算秩序的正常和稳定,给经济活动带来严重的恶果。

系统风险是支付系统构造中各国货币当局最为关注的问题,由于支付系统的运转直接支撑着一国金融市场的运作以及经济活动的进行,支付系统的中断必然造成整个金融市场秩序紊乱和经济活动停顿,使整个国家的经济陷入危机。

5. 法律风险

法律风险是指由于缺乏支付相关法律或由于法律的不完善,造成支付各方的权力与责任的不确定性,从而妨碍支付系统功能的正常发挥而产生的风险。

6. 操作风险

操作风险指在现代支付系统中所运用的电子数据处理设备及通信系统出现技术性故障而使整个支付系统运行陷入瘫痪的潜在风险。

9.1.2　支付风险产生的主要原因

支付风险的表现形式不同,由支付风险所引发的后果也不同,掌握产生支付风险的原因,对于控制支付风险是极为重要的。

1. 支付工具与处理过程带来的风险

这类风险与支付业务处理方式密切相关。针对不同的支付工具,在不同的支付处理环境下,依据支付交易处理过程特点,这类风险大多可以预测。因此,可以通过制定严密的支付风险控制法律和严格的支付风险控制管理体制对这类风险加以防范。

2. 清算账户资金头寸不足引起的风险

这类支付风险大多处于动态的变化状态,很难事先预测和防范,只能采取必要的支付风险控制运行机制加以防范。

3. 支付交易处理运行环境失误引起的风险

这类风险既是动态随机变化的,又会引起前两类风险。尤其是在网络环境下,必须采取极为复杂的技术措施控制这类风险。

4. 各类诈骗活动引起的风险

人为诈骗引起的风险是网络犯罪的重要手段之一。因此,必须采用反诈骗信息识别防范技术,并进行严格的安全、保密管理以防范此类风险。

5. 法律法规不健全所引起的风险

法律法规的不完善将导致在支付过程出现风险时无法清晰地定义参与方的责任。随着电子商务的发展,由此产生的风险会越来越成为一个突出的问题。

9.1.3　支付风险控制

一国的支付系统既要能够控制相关的支付风险,又要有较为简单的控制方式。下面以我国和美国的情况为例说明控制支付风险的一些方法。

1. 美联储对支付系统实施风险管理的做法

1)允许对大额清算系统透支并收费

当日透支是指一个金融机构在一个营业口中其储备账户余额为负。当日透支的存在使美联储银行面临巨大的信用风险。为了控制金融机构在美联储账户上的当日透支,从 1994 年 4 月开始,美联储对金融机构平均每日透支进行收费。收费的平均每日透支包括由资金转移及记账证券转移两部分产生的合并透支额(此前,美联储对记账证券产生的透支不予管理),其计算方法是对 Fedwire 营业时间内(目前正常营业时间为 10 小时)每分钟的最后时间的金融机构储备账户的负值加以总计(正值不予计算),再将总透支额除以当日 Fedwire 运行的总分钟数,得到金融机构每日平均透支额。美联储对每日平均透支项减去相当于银行合格资本的 10% 的部分征收费用。但是,美联储保留根据市场反应情况对征收标准进行修改的权力,美联储有权对费用征收的标准加以改变。

我国的现代化支付清算中心不允许参与单位结算过程中的透支,如果清算账户的资金余额不足,则要等待调集资金头寸后才能进行结算,否则将从结算队列中取消其资格。这种制度的安排更多地从防范金融风险的角度考虑,而不是从支付结算系统的结算效益考虑,这是一个值得研究的重要问题,权衡效率和安全是支付清算系统风险防范的一个重大制度安排。不透支在表面上、局部上对银行是安全的,但也牺牲了结算效率,影响系统其他参与方结算能力的风险仍然存在。

2)最大透支量规定

为限制金融机构在储备账户上当日透支的总量,美联储对产生储备账户透支的各金融机构分别制定最大透支额,即一个金融机构在一定时间内可以产生的净借记头寸总量。一个金融机构的最大透支额等于该机构的资本金乘以一个透支类别乘数。美联储为各金融机构设定了五个透支类别,其类别乘数如表 9-1 所示。

表 9-1　五个透支类别的乘数

透支类别	两周平均乘数	单日乘数	透支类别	两周平均乘数	单日乘数
高	1.5	2.25	低	0.20	0.20
高于一般	1.125	1.875	零	0.00	0.00
一般	0.75	1.125			

美联储在设定透支类别乘数时给金融机构两种选择:一是两周平均乘数,二是单日乘

数。美联储认为,由于金融机构的支付活动每天都可能发生波动,因此设定两周平均乘数将为金融机构提供较大的灵活性。两周平均透支额等于金融机构在两周时间内每天在储备账户产生的最大透支额加总后除以计算周期内美联储的实际营业天数。如果在计算周期中某天金融机构的储备为贷记头寸,则该天金融机构的透支额视同为零。金融机构在两周内的最大透支额等于两周平均透支额乘以透支类别乘数。单日类别乘数要高于两周平均乘数,主要是为了控制金融机构在某天内产生过大的透支,迫使金融机构完善内部控制手段,加强对每日信用量的管理。

美联储规定,如果一个金融机构在一个营业日中所产生的当日透支基本上不超过 1000 万美元或相当于资本的 10％这两个数字中较小的一个,则认为该金融机构对美联储造成的风险较小,无须向美联储提交其自我评定的最大透支上限保证,从而减轻金融机构进行自我评定的负担。

(1) 记账证券交易抵押。美联储是将金融机构的资金转移透支和记账证券转移透支合并以计算当日透支。对一些财务状况比较健全但由于记账证券转移造成超过最大透支额的金融机构,美联储要求它对所有的证券转移透支提供担保。对于抵押品的种类,美联储没有特别的要求,但抵押品必须能够被美联储接受。

经营状况健康、没有超过最大透支额的金融机构也可以对其部分或全部证券转移透支提供抵押品,但提供抵押品并不能增加其最大透支额。

(2) 证券转移限额。美联储对金融机构通过 Fedwire 进行的二级市场记账证券转移限额规定不能超过 5000 万美元,以减少证券交易商因积累头寸而造成记账证券转移透支。

(3) 对金融机构支付活动的监测。美联储对金融机构支付活动的监测一般在事后进行。如果一个金融机构的当日净借记头寸超过其最大透支额,则美联储要把该金融机构的负责人召到美联储,与其讨论该金融机构减低当日透支的措施。美联储有权单方面减少该机构的最大透支额,要求金融机构提供抵押或维持一定的清算余额。对于美联储认为不健康并在美联储产生超乎正常透支的金融机构,美联储对其头寸情况进行现时跟踪,如果该机构的账户余额超过美联储认为的正常水平,则美联储可以拒绝或延迟对该机构支付命令的处理。

美联储对参与结算的银行和金融机构的管理的最大特点是允许结算中账户的透支,并对透支的账户额度进行管理和监督,规定了最大透支额度。其实,这相当于在结算资金不足时,由中央银行提供日间银行贷款用于结算,增加了商业银行或参与结算的金融单位对中央银行的债务,实质上增加了中央银行的资金风险。这种制度安排有利于参与结算的商业银行或金融单位,对中央银行的资金安全是一个挑战,可能诱发通货膨胀的风险出现。但是,这增加了支付系统的清算和结算效率,加速了资金流通的速度,有利于商品流通和市场交易的进行。因此,这种允许结算透支的制度安排的关键是:能对参与方的资产状况和结算能力进行监督,能对透支额度进行控制。

2. 我国大额支付系统问题分析

自 2000 年 10 月以来,中国人民银行总行采取"借鉴吸收,自主开发,先大后小,边建边用"的方针,加快大额支付系统的建设,逐步取代现行的电子联行汇兑系统。经过几年的不懈努力,支付系统的建设取得了重大进展,目前在全国已经开通运行了大额实时支付系统,小额支付系统也在全国上线运行。

支付系统上线运行后加快了资金清算速度,加强了对清算账户的集中管理,有利于中央银行及时了解商业银行资金流动情况和清算账户的变化,有效防范和控制商业银行流动类风险、信用类风险、法律类风险、欺诈类风险和运行类风险,增强了金融宏观调控能力,提高了金融服务水平。通过一段时间的运行,从实际参与运行的商业银行和中国人民银行有关部门反馈的情况来看,大额支付系统仍存在一些薄弱环节,资金风险隐患尚未完全解决,表现在以下几个方面。

(1) 技术建设满足了清算的功能需求,但系统的业务制度建设却仍需要进一步完善。

① 清算窗口频繁开启带来两个问题:一是如果全国有一家金融机构清算账户出现透支,则所有的金融机构都需要等待其筹足资金才能进行日终账务处理;二是出现透支无法结算时,中国人民银行无处罚措施规定,只能被动地催促、等待其筹措资金,造成一些金融机构对其资金头寸漠不关心,无法清算的透支现象更为严重,长久下去形成一种恶性循环。

② 中央银行会计集中核算系统(ABS)的报表、清单打印功能不完善。每日营业终了,操作人员必须全面、完整、及时地打印发出/接收业务清单、发出/接收业务信息核对表、同城业务清单。若当日遗漏其中的某一项打印业务,次日补打的报表、清单就只能由核算中心的综合柜打印,这给县(区)支行的网点柜核对凭证、账表,及时向事后监督中心寄送传票监督业务带来了一定风险。

③ 网点柜损益表中的各项目数据反映不完整、不全面。网点柜每月、每季度打印的损益表中只反映网点柜录入的数据,如按月录入的各项费用、出售支票收取的手续费和印刷费等数据,则对综合柜按季自动结转网点柜的存贷款户的利息收支数据却不能反映在损益表中。实行会计财务集中报账后,在网点柜的损益表中无法掌握利息收支和费用开支明细情况,核算中心综合柜生成的损益表不能单独反映出中心支行和各县支行损益表的数据,而只是中心支行和各县支行损益表的汇总数据,这给上级行的财务部门掌握中心支行和各县支行的财务收支状况带来了一定困难。

④ 联行业务操作风险大。在会计核算风险防范中,联行资金是中国人民银行监督和控制的重中之重。联行资金风险主要表现为以下几点。

- 表现在支付往账业务上。中国人民银行的会计核算系统处理支付往账业务的程序是,办理联行业务时,先由各网点柜录入、复核后生成支付往账信息,再由联行柜接收支付往账信息,并依据网点柜传送的支付往账信息输入相关要素和行号后生成并发出联行业务。可见,在联行业务处理过程中,只有网点柜的记账员和复核员对原始汇划凭证进行了审核,联行柜根本见不到原始凭证,无法将发出的联行业务与原始凭证的相关要素进行核对,而事后监督人员要在次日以后才能对业务进行审核,无疑增加了联行资金风险防范的难度。

- 表现在支付来账业务上。现行的中央银行会计集中核算系统中的"支付来账自动记账业务"按收款人账号入账,没有辨别户名的功能。当与收款人账号、户名不符时,系统仍能将该笔业务按收款人账号自动记账,这既不符合银行会计制度的规定,又易使联行资金出现新的风险。

- 表现在办理联行查询查复上。一名操作人员就能完成查询查复,并且打印出的查询查复报文无操作人员代码和姓名,存在责任不明确、监督制约机制不到位的问题。

⑤ 国库会计核算系统(TBS)也存在一定安全风险。部分县支行国库会计核算系统只有一台生产机,无备用机,并且未安装防火墙,数据备份保存在生产机的硬盘上,由于国库会计核算系统未采取双备份,也未按规定要求将备份的磁介质异地存放保管,若遇到计算机硬件损坏或系统崩溃等灾难性破坏,就无法得到恢复补救,系统安全隐患较突出。

⑥ 系统的日常维护及故障处理依赖性比较大。大额支付系统在推广过程中,网络技术等工作基本上由公司人员负责,测试、运行中的故障排除大多靠公司技术人员解决,系统运行后,对系统的日常维护、故障排除等技术力量相对薄弱,系统在安全、稳定、高效运行方面存在诸多"后遗症"。

(2) 系统管理存在缺陷。

① 会计集中核算系统有岗位设置,无岗位职责。自会计集中核算系统运行以来,中国人民银行相应制定和实施了《中央银行会计集中核算系统业务处理办法》《中央银行会计集中核算管理办法》和《中央银行会计集中核算系统操作规程》,明确规定了核算中心、营业网点的岗位设置,但未规定相应的岗位职责。由于没有细化的岗位职责,因此某些操作带有较大的随意性,易造成责任不清和风险隐患。

② 人员配备与岗位设置存在一定的矛盾。支付系统运行的技术含量大,特别是网络技术。央行《大额支付系统运行管理办法》规定,城市处理中心应设置系统管理员、业务主管、操作员、技术支持员等岗位。但在实际工作中,多数城市处理中心只配备了业务主管和操作员,而技术支持等岗位由科技部门设置。一旦系统出现故障时,仅靠本行技术支持解决问题较为困难。

③ 资金调拨管理不严,易形成新的资金风险。自大额支付系统运行以后,金融机构上调和下拨业务资金可通过行内系统发起和接收,改变了原来以联行方式汇划资金的方式,在途资金几乎为零,由于金融机构上调的资金一般数额较大,因此在同城票据交换清算后易造成日间头寸不足的风险。

(3) 操作方面存在一定的风险。

① 网点柜会计主管日常业务检查不到位,不能完全履行管理与监督职责。由于目前的制度对会计主管的工作职责没有具体化、明确化,会计主管在实际工作中难以操作。会计主管没有真正履行检查职责,针对会计人员口令密码变更情况的检查,印章及凭证安全情况的监督检查,以及计算机及各业务系统运行情况等业务的检查几乎没有开展,存在重业务处理、轻日常业务管理和安全检查的情况。

② 网点柜部分会计、国库业务人员对会计集中核算系统和国库会计核算系统处理业务的功能不熟悉,影响了会计核算质量的提高。自会计集中核算系统和国库会计核算系统运行以来,会计、国库人员的业务操作技能得到很大提高,但部分会计人员由于从未进行过会计知识的专门学习和培训,对系统处理会计、国库业务的原理理解不深,易出现用错科目或反方向记账等错误,导致会计差错率上升。

③ 会计集中核算系统操作员的口令密码设置过于简单,易出现泄密情况。从会计操作员口令密码的设置情况来看,大多数操作人员的口令密码的设置以生日、电话号码、重叠数字或规律性数字为主,英文字母加阿拉伯数字的口令密码很少,这样简单的口令密码易受

到犯罪分子的盗窃和非法攻击，不利于安全管理。

④ 部分会计人员的计算机基础知识掌握得不够全面，在实际操作中给计算机硬件的正常运行带来了一定风险，如存在打印机、计算机负载分配不合理的现象，带电插拔电源线和数据信号线等违规操作的问题，对各业务系统的稳定运行形成了潜在的风险。

⑤ 计算机安全管理意识不够强。主要表现在对网络、操作系统、数据库、数据备份与恢复的安全可靠的重要性认识不高，未采取有效的安全技术防范措施。部分网络目前只有单台防火墙，未做到防火墙热备份。此外，城市网络中未构建 IDS 入侵检测系统，网络安全存在一定隐患。

总之，目前大额支付系统操作性风险主要是由人员的综合素质不能适应系统操作的要求、系统运行管理机制及内控制度存在缺陷所引起的。因此，对风险的防范除加强制度建设和管理外，还要加强人员素质的培养和提高，使先进的技术系统配合高素质的人员，辅以健全的制度和管理，才能保证支付系统的安全、可靠和高效。

3. 防范大额支付系统运行风险的建议

(1) 对现行的会计集中核算系统进行不断的版本升级，进一步完善网点柜损益表，实行会计财务集中报账后的功能设置，增加账表、清单历史打印功能，增加口令密码设置的复杂程度，以提高系统抵御风险的能力。

(2) 加强对基层网点系统维护权限的管理。目前，大多数基层网点由于受人员的限制，无专职科技人员，存在同一人既是系统维护员，又是业务经办员的现象。因此，为防止系统风险，确保系统安全运行，建议基层网点的系统维护员权限上收中心支行科技部门，在系统进行维护或版本升级时，由中心支行科技人员进行远程登录维护或版本升级，以解决基层营业网点因科技人员不足，业务人员直接参与系统维护或升级的风险隐患问题。

(3) 加大对新系统上线后的业务检查、辅导密度，确保新系统安全、稳定地运行。在新系统运行初期，由于制度不完善，加之业务人员对新系统的认识和熟练掌握需要较长的时间过程，在新系统开始运行时难免会出现这样或那样的问题。因此，加大对新系统上线后的业务检查、辅导密度是确保新系统安全、稳定、规范运行的重要保证。

(4) 整章建制，提高系统运行质量。支付系统运行后，系统运行的管理模式、岗位设置、工作内容等都发生了变化，原来的运行管理制度和操作规程已不适应新的要求。应根据支付系统的运作模式和岗位要求尽快建立大额支付系统操作员岗位职责和会计集中核算系统会计人员岗位职责，以明确职责，防范风险，确保资金安全。

(5) 加强对会计主管的检查力度。督促会计主管认真履行岗位职责是做好会计管理的关键，会计主管应对金融机构资金调拨进行审查和审批，同时加大对会计工作的日常安全管理，督促会计人员认真履行岗位职责。分管领导也应定期或不定期地检查会计主管工作，以进一步促进会计管理水平的提高。

(6) 加强会计队伍建设，提高员工素质。

① 严格执行《会计法》的有关规定，坚持持证上岗，加强对现有岗位会计人员的计算机会计业务技能培训，提高会计人员的整体业务素质，是提高会计核算质量、减少会计差错的根本保证。

② 加强对系统的培训和宣传工作。从支付系统运行的实际情况看，有必要进一步扩大

宣传和培训面,加大宣传和培训力度,使金融机构特别是支付系统的下级节点对新政策、新制度、新业务、新系统和新技术都有更深的认识和了解。

(7) 对现行的国库会计核算系统安装防病毒防火墙,并采取双机冷备份安全保全措施,即日常国库会计核算业务用两台机器共同完成,在正常情况下,一台机器作为主机工作,另一台机器作为备机备用,当主机出现故障时,备机启动并接替故障主机工作,从而充分确保国库会计核算系统数据的安全性、连续性和完整性。

(8) 加强计算机安全管理。

① 做好数据备份。计算机网络上存储着大量的基础数据,如果发生问题,则将造成不可挽回的损失。因此,对网络系统上各个计算机的系统文件、数据库文件等都要进行备份,以便出现问题后可以及时恢复。

② 优化系统组织。支付系统推广应用后,对城市处理中心的岗位职责和人员配备等问题总中心已有规定,各行应尽量将业务主管岗、操作员岗、系统管理员岗、技术支持岗的人员集中到一个部门管理,既能保持一个力量强大、结构合理、相对稳定的运行管理队伍,又能将业务运行管理、日常技术维护等工作归口一个部门管理,以提高工作效率。

(9) 加大对各金融机构准备金日间透支资金的管理。新系统上线后,各银行金融机构的会计核算系统都直接或间接地连接到支付系统,在系统运行中,若有一家金融机构的准备金账户发生日间透支且在总行规定的清算时间内不能补足透支金额,就会造成全国各家金融机构不能在正常的营业时间内完成日终处理。为了解决各家金融机构头寸不足的问题,中国人民银行与当地各金融机构多方共同签订隔夜头寸拆借协议书,当遇到某家银行准备金账户日间资金不足时,由中国人民银行会计营业部门根据多方共同签订的隔夜头寸拆借协议书中的有关条款,主动从其签订的金融机构的准备金账户上拆出资金,弥补日间透支金额。

9.2 互联网金融风险

随着网络信息技术的不断创新,全球互联网与金融业的融合也快速发展。中国近年来基于互联网和云计算等信息技术产生的不同于传统银行融资和资本市场直接融资的第三种融资模式——"互联网金融"正在蓬勃发展,其中以"P2P""众筹""阿里金融"等为代表的融资模式以其服务成本低、效率高、覆盖广等优点而受到大众青睐。互联网金融虽然具有便利性、合作性、虚拟性、开放性、共享性和普惠性等诸多优势,有利于提升金融体系的清算支付功能、融通资金和股权细化功能、金融市场的风险分担功能,分享大数据和更充分的信息,为资本配置提供更多元的时间和空间渠道,对金融交易双方形成共同有效的激励,但同时也潜伏着诸多风险。

网贷之家发布的《2018 年中国网络借贷行业年报》显示,2018 年上千家 P2P 网络借贷平台从行业消失,全年停业及问题平台总计为 1279 家,问题平台涉及贷款余额达到 1434.1 亿元,因此,中国互联网金融到底存在哪些风险?政府和社会应如何有效加强管控,切实防范和降低互联网金融融资的风险?这是一个重要课题。

9.2.1 中国互联网金融主要融资模式及特征

1. P2P 融资模式

1）P2P 概念

P2P 融资即个人对个人信贷，或称点对点信贷。P2P 网贷中的第一个 P 表示出借人或投资人；中间的 2 表示平台方；第二个 P 表示借款人。P2P 融资实质是运用互联网技术把民间借贷网络化，通过 P2P 网络借贷平台实现个人与个人之间直接的、无第三方介入的直接融资。P2P 网贷平台一般仅做信息撮合、借款人信用评级，或作为资金通道收取一定的管理费，不承担借贷风险。P2P 网络借贷具有融资效率高、融资成本低的特征。通过大数据、云计算等网络信息技术，P2P 网络借贷能够打破时间、空间上的局限，让借贷双方能够直接高效率地对接，极大地简化交易过程，大幅降低服务成本。

2）P2P 网贷的运营流程

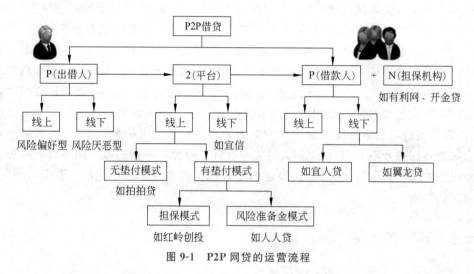

图 9-1　P2P 网贷的运营流程

从图 9-1 中可以看出，围绕三方产生出了多种 P2P 网贷运营模式，站在不同的角度会有不同的运营模式划分。

- 从有无担保垫付的角度划分，有无垫付模式（纯粹 P2P 模式）、担保模式、风险准备金模式和"担保＋风险准备金"模式。
- 从借款人的来源进行划分，有线上和线下。
- 从网贷平台的扩张角度划分，有直营模式和加盟模式。
- 从业务流程的角度划分，有 P2P 全流程模式和 P2N 模式。
- 从平台功能的角度，即从平台从事的借款业务类型划分，有个人信用贷款、房产抵押贷款、车辆抵押贷款、动产抵押贷款、股权质押贷款、银行过桥业务、供应链金融和混业经营。

3）P2P 网贷的运作模式

我国的 P2P 网贷平台的运作模式主要有三类，如表 9-2 所示。

第一类是类似拍拍贷这样的提供 P2P 全流程服务,但不对出借人的收款提供保障的 P2P 1.0 模式。

第二类是对同样参与 P2P 全流程,但在"2"端的交易平台上引入垫付机制,由平台的风险准备金或担保公司提供本金保障的 P2P 2.0 模式。目前,国内 P2P 网贷平台有 95% 以上采用这一模式。

第三类是对借款业务及担保均来源于非关联的担保及小贷公司的,整个流程为 P2N 的(N 为多家机构,不是直接的个人对个人)P2P 3.0 模式。

表 9-2　国内 P2P 网贷平台模式的分类

网贷模式	交易流程	有无垫付	垫付方式	案　　例
P2P 1.0	P2P	无	无	拍拍贷
P2P 2.0	P2P	有	风险准备金	红岭创投、万惠投融
			担保	人人贷、365 易贷
P2P 3.0	P2N	有	担保	有利网、开鑫网

资料来源:网贷之家

2. 众筹融资模式

1) 众筹概念

众筹翻译自 Crowd Funding 一词,即大众筹资或群众筹资,是指募资人无须通过传统的财务投资人,而是直接借助互联网平台向数量广泛的投资者寻求融资,每个投资者以相对较小的额度提供资金支持,从而获得实物或股权回报的商业模式。通常,众筹是指项目发起者利用互联网的社交网络传播特性,集中大众的资金、渠道以筹集资金的一种融资方式;主要采取团购+预购的形式向大众募集项目资金。

2) 众筹平台的运作模式

众筹平台的运作模式大同小异。资金需求方将项目策划交付众筹平台,审核后在平台上建立项目网页并向公众介绍项目。众筹平台规则如下。

- 每个项目必须设定筹资目标和筹资天数。
- 在设定天数内,达到目标金额即成功,发起人即可获得资金;若项目筹资失败,则已获资金将全部退还支持者。
- 众筹不是捐款,所有支持者一定要有相应的回报。
- 网站会从中抽取一定比例的服务费用。

3) 众筹融资方式

根据众筹参与者的融资模式、回报形式以及投资目的等进行划分,众筹可以分为四种类型:社会捐赠类(Social Lending/Donation)、物品回报类(Reward)、P2P 借贷类(P2P Lending)、股权类(Equity),如表 9-3 所示。

表 9-3　众筹融资的基本类型

分　类	融资形式	回报形式	主要投资目的
社会捐赠类	无偿捐赠	无	社会性动机
物品回报类	捐赠＋预购	象征性的物品奖励或商品使用	社会性动机
P2P 借贷类	借贷	利息	获得财务回报
股权类	股权投资	实体股份、分红	获得财务回报

9.2.2　中国互联网金融融资主要模式的潜在风险

1. 各模式存在的同质性风险

(1) 技术选择性风险。从互联网金融各模式的运作实践来看,其业务开展必须选择一种成熟的技术解决方案进行支撑,在技术选择上存在着技术选择失误的风险。这种风险既来自于因选择的技术系统与客户端软件的兼容性差异而导致的信息传输中断或速度降低的可能,也来自于因选择了被技术变革所淘汰的方案而造成技术相对落后、网络延时,从而导致巨大的技术和商业机会的损失。

(2) 信用风险。互联网金融的信用风险主要源于平台信用评估能力与贷款监管能力的不足。目前国内大多 P2P 公司的就职人员都没有一定的金融从业经验,管理者本身也缺乏相应的理论经验指导。在面对资金周转与项目审核时,能力不足的迹象日益明显。互联网金融的使用者以小微企业客户居多,由于多数小微企业的信息披露程度低、财务管理体系不完善,且互联网金融还没有接入人民银行征信系统,也不存在信用信息共享机制,不具备类似银行的风控、合规和清收机制,因此无疑也将增加互联网金融行业各类平台的信贷风险。

2. 各模式的异质性风险

1) P2P 模式的风险

(1) 声誉风险。声誉风险指由 P2P 网贷平台因经营管理及其他行为或外部事件而导致利益相关方对其做出负面评价的风险。P2P 平台不同于一般银行,缺乏政府信誉背书和系统性救助机制,且因为大多数 P2P 平台的资金流量规模较小,多数银行也不给予 P2P 网贷公司资金托管服务,这便给部分恶意创办的网贷平台提供了利用管理不严的资金托管机构进行欺诈的机会,而一旦出现声誉风险,其后果非常严重,甚至会导致无法继续经营。据网贷天眼的数据:截至 2018 年 7 月,P2P 行业累计问题平台数量达 4000 多家,累计转型及停业平台 2226 家,问题平台会引发连锁传导效应。以杭州为例,从 2018 年 6 月至 7 月,该地区因为流动性危机而陷入兑付危机的问题平台就有牛板金、云端金融、人人爱家、得宝贷、佑米金融、金柚金服、小九金服、惠盈理财、祺天优贷、快鱼金服、饭饭金服、多多理财、投融家和萌小薪、一两理财等数十家。

(2) 监管风险。中国互联网金融目前正处于迅速发展的初级阶段,由于其经营和监管立法相对滞后,互联网金融行业可谓是百花齐放、不拘一格,网络借贷产品和业务涉及借贷、票据、担保等,"混搭"经营成为新的发展态势。随着国家和地方相关立法工作的推进,如果监管法规相对严格,则部分平台将无法满足监管要求,这无疑将对其业务造成严重冲击;如果监管法规相对宽松,则又会让一些风险控制能力较差的平台获得"合法身份"而滋生道德风险。

2) 众筹模式的风险

(1) 产品技术风险。回报型众筹模式对于投资者而言相当于以"团购+预购"的方式购买某一商品,只是此商品还处于研发试验阶段,尚未批量生产,因此产品功能、质量、技术寿命等均具有不确定性。如果出现产品存在较多瑕疵、功效达不到预期等情形,则会出现让借贷双方遭受损失的风险。例如美国就曾出现过这方面的个案:一款智能手表的研发及生产商通过 Indie Go Go 众筹平台融资,但拖延到约定日期后 9 个月才发货,且原来承诺的许多产品功能都无法实现,借贷双方均遭遇损失。当下许多产品,尤其是电子科技产品的更新换代迅速,而一项技术(产品)被新技术(产品)替代的时间是难以确定的。如果在投资人收到产品之前该产品就已经被替代,则必然使其价值大打折扣,投资者也难免有损失。

(2) 知识产权风险。回报型众筹融资模式还存在知识产权易受到侵犯而诱发的风险。筹资人需要将自己设计的创意产品在网站上进行详细的描述与展示,展示过程中不可避免地会承受创意被抄袭的风险,如果抄袭者提前将此产品批量生产、销售,则对发起人而言无疑是严重的打击。

9.2.3 中国互联网金融融资主要模式风险的防范

1. 设立互联网金融平台市场准入制度

由于互联网金融行业的新颖性、特殊性和专业性,其不仅需要复杂的网络运行系统,同时也需要资深的金融从业人员、专业网络维护人员和专业的律师团队,这就需要监管层划定互联网金融平台应当具备相当数量的专业人员的硬性指标,且从注册资本、发起人资质、组织结构、内部控制制度、技术条件等方面对互联网金融平台设置行业准入标准,对符合要求的平台进行备案或发放许可证,只有取得备案资格或许可证后才可以开展运营。

2. 根据平台规模设立最低营运资本金要求

这一项也是英国监管的一大成果,对我国也具有实践意义。营运资本影响到公司的短期还债能力和抗风险能力,一旦出现投资人集中兑现债权或抛售债权的紧急情况,营运资本金可以抵挡短期的营运风险,是平台长期发展的重要保障。监管部门应当对平台的最低营运资本金提出要求,根据平台的收益和风险情况、营业规模引用英国的静态最低营运资本金和动态最低营运资本金两种计算模式,对于规模越大的平台,提出的最低营运资本金的要求应越高。

3. 将客户资金独立于平台,分离管理

借鉴英国监管经验,客户资金必须与自营资金分开管理,将客户资金单独存放在银行账户。我国可以尝试将互联网金融平台的客户资金由第三方机构进行托管,平台不能直接接触客户资金。银行可以作为第三方机构为借款人和投资人分别建立账户,当借款人借款时,从委托银行的投资人账户直接转账给同一银行的借款人账户,平台在整个过程中无法接触到资金,这样可以使交易过程更加透明、高效,也便于监管部门对业务情况进行统计,对交易过程进行监管,控制平台的资金风险。

4. 完善信息披露制度

美国互联网金融行业的监管十分重视信息披露,披露程度接近于证券行业的规定,但是程序复杂,披露成本过大且涉嫌侵犯个人隐私。我国也应当对互联网金融行业进行信息披露,但是披露的信息范围要适当,公司企业贷款的借款人信息应当披露,因为法人不享有人格权中的隐私权,但是对个人借款人的信息要慎重披露,避免信息外泄或被不法分子利用,应当注意保护。

5. 侧重消费者保护

在英美两国的金融监管中,消费者保护一直都是最重要的监管目标之一。因为互联网金融行业具有无形性、隐蔽性、专业性和信用性,尤其是 P2P 网络借贷平台的成立手续简单,虚假广告使人眼花缭乱,通过复杂高深的数据模型迷惑缺乏金融知识的社会公众,相比于其他有形商品的消费者而言,P2P 金融产品的消费者更容易受到侵害。平台不受固定工作场所的限制,卷款逃跑的可能性极大,消费者往往分布在全国各地,对平台的真实情况不可能有明确的认知,维权难度大,所以消费者保护问题更应受到高度重视。应当保护借款人信息,规范平台广告的宣传内容,向公众普及金融投资风险的知识,建立高效便捷的投诉机构和消费者维权渠道。

9.3　网络金融机构风险

从业务技术角度分析,网络金融机构的基本风险包括两类,即基于信息技术投资形成的系统风险和基于虚拟金融服务品种形成的业务风险。虚拟金融服务的生成方式不同,也会形成不同的网络金融机构风险。网络金融的风险特征有:金融风险扩散速度加快,金融风险监管难度提高,金融风险"交叉传染"的可能性增加,金融危机的突发性和破坏性加大。

9.3.1　网络金融机构的系统风险

网络金融是在全球电子信息系统基础上运行的金融服务形式,因此全球电子信息系统的安全是网络金融机构最为重要的保障。网络银行间的电子化支付清算系统和跨国电子货币交易在发达国家国内每日汇划的日处理件数可以达到几百万甚至上千万件。在我国,信息系统灾难情况如图 9-2 所示。

从国际和中国人民银行的相关统计数据来看,大部分信息系统灾难事件是可以通过加强数据中心基础设施建设及运维管理而消除或减轻影响的。因此,对于业务持续性要求较高的行业、机构来说,建设高标准的可用数据中心(包括业务中心和灾备中心)基础设施,加强数据中心的运维管理,可以保证信息系统安全、可靠的运行,保障业务持续运营。

银行业信息系统风险主要表现如下。

1. 内外网络任何一方风险导致的风险

一个国家的国内金融网络的故障往往会影响全球金融网络的正常运行。所以,清算系统的国际化大幅提高了网络金融国际结算的系统风险。网络金融机构的计算机系统停机、

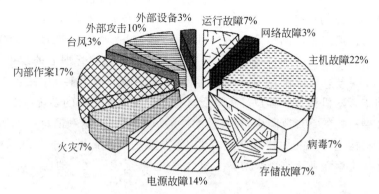

图 9-2　2000—2006 年我国银行业信息系统灾难情况统计分析

磁盘列阵破坏等不确定性因素会形成网络金融机构的系统风险。网络金融机构的系统风险不仅会给网络金融企业带来直接的经济损失,而且会影响网络金融企业形象和客户对金融企业的信任。

2. 内外网络的人为攻击

网络金融机构容易受到来自网络内部和网络外部的数字攻击,因此网络金融机构一般都设计有多层安全系统,以保护网络金融虚拟金融柜台的平稳运行。来自网络金融系统外部的正常客户或非法入侵者在与网络金融机构的业务交往中可能会将各种计算机病毒带入网络金融机构的计算机系统,造成主机或软件的失灵。

3. 专业人员非法盗窃

网络金融机构内部的某些职员可能会利用他们的职业优势有目的地获取客户的私人资料,利用客户的账户进行各种风险投资,将交易风险直接转嫁到客户身上,也可能窜改或盗窃电子货币,让客户蒙受损失,或者制造各种假电子货币使网络金融机构蒙受损失。因此,提高安全系统检测伪造电子货币的能力是网络金融机构控制金融业经营风险的重要内容之一。

4. 网络建设方案设计上的缺陷

网络金融机构要开展金融业务就必须选择一种适用的技术解决方案,但是所选择的方案本身在设计上可能会出现缺陷或有被错误操作的风险。在与客户的信息传输中,如果网络金融机构使用的系统与客户终端的软件互相不兼容,那么就存在传输中断或传输速度降低的可能。

5. 业务外包导致的风险

出于降低网络金融机构运营成本的考虑,网络金融机构往往依赖于外部市场的服务支持,如聘请外部的专家系统、支持和操作各种网上业务活动,这种做法使网络金融业务暴露在可能出现的操作风险中。外部的技术支持者可能并不具备必要的网络金融业务的能力,也可能因为外部的专家系统自身的财务困难而终止提供服务,这样将对网络金融机构提供高质量的服务构成风险。

6. 设备陈旧导致的风险

网络技术的快速进步使网络金融机构处于原有信息网络陈旧过时的风险之中。要及时更新电子货币和网络金融客户的软件,需要做大量的系统和管理上的改进。而且,互联网上向客户提供更新软件的网站经常被黑客侵入,软件被非法修改,存在客户私人信息泄密的可能。网络金融机构及其客户都将承受这种不确定性所带来的系统风险。

在网络金融机构的系统风险中,最具技术性的风险是网络金融信息技术选择失误的风险。网络金融机构选择哪一种技术解决方案,该方案是否存在潜在的系统风险,这些因素有可能导致网络金融企业面临巨大的技术机会损失,甚至蒙受巨大的商业机会损失。

9.3.2　网络金融机构的业务风险

1. 操作风险

操作风险指因系统重大缺陷而导致潜在损失的可能性。操作风险可能来自网络金融机构客户的疏忽,也可能来自网络金融机构安全系统和其产品的设计缺陷及操作失误。操作风险主要涉及网络金融机构账户的授权使用、网络金融机构的风险管理系统、网络金融机构与其他金融机构和客户间的信息交流、真假电子货币的识别等。

2. 市场信号风险

市场信号风险指由于信息不对称而导致网络金融机构面临不利选择和道德风险引发的业务风险。例如,由于网络金融机构无法在网上鉴别客户的风险水平而处于不利的选择地位,网上客户利用他们的隐蔽信息和隐蔽行动做出对自己有利但损害网络金融机构利益的决策,以及由于不利的公众评价使得网络金融机构丧失客户和资金来源的风险等。

3. 信誉风险

信誉风险指网络金融机构提供的虚拟金融服务产品不能满足公众所预期的要求,且在社会上产生广泛的不良反应时所形成的网络金融机构信誉风险,或者网络金融机构的安全系统曾经遭到破坏,无论这种破坏是来自内部还是外部,都会使社会公众对网络金融机构的商业能力产生怀疑。网络金融机构的信誉风险可能使网络金融机构与客户无法建立良好的关系。

信誉风险主要源自网络金融机构自身,以及除网络金融机构和客户以外的第三者。信誉风险可能使网络金融机构自身出现巨额损失,或网络金融机构的支付系统出现安全问题,使社会公众对网络金融机构的交易能力失去信心。

4. 法律风险

网络金融机构的法律风险来源于违反相关法律规定、规章和制度,以及在网上交易中没有遵守有关权利和义务的规定。网络金融业务涉及的商业法律包括消费者权益保护法、财务披露制度、隐私保护法、知识产权保护法和货币发行制度等。

5. 网络金融机构的其他风险

(1) 流动性风险。指资产在到期时不能无损失变现的风险。当网络金融机构没有足够的资金满足客户兑现电子货币或结算要求时,就会面临流动性风险。一般情况下,网络金融机构常常会因为流动性风险而陷入信誉风险。

（2）利率风险。指网络金融机构因利率变动而蒙受损失的可能性。提供电子货币的网络金融机构因为利率的不利变动，其资产相对于负债可能会发生贬值，因此将承担相当高的利率风险。

（3）市场风险。指因市场价格变动使网络金融机构的资产负债表各项目头寸不一样而蒙受损失的可能，如外汇汇率变动所带来的汇率风险就是市场风险的一种。此外，国际市场主要商品价格的变动及主要国际结算货币发行国的经济状况等因素也会构成网络金融机构的市场风险。

9.3.3 网络金融机构风险管理

1. 案例引导

各类金融机构需要规避不同风险的重要程度如图 9-3 所示，图中的深色表示风险度。

2004 年，美国、欧洲和亚太的股票交易额比为 52∶9∶39，而这一数字在 2009 年变为 47∶5∶48。短短五年之后，亚洲已经成为全球股票交易活跃度最高的市场。与活跃度高相关的是交易风险的增加和难以控制。金融市场的创新受制于风险，对很多金融机构来说，风险防范甚至比产品创新更为重要。某些战略的执行必然会遇到一定的风险，只有风险在可以管理与估价的情况下，人们才愿意承担风险。

银行现有网络主要的风险特点表现如下：部分业务部门因其业务需要，通过拨号或专线连接网络，未加任何保护措施；管理网络连接外部网络的部分机器可以直接通过管理网访问业务主机；主机系统启用了 TCP/IP，而 IP 的不安全性对整个主机系统的安全造成威胁；由于前置机 IP 与主机通信，从而使得其风险加大；部分 UNIX 系统的主机处于未保护状态或没有加任何安全配置；部分拨号网络没有加认证。管理网与业务网的合并过程也存在不少风险因素：统一的 IP 骨干网存在一定的安全问题；内部人员的安全意识及管理也是一个风险因素；业务网和管理网中都存在着不少的外部出口，连接到相关业务单位。网络金融系统风险主要有：网络金融系统网络与外部网络的接口（包括与互联网、中央银行、大客户等）；网络金融系统网络与户籍网络的接口；网络金融系统网络与管理网络的接口；内部网络访问网络金融系统的接入点：网络金融系统的多个重要系统平台（包括 Web 服务器、数据库服务器、业务主机等）；Web 服务器的 Web 应用也是一个风险点。

2. 风险管理的基本方法

1）评估风险

评估风险是一个不断进行的过程，通常包括三个步骤。

（1）通过分析识别风险，管理人员应该对风险做出合理的、防御性的判断，包括风险对金融企业的影响（包含最大可能的影响）和这类事件发生的可能性。

（2）高级管理人员在对特定问题发生时金融企业能够承受的损失进行评估的基础上确定金融企业的风险承受能力。

（3）金融企业管理人员可以将银行的风险承受能力与风险大小评估相比较，以确定风

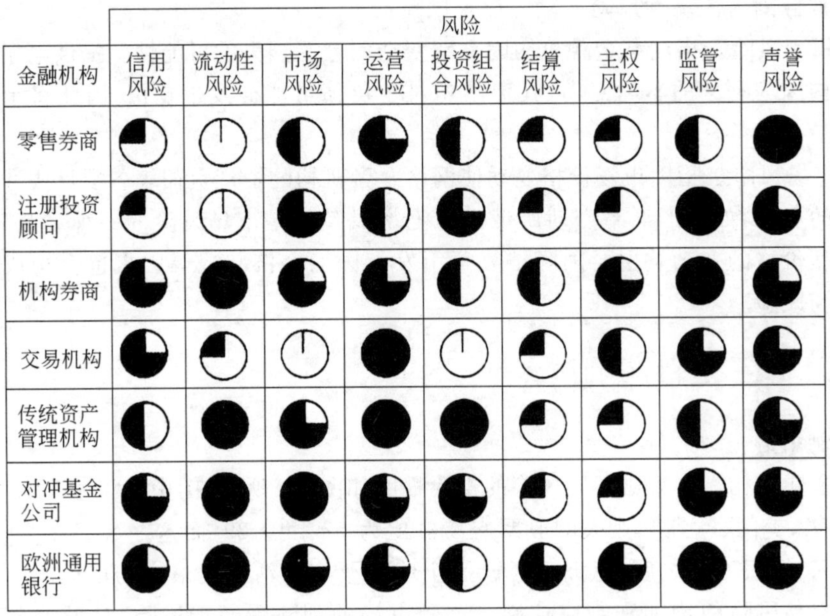

金融机构	风险								
	信用风险	流动性风险	市场风险	运营风险	投资组合风险	结算风险	主权风险	监管风险	声誉风险
零售券商									
注册投资顾问									
机构券商									
交易机构									
传统资产管理机构									
对冲基金公司									
欧洲通用银行									

图 9-3　各类金融机构需要规避不同风险的重要程度

险暴露是否在金融企业的承受能力之内。

2）管理和控制风险

在对风险和金融企业的风险承受能力进行评估之后，金融企业管理人员应该采取合理的步骤管理和控制风险。

（1）金融企业的安全策略和措施。安全性是用来保护数据和操作过程的完整性、真实性和可靠性的系统、应用和内部控制的组合。恰当的安全性依赖于针对金融企业内部运行及外部通信的安全策略和安全措施。安全策略和安全措施可以限制对网络金融机构和电子货币系统的外部攻击和内部攻击的风险，以及源自安全性破坏的信誉风险。

（2）金融企业的内部交流。如果高级管理人员把网络金融机构和电子货币运作如何支持本金融企业的整体目标告诉关键职员，那么操作风险、信誉风险、法律风险和其他风险就能够得以管理和控制。同时，技术人员应该明确地告诉高级管理人员系统是如何设计的，以及系统的强度和弱点。这些过程可以降低由于系统设计不完善而带来的操作风险，以及由于系统不能如期运作而令客户不满所造成的信誉风险、信用风险以及流动性风险。

（3）金融企业的评估和升级。在大范围推广产品和服务之前，对其进行评估也将有助于降低操作风险和信誉风险。测试是查看设备和系统能否有效运作以及是否达到了预期的结果。试点计划或原型将有助于开发新的应用。通过定期检查现有硬件和软件的状况，也可以减少系统降速或崩溃的风险。

（4）金融企业的外包。金融企业界中的一种发展趋势就是在战略上注重核心能力，并依赖具有某种专长的外方。尽管这种安排可以带来成本降低和规模经济的效益，但是外包并不能解除金融企业控制风险的最终责任。因此，金融企业应该采取适当的措施以减少由于依赖外部服务提供商而带来的风险。外包安排意味着金融企业与服务提供商共享敏感数据。通过检查服务提供商用来保护敏感数据的策略和程序,金融企业的管理部门应该评估服务提供商安全保障的能力,评估其安全性是否达到了内部运作的安全等级。

(5) 金融企业的信息披露和客户培训。信息披露和客户培训将有助于金融企业减少法律风险和信誉风险。信息披露和客户培训计划将有助于金融企业遵守消费者保护法和隐私权法。

(6) 金融企业的应急计划。在提供网络金融和电子货币服务的过程中,金融企业通过制定应急计划建立对服务中断事件的处理方法,从而可以限制内部处理中断、服务或产品传送中断的风险。该计划包括数据恢复、替代性的数据处理能力、紧急备用人员和客户服务支持,并且应当定期测试备份系统,以确保其持续有效。

3) 风险监控

监控是风险管理过程的一个重要方面。对于网络金融企业来说,其特点就是可能随着创新的发展而快速变化。监控的两个要素就是系统测试和审计。

4) 跨国界风险的管理

金融企业和监管者必须注意对源自跨国界金融企业的操作风险、信誉风险、法律风险和其他风险进行评估、控制和监控。金融企业为不同国家市场中的客户提供服务时需要了解各国的法律要求,要对各国用户对其产品和服务的预期做出评价。

另外,高级管理人员应该确保现行的信贷扩展和流动性管理机制已经考虑到了来自跨国活动的潜在困难。金融企业需要评估国家风险,并制定因国外经济或政治气候问题而使服务中断的应急计划。在强制国外服务提供商履行义务方面,金融企业也面临着困难。当金融企业依赖国外的服务提供商时,本国监管部门要逐个评估跨国服务提供商的信息准入问题,并考虑其活动情况。

9.3.4　电子货币风险管理

1. 电子货币风险

电子货币是开放网络上的支付工具,它所带来的欺诈风险、运行风险和法律风险与传统的支付工具不同,这些风险给支付系统和金融企业带来了新的不确定性。

1) 欺诈风险

欺诈风险是危害电子货币支付系统安全最突出的风险。电子货币支付命令的发出、接收和资金的传送都是在开放网络上进行的,开放网络的最大特点就是资源共享,即在网络上传递的电子信息除当事人外,其他第三方也可观察或截取。电子货币的欺诈风险指不法分子(黑客)非法闯入网络,攻击在网络上传输的支付数据和信息,使得支付数据和信息在中途被拦截、删改、错漏,给使用电子货币进行交易的真实当事人带来经济损失。

电子货币欺诈风险产生的原因有以下几方面:一是电子货币系统网络存在漏洞;二是电子货币支付系统的软件开发所使用的计算机语言安全性不高,应用系统的安全级别设计得不严密,使得黑客能闯入系统进行欺诈活动,而且有的数据库管理系统在黑客非法入侵后不留痕迹,无法查证;三是缺少严格的安全管理措施,缺乏专职的支付系统管理人员,系统操作人员技术水平低,监控措施不到位,都可能给黑客留下可乘之机。

2）运行风险

电子货币是一种特殊的网络产品，必须借助于有形的网络设备和无形的计算机运行程序才能实现流通。开放网络的设备和程序极其复杂，任何一个环节的故障都可能对电子货币支付系统造成威胁，如设备受损、程序错误、传输错误等都会引起电子支付命令执行失败或支付信息失效、失误和遗失，这就是电子货币的运行风险。运行风险产生的原因是多方面的：一是自然灾害和环境因素的影响；二是电子货币支付系统设备的选择、安装、使用、维护过程中会出现各种因设备质量不稳定、设备老化、性能下降、保养不当、操作失误等引起的故障，造成支付系统整体安全性、可靠性下降；三是计算机病毒的攻击，计算机病毒干扰和破坏电子货币支付系统的正常运行功能或数据，有的造成的损失很大，甚至会使整个支付系统瘫痪；四是在开放网络上，不同品牌的电子支付网络（如 Mondex、Cybercoin、E-Cash 等）可以进行信息交换，当两种品牌的网络互不兼容、互不匹配时，也将使得电子货币的支付命令运行失败或失效。

3）法律风险

电子货币引发的法律风险表现为电子货币支付的法律依据欠缺和不完善。由于电子货币是一种新型的、目前正随网络技术的创新而不断发展的支付工具，所以目前关于电子支付的规范、政策和法规还很欠缺，使电子货币支付的相关方（消费者、商家、支付网络的运行中心、成员银行等）的权利和义务的界定不清晰、不准确。当支付过程中发生问题和争端时，难以运用适用的法律解决问题，而且关于电子支付争端的历史判例较少，即使诉诸法庭，法庭也难寻先例以借鉴，从而增加了判决的难度。

2. 防范电子货币风险的对策

防范电子货币风险是一项技术性强、涉及面广的工作，不仅与计算机网络系统有关，还与电子货币应用的环境、人员素质、法制建设等有关。

（1）为了保证电子货币支付系统中支付信息的保密性、正确性、完整性和可靠性，需要在网络上建立具有保护功能、检测手段、攻击反应和事故恢复能力的完善的安全保障体系，这里涉及的安全技术主要有以下四个。

① 虚拟专用网。即指在电子货币的两个支付系统间建立的专用网络，适合于电子数据交换（EDI），只要支付双方取得一致，还可在网中使用较复杂的专用加密和认证技术，以提高支付的安全性。

② 加密技术。即采用数学方法对原始的支付信息进行再组织，使得加密后在网络上公开传输的支付信息对于非法接收者来说是无意义的文字，而对于合法接收者，因为其掌握了正确的密钥，可以通过解密过程得到原始信息，这样可以防止合法接收者之外的人获取系统中机密的支付信息。目前的加密系统有对称的密钥加密系统（DFS）和非对称的密钥加密系统（RSA）。

③ 认证技术。认证是为了防止非法分子对电子货币支付系统进行主动攻击的一种重要技术。在 SET 协议的工作流程中，最主要的环节就是认证，现在认证也被引入了 SSL 体系。

④ 防火墙技术。防火墙是在内部网和外部网之间的界面上构造的保护层，并强制所有连接必须经过此保护层，在此进行检查和连接，只有授权的支付信息才能通过。防火墙技

术可以防止非法入侵,并对网络访问进行记录和统计,当发生可疑事件时,防火墙还能够报警并提供网络是否受监测和攻击的详细信息。

(2) 建立严格的安全管理制度,加强内部控制。一是加强电子支付应用软件系统的安全、可靠性管理;二是完善安全防范措施;三是建立业务操作管理制度和权限制约原则;四是建立健全电子支付安全管理组织制度。

(3) 完善关于电子支付的法律法规和制度安排。

9.4 第三方支付风险管理

第三方支付主体作为非银行机构,从事支付业务意味着法律上的某种突破。

目前很多第三方支付平台客观上已经具备了银行的某些特征,甚至被当作不受管制的银行。第三方机构开立支付结算账户,提供支付结算服务,实际已突破了现有诸多特许经营的限制,它们可能为非法转移资金和套现提供便利,形成潜在的金融风险。作为 IT 技术与金融的融合,第三方支付不仅面临着传统的金融风险,还面临着其特有的风险,即便是传统风险,在网络金融的条件下也有着自身特点。

第三方支付风险的根本来源是电子货币与政治地理之间的脱节。在数字化世界中,许多关于金融控制的假设都不再成立。货币发行的多元化,违法手段的隐蔽化,用户人群的随机化,使得金融风险多样化且难以控制。从第三方支付业务流程分析可以看出,第三方支付连接着现实的金融世界与虚拟的金融世界,是整个金融体系的组成部分,其所提供的货币支付、资金结算、虚拟货币发行等业务必然会对现实金融造成冲击。第三方支付对现实金融体系的影响主要集中在两个方面:虚拟货币的发行与在途资金的占用。

9.4.1 虚拟货币的发行

虚拟货币目前尚不是货币,但其货币化冲动及对现实金融体系的影响必须得到关注。沉淀资金的占用问题不仅是民法上的所有权问题,还应考虑其对整个金融体系资金循环的影响。

虚拟货币是由私人机构发行的"货币",它的主要功能是代替货币定义中现金的流通,对金融体系的影响主要集中在以下几个方面。

(1) 第三方支付事实上从事着金融业务,影响着现实金融体系,法律应明确规定其主体性质为非银行金融机构,从而将之纳入金融监管体系。同时,因其性质的复合性,应明确各监管机构的监管职责范围。

(2) 第三方支付基于虚拟网络,许多关于金融控制的假设都不再成立。货币发行多元化,违法手段隐蔽化,用户人群随机化,使得金融风险多样化、复杂化,而且难以控制。

(3) 在第三方支付竭力摆脱银行依附的斗争中,发行虚拟货币主动向社会公众吸收资金是其不可遏制的集体冲动。目前,虚拟货币的流通受限,它具有货币功能,虽然尚不是真正的货币,但已对现实金融产生了冲击。

(4) Q 币等虚拟货币商家可无限发行,虚拟货币代替人民币成为网上交易的一般等价物,必然会冲击我国的金融秩序,若任其泛滥,后果不堪设想。虚拟货币可以购买游戏装备等虚拟物品,还可以用来为杀毒软件付费、购物、为选秀活动投票等。这些还只是官方公布的途径,私下有人用它发起赌博,有人囤积它们低买高卖,如网上"倒爷"起到了网上钱庄的作用,在一定程度上实现了虚拟货币与人民币之间的双向流通,某些虚拟货币已经具有了黑市货币的性质。虚拟货币正在替代人民币的某些功能,但它并不由中央银行发行,也没有被政府监管。

9.4.2　在途资金的占用

作为一个有资金流动的支付系统,第三方支付系统中也存在着在途资金,并且由于第三方支付系统支付流程的独特性,其在途资金也呈现出了不同的特点。在银行支付系统中,在途资金的产生来自银行业务处理的异步以及周转环节,并且其产生可以通过一定的手段尽量避免;而在第三方支付系统中,支付流程是资金先由买方划到第三方平台,等支付平台得到买方确认授权付款或到一定时间默认付款后,再经第三方平台转给收款方,这样的支付流程就决定了支付资金无论如何都会在第三方支付平台做一定时间的支付停留而成为在途资金,使支付系统本身就要受到一定程度的影响,从而延伸出以下几个问题。

(1)影响第三方支付系统的支付效率。在途资金存在价值,第三方支付系统的参与者,尤其是第三方支付平台会采取一定的手段使自身成为在途资金的极大化受益者,从而影响资金的周转,进而影响支付系统的支付效率。

(2)产生资金流动性风险。更多的情况是卖方的流动性问题,如某商家使用某一第三方支付平台作为自身的中介支付,它需要一定周期才能得到它所出售的商品的货款,考虑到其他因素,如业务量加大,可能会面临流动性支付问题。

(3)可能引发信用风险。在途资金量的加大使得第三方支付平台本身面临一定的信用风险。第三方支付平台如果出现破产情况,债务怎样赎回、赎回的风险应该由谁承担都是问题。随着电子商务的发展,第三方支付平台将日益被人们所接受,随着业务量的增大,在途资金量也会日益加大,而这种加大无法通过类似在银行支付体系中采取的某种控制进行缓解。现实中的第三方支付平台属于非金融机构,有些有限责任公司的性质,有些附属于某些著名的网站,第三方支付平台也存在资质问题,许多网上支付公司的在途资金已经远远大于它的注册资金,通过何种方式确保在途资金的安全需要引起各方关注。

(4)买方按交易监管要求将款项转入第三方支付平台,此时产生了资金的所有权、支配权以及相应孳息分配问题。除支付宝等少数几个并不直接经手和管理来往资金,而是将其存放于专用账户的公司外,其他公司大多代行银行职能,可直接支配交易款项,这就可能出现不受有关部门的监管、越权调用交易资金的风险。

(5)用户可通过制造虚假交易而利用在途资金,进行资金非法转移、信用卡套现、洗钱等违法犯罪活动。

思考题

1.什么是支付风险?举例说明支付风险有哪些类型。

2.什么是流动性风险?什么是系统风险?简述二者之间的关系。

3. 什么是 P2P？P2P 网贷有哪些运作模式？

4. 什么是众筹？众筹有哪些运作模式？

5. 简述我国支付风险管理的措施。

综合实训

4 人为一小组，通过互联网查询资料，就以下问题展开讨论：讨论 P2P 和众筹存在哪些风险。

第 10 章

网络金融

本章学习目标

- 掌握网络金融、网上证券、网上保险的基本概念。
- 熟悉网上证券的运作方式,了解网上证券操作。
- 熟悉网上保险的经营模式,了解网上保险操作。
- 了解网上证券交易的资金支付方式。
- 熟悉网上经纪业务的经营模式。

10.1　网络金融概述

10.1.1　网络金融的概念

20 世纪 90 年代初,网络进入了商业社会,电子商务(electronic commerce,e-commerce)应运而生。实践表明,电子商务不是单纯的技术或商务的概念,而是现代信息技术和商业运作方式的结合与运用。电子商务利用 EDI、E-mail、EFT、互联网技术对文本、声音、图像等方面的数据进行处理和传输,并通过网络展开相应的商业活动。电子商务通过信息技术将企业、用户、供应商及其他商贸活动涉及的职能机构结合起来,是完成转移的有效方法。与传统商务相比,电子商务在降低企业运行成本、减少交易环节等方面具有明显的优势,因此成为现代企业经营的重要手段。

电子商务活动涉及资金流、物流和信息流,作为其中重要环节的资金流,要通过网上支付与结算最终完成,而网上支付要求金融业的电子化,这必然涉及银行。银行信用的介入是电子商务成熟的标志,它标志着支付手段的电子化,是电子商务顺利发展的基础条件。通过网上支付工具,利用金融清算网络和支付系统,最终实现电子商务中的资金流转。因此,随着电子商务的发展,网络银行不可避免地发展起来。

电子商务的发展促进了银行从传统的柜台交易向网络银行发展。在此背景下,银行能够为客户提供无所不在、全方位、高品质的服务,这大幅提高了资金的利用率,提高了整个社会的效率,并促进了国民经济的发展。在网络时代,全球经济一体化和金融一体化的进程明显加快,这也使金融业面临着严峻的挑战。

金融业务包括银行业务、证券业务、保险业务、投资理财。在电子商务背景下,各种金融服务业务都不可避免地受到网络发展的巨大冲击,从而衍生出新的交易模式。具体来讲,网络金融服务包括网上消费、网络银行、个人理财、网上投资交易、网上保险。随着金融电子商务的发展,将会有更多的网络业务创新。

网络金融又称电子金融(e-finance),是指基于金融电子化建设成果在国际互联网上实现的金融活动,包括网络金融机构、网络金融交易、网络金融市场和网络金融监管等方面。从狭义上讲是指在国际互联网上开展的金融业务,包括网络银行、网络证券、网络保险等金融服务及相关内容;从广义上讲,网络金融就是以网络技术为支撑,全球范围内的所有金融活动的总称,它不仅包括狭义的内容,还包括网络金融安全、网络金融监管等诸多方面;它不同于传统的以物理形态存在的金融活动,而是存在于电子空间中的金融活动,其存在形态是虚拟化的,运行方式是网络化的;它是信息技术,特别是互联网技术飞速发展的产物,是适应电子商务发展需要而产生的网络时代的金融运行模式。

10.1.2　网络金融活动的基本特征

网络时代的金融电子化能充分利用先进的现代化技术与设备,提高金融活动的效率。新技术与金融业务相结合可以大幅降低融资成本。据美国有关部门测算,同样一笔交易,通过银行柜台交易的成本为 1.02 美元,通过电话交易的成本为 54 美分,文传成本为 26 美分,而通过互联网只需 13 美分的成本。可见,网络在金融业务中的应用可以提高金融机构的竞争能力。

总体来说,网络金融活动的主要特征有以下几个。

1. 虚拟性

网络时代的金融机构通常表现为没有建筑物、没有地址而只有网址,营业厅就是首页画面,所有交易都通过网络进行,没有现实的纸币或金属货币,一切金融往来都是以数字化在网络上进行,这能够在很大程度上降低金融机构的运作成本,同时也使地理位置的重要性降低,能够提高金融服务的速度与质量。

2. 直接性

网络使得客户与金融机构的相互作用更为直接,它解除了传统条件下双方活动的时间、空间制约。另外,网络为资本的国际流动创造了前所未有的条件,储蓄和投资划拨变得更有效。需要大量投资的国家已不再受制于缺乏资本,存款已不限于本国市场,而能在世界各地寻求投资机会。"由于投资者能把自己的有价证券更广泛地分散到各地,风险也随之多样化,使得化解金融风险的难度更大"。[①]

3. 电子化

国际金融体系由全球各地的数十万部计算机显示器组成,它是第一个国际电子市场。电子货币是建立在计算机空间而不是地理空间上的全球性经济的一种表现形态。电子货币造成的管理方面的根本问题源自于电子市场与政治地理之间的脱节。例如,控制货币供应量这个概念本身就假定地理能够提供确定市场范围的有关手段,它假定经济边界是有效的,货币的跨边界流动是可以监视和控制的,一个固定的地理区域内的货币总量是重要的。在数字化的世界经济中,所有这些假定都变得越来越成问题了。

4. 风险性

电子货币和数字市场的日益重要给中央政府对经济和经济活动参与者的控制带来了难题。它们还会使国家市场和民族国家周围的边界变得越来越容易渗透。由于电子货币发行者的多元化(既有中央银行,又有民间组织)使得参与网络交易的行为具有潜在的、更大的风险,必然面临诸如在电子货币发行者破产、系统失灵或智能卡遗失的情况下如何保护客户的权益问题。另外,在网络经济中,舞弊和犯罪活动将变得更加隐蔽。

10.1.3 我国网络金融发展存在的问题

1. 经营水平不高

(1) 没有纯粹的网上金融机构,现有网上业务规模不大。有无纯粹的网上金融机构是判断一国网络金融发展程度高低的标准之一。我国尚无纯粹的网上金融机构,网上服务大多通过金融机构自己的网站和网页提供,业务规模有限,收入水平不高,基本上处于亏损状况。

(2) 网上金融业务具有明显的初级特征。我国的网络金融产品和服务大多是将传统业

---

① 陶德言. 知识经济浪潮[M]. 北京:中国城市出版社,1997.

务简单地"搬"上网,更多地把网络看成是一种销售方式或渠道,忽视了网络金融产品及服务的创新潜力。

(3) 网络金融各行业发展不平衡。银行业、证券业的网络化程度远远高于保险业及信托业,这种结构的不平衡不仅会影响网络金融业的整体推进,还有可能会影响网络金融的稳定及健康发展。

2. 未能进行有效的统一规划

我国网络金融的发展因缺乏宏观统筹,各金融机构在发展模式选择、电子设备投入、网络建设等方面不仅各行其道,甚至还相互保密,相互设防,造成信息、技术、资金的浪费和内部结构的畸形,不仅不利于网络金融的发展,还有可能埋下金融业不稳定的因素。

3. 立法滞后

(1) 与市场经济发达国家相比,我国网络金融立法滞后。20 世纪 90 年代,美国颁布了《数字签名法》《统一电子交易法》等法律,解决了电子签名和电子支付的合法性问题。英国通过 2000 年 5 月施行的《电子通信法案》确定了电子签名和电子证书的法律地位,为网络金融的发展扫清了障碍。我国此类法律极为有限,只有《网上证券委托暂行管理办法》《证券公司网上委托业务核准程序》《关于鼓励利用 Internet 进行交易条例》等几部法规,并且涉及的仅仅是网上证券业务的一小部分。直到 2001 年 7 月 9 日,中国人民银行才颁布了《网上银行业务管理暂行办法》,这个部门规章过于简单,量化标准几乎没有,可操作性差。

(2) 与传统金融业务健全的法律体系相比,网络金融立法同样滞后。面对网络金融的发展和电子货币时代的到来,需要进一步研究如何对现行金融立法框架进行修改和完善,适当调整金融业现有的监管和调控方式,以发挥其规范和保障作用,促进网络金融积极稳妥地发展。

4. 缺乏专利意识

随着外资金融机构加入我国网络金融的竞争,中资金融机构的软肋正在凸显,这个软肋不仅是技术问题,而且还是意识问题。自 1996 年起,花旗银行已向中国国家专利局申请了 19 项"商业方法类"发明专利,这些已申请专利多是配合新兴网络技术或电子技术而开发的金融服务和系统方法,目的是为了控制电子银行的核心技术,以树立网上银行的领导地位。尽管目前中国尚未批准其申请的任何一项专利,但是根据专利申请"先申请先授权"的原则,一旦中国通过相关的法律,允许申请此类专利,中资银行进入某些市场将面临困难,要么交纳较高的专利费,要么被迫退出,甚至不得不支付罚款。即便中国不授权此类专利,当中资银行进入美国或者其他国际市场时,则必须面对花旗的专利壁垒。截至 2001 年,在花旗银行总共取得的 64 项美国专利中,与网上银行相关的商业方法专利占了 2/3,而中资金融机构对金融产品专利保护尚无概念,更谈不上制定相关的专利战略了。

5. 体制性障碍不利于深化发展

我国目前实行的严格分业经营体制或许可以降低整个体系的风险,但各金融机构不能通过多元化经营分散自身风险,并且分业体制在一开始就划分了网络金融各行业的业务范围,削弱了它们的发展潜力,影响甚至抑制了我国网络金融的演进。另外,金融消费者无法享受到"网络金融超市"带来的全方位金融服务,也造成了网络金融效用的巨大损失。

10.1.4　应采取的对策

随着金融服务网络化程度的提高以及我国金融交流的国际化,金融安全问题必然成为国家经济安全中最重要的内容。可以想象,在未来的网络时代,任何人都可以在网上自在地漫游、查询、申请贷款,在实际交易中就有可能引来网络入侵者。不管是盗领还是更改电子资金资料,对于信用重于一切的银行都是极大的风险,而对于国家都是巨大的损失。

任何经济安全问题都能找到应对办法,但对现代金融市场的运转方式、运作技巧等,我国金融业还不太熟悉甚至不理解。亚洲金融危机充分显示了发达国家的金融机构在这方面的实力。应当说,这方面的较量是国家力量、国家意志博弈的重要体现,是发展中国家、新兴工业国家与发达国家在后者最具有优势的领域进行的较量,这种较量将持续相当长的时间,与发展中国家、新兴工业国家真正进入发达国家行列的过程相始终。因此,现代高级金融人才的培养与经验的获得对维护我国金融体系的安全具有极为重要的意义。在基本做好人才和知识的准备之前,要把握好金融市场对外开放的步伐。据国际货币基金组织报告,目前全球游资已达 7 万多亿美元,每天流动量达 1 万亿美元,每天金融交易中与实物经济有关的仅为 2%。在虚拟经济已大大脱离实物经济发展需要而存在的今天,我们应当在开放金融市场时保持清醒的头脑,有对可能导致"泡沫经济"的金融商品、金融机构、金融经营方式说"不"的勇气和决心。在此基础上,应重点做好以下几方面的工作。

1. 强化国家金融安全的意识

在未来的网络时代,在与国外的金融交往过程中,我国与发达国家在这个领域的差距可能长期存在,这就要求我们必须时刻注意捍卫国家的金融安全。网络化在一定程度上冲淡了国家的概念,但是我们必须看到,东西方在意识形态方面的差异不会因网络化而消失,恰恰相反,网络在一定程度上为其推行新经济政策提供了更为便利的条件,我们既要充分利用网络化给我们提供的机遇,又要高度警惕它对我们不利的一面。

2. 确保金融机构信息体系的安全

据美国能源部和航天局估计,目前世界上已有 120 多个国家具备了发动信息战的能力,还有成千上万的计算机黑客可能对信息系统进行攻击。1994 年,美国国防部特意组织了一批黑客对国防部的计算机系统进行攻击,结果在被黑客攻击的 8900 台计算机中,竟然有88%的计算机被黑客掌握了控制权。因此,在推进金融网络化的进程中,必须把确保金融系统的信息体系安全放在十分重要的地位,特别要增强计算机系统的关键技术和关键设备的安全防御能力。具体地讲,必须建立完善的防护设备,其中包括客户端的乱码处理技术和防火墙。建立能够保护交易中枢不被入侵的可信赖作业系统,使得从用户的计算机端开始,资料传送就受到层层保护。对所有金融数据进行加密传输,使用户经过多级认证以提高网络的安全性。金融系统计算机设备要把防计算机病毒放在极其重要的地位,建立严格的业务操作规程,尤其是要加强对金融部门工作人员的职业道德教育,杜绝利用金融部门计算机系统进行与业务无关的活动,定期彻底清除金融网络系统的安全隐患。在这个问题上,更要强调开发研制我国自己的电子技术产品,在硬件设备上迅速缩小与发达国家之间的差距,以在金融网络化进程中掌握主动权。

3. 提高摄取金融市场运行信息的准确度

在完善网络监管的基础上,尽量提高摄取的金融市场运行信息的数量和质量,从而更准确地化解金融活动的风险,平滑金融振荡,以实现减少金融波动的目的。网络信息往往鱼龙混杂、良莠不齐,虚假信息经常充斥其间,因此必须加强对这些网络原始资料的判别整理,以尽可能掌握更多、更准确的信息,具体措施就是建立严格的网络金融的认证体系,扩大宣传力度,使广大社会成员知道哪些网上银行符合网上金融经营的标准,从而保证网络金融活动健康、有序的进行。

4. 建立电子资金转移的相关法律

可以针对目前网络金融活动中出现的问题,借鉴先进国家的经验,建立相关的法律,以规范网络金融参与者的行为。可以预见,随着网络金融的进一步发展,新问题、新情况必然层出不穷,只有针对问题做到有法可依,才能为惩治网络金融犯罪提供坚实的前提条件。随着我国金融市场的逐步对外开放,网络时代金融安全日益成为防范和化解金融风险的关键所在。

10.2　网上证券

10.2.1　网上证券概述

网上证券是电子商务条件下的证券业务的创新,网上证券服务也称广义的证券电子商务,即利用各种 IT 和电子手段,依托互联网、GSM、有线电视网等现代化的数字媒介传送交易信息和数据资料,以在线方式为客户提供的一种全新的证券业务服务。网上证券包括有偿证券投资资讯(国内外经济信息、政府政策、证券行情)、网上证券投资顾问、股票网上发行、买卖与推广等多种投资理财服务。从具体过程来看,它将数字化技术渗透到证券活动的各个环节,如信息采集、加工处理、信息发布、信息检索、交易、货币支付、清算、交割等一系列过程。

因此,网上证券服务涉及证券市场的所有环节,如网上证券发行(如网上路演)、网上证券经纪业务、网上证券支付以及网上信息服务等全过程。其中,网上证券交易服务是现阶段互联网技术应用的核心,其他在线业务都是围绕交易业务而产生的延伸服务。

10.2.2　网上证券交易的优势

从市场效果来看,网上证券交易有着很大的优势。

1. 降低交易成本

从券商的角度出发,在传统模式下,一般券商开设新营业部的一次性投资(包括场地租金、装修等投资)为 500 万～2000 万元,日常月营业费用为 25 万～80 万元。在支持同等客户的条件下,网上交易的投资是传统营业部的 1/3～1/2,日常月营运费用是传统营业部的 1/5～1/4。由此可以看出,网上交易帮助券商降低了日常营运成本,为提高券商利润提供了广阔的空间。有形营业部中的各种证券活动,如信息传送、交易、清算、交割,由于网上交易可全面解决,因此可以减少对交易环节的有形投入,如房租、计算机通信设备、装修和人工费用。而且,网上交易服务对象的广泛性和咨询信息的全面性是任何一个营业部都无法做到的。作为大券商,面对成本与收益的困惑,与其将80％的成本花在营业大厅的选址、装修和设备的投入维护上,还不如降低这些成本,将节约的资金投入到网上交易及软件服务水准的升级。而从投资者的角度来看,网上证券交易不仅节约了投资者前往营业厅的时间成本,而且降低了证券公司的经营成本,最终可以向投资者更多地让利,从而降低交易成本。

2. 提高了市场的效率

在证券市场中,信息是非常重要的,投资者尤其对信息的及时性和准确性有特别高的要求。与传统的证券业务相比,网上证券交易具有速度快、信息量大、功能完备等优势,并且信息的流动不受时空限制,能够有效地提高证券市场效率,节省投资者获取信息的时间,并降低信息不对称程度,提高投资者决策的有效性。

3. 提高了券商的服务质量

采用电子商务技术后,券商的业务自动化程度大幅提高,使其可以抽出更多的人力物力提高服务水平,进一步改善服务质量,具体体现在为客户提供更完善的信息服务、投资咨询和券商研究报告等方面。网络证券交易中,所有服务都可以精确地按照每个客户的需求进行定制,服务方式可以是主动服务或者被动服务,这使得券商有可能通过丰富的信息资源、个性化的服务满足客户的多层次需求,同时还能降低营业部的经营风险。现有的营业部存在的风险主要有以下两类:因交易人员失误给营业部造成的损失,如下单数量过多或过少,买卖证券错误等;因经营管理制度失控而造成的损失,如违规透支,越权自营等。而由于网上交易的特点,证券交易中间环节减少,投资者直接下单,可以使因交易人员失误而造成的损失得到控制;而通过计算机的管理规则也能够极大地降低交易差错率,减少手工操作失误和人为违规。

4. 突破空间地域限制

网上交易是无形的交易方式,它不需要有形的交易场所,可以利用四通八达的通信网络把各地的投资者连接到这个无形的交易市场中。网上证券交易的开展将使证券业务突破空间地域的限制,投资者可以在任何时间、任何地点通过网络进行交易,这极大地方便了那些有投资欲望但无暇或不便前往证券营业部进行交易的投资者进行投资,并且投资者不再受到恶劣天气的影响,使成为券商潜在客户的区域得到扩大。这从根本上改变了现行以营业厅为主导的证券经营模式。这样的交易方式也使得每个投资者拥有平等的投资机会。以往影响投资者选择券商的一些主要因素,如地理位置、环境等在网络条件下变得无足轻重,而券商的品牌、信誉以及所提供的信息服务和交易成本会成为投资者选择券商时考虑的主要因素。

5. 改变传统的券商经营格局和竞争手段

在开展网上证券以后,券商之间的差别将主要体现在技术支持及投资咨询服务上。在券商之间的竞争中,券商所提供的证券信息的全面准确度、对客户投资指导的及时性与完善程度,以及在此基础上长期积累形成的证券投资咨询品牌将成为券商在竞争中取胜的重要手段。

10.2.3　网上证券对未来证券市场发展的影响

自从 1994 年美国的奥夫豪斯公司首先在网上开办股票交易业务以后,华尔街的各家证券经纪公司纷纷通过自己的网络和交易系统向客户提供低成本的网上股票、基金、债券及衍生产品的交易服务。美国嘉信理财(Charles Schwab)公司于 1995 年推出了世界上第一个网上证券平台。仅在 3 年后的 1998 年,网上证券经纪公司就超过 100 家,美国上网的 2500 万个家庭中有 1/5 进行网上投资,网上交易额占个人投资股票交易额的 35%,股票网上交易量占当时美国全部股票交易量的 14%。美国最大的互联网证券经纪商嘉信证券的客户资产规模在 3 年内翻了一番,股票市值超过全球名牌证券经纪商美林公司,其收益多年来一直以 30% 的幅度递增。

随着网上证券业务的不断推广,证券市场将逐渐从"有形"的市场过渡到"无形"的市场,远程终端交易、网上交易将会成为未来证券交易方式的主流。网上证券对未来证券市场发展的影响主要表现在如下方面。

1. 证券市场的发展速度加快

证券市场是一个快速多变、充满朝气的市场。在证券市场的发展过程中,网上证券作为证券市场创新的一种新形式,发挥了积极的推动作用。其表现是:证券市场的品种创新和交易结算方式的变革为网上证券建设提出了新的需求,网上证券建设又为证券市场的发展创新提供了技术和管理方面的支持,两者在相互依存、相互促进的过程中得到快速发展。

2. 证券业的经营理念在实践中发生了变化

未来的证券公司将不再以雄伟气派的建筑为标志,富丽堂皇的营业大厅不再是实力的象征,靠铺摊设点扩张规模已显得黯然失色。取而代之的是依托最新的电子化成果积极为客户提供投资咨询、代人理财等金融服务,发展与企业并购重组、推荐上市、境内外直接融资等有关的投资银行业务,努力建立和拓展庞大的客户群体将成为其主营目标。

3. 证券业的营销方式在管理创新中不断变化

未来的证券公司的市场营销将不再依赖于营销人员的四面出击,而将集中更多的精力用于网络营销。通过网络了解客户的需求,并根据客户的需求确定营销的策略和方式,再将自己的优势和能够提供的服务通过网络反馈给客户,从而达到宣传自己、推销自己的目的。

4. 证券业的经营策略发生了变化

在未来网络互联、信息共享的信息社会里,证券公司将不再单纯依靠自身力量发展业务,而是利用自身优势与银行、邮电等行业建立优势互补的合作关系。各行业在优势互补、互惠互利的前提下联手为客户提供全方位、多层次的立体交叉服务。这种合作会给各方带来成本的降低和客源的增加,从而达到增收节支、扩大业务的目的。

5. 金融业中介人的地位面临严重的挑战

在未来网络互联、信息共享的时代,企业可绕过证券金融机构,直接通过互联网公开发行股票募集资金,甚至自己开展交易活动。例如,美国电子股票信息公司自 1996 年起开始利用互联网为客户提供股票交易服务;又如美国春街啤酒厂(Spring Street)作为全球第一个在互联网上发行股票的公司,直接在网络上向 3500 个投资者募集了 160 万美元资本,并在网络上发展了一套交易制度交易该公司的股票。该公司还进一步计划成立一个网络投资银行,专门做网络上公开发行的股票交易业务。在网络技术迅速发展的今天,金融机构如果无法适应网络技术的发展,无疑将成为最大的输家,很可能成为明日的"恐龙"。

10.2.4　网上证券交易的国内外发展状况

1. 美国网上交易的发展状况

网上证券交易最发达的国家首推美国。互联网的普及是推动网上交易的主要动力,美国是互联网的发源地,拥有世界上最先进的信息网络,也是互联网上的各种商务应用最成功的国家。超前的教育培训政策使得美国人快速掌握了互联网的各项技术。庞大的上网人数是网上交易开展的基础,据统计,全美 2004 年有近 2500 万个家庭网络用户,而其中约 500 万是网上交易的用户。

美国的网上交易是在折扣经纪公司的基础上发展起来的。美国证券市场的竞争环境对网上交易的快速发展具有独特的催化作用。这种环境的造就源于 1975 年美国证券交易佣金制度的改革。佣金自由化后,券商在二级市场的竞争手段和竞争格局发生了根本性变化,竞争焦点是交易手续费的"价格"竞争。佣金市场化要求证券经纪公司选择最经济的方式为投资者提供服务,客观上促进了网上交易的快速发展。目前美国投资者通过传统方式交易股票的成本为每股 1~2 美分,而网上股票交易的成本仅为每股 0.15 美分,这对投资者来说有着极强的诱惑力。

美国的网上交易始于 20 世纪 90 年代初,当时主要是向机构投资者提供即时行情和网上交易。摩根士丹利添惠(Morgan Stanley Dean Witter)控股的 Discover Brokerage Direct 公司从 1995 年 8 月开始这项业务,是美国最早的互联网经纪券商之一。由于网上证券交易有成本低、不受地域限制等特点,很快就受到了投资者的欢迎。

美国以网上交易为主的券商主要有 Charles Schwab、E-Trade group、Fidelity、Waterhouse Securities 等。网上交易最成功的首推 Charles Schwab(嘉信理财公司),其网上交易额是上述其余 3 家的 3 倍多,是目前最大的互联网证券经纪商。该公司创立于 1971 年,进入 20 世纪 90 年代后,嘉信理财公司看到了互联网带来的巨大商业机会,于 1997 年初推出了网上经纪服务系统,并随着技术的发展不断对业务进行重组,以客户服务为中心,降低经营成本,同时通过广播、电视等手段进行大规模营销,以扩大市场占有率,增加品牌影响。在 Schwab 网站上,不仅可以看到即时行情、新闻、历史财务数据,还可以定制个人主页,查看自己的账户,编制自己的资产分配模型,寻找符合自己的模型且表现最好的共同基金,并通过 Schwab 购买这些基金。Schwab 可以向投资者展示其投资组合中全部股票的投资回报,可以在关键时刻警示投资者,其投资组合与其资产分配模型可能出现不一致。1997 年,其网上投资者已奇迹般地达到 120 万;1998 年,其客户总量高达 550 万,总资产为 1443 亿美元,网上交易的年交易额超过 2000 亿美元,年总收入达 23 亿美元。

面对网上交易的冲击,1998 年还在抨击网上交易将对"美国人的财经活动构成严重威胁"的美林证券(Merrill Lynch)也不得不低下了头。1999 年 6 月,美林宣布从 12 月起全面推出冠以"无限利益"(unlimited-advantage)的互联网经纪。此后,摩根也宣布从 1999 年 10 月 21 日起为旗下的 400 万个客户提供名为 ichoice 的互联网经纪。其他诸如所罗门美邦 (Salomon Smith Barcy)及潘恩·韦佰(Pain Webber)等大型券商也都在筹划互联网经纪方案。

2000 年初美国证监会的一项研究表明:美国大约有 160 家经纪商提供网上交易服务,网上交易量每天超过 50 万笔,网上交易的客户超过 730 万,网上经纪的资产超过 1 万亿美元。2004 年,美国 50%的投资者使用网上交易方式,40%的交易量由此产生。

2. 日本网上交易的发展状况

日本证券业的网上交易也比较发达,最早引进网上交易的大和证券于 1996 年 4 月开始实施网上交易。但美、日两国的网上交易发展道路不同。美国的网上证券交易在原有的自由竞争环境下得到迅速发展,并进一步加剧了券商的竞争。"价格竞争"是券商网上交易竞争的第一阶段。价格竞争的结果是在淘汰一部分失败者以后使价格趋向稳定,价格本身不再有下降的余地,于是网上交易进入"信息竞争"阶段。在第一阶段的竞争中,券商以低成本和低价格取胜;在第二阶段的竞争中,券商则以丰富的信息资源和高质量的资产管理服务取胜。

与美国不同的是,日本的网上证券交易是在券商经纪佣金制度放开以前导入市场的,网上交易成本低的特点并没有在竞争中充分体现。在"价格竞争"出现以前,券商的竞争主要围绕"信息竞争"。因此"信息竞争"是日本券商网上交易竞争的第一阶段,"价格竞争"在证券交易手续费放开以后展开,是券商网上交易竞争的第二阶段。与第一阶段相隔约 2 年时间后,日本于 1999 年实施证券交易手续费自由化,参与第二阶段竞争的券商只能是在第一阶段竞争中取胜的幸存者。虽然美、日券商网上交易竞争的特点与顺序不同,但是"价格"与"信息"始终是券商网上交易竞争的焦点。

3. 我国网上交易的发展状况

我国网上交易的起步时间只比美国晚几年,但受资产规模小、电子化和信息化水平较低的影响,券商开展网上交易一直是小规模试点。与美国网上证券交易发展历程相似的是,积极推动这一新兴交易方式的机构是国内 IT 技术厂商和中小型券商的营业部,它们介入的动机不尽相同,IT 技术厂商在 E＊Trade 的示范效应下希望以技术参与网上证券经纪业务,在经纪业务这一具有巨大潜力的市场中分得一杯羹;而中小型券商推出网上交易是为增强竞争力,通过拓展网上交易克服网点少、知名度小的不足,以便在争取客户方面可与大型券商叫板。因此,我国早期的网上交易是由中小型券商推动并引导的。

我国率先开展网上交易的企业是中国华融信托投资公司湛江营业部,该部于 1997 年 3 月推出视聆通多媒体公众信息网网上交易系统。福建闽发证券公司是我国最早开展网上交易的证券公司,该公司于 1997 年 8 月在深圳推出了网上证券经纪系统,当年发展用户 1390 个,交易量达 7000 万元,1998 年新增用户 4340 个,交易量达 6.2 亿元。其后闽发证券公司近 20 家营业部基本上都开通了网上交易,拥有客户 11 000 个以上,累计交易量突破 50 亿元。截至 1999 年,深圳有三四十家营业部开通了网上交易,其中开展网上交易规模最大的一家营业部 1999 年网上交易量占总交易量的 18.5%,年末开户数为 235 户,网上客户资金量达 3492 万元。

2000 年春,中国证监会出台了《网上证券委托暂行管理办法》,对网上交易进行了规范。中国证监会根据《网上证券委托暂行管理办法》,到 2004 年 7 月,先后核准了七批共 110 家证券公司开展网上证券委托业务的资格。目前我国所有券商都已经全部开展了网上证券交易。

10.2.5　网上证券交易模式

证券交易模式与证券交易规则密切相关,从其发展来看,自由佣金制度下的美国交易模式具有典型的代表性,同时也存在不少在固定手续费制度下的其他国家的发展模式。

1. 美国网上证券交易模式

美国网上证券交易模式有 3 种。

1) 综合服务的券商经营模式

其实质是传统的经纪商兼网上经纪商,它利用公司专业化的经纪人队伍与庞大的市场研究力量为客户提供增值服务和其他理财业务,它的经营目标是通过全方位的投资咨询服务而收取相应的手续费,因其服务内容全面,费用相对较高,因此是一种贵族式的理财服务方式,美林是这种业务模式的典范。

美林证券作为传统的综合型券商,由于自身拥有很强的经济实力、研究能力和庞大的客户群,在网上证券交易初露端倪的时候并没有给予充分的重视。另一大型的传统经纪商摩根(Morgan)虽然很早就进入网上交易市场,但该公司也并未全力开展该项业务。直到 1999 年,为避免客户的流失,保住原有的地位,这些老牌券商在竞争的压力下才加入网上证券交易的阵营,它们或利用自身雄厚的研究和资金实力,或采用收购的方式争夺网上证券交易市场。当然,这些老牌公司也有自己多年积累下来的专业化经纪人队伍与庞大的市场研究力量的优势,而且其业务种类也多于新的竞争对手。因此对它们而言,最为迫切的任务是如何用新技术对原有业务进行重组,以适应客户的新需求,将网上交易和传统服务更好地结合在一起,使投资人可以选择最符合个人需求的金融服务。该领域的其他主要代表性公司还有 Salomon Smith、Barrey、Paine Webber、A. G. Edwards、Morgan Stanley-Dean Wittey 等老牌证券经纪业务服务提供商。

2) 折扣经纪商模式

此种模式的经营目标就是以低成本、低手续费作为竞争武器,与综合服务型券商展开竞争。它同时以店面、电话、Web 等多种选择向投资者提供服务,客户可自己选择需要的服务模式。该经纪模式是美国 1975 年取消佣金限制后出现的,由于其市场定位一般不提供投资咨询服务,而是以低廉的手续费吸引客户,通过技术手段创新有效降低成本,进而降低服务价格,从而使其市场优势愈发突出,迅速地扩大了市场份额,但一般不会以降低服务质量为代价。

嘉信为这种模式的一个范例,因此又称之为 Schwab 模式。嘉信已有 20 余年的发展历史,在发展高峰期,其业务量曾占了美国全部折扣经纪商业务量的 52%,其网上的证券交易额占全美日交易量的 30%。嘉信理财实际上是服务个人财务的全能超市,在该公司的站点上不仅可以看到即时行情、新闻、历史财务数据;也可以定制个人主页,查看自己的账户,编制自己的资产分配模型,寻找符合自己模型且表现最好的共同基金,再通过嘉信理财购买这些基金,实现对证券投资账户进行智能化管理,还能根据自己的资产状况和资金需求状况完成投资和负债两方面的管理。嘉信理财正是凭借着良好的服务、低廉的价格吸引了大批客户,使公司获得了巨大的成功。除嘉信以外,采用这种模式的还有 TD Waterhouse、Fidelity、Jack White 等公司。

3) 纯粹的网上经纪商

尽管在线金融服务业的新进入者中绝大部分是那些有实体机构的公司,但有少数组织还是追求一种纯互联网战略。例如 E＊Trade、Ameritrade 等在线经纪商在这方面起着示范作用,它们的纯互联网战略的成本较低,从而能够对每笔交易收取更低的手续费。

这种经营模式以 E＊Trade 为典型代表,因此又称 E＊Trade 经纪模式。这种模式完全以 Web 方式提供纯虚拟的投资与服务,交易完全在网上进行,公司并无有形的营业网点存在。由于这类公司的营业成本低,故其能够以尽可能低的折扣吸引对价格敏感而对服务要求不高的自助投资者。虽然它不提供投资咨询服务,但它以前所未有的低廉的交易费用获得了巨大的成功。其他主要代表还有 Datak、DU direct、Suretrade Discover 等公司。

2. 我国网上证券交易模式

我国的证券交易模式或多或少是向美国学习的。应清醒地认识到,我国的国情与美国差别大,技术发展水平存在差距,金融制度也不同,证券监管与交易制度存在差异。此外,我国证券市场尚处发展阶段,证券公司的经营管理水平和投资者的成熟程度还相对落后。这些因素都会影响网上交易模式的选择。

我国的证券公司先后采取过下述三种模式为客户提供网上证券交易服务。

1) 通过 IT 公司的网站或其他财经网站提供服务

该模式如图 10-1 中的模式 1 所示。这种模式是由证券公司全权委托 IT 公司,包括网上服务公司、资讯公司或软件系统开发商等负责开设网站,为客户提供投资资讯;而证券公司则以营业部的身份在后台为客户提供网上交易通道。初期开展网上交易的券商多采用这种模式。

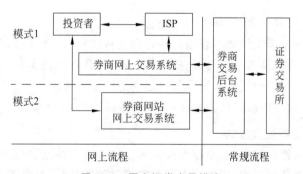

图 10-1　网上证券交易模式

在这种模式下,证券公司只需要与 ISP 签订协议,接入该网站即可开通网上交易。网上交易软件由 IT 技术厂商开发。投资者在交易时进入该网站,然后从众多可选择的券商中选择自己开户的公司进行交易。当初中国证券网(cnstock.com)、康熙胜券、99Stock、股票之星等网络商吸引证券公司加盟,为客户提供网上证券交易服务,就属于这种交易模式。

2) 券商自建网站提供服务

该模式如图 10-1 中的模式 2 所示。鉴于网上交易的发展前景,国内一些大券商纷纷建立本公司的内部网络,开设自己的网站,使证券营业部直接和互联网连接起来。这样,客户可直接通过券商网站上的网上交易系统下单、委托交易或查询,实时接收有关股市行情、成交反馈结果等信息。券商可在网站上直接为客户提供各种特色服务,如股市模拟操作、国内外宏观信息报道、本公司证券分析师对市场的分析讲解等,为客户提供个性化的信息服务。闽发证券、华夏证券等券商创立的网上交易就采用这种网上交易模式。许多券商在2000 年后,也就是中国证监会出台《网上证券委托暂行管理办法》后,开通的大部分网上交易系统也都采用这种模式。

3) 券商与银行合作提供服务

采用这种方式时,券商与银行之间建立专线连接,并在银行主机房设立转账服务器,用于网上证券交易的查询,证券交易过程中储蓄账户临时冻结,以及银行账户和证券保证金之间的即时划转。采用这种方式可充分利用银行的营业网点拓展客户,可将投资者的资金账户和储蓄账户合一,投资者只要凭有关证件到银行的任一网点办理开户手续,就可通过银行柜台、电话银行、网上银行等方式进行股票交易,实现包括开户、买卖、存取款、查询等整个股票交易过程。招商银行和国通证券、河北证券合作,联合推出用招商银行的"一卡通"直接进行买卖股票就是采用这种模式的一个系统。

2000 年 3 月,中国证监会《网上证券委托管理暂行办法》的出台对于第三方证券网站来说无疑是致命的打击。根据规定,证券公司必须自主决策网上委托系统的建设、管理和维护,第三方证券类网站只能提供技术或信息方面的维护性服务。因此,大部分网站被迫做出业务调整甚至关门大吉。一年之后,独立的第三方证券网站归于沉寂。网上交易系统的建设带来了由券商完全主导的时代,提供技术服务或信息服务的非证券公司只能在系统建设、网络维护等方面提供技术支持并获取相关的费用,由于网上交易的开展而获得的收益完全由券商独占。

10.2.6 网上证券支付系统

网上证券交易的资金支付离不开银行的后台支持,通常需要通过银行与证券转账系统具体实施,即运用计算机技术、语音处理技术、电话信号数字化技术和通信网络等手段为客户提供多通道的银行账户和证券保证金账户之间的资金互转。

目前,银行与券商合作的方式主要有以下几种。

1. 通过银行卡进行银证互转

这种方式也称为银证转账,是指证券投资者在银行开立的活期储蓄账户与在证券机构开立的证券买卖资金账户之间,通过证券营业部提供的委托柜、自助委托终端、电话委托及网上交易等任何一种形式实现资金双向实时划转的业务。

我国最早、最成功的首推招商银行的"一网通"网上银行提供的"银证转账"业务,它是商业银行对进行股票交易的客户提供的一项安全高效的资金划转服务系统。客户可以完成其在证券公司的保证金和在银行存款之间的互相划转,进行银行与证券公司的转账。这种业务目前在国内的银行和证券公司之间已经广泛开展。

2. 用银行卡直接进行证券交易——银证通

这种方式也称银证通,是银证转账业务功能的覆盖和升级,即将投资者资金账户和储蓄账户合二为一,投资者只要选择在和券商合作的银行开户,就可以利用银行卡账户通过柜台、电话、手机、互联网等方式进行股票交易。在这种模式下,投资者可以实现及时资金转移,对自己账户的情况一目了然,从而使网上交易活动更加通畅。这种方式的特点是"银行管资金、券商管股票"。

3. 投资者通过商业银行和证券公司的联名卡直接买卖股票

券商和银行合作发行特定的联名卡,投资者持有此类联名卡就可以在指定券商开户,进行证券的买卖交易,同时该联名卡还具有一般银行卡的功能。

上述银证转账系统建立了银行和券商之间资金划拨的快速通道,免除了投资者在银行和券商之间来回奔波的烦恼,使得投资者可以通过网络、电话等多种方式较快地实现银行资金和证券保证金之间的双向划拨。

10.3　网上保险

自改革开放以来,中国保险业年均增长速度达 30%,是国民经济中发展最快的行业之一。从 1980 年全部保费收入只有 4.6 亿元,到 2008 年共实现保费收入 9784.1 亿元,中国保险业的市场规模增长了 2000 多倍,保费收入的国际排名达到第 6 位,中国已逐步成为令世界瞩目的新兴保险大国。

我国国民经济的持续快速增长和社会稳定为保险业的发展提供了坚实的基础。电子商务的出现使得国内保险企业可以借助先进的技术手段缩短与国际保险公司的差距,为我国保险业提供了赶超国际保险业的大好时机。

10.3.1　网上保险概述

1. 网上保险的含义

网上保险也称保险电子商务,是指保险公司或保险中介机构以信息技术为基础,通过互联网进行保险经营管理活动的经济行为,包括对企业的经营管理、对客户关系的管理,逐步实现电子化、信息化、智能化和虚拟化。

从狭义上讲,网上保险是指保险公司或网上保险中介机构通过互联网为客户提供个性化的保险服务和综合金融理财服务,所有保险产品的销售和服务全部在网上实现。同其他行业开展电子商务的情况不同,保险的经营活动仅仅涉及资金和信息的流动,不涉及物流配送及相关问题。保险作为一种特殊商品,与一般物化商品存在如下显著区别。

(1) 保险是一种承诺,属于诺成性合同,也是一种格式合同。

(2) 保险是一种无形产品。保险商品的表现形式是契约。

(3) 保险是一种服务商品。保险服务是保险企业为客户提供的从承保到理赔的全过程服务,这种服务主要是咨询服务。

保险产品的上述特点使得它特别适合在网上经营,因此一旦保险业务同 Web 技术相结合,就很快显示出了其生命力,成为保险行业的新力军。

2. 网上保险的业务流程

保险的整个业务流程包括保险信息咨询、保险计划书设计、投保、核保、缴费、承保、保单信息查询、保全变更、续期缴费、理赔、给付等。

所有过程都可在线运作。通过保险公司的网络服务系统,保户足不出户就可方便、快捷地获取从公司背景到具体保险产品的详细情况,并对多家公司进行对比,自由选择适宜的保险公司及所需险种。这不仅避免了与保险中介打交道的麻烦,还可从网上获得低价、高效的服务。此外,网上保险还可充分利用网络的优势整合相关资源,为客户提供医疗咨询、法律咨询、汽车救援修理等增值服务,以拓宽保险服务的范围。

从广义上讲,除了通过互联网开展保险服务外,网上保险还包括保险公司利用互联网进行的内部管理,对公司员工和代理人的培训,与公司股东、代理人、保险监督机构等相关人员和机构的信息交流等企业活动。

10.3.2 网上保险的优势

相对于传统保险业来说,网上保险有许多明显的优势。

1. 降低经营成本,提高经营效率,减少承保风险

我国保险业尚不发达,这既与我国保险业起步晚、市场经济体制不成熟等宏观经济环境和一些历史因素有关,同时也受各保险公司推行的保险代理人营销机制的影响。国内保险企业往往通过自己的员工或保险代理人销售保单,这种营销模式效率低、成本高。以人寿保险为例,每份保单所均摊的营运成本占保费的 30% 或更高。在这种代理-委托关系的营销机制中,客户完全处于被动地位,只是通过保险营销人员的讲解了解保险知识,缺乏与保险公司的直接交流。如果保险营销人员素质不高,急于获取保单而一味地夸大投保的益处,隐瞒不足之处,就会由于信息的不对称和代理契约的不完善而导致保单销售中出现大量人为风险,这种人为风险会对保险公司和保户造成双重利益损害,从长期看也会损害代理人的自身利益。中国社会事务调查所(SSIC)的调查结果显示,北京有 19% 的人是由于"保险营销人员素质太差"而拒绝投保的。保险营销人员素质不高和保险营销中推行的人海战术使大约 10% 的居民对保险推销人员采取"紧闭门户,置之不理"的态度。保险营销人员的整体素质不高也导致约 66% 的居民不了解保险,保险业的发展因此受到很大的影响。因此,我国保险业市场虽然潜力巨大,有待于大力开发,但受传统保险经营方式的影响,我国保险业长期处于低水平运作状态。

网上保险服务可在很大程度上克服传统保险营销模式产生的问题,调动国民的投保积极性,进一步开发保险市场,促进保险业的发展。提供网上保险服务后,投保人不必通过营业网点和代理人,而是直接同保险公司进行交流,提高了效率,减少了中介环节,节省了大笔佣金和管理费用。统计资料表明,网上营销可比传统营销方式(通过电话或代理人出售保险)节省 58%～71% 的成本。在美国,人工咨询成本为每人次 5 美元,而网上营销的成本仅为 4 美分。经营成本的降低为保险费率的降低创造了空间,而保险费率的降低可以吸引更多的居民购买保险。

采用网上保险方式,人们足不出户就可以完成整个保险合同的签约过程,其效率是传统的保险营销方式无法比拟的。保险公司同相关企业(如汽车销售、汽车修理、医院等)建立网上联系后,还可进一步提高申请和签发保单的效率。

网上投保公正透明,是使消费者更具主动性的营销方式。保险企业可以在网上直接与潜在客户进行交流,可对网上发布的保险条款内容进行详细的互动解释,提高签单率,还可避免传统营销模式中由于利益驱动代理人夸大保险责任而导致的理赔纠纷,减少中间环节给保险机构带来的承保风险。

网上保险还可以帮助保险公司快速获得顾客反馈信息,掌握市场动态,及时调整经营战略。

2. 提高保险服务质量

传统的保险营销业务主要靠代理人完成,这使保险业务受到地域和时间的限制。网上保险可突破时空的限制,可提供全天候服务,真正实现保险无时不在、无处不在的保障功能。

利用网络的交互性可为客户提供定制的个性化保险产品。客户在网上投保,告别了信息短缺、选择单一及被动无奈的状态,可以主动选择和实现自己的投保意愿,无须消极接受保险中介的硬性推销,还可以在多家保险公司及多种产品中进行比较和选择,大大减少了投保人投保的被动性、盲目性、局限性和随意性。

网上保险服务可实现"一站式"服务。网上保险服务提供的是一种由保险公司直接监控的、规范的、标准的、统一的保险服务,其服务的所有内容都是经过公司的严格审查后制定的,可有效提高服务质量,树立公司的形象和信誉,避免传统保险营销方式中出现的服务质量受人员素质影响的现象。

拥有网上保险系统的保险企业同相关企业资源进行整合,利用其保险营销决策支持系统,可以方便地进行产品定价分析和客户关系管理,可为客户提供附加于保险上的增值服务,还可为设计新产品创造发展空间,提高客户满意度,引导客户的潜在购买需求。可以防止中介环节知悉或侵犯投保人隐私,而传统的投保方式不可避免地存在中介环节知悉或有意无意侵犯投保人的隐私。网上投保能使人感到方便、自由,最大程度地满足客户的需求,保护投保人的隐私权。

3. 提高保险企业的管理水平

保险公司可以在网上了解到更多的保险技术、保险市场反馈信息和保险人才等信息,形成完善的保险要素的结合,使保险产品具有更强的竞争力。保险企业的信息化不仅提高了经营效率,还可使管理科学化,有效提高企业的管理水平和决策水平,也有利于监管部门加强对保险业的有效监管。

10.3.3　网上保险产生的冲击

网上保险的发展给传统保险业带来了一系列革命性的冲击。

1. 对业内竞争格局的冲击

传统的保险企业之间的竞争主要是价格竞争。网上保险的发展冲破了时空的限制,加剧了业内竞争;IT 的普及应用和电子商务的发展使保险公司能对不同客户提供个性化服务,于是业内竞争的主要因素从价格竞争变为技术与服务的竞争。

保持与客户长期紧密的一对一关系一直是金融服务业追求的目标。在电子商务出现之前,这种个性化服务只是一种理想。随着技术的发展,保险公司可以通过电子商务系统向客户提供个性化的专业消费咨询与产品组合,随时了解并最大限度地满足投保人对保险产品的个性化需求,允许客户根据自身的实际需求酌情定制保单,使有效需求和有效供给得到统一。例如,保险公司可利用邮件组和风险评估工具等技术进行灾难预警及咨询服务,为客户及时提供防灾防损服务;利用数据仓库分析客户信息,开发潜在市场,实现交叉销售;通过基于 Web 并集成呼叫中心的技术,利用保险公司庞大的网络资源优势最大限度地满足客户提出的服务请求。在电子商务的剧烈竞争环境中,能坚持不断创新,深度应用IT 技术,不断满足客户的个性化需求,为客户提供高质量服务的保险企业,才能具有市场竞争力。

2. 对保险企业传统组织架构的冲击

电子商务不仅改变了保险企业的营销和服务方式,还要求保险公司内部管理机制和组织结构发生重大改变,以显著提高管理效益。网络技术的发展使部门之间、员工之间可以实现资源共享和实时沟通,使管理者有可能对保险业务的进展实施监控,随时掌握企业的风险状况,为管理者经营决策提供及时、准确的信息,也为管理创新及工作流程的改造提供了必备条件。保险公司的组织架构将因此由传统的金字塔形向以客户为中心的灵活扁平型转变,原有各业务部门之间的"知识壁垒"被打破,取而代之的是建立统一、全面、不断更新的企业内部"知识库"以支持业务拓展。例如,为提高核保、核赔工作的效率和水平,需要建立统一的区域性乃至全局性的核保中心、客户服务中心、疑难案件处理中心等,强化分支机构的营销职能,提高企业对市场的响应能力,降低经营成本。为了保证革新的顺利进行,公司要通过培训全面提高员工的各项技能,增强客户关系的管理能力和服务水平。

3. 对保险监管的挑战

电子商务增加了保险行为的透明度,为保险监管提供了便利。与此同时,电子商务使保险公司之间的竞争更加激烈和复杂,也增加了保险监管的难度。电子商务技术的发展和保险商品的非物流性使得保险行业的新进入者不必花费巨资和时间就可以进行营业网络建设和代理网点培训管理。随着我国金融改革的发展和制度的不断创新,金融兼容性越来越高。例如,许多保险产品不仅可以通过银行进行销售,而且出现银行卡式保单,甚至还可能发展为保单证券化,分业监管的难度和复杂程度不断提高,需要向联合监管体制发展。美国于 1999 年通过新银行法《金融服务现代化法案》,终止了历时多年的银行、证券公司和保险公司的分业经营,出现了像花旗集团那样的"金融超级市场"。西方主要国家相继进行了保险管理制度的创新,为保险公司开拓了更大的市场空间和服务领域。所有这些都对保险监管提出了新的挑战。

10.3.4　网上保险的国内外发展状况

保险业是金融领域中现代化程度和技术装备水平较低的一个产业。落后的经营方式束缚了该行业的进一步发展。为了摆脱这一局面,世界保险业开始主动向现代信息技术靠拢。

1. 国外网上保险业务的发展

20 世纪 90 年代以来,利用互联网进行的电子商务造就了巨大的企业获利空间。网上保险作为一种新兴的营销渠道和服务方式,由于具有方便、快捷等特点,正在被越来越多国家的保险公司和消费者所认可和接受。面对这种机遇,发达国家的许多知名的保险公司纷纷在互联网上设立站点或主页,开展宣传、咨询、营销和客户服务,率先抢占网上市场。除了网上营销外,保险公司还利用互联网进行保险资金应用和内部管理,利用互联网进行资料搜集、统计分析、业务培训、流程改造等。许多保险公司将发展互联网业务作为公司战略规划的重要组成部分。

美国在网络用户数量、普及率等方面有着明显的优势,是发展网上保险的先驱者。美国国民第一证券银行在全球首创通过互联网销售保险单。美国的 E_Coverace 公司是100%的网上保险公司,其所有业务活动均通过互联网进行。Cyber Dialogue 数据行销公司在 21 世纪初进行的一项调查表明,美国当时约有 670 万消费者通过互联网选购保险产品,其中有 20%是通过保险公司设立的网站进行的,近 80%是在非保险公司网站进行的。美国网上保险发展得很快,美国的保险公司几乎都已上网经营,网上投保可占保险总额的 40%～50%。保险公司除在网上提供包括健康、医疗人寿、汽车、财险等传统保险品种外,还不断进行业务创新,开发新险种,如针对黑客攻击推出了"黑客保险"等新业务。网上保险可将各大保险公司的各种保险产品集合起来,供用户比较、选择。保险公司从介绍险种、信息咨询、询价谈判和签订保险合同开始,直到售后服务,包括合同续签、事故受理、解决争议、赔付等整个过程全部可在网上实现。此外,商业智能技术融入网上保险业务后,有效地提升了公司的经营管理水平和决策能力。

为推动跨国保险业的发展,保险公司、再保险公司和保险经纪人都希望建立保险业全球网际商务体系。全球最大的三家网上保险服务公司(Limnet、Rinet、WIN)合并为 WISE(World Insurance E-commerce,全球保险电子商务),这一体系的建立将完善全球保险业电子商务环境。

2. 国内网上保险业务的发展

从总体上讲,我国网上保险业务受多种因素的影响而发展得比较迟缓,仍处于起步阶段。中国保险信息网(http://www.china-insurance.com)于 1997 年 11 月开通运行的当天,新华人寿保险公司通过保险网收到了客户的投保意向书,诞生了我国第一张通过互联网促成的保险单,拉开了我国保险电子商务的序幕。此后,各保险公司都加紧开拓电子商务的步伐。然而,大多数保险公司主要是通过网站提供诸如险种内容、经营机构、投保意向书等静态信息,真正开展网上保险业务的为数不多。

2000 年 3 月,国内推出首家电子商务保险网站——网险(orisk.net)。该网站推出了网上个人保险和网上企业（团体）保险两大类30余个险种。网上个人保险包括机动车辆保险、家庭财产保险、房屋保险、出国人员人身意外伤害保险、家庭人身意外伤害保险、学有所成两全保险；网上企业（团体）保险包括财产险、财产一切险、财产保险基本险、财产保险综合险、机器损坏险、利润损失险、机损利损险、现金保险、计算机保险、公众责任险、雇主责任险、产品责任险、展览会责任保险等。同年8月，国内首家集证券、保险、银行及个人理财于一体的个人综合理财服务网站——平安公司的PA18在京正式亮相。同年9月，泰康人寿保险股份有限公司独家投资建设的"泰康在线"（www.taikang.com）全面开通，这是国内第一家由寿险公司投资建设的、真正实现在线投保的网站，也是国内首家通过保险类CA认证的网站。PA18和"泰康在线"两个平台都是投资上千万元的项目，具备了保险电子商务的基本功能，有较强的竞争能力。以平安为例，为了发展网上保险，专门成立了网上保险部，负责PA18网站的建设和集团的寿险、财险、证券业务的电子化。其网上与网下有三个结合点：第一是支持传统保险业务的电子化，构建一个与代理商、代理人开展业务的平台；第二是支持公司的业务员开拓业务，主要是针对公司20万名寿险业务人员的销售；第三是网上直销。平安积极致力于构建高科技的服务平台，为客户提供专业化的产品和服务，它以电话中心和互联网中心为核心，依托门店服务中心和专业直销业务员建立具有统一的品牌管理系统和服务界面的平安3A服务体系。PA18推出的平安货运保险网上服务集投保、询价、出单、批改、查询等功能于一体，可提供全方位、专业化的代理、预约保险服务。"泰康在线"在2004年由《互联网周刊》主办的"2004中国商业网站100强"评选中入选"百强"，标志着保险业改变了在IT领域落后的局面。

2001年3月，太平洋保险北京分公司与朗络合作开通了"网神"，推出了30余个险种，开始了真正意义上的保险网上营销。2002年，中国人民保险公司宣布正式开通电子商务平台（E-PICC），向客户提供网上保险服务。保网是目前国内最大的面向全球华人开放的网上保险门户、超市与交易平台，网站集合了全球五大洲100多个国家和地区的保险行业最新资讯。由保网公司创办的中国首家基于互联网的保险交易所已于2005年3月开通。

由非保险公司（主要是网络公司）搭起的保险网站也风起云涌，影响较大的是由中国人寿、平安、友邦、太平洋等十几家保险公司协助建立的易保网（www.ebao.com），它以中立的网上保险商城为定位，保险公司、保险中介、保险相关机构都可以在这个平台上设立个性化的专卖区，客户在该网站通过浏览就能完成对十几家国内保险公司的保险咨询。它还推出了保险需求评估工具，客户只要在网页上输入个人需求，服务器就自动列出各家保险公司现有的能满足客户需要的险种，以便客户选择适合自己的险种。它甚至直接将客户带进相应的网上保险网页，并通过信用卡完成保费支付。

我国网上保险产品多为航空意外险、旅游意外险等短期保险。意外险作为网上保险的支柱，保费少、条款简单，消费者较易理解，便于网上销售。除简单的意外险外，通常是消费者网上查询，接受网站推荐的代理人，网下投保，网上直接销售的成效不明显。以泰康人寿为例，2004年的网上保险保费为1300多万元，而其当年的总保费收入达到176亿元，网上投保金额不足整体保单金额的1‰。未来的一二十年，我国的网上保险业有望获得长足的进展。

10.3.5　网上保险的模式、内容和过程

1. 网上保险的模式

网上保险是 21 世纪保险行业的主要发展方向。一个保险企业要开展网上保险业务,首先必须选择一种模式。网上保险服务有以下两种发展模式。

(1) 完全依赖于互联网的全新的网上保险企业,其所有保险业务服务都通过互联网进行。这是纯粹虚拟的网上保险公司,它直接在网上经营、销售保险,提供个性化的服务。美国的 E_Coverace 公司就属于这种纯粹的网上保险公司。

(2) 传统保险企业通过互联网开展保险业务服务。为此,保险公司需要对内部资源和管理系统进行重新整合,建立内联网和企业内部信息管理系统,建立以客户管理为核心的服务体系,以充分配合网上保险业务的开展。按此模式发展的保险企业可以通过如下两种方式提供网上保险服务。

① 保险公司通过建立自己独立的网站为客户提供网上保险服务,其代表有中国平安保险公司的 PA18 网站,泰康人寿保险公司的"泰康在线"网站。

② 通过第三方网站提供网上保险服务。例如,保险公司在易保网、网险和中国保险网等第三方网站上建立自己的内容平台、交易平台,为客户提供网上服务。第三方网站可由多家保险公司联合共建,也可由信息中介提供。它通常只向入网的保险公司收取平台使用费,而不向客户收取佣金。这种网站相当于保险超市,客户只要登录一个网站就可对多家保险公司的产品进行比较,选择适合自己的保险产品。

国内的第三方保险网站可分为三类。

第一类为保险业内信息提供商。如中国保险网将自己定位为向保险从业人员提供资讯的内容提供商,向他们提供从保险新闻到行业知识的各类专业信息。

第二类为直销平台,如网险。它以代理的身份通过网络进行保险销售,从销售中提取佣金。

第三类为网上技术平台,如以"网上保险广场"命名的易保网(www.ebaotech.com/cn)。它将自己定位为帮助保险业各方提高效率的网上平台,它融合了 B2B、B2C 两种模式,致力于为行业中的各方提供交流和交易的技术平台。

此外,一些专业财经网站或综合门户网站也开辟了保险频道。例如,和讯(www.homeway.com)和上海热线(www.online.sh.cn)的保险频道是为增加网上财经内容而开设的,以满足其消费群的保险需求。

2. 网上保险的主要内容

网上保险是一种全新的经营理念,将渗透到保险经营管理的各个环节。网上保险主要包括在线宣传、在线销售、在线客户服务、在线客户追踪和在线合作等方面。

1) 在线宣传

保险企业可以通过第四媒介——网络宣传自己的产品、服务理念、经营理念。这种宣传相对于传统媒介而言成本十分低廉,而且可以针对个性需求进行互动宣传。同时,保险公司可以把自己的网址与重要的相关机构网址相连,如保险监管机构、保险评估机构、与保

险有关的学术机构等,通过客户自己的信息甄别、判断达到宣传保险企业的目的。

2) 在线销售

投保人可以在任何时间登录保险网站,完成咨询、比较、选择等过程,确定投保险种、交费方式、交费年限,指定受益人,并向保险公司发出电子邮件,保险公司核保人员通过计算机核保后(要做身体检查或生存调查的除外),客户即可通过网上银行缴纳首期保费,保险公司出具电子保单,客户可用打印机打印出正式保单,在线销售即告完成。

3) 在线客户服务

客户可通过网站了解保险企业的背景、保险规则解析、险种条款解释、承保核保处理要求、定损核赔处理、费率标准、既往赔付案例等信息,或以双向互动方式向保险公司提出各种保险问题,获取方便、快捷的在线客户服务。客户购买保险产品后,可以根据自己的需要通过在线客户服务变更与保险公司的合同约定内容,获得保险公司的理赔服务。

4) 在线客户追踪

售后服务是保险服务的重要组成部分。传统的营销方式极易造成营销队伍的不稳定,导致售后服务差,引起消费者的不满,也使保险企业损失大量的第一手材料。而在网上保险中,保险公司可以通过互联网和电子邮件向客户发送、回收电子调查表格,或通过在线论坛等形式搜集、了解客户的意见,及时掌握市场需求变动等信息,以改善企业的经营管理。

5) 在线合作

保险企业的网站可以通过与保险代理机构网站、经纪机构网站、银行网站、房地产商网站、售车行网站、证券公司网站等相互合作,提供一揽子服务销售保险。如与售车行网站合作,为通过网络购买新车或二手车的客户提供网上直接购买保险。这种合作既延伸了保险企业的业务触角,又形成了与相关机构的信息资源共享。

3. 网上保险过程

真正的网上保险必须实现保险信息咨询、保险计划书设计、投保、核保、缴费、承保、保单信息查询、保全变更、续期缴费、理赔和给付等保险全过程的网络化,屏除网下人工程序。在发达国家,想买保险的人可以在任何时候登录保险网站,完成咨询、比较、选择等过程,确定投保险种、交费方式、交费年限,指定受益人,并向保险公司发出带数字签名的电子邮件。保险公司的核保人员通过计算机核保后(要做体检的除外),客户即可通过网上银行交纳首期保费,保险公司出具电子保单,客户可用打印机打印出正式保单,整个投保过程全在网上完成。

目前,我国网上保险的程序是:客户浏览保险公司的网站,选择适合自己的产品和服务项目,依照表格依次输入个人资料,填写投保意向书,确定后通过电子邮件提交;经核保后,保险公司同意承保,并以电子邮件方式向客户确认,则合同订立;经保险公司签发后的保单将由专人送达投保人,客户正式签名后合同成立;客户缴纳现金或者通过网上银行转账系统或信用卡方式支付保费,保费自动转入保险公司,保单正式生效。客户还可利用网上售后服务系统对整个签订合同、划交保费的过程进行查询。

根据客户需求和险种的具体情况,有两种投保方式可供选用:第一种是在线投保、实时核保。客户申请用户名和密码后,可上网选择保险公司和投保险种,阅读详细条款及有关说明,填写所选险种投保问询表,递交根据投保问询表生成的投保单。如果保险公司没有实时接受投保申请,即转入"在线投保,延时核保"程序;若保险公司实时接受了客户的投保申请,则客户可选用相应的银行信用卡进行网上实时支付,也可采用单到付款或汇款付款。第二种是在线投保、延时核保。它与实时核保的区别是:当客户递交投保单后,可以离线等待,在方便的时候再来网站的"投保记录查询"区查询核保结果。在网站投保后,所有经保险公司签发后的保单将由专人送达投保人。

10.3.6　网上保险系统的构建

网上保险涉及网上保险业务、支付、通信、技术等许多因素。在进行系统规划和系统设计时,应充分考虑环境因素和企业的自身条件,制定适宜的目标,统筹规划,有条不紊地进行系统建设。在构建时,应始终以网上保险服务为主,将技术作为满足商务需求、实现商务目标的手段。要立足企业的业务需求,按照企业的发展战略,兼顾企业的未来发展,确保企业业效益的增长。

1. 网上保险的运行环境

要从供应链的角度审视网上保险的运行环境。如图 10-2 所示,网上保险服务需要通过开放性的 Internet、保险公司的内部网络和其他相关部门的业务网络组成一个完整的电子商务运作环境;需要投保人、保险公司、认证中心、银行、医院等合作伙伴,以及工商税收部门、保险监管机构、Internet 服务提供商等的通力合作,才能有效地推进保险电子商务的发展。图 10-2 中的 CA 为从事保险电子商务的投保人、合作伙伴颁发数字证书和提供认证服务,银行为其客户(投保人)提供网上保险的支付服务。

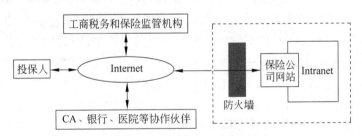

图 10-2　网上保险的运行环境

大型保险公司若建成从总公司到地方基层单位的垂直通信网络,则保险公司网络中的节点可通过中国国家金融通信网(CNFN)的相应节点同银行和其他金融机构互联,成为全国金融数据通信网的一部分。商业银行、保险公司、证券公司等金融机构覆盖全国的基层单位可直接对社会经济领域各部门和各类客户账户提供综合金融业务服务,然后通过全国金融数据通信网完成相关的金融交易和电子资金清算,包括网上保险的最终结算。

2. 制定目标、需求分析和市场定位

在进行网上保险系统建设前,高层领导要制定系统建设目标,市场人员要依据既定目标进行市场和需求的调查分析以确定企业的市场定位。

保险公司建立网上保险系统的主要目标有两个:一是更好地满足投保人多样化的保险需求,扩大客户群,吸引更多的潜在客户,促进客户关系管理;二是提高企业的运行效率,强化内部经营管理,降低经营管理成本。

需求的调查分析包括分析自身需求、市场需求、客户需求等。市场的调查分析包括市场环境分析、客户分析、供求分析和竞争分析等。

要依据网上保险的业务需求和企业的自身条件找准企业的市场定位,明确想通过互联网营销做些什么、怎样做、对象是谁,然后研制保险营销主页,确定保险营销主页的风格取向、包装以及运用哪些技术手段实现等。主页要在网上侧重宣传公司的形象、特点和产品,突出体现公司的总体视觉效果。主页应包含公司简介、机构名录、保险知识、保险新闻、险种介绍、服务之窗等栏目,除宣传公司形象外,要详尽地介绍各险种的具体情况,使访问者能从多角度查询保险产品,获得险种名称、特点、保险责任、费率乃至条款全文等资料信息。要通过网络加深与社会公众的沟通,向客户提供保险咨询服务。保险营销主页的内容要充实、不断创新、富有新意。好的保险营销主页只有一个标准:当访问者访问这个主页时会被其深深吸引,并且成为经常访问的造访者。

3. 业务流程改造

保险企业进行电子商务绝不是对传统保险业务的简单电子化和网络化。网上保险服务的流程不应该是传统保险服务流程的简单复制,应该依据电子商务条件和运作方式,利用信息技术对原有业务流程进行重新设计,构造适合网上营销的更加先进、合理和有效的业务流程,以便构建能提供个性化保险产品和服务,以及全程保险服务和综合业务服务的网上保险系统。

网上保险不改变保险公司的展业、承保、核保、理赔等基本业务内容,而是依靠信息技术改变这些基本业务的处理方式。许多原来由人工处理的业务将通过网络由计算机自动完成。客户可以通过精心设计的保险网站了解公司的保险产品和服务等信息,做出投保选择;保险事故发生后,可以直接通过网站向保险公司提出赔偿要求。这些将导致传统的保险代理人和经纪人角色趋于消失。为防止逆向选择,核保成为承保业务中的重要环节,在许多寿险业务中,保险公司需要了解被保险人的健康状况,如果保险公司与医院系统实现联网,就能及时通过互联网了解被保险人的既往病史,提高核保工作的效率。保险费的支付和保险金的给付是保险交易的必备环节,如果保险公司与网上银行实现联网,就能方便、快捷地进行网上支付,降低运营管理成本。另外,与工商、税务和保险监管机构的信息交流同样可以通过互联网高效完成,与监管机构的密切联系还有助于监控保险公司的经营风险。

业务流程是提高企业市场竞争力的重要因素。面对多变的消费需求和激烈的市场竞争,企业应该不断对业务流程进行再设计,最大限度地发挥业务流程的增值作用,降低成本,提高效益,改善服务,获取竞争优势。业务流程的再设计是一项极富创意的复杂工作,需要有创新思维能力的既精通保险业务,又熟悉 C&C 和 IT 的复合型人才。

4. 资源重组和组织结构的调整

保险企业在构建网上保险业务过程中要重组企业资源,实现企业组织、业务和管理模式的创新发展,以适应网上保险运作方式的要求,增强企业的竞争力和未来的发展潜力。企业的资源包括客户、资金、人才、品牌、技术和产品等一切能为企业创造价值的有形和无形资产。企业的经营本质就是通过不断的资源配置、组合、调整和交易而实现企业资源总价值的不断提升的。

　　我国目前的保险公司既有国有独资的有限责任公司,又有股份有限公司,既有全国性的公司,也有区域性的公司。这些传统保险公司的分支机构设置如图 10-3 所示。

　　各级公司内部职能部门的设置如图 10-4 所示。传统保险公司的组织结构均属于典型的金字塔形结构。

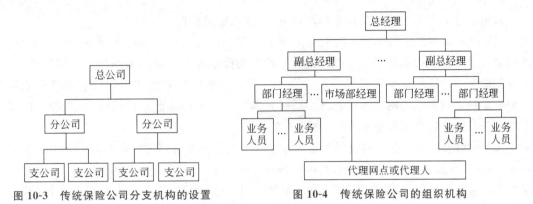

图 10-3　传统保险公司分支机构的设置　　　图 10-4　传统保险公司的组织机构

　　金字塔形组织结构不能快速、有效地处理信息。庞大的等级阶层使处于顶端的决策者往往会根据过时信息进行决策,而决策指令经多层次传递可能产生扭曲和失真,这种组织结构难以适应瞬息万变的市场环境。

　　随着 Internet 和 Intranet 技术的发展,需要重新设计保险公司的业务流程,而业务流程的有效运转还须依靠相应的组织结构进行计划、组织、协调和实施。首先,Internet 和 Intranet 技术的应用替代了公司许多基层人员(特别是其底层数量庞大的代理人)的工作,减少了中层管理幅度;其次,大量信息能够借助 Intranet 及时、快速地处理和传递,可缩减公司中间管理人员的层次和数量;最后,随着网络通信技术的进一步发展,甚至还可能缩减分公司和支公司的数量。于是,拥有网上保险系统的保险公司的组织结构就由金字塔形结构变成了如图 10-5 所示的钻石形结构和如图 10-6 所示的扁平式结构。

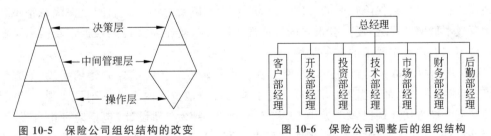

图 10-5　保险公司组织结构的改变　　　　图 10-6　保险公司调整后的组织结构

　　图 10-6 中的客户部负责响应客户的网上投保和理赔请求,实施核保、防灾防损和理赔,签发保险单,及时回答客户的各种咨询等;开发部根据客户的反馈信息和市场信息负责新险种的开发和设计;投资部负责保险资金的投资运作;技术部负责内部网、网站的软硬件维护和系统安全管理;市场部根据市场信息负责产品的营销策划、网站的宣传和推广等工作;

财务部负责成本收益核算和公司内部的财务控制;后勤部负责公司内部业务流程运转所需要的各种后勤支持。

5. 改变观念,实施新型的营销管理

在开放、平等、自由的网络空间中,不仅要求有新的营销手段和方式与之相适应,而且还要彻底转变保险营销理念。

1) 营销手段的改变

营销手段的变革主要体现在市场调研方法、营销渠道和促销手段上。

(1) 市场调研方法的变革。网上保险便于采用多种方法和从多种角度进行市场调查。通过对电子保单中的不同变量等级的统计分析以及搜集各节点访问率和网上反馈信息,可了解浏览者的特征并对保险市场进行细分。运用商业智能技术解析市场信息可找出能为公司带来最大利润率的网络消费群体。通过对客户的网上反馈信息的归类、整理和分析可了解客户群的投保意向和意见,发掘潜在的客户群。

(2) 营销渠道的变革。网上保险是通过互联网进行网上营销的。网上营销渠道有很多好处。其一,保险公司的信息发布、宣传广告和产品营销全都可统一在网上进行,这是传统保险公司无法实现的。其二,保险公司只需要支付低廉的网络服务费就可以免去代理人、经纪人等中介环节,节省大笔佣金和管理费。其三,保险合同是要式合约,基本都是信息流,网络营销渠道可使投保手续更便捷。其四,基于网络的营销渠道接触面广,与传统上门展业相比,可以有效地促进展业。

(3) 促销手段的变革。电子商务的运行环境与传统商业环境是完全不同的,网上保险通过互联网进行网上互动营销,消费者能同保险企业直接进行网上对话,一改消费者原来的被动地位。这种全新的促销手段不仅对消费者有更大的吸引力,还使保险企业能与消费者建立良好的互动关系,以满足消费者的个性化需求。

2) 营销模式的改变

网络不仅创造了全新的保险营销手段,而且也改变了传统营销理念。

(1) 从传统集中于少数同质化险种的营销模式向开办个性化、多险种的营销模式转变。我国各保险公司的险种同构现象严重,相似率达90%以上。这种集中于少数同质化险种的营销模式必然会导致保险行业的过度竞争,加大业务拓展的难度。而网上保险营销不仅具有运营成本低廉的优势,还具有很强的灵活性、针对性,使保险公司能根据市场需求不断开办适应不同客户特定要求的多种险种。

(2) 从单向的市场营销到互动的网上营销模式转变。传统的保险营销手段(如媒体广告等)只能提供单向的信息输送,客户常处于被动接收地位。网上营销则可实现互动交流。这种新型营销方法强调以客户为中心,从市场调研、保险产品设计(包括险种组合设计、新险种开发)到承保后的防灾防损、理赔等服务,始终要和客户保持密切的联系,以提供更符合客户需要的保险产品和服务。

6. 内联网和网站建设

企业的内联网建设是企业从事电子商务的基础。内联网建设是指建立企业内部的网络计算环境,通过企业管理信息系统支持企业内部数据管理,支持企业部门和员工之间进行信息交流和协同工作。

Web 服务器是保险营销主页的大本营。搭建 Web 服务器有自建和托管两种方法。自建 Web 服务器需要独立投资,需要专线连接和专门人员维护,运行成本较高;托管 Web 服务器投资少,适合规模小的保险公司。

保险企业的网站建设可以采用以下三种策略。

(1) 自建网站策略。大型保险企业具有资金、技术、人才等优势,可采用自建网站策略,建立自己的网站和保险电子商务系统,为客户提供全方位的电子商务活动。有的保险企业还采取更积极的进攻性策略,设立专业的网络经营公司,作为独立于母公司的战略经营单位创建自身的品牌和商标。其功能是在母公司业务的基础上开发网上保险产品,以吸引新的客户群体,开发全新的市场势力范围。它的特点是拥有一个区别于传统业务的独特品牌,并倡导鲜明的经营理念和价值观念。

(2) 利用网上保险超市策略。出于风险或自身经营能力的限制,有些保险企业在实施电子商务时会选择具有优势互补功能的网上保险超市策略。网上保险超市是由几家保险企业联合创设的具有专卖性质的互联网站。此超市专门经营加盟保险企业的保险产品。进入超市的潜在客户可以对多个保险企业、产品进行比较和选择,然后进行网上保险交易活动。此种策略适合于生产能力强而销售能力弱的保险企业。这种方式已成为目前美国保险企业开展电子商务的一种趋势。

(3) 利用网上代理人策略。保险公司采取此类电子商务策略时,可同已取得成功的网络公司建立合资经营关系,就像在传统业务中保险企业与银行、航空公司建立固定代理关系一样,通过网上代理人实施电子商务。网上代理人可以由互联网服务供应商(ISP)充当,也可以由功能强大的搜索引擎(如 Yahoo)承担,还可以由成功运行的银行网站实施。实施此策略后,保险企业可集中人力、财力、物力专攻保险产品的设计与管理,而将具体的电子商务设计交由专业人士负责,从而获得高效率的承保系统、较低的日常管理成本和巨大的业务规模。

选定网站构建策略后,就可进行网上保险系统的设计,选择和配置计算机软硬件,进行网站平台建设和网上保险服务系统集成,完成网上保险系统技术支持体系的建设,从技术上保障网上保险系统的正常运行。

7. 发展网上保险业务

网上保险技术平台和应用平台整合、试运行后,要推广网上保险营销主页,开始提供网上卖单和网上保险服务。

为了吸引尽可能多的人访问自己的网上保险营销主页,可利用如下两种方法:一种是利用公众媒体(报纸、杂志等)进行推荐,在本公司的各种宣传资料上宣传;另一种方法是在国内外的著名搜索引擎上注册。通过以上两种方式,人们就可以了解到保险公司的营销主页,进而成为这个站点的访问者。

网上卖单的重点是在网上推出直销保险单,向客户提供半自动化的网上保险服务。保险公司应当组织专门机构和人员负责处理客户的网上咨询和投诉,使客户可以在网上得到量体裁衣式的投保方案。对客户在网上的投保申请应当迅速派人上门签单和收取保费。对通过网络促成的保单,保险公司应当根据实际费用支出的多少实行费率优惠政策,以激励更多的人上网投保。

网上服务的目标是实现电子商务型的网上保险,即提供全自动化的全程网上保险服务。对客户在网上提出的投保意向,保险公司核保后通过网络发出已填好的保险单,客户可以通过网上银行将保险费划拨到保险公司的账户上,承保过程完全通过网络完成。续期保险费的缴纳、各种保险金的领取、市场调查等都可以在网上实现,客户足不出户就可以得到全方位的保险服务,得到有关保险及市场需求等的信息。保险公司应组织专门的人力、物力配合网络营销活动,及时对网上客户的访问和征询做出反馈,做好营销服务工作。同时要密切关注网上客户的需求、留言、意见和访问次数等的变化情况,适时分析,及时调整网上营销策略。

10.3.7 我国发展网上保险的机遇和挑战

全球都在加速发展电子商务,电子商务将成为 21 世纪推动全球经济发展的强劲动力。高速发展中的我国保险业应积极推广网上保险服务。

1. 内资保险企业面临外资保险企业的严重挑战

全球急速发展的网上保险将快速抢占传统的保险市场,成为保险市场的主力军。如果保险企业没有认清这种发展趋势,迟迟不向网上保险发展,必将被淘汰出局。

电子商务的发展加剧了市场竞争。保险电子商务的发展不仅加剧了国内保险企业之间的竞争,还要面对国外保险企业的激烈竞争;不仅要面对业内竞争,还要面对业外信息中介的激烈竞争。

依据中国加入 WTO 协议,中国的保险市场在 2004 年年底已对外资全面开放。大量外资保险企业涌入中国,外资保险主体的数量已经超过中资保险。外资保险企业具有雄厚的实力、先进的技术和成熟的机制,与中国同行相比具有明显的竞争优势。中国保险业目前全行业的资产不足 4000 亿元人民币,而国际上一家中等规模的保险公司的资产就超过 1000 亿美元,规模上不可同日而语,经营管理水平上的差距则更大。外资保险公司的不断进入会加速强占我国的保险市场,这对于还处在粗放经营阶段的中资保险公司来说是一种巨大的威胁。

国内保险企业具有繁密的营业网点和人缘地缘优势。可以预见,外资保险企业不大可能花费巨资在实体营业网点上与国内保险企业进行比拼,而主要是通过技术含量高、成本低的保险电子商务吸引顾客、开拓市场。理性的博弈分析表明,网上保险将成为国内保险业立于不败之地的必然选择。

2. 网上保险使我国保险业面临极好的发展机遇

我国保险业的发展时间短、基础差,同国际先进水平相比存在较大差距。我国保险业虽然发展快,但在国民经济中的比重仍然很低,2004 年的保险深度为 3.4%,保险密度为 40 美元,均低于世界平均水平。保险的功能尚未得到充分发挥,保险产品创新不足,产品结构不尽合理,保险服务意识不强,服务质量不高,不能完全满足不同地区、不同行业和不同阶层对保险的多样化需求。但这也同时表明,我国的保险市场尚有大量的发展空间,蕴藏无限商机。外资保险的参与使得保险市场主体增加,能够促进竞争,加快我国保险业与国际接轨。外资保险采用先进营销手段所做的宣传将增强我国民众的保险意识,激活巨大的潜在需求,将市场蛋糕做大。

　　网上保险的出现给我国保险业赶超世界先进水平提供了前所未有的机遇。在网上保险领域,国内外保险业基本上处于同一起跑线,机会远大于挑战。网上保险的最终目标是实现电子交易,通过网络实现投保、核保、理赔、给付。虽然我国保险电子商务仍有很长的一段路要走,但是已初步具备加快发展电子商务的环境和条件,如果我国保险业能抓住机遇尽早登上信息快车,就可能在新一轮的保险竞争中取得主动和有所作为。

　　我国网民数量快速增长,使我国成为世界上最大的互联网络市场。我国的上网资费逐年下调,各 ISP 公司争相提供优惠的上网服务,上网已不再是奢侈消费。网络基础设施正在不断改善,为发展网上保险提供了必要的基础条件。受宽带和无线互联网的带动,网民人数还将继续保持快速增长势头。我国 70% 以上的网民为中等以上收入,年龄在 21～35 岁,正是这一群体对保险的兴趣最浓,保险意识也最强。网上客户是国内保险公司庞大的潜在客户群体,是高素质、高收入的有待开发的保源。

　　我国从事安全电子商务的环境正在得到改善。电子签名法的实施和中国金融认证中心(CFCA)的正式运营标志着我国安全认证体系已基本确立,解决了制约我国电子商务发展瓶颈之一的安全网上支付问题,为发展金融电子商务提供了有力的保障。

　　IT 技术的发展使网上保险技术日趋完善,为网上保险提供了强有力的技术支持。IBM、Microsoft 等 IT 巨头面对巨大的保险市场早已涉足网上保险领域。IBM 公司作为世界上最大的 IT 厂商,凭借雄厚的技术力量和先进的开发工具组织了近 3000 名智能商务专家和开发人员组成的专业团队,为日益扩大的智能商务市场提供先进实用的解决方案。我国的保险企业要想在激烈的竞争中处于有利地位,应同高水准的 IT 公司合作,将 IT 应用于网上保险的营销、管理全过程。

思考题

　　1. 简述网上证券交易的基本流程,它与一般电子交易流程相比有什么不同?
　　2. 分析网络技术给传统证券市场带来的挑战,并就可能的解决方案提出你的建议。
　　3. 分析网络技术给传统保险市场带来的挑战,并就可能的解决方案提出你的建议。
　　4. 简要分析四种不同的网上券商经纪模型,然后分析我国目前存在的经营模型以及可能的借鉴模式。
　　5. 简述网上保险的过程。

综合实训

　　1. 访问网上的一家证券公司,了解网上证券交易的资金支付方式,并对其开展的网上业务进行概述。
　　2. 登录 http://www.cofool.com/,完成注册,进行模拟炒股。
　　3. 利用手机购买一款航空延误险(请在付款前取消订单),关注所购买的保险的产品说明、保障说明、资金支付方式等,并对产品的性能进行评价。

附录及参考文献

附录 A 电子支付指引（第一号）

附录 B 中华人民共和国电子签名法

附录 C 广东省电子交易条例

附录 D 美国统一电子交易法案（修订稿）

附录 E 新加坡电子交易法（1998 年）

附录 F 非银行支付机构网络支付业务
管理办法

参考文献

图书资源支持

感谢您一直以来对清华版图书的支持和爱护。为了配合本书的使用,本书提供配套的资源,有需求的读者请扫描下方的"书圈"微信公众号二维码,在图书专区下载,也可以拨打电话或发送电子邮件咨询。

如果您在使用本书的过程中遇到了什么问题,或者有相关图书出版计划,也请您发邮件告诉我们,以便我们更好地为您服务。

我们的联系方式:

地　　址:北京市海淀区双清路学研大厦 A 座 701

邮　　编:100084

电　　话:010-83470236　010-83470237

资源下载:http://www.tup.com.cn

客服邮箱:2301891038@qq.com

QQ:2301891038(请写明您的单位和姓名)

资源下载、样书申请

书圈

扫一扫,获取最新目录

课 程 直 播

用微信扫一扫右边的二维码,即可关注清华大学出版社公众号"书圈"。